王选院士（1937—2006）

王选，计算机汉字激光照排技术发明人，祖籍江苏无锡，1937年2月生于上海，1958年毕业于北京大学数学力学系并留校工作。曾任第十届全国政协副主席、九三学社中央副主席、中国科协副主席等职务；中国科学院院士、中国工程院院士、第三世界科学院院士；北京大学计算机科学技术研究所所长、教授、博士生导师，方正集团技术奠基人。

1975年开始主持我国计算机汉字激光照排系统和后来的电子出版系统的研究开发，针对汉字印刷的特点和难点，发明了高分辨率字形的高倍率信息压缩技术和高速复原方法，在世界上首次使用控制信息（参数）描述笔画特性，率先设计出相应的专用芯片，获一项欧洲专利和八项中国专利，跨越日本流行的二代机和欧美流行的三代机阶段，开创性地研制成功当时国外尚无商品的第四代激光照排系统，引发了我国出版印刷业“告别铅与火、迎来电与光”的技术革命，占领了大陆99%的报业和90%的书刊（黑白）市场，以及港澳台和海外80%的华文报业市场，被公认为“毕昇发明活字印刷术后中国印刷技术的第二次革命”，创造了极大的经济效益和社会效益，成为我国自主创新和用高新技术改造传统行业的典范，也为信息时代汉字和中华民族文化的传播与发展创造了条件。两次获国家科技进步一等奖，两次被评为中国十大科技成就奖。王选院士因此获联合国教科文组织科学奖、日内瓦国际发明展览金牌、首届中国专利金奖等二十多项大奖，并获2001年度国家最高科学技术奖。

献身科学就没有权利再像普通人那样生活，必然会失掉常人所能享受的不少乐趣，但也会得到常人所享受不到的很多乐趣。

王选 2000.1.3

②

①

① 清而不激、和而不流、为而不恃、温文尔雅

② 王选题写的他最推崇的格言

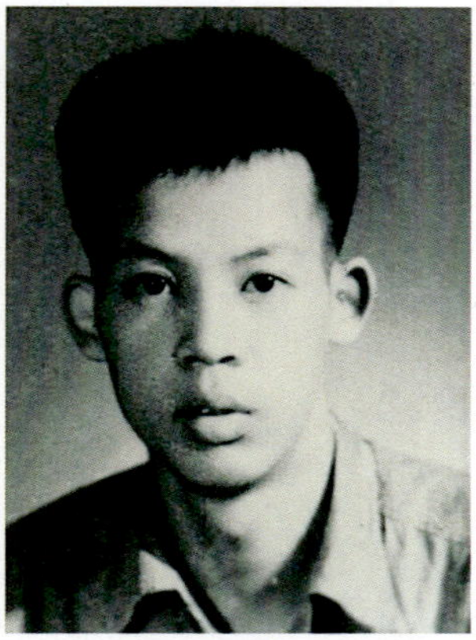

①

②

① 大学时代的王选
② 全家福，左起：王选、二哥王迅、大哥王迺、母亲周邈清、父亲王守其、二姐王儁、大姐王俭

① ②

③

① 王选和陈堃銶，一对事业上的最佳搭档
② 2000 年 5 月，王选在北京大学校园中晨练
③ 王选和陈堃銶在北京大学校园中小憩

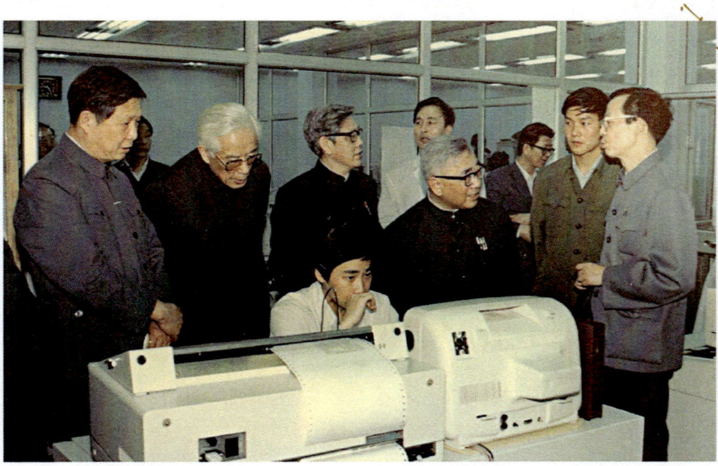

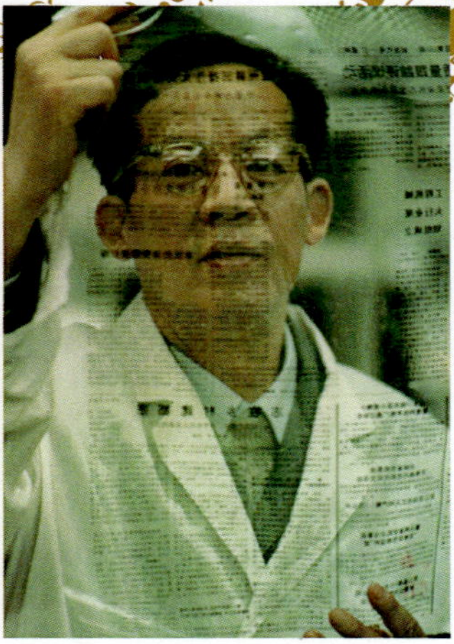

① ③
②
④

① 1985 年，新华社印刷厂的试验车间里，王选（右一）向周培源（左二）、卢嘉锡（右三）、黄辛白（左一）等领导和专家介绍华光Ⅱ型系统运行情况

② 20 世纪 90 年代初，王选在北京大学计算机研究所的机房里指导年轻人

③ 王选在查看用汉字激光照排系统输出的报纸胶片

④ 1995 年 5 月，王选在全国科学技术大会上作关于科研成果产业化体会的报告

国家最高科学技术奖

证　书

王　选　荣获国家最高科学技术奖，特颁发此证书。

中华人民共和国主席　江泽民

2002年2月1日

证书号：2001-ZG-01

② ①

③

④

① 在2002年年底召开的九三学社第八次全国代表大会上，与九三学社中央第九届、第十届主席吴阶平（中）和第十一届主席韩启德（左）合影（李小麟摄）

② 2002年，王选荣获2001年度国家最高科学技术奖

③ 1995年11月6日，联合国教科文组织副干事长巴德兰为王选颁发联合国教科文组织科学奖

④ 2008年1月，在“王选星”命名仪式上，国家天文台台长严俊向王选夫人陈堃銶颁授命名铜牌

① 2002年9月，王选与北京大学计算机研究所的部分导师和学生合影

② 2012年7月，王选院士汉白玉雕像在北京大学计算机研究所落成安放

① 2014 年 10 月，中国邮政在全国发行《中国现代科学家（六）》纪念邮票，其中包括计算机科学家王选

② 2016 年 1 月 20 日，王选纪念陈列室“创新历程厅”揭幕仪式在京举行。全国政协副主席、九三学社中央主席韩启德（右三），北京大学校长林建华（左二），王选夫人、北大计算机所教授陈堃銶（左三），方正集团董事长张兆东（右一），北大计算机所教授肖建国（右二）、所长郭宗明（左一）为展厅揭幕（李香花摄）

①

②

科学与人生

中国科学院院士传记

王选传

丛中笑／著

科学出版社
北京

图书在版编目 (CIP) 数据

王选传 / 丛中笑著 . —北京：科学出版社，2016.6
（科学与人生：中国科学院院士传记）
ISBN 978-7-03-048589-2

Ⅰ. ①王…　Ⅱ. ①丛…　Ⅲ. ①王选（1937—2006）—传记
Ⅳ. ① K826.16

中国版本图书馆 CIP 数据核字（2016）第 125022 号

丛书策划：胡升华　侯俊琳
责任编辑：侯俊琳　张　莉　/ 责任校对：张小霞　桂伟利
责任印制：李　彤　/ 封面设计：黄华斌　陈　敬

本书在学苑出版社出版的《王选传》基础上修订而成，并经学苑出版社授权许可使用。

科学出版社出版
北京东黄城根北街 16 号
邮政编码：100717
http://www.sciencep.com

北京虎彩文化传播有限公司印刷

科学出版社发行　各地新华书店经销
*
2016 年 7 月第　一　版　开本：720 × 1000　1/16
2022 年 6 月第五次印刷　印张：32 1/4　插页：4
字数：520 000

定价：98.00 元

（如有印装质量问题，我社负责调换）

总序

中国科学院学部科普和出版工作委员会决定组织出版《科学与人生：中国科学院院士传记》丛书，这是一件很有意义的文化工程。首批入传的22位院士都是由各学部常委会认真遴选推荐的。他们中有学科领域的奠基者和开拓者，有做出过重大科学成就的著名科学家，也有毕生在专门学科领域默默耕耘的一流学者。每一部传记，既是中国科学家探索科学真理、勇攀科学高峰的真实情景再现，又是他们追求科学强国、科教兴国的一部生动的爱国主义教材。丛书注重思想性、科学性与可读性相统一，以翔实、准确的史料为依据，多侧面、多角度、客观真实地再现院士的科学人生。相信广大读者一定能够从这套丛书中汲取宝贵的精神营养，获得有益的感悟、借鉴和启迪。

中国科学院学部成立于1955年，经过50多年的发展，共选举院士千余人，荟萃了几代科学精英。他们中有中国近代科学的奠基人，新中国的主要学科领域的开拓者，也有今天我国科技领域的领军人物，他们在中国的各个历史时期为科学技术的发展做出了历史性的贡献。“五四”新文化运动以来，一批中国知识精英走上了科学救国的道路，他们在政治动荡、战乱连绵的艰难岁月里，在中国播下了科学的火种，推动中国科技开始了建制化发展的历程。新中国成立后，大批优秀科学家毅然选择留在大陆，一批海外学子纷纷回到祖国，在中国共产党的领导下，开创了中国科学技术发展的新篇章。广大院士团结我国科技工作者，发扬爱国奉献、顽强拼搏、团结合作、开拓创新的精神，勇攀世界科技高峰，创造了举世瞩目的科技成就，为增强我国综合国力、提升自主创新能力做出了重要贡献，为国家赢得了荣誉。他们的奋斗历程，是中国科学技术发展的历史缩影；他们的科学人生，是中华民族追求现代化的集中写照。

当今世界，科学技术已成为支撑、引领经济社会发展的主要动力和人类文明进步的主要基石。广大院士不仅是科学技术发展的开拓者，同时也是先进文化的传播者，在承担科技研究工作重任的同时，还承担着向全社会传播科学知识、科学方法、科学思想、科学精神的社会责任。希望这套丛书的出版能够使我国公众走近科学、了解科学、支持科学，为全民族科学素养的提高和良好社会风尚的形成做出应有的贡献。

科学技术本质是创新，科技事业需要后继有人。广大院士作为优秀的科技工作者，建设并领导了一个个优秀的科技创新团队；作为教育工作者，诲人不倦，桃李满天下。他们甘当人梯、提携后学的精神已成为我国科技界的光荣传统。希望这套丛书能够为广大青年提供有益的人生教材，帮助他们吸取院士们追求真理、严谨治学的科学精神与方法，领悟爱国奉献、造福人民的科技价值观和人生观，激励更多的有志青年献身科学。

记述院士投身我国科学技术事业的历程和做出的贡献，不仅可为研究我国近现代科学发展史提供生动翔实的新史料，而且对发掘几代献身科学的中国知识分子的精神文化财富具有重要意义。希望《科学与人生：中国科学院院士传记》丛书能够成为广大读者喜爱的高品位文化读物，并以此为我国先进文化的发展做出一份特有的贡献。

是为序。

路甬祥

2010年3月

目　录

第四章　峥嵘岁月

第五章　相濡以沫

第六章　惊世原创

第七章　原理性样机

第八章　印刷革命

第九章　技术创新

第十章　甘为人梯

第十一章　山高水长

第十二章　鞠躬尽瘁

第一章 故土家世

一、祖籍无锡

王选的祖籍江苏省无锡市具有三千多年历史，是人杰地灵、秀丽富饶的鱼米之乡，自古名人辈出，从古代的顾恺之、李绅、徐霞客、顾宪成，到近现代的薛福成、华蘅芳、刘半农、徐悲鸿，再到当代的周培源、陆定一、荣毅仁、钱钟书……人文荟萃，灿若星辰。

王氏是无锡有名望的大家族，老宅在无锡城中凤光桥附近，被称为“城中王氏”。到清朝一共出了32名进士。王选的曾祖父王綍，清朝同治年间中了进士，成绩优异，名列二甲第60名，北京国子监的石碑上刻有他的名字。王綍后来官至福建主考，王家祠堂中供奉着王綍的牌位，每逢他的生日、祭日，全家人都要燃香祭奠。

1956年，王选的父亲王守其曾写过一份自传材料，为我们了解王家的历史提供了可贵的第一手资料。从中可以得知，王选的祖父王蕴亨，清朝时曾在苏州府和常州府谋事，辛亥革命后为避时难，于1912年迁往无锡北乡张泾桥，1916年随全家迁回城中，隐居家园，不问世事。王选的祖母识文断字，为补贴家用，开设了一家学馆，招收学徒，教授四书五经。由于家中没有固定产业，所以一家人过得并不宽裕。

1903年，王选的父亲王守其（1903—1996）出生，由于晚年得子，又是唯一的儿子，王选的祖父母对王守其格外宠爱，自幼教其习读古书。他聪敏好学，1917年以优等生从县立高等小学毕业。14岁的王守其本打算继续投考北京清华学校（即现在的清华大学），不料王选的祖父在这一年早逝，王守其只好辍学，在家守丧一年。多亏家中里里外外有王选的祖母操持，她精明能干，持家有术，把几个孩子一一抚养成人，并坚持让王守其到上海继续读书。

1918年秋，王守其考入交通部上海工业专门学校附属中学。1922年毕业后直升大学，攻读铁路管理专业，1926年毕业时，学校已改称“交通部南洋大学”，即现在的上海交通大学。与王守其同届毕业的同学中有后来的中共中央宣传部部长陆定一，两人既是同乡，又是同舍。

王选祖母（居中坐着的两位老者中，右侧为王选的祖母）生日，子孙齐聚，济济一堂

王守其大学毕业后，被分派到湘鄂铁路工作，由于当时王守其已经成家，加上王选的祖母舍不得儿子远离家门，王守其便放弃了这份工作，经人介绍，到上海新通工程贸易公司谋得一个职位。开始时月薪为银圆 30 元，上海生活费用不菲，虽然家里当时只有王守其和妻子、母亲三人，但有时也感到接济不上，告贷度日。好在王守其任职的新通工程贸易公司，做的是机械工程方面的进口贸易，抗战以前生意兴隆，王守其工作踏实，恪尽职守，几年后收入渐渐充裕，一家人日子才好过起来。

王选的母亲周邈清（1901—1990），原是王守其的表姐，两人自幼订婚。周家也是无锡书香门第，王选的舅舅周伯符曾写过一篇题为《我的补充叙述》的回忆材料，从中可以得知周家的发展渊源。王选的外曾祖父周士锦做过江苏沭阳县训导，是专管一县秀才的教官。他崇尚儒家思想，笃信程朱学说，讲究“敦品行，励气节”。王选的外祖父周道章是一代了不起的人物，他继承了父亲周士锦的思想，认为“一物不知，儒者之耻”，曾考中秀才，年轻时去日本留学，进修化学和测绘专业，是中国第一代留学国外的知识分子，深受日本维新思想的影响，反对清朝统治，追求开明进步。他在无锡时曾师从我国近代著名数学家华蘅芳学习数学，打下了很深的数学功底。此后，周道章先后在南京江南格致书院、北京高等实业学堂等任教20年，成为当时凤毛麟角的工科教员，培养了一些人才。周道章还积极倡导西学，据周伯符回忆，周道章"是我国将数学书和讲义改成横行文字的第一人，也是我国用阿拉伯数字和拉丁字母书写算式的第一人"，这在当时是很新潮的做法，受到不少阻碍。王选后来喜爱和选择数学专业，与外祖父的遗传不无关系。

1901年周邈清出世，不久随赴北京供职的父亲周道章来到京城。周道章受维新思想的影响，对太平天国很支持，常对女儿讲述"长毛"（当时百姓对太平天国成员的称呼）怎么英雄，清政府如何腐败，贪官污吏实在"该杀"。他不许王选的母亲和姨妈缠小脚，甚至王选的舅妈嫁过来后，也让她把缠好的小脚放开了。所以与当时多数少女不同，周邈清没有受过缠足这一"酷刑"，这使她从小就呼吸着自由的空气，受着开明进步思想的熏陶。

周邈清长大后被送到北京著名的教会学校贝满女中读书，周道章还一度计划送周邈清到法国勤工俭学，后来因周邈清与王守其定了亲，而王守其的母亲不赞成女孩子读太多书，因此周邈清没有读完高中便中断了学业。1921年4月，温婉清秀的周邈清嫁到了上海王家，聪慧的她依然喜爱读书，关心时事，自有一派大家闺秀的气质。

王选的父亲王守其和母亲周邈清

在王选的记忆中，还有几个学者型的亲戚对他产生了不同程度的影响。

王选的舅舅周伯符，年轻时考入培养外交人才的北京译学馆学英文，毕业后几经辗转，到国民政府的外交部任了职。他为人正派，工作勤奋，后来曾做过驻比利时使馆一秘和驻墨西哥使馆二秘，精通英文、法文和当地语言。周伯符对中国古文字和历史也很有研究，把业余时间都投入古文字研究上，曾写成专著准备出版，但书稿在"文革"中被销毁，成了一件憾事。

王选的姨夫庄前鼎，是老清华毕业生，曾赴美国麻省理工学院留学，回国后长期在清华大学任教，新中国成立后担任动力机械系主任，对中国煤的分类很有研究。庄前鼎教育子女也很成功，他的四个孩子都考上了清华大学。

王选的姑夫李泰云，毕业于上海交通大学，曾到美国留学，回国后在上海交通大学做系主任。因为学的专业是机械，希望实业救国，为了把研究成果变成产品，自己办了一家工厂，新中国成立后成为一名实业家，同时仍担任上海交通大学一个研究所的所长、教授。

王选小时候还听说过表姐夫辛一心的故事。辛一心在上海交通大学上学时，有个同学比他成绩好，他竞争不过，就独辟蹊径，挑选了一个冷门的专业——造船，并去英国留学深造，新中国成立后在交通部一个造船研究院当了院长，参与了新中国成立初期主要船舶的设计工作，成为这一领域的权威之一。

舅舅的正派与钻研精神、姨夫的博学、姑夫的实业救国以及表姐夫的另辟蹊径，都在王选幼小的心灵中埋下了种子，对他日后人生道路上作出的抉择产生了直接或间接的影响。

老家无锡，在王选儿时的印象里恐怕只有随全家回去安葬祖母等零星记忆。当时一大家子都住在无锡东门城头弄的亲戚那里，因为那位亲戚的房子比较大，王选年纪太小，一直以为那里便是自己的老家，其实凤光桥才是他祖母和父亲曾经住过的地方。1980 年，父亲曾带王选的二姐去那里寻找旧时的痕迹，可惜已不复存在。

王选后来回无锡的次数也屈指可数。他生在上海，长在上海，上海便是他的第二故乡。

二、生长在上海

1929 年 3 月，周邈清在上海生下长女王俭，此后的 6 年间，长子王遹、次子王迅、次女王儁相继出世。1932 年"一·二八"事变爆发，日本入侵上海后，家境日窘，照顾和教育两儿两女的任务已很繁重。不料这时周邈清的小妹妹生了重病，不久去世。周邈清此时（1936 年）再度怀孕，她一度不想要这个孩子，但忙于家事，错过了去医院手术的最佳时机。1937 年 2 月 5 日，上海衡山路一条老弄堂里传来一阵响亮的婴儿啼哭声，王家的第五个孩子降临人世。王守其给儿子取名"选"，除了按辈分名字中要带"辶"部首外，王守其大概希望这个坚持要来世间走一遭的小生命，能够在遇到人生的岔路口时，选择正确的道路。他和妻子当然没有想到，这个名字，日后竟响遍整个中国。

王选一家当时住在位于法租界的衡山路，路的两旁种着法国梧桐，居民住宅是20世纪20年代建造的石库门房子——外墙用砖砌成，内壁多是木板，两扇黑漆大门，门框和门槛用的是粗石条，很像旧时的库房。石库门住宅是上海旧式里弄住宅的典型样式，一排连着一排的石库门组成了庞大的弄堂，就像北京的胡同，有着深厚的人文底蕴和标志性的地域风情。

王选家所在的964弄就是这样一个弄堂，王选晚年在回忆这令他钟爱的儿时的家时，语气里充满幽远的眷恋：

弄堂里住着90多户人家，由于是老房子，没有卫生设备，家家用的都是马桶。每天清早，当晨曦的微光照亮在弄堂口，就会有一辆粪车出现在各家的门前，拉车的高喊一声："马桶拎出来！"接着就出现了倒马桶和洗马桶的热闹景况。

我家所在的15号，是座二层的宽敞楼房，有三间十多平方米的大房子和两间不足10平方米的小房间，住着祖母、父亲、母亲，外加两个哥哥和两个姐姐，一共8口人。楼上有一个十多平方米的露天晒台，种了很多盆花，夏天的晚上，一家人吃罢晚饭，便来到晒台上乘凉。

这是我从小就特别喜欢的地方，我们姐弟五个全部出生在这里，又从这里考到外地上大学。90年代中期，这一片夷为平地，被一座大商城所取代。

1937年王选出生后不久，抗日战争爆发，无锡先于上海沦陷，王选祖父存钱的药店被焚毁，本息一夜之间血本无归，王家因此丧失了一个重要收入来源。这年8月，"八一三"淞沪战役打响，日军开始全面侵占上海，国际贸易停顿，上海新通工程贸易公司为了发展业务，将大部分员工迁往上海外的分公司。王守其因为老母亲年事已高，子女弱小，只好留守上海，日子一天比一天艰难。1941年太平洋战争爆发，租界沦陷，上海与其他城市隔绝，汇兑不通，公司给的维持费少得可怜，"不够一月车资"，而王守其在新通工作10年辛苦积攒的几千元旧法币，几年间币值一贬再贬，到最后只换回了极少的伪金圆券。美联社曾在一篇通讯中形象地报道了当时法币100元的购买力：1940年可买一头牛，1943年可买一头猪，1945年可买一只鸡，1946年可买一只鸡蛋，1947年只能买三分之一盒火柴。这给王选的父亲以沉重打击，他多年后提起此事仍气愤地说："至今思之，犹有余痛。我得此教训，所以从抗战胜利一直到新中国成立以后，我不再参加任何储蓄。”

当时王选和哥哥姐姐们都在上学，生活顿时陷入窘境，王守其只好托表弟顾鼎吉介绍，在一家卖呢绒的商号做兼职会计，以补贴家用。1945年1月王选的祖母去世，由亲友相助才凑齐了丧葬费。

王守其和妻子都是对金钱看得很淡的人，好日子能过，苦日子也能过。他们量入为出，把家打理得井井有条。因此，在王选儿时的记忆里，并没有留下多少困苦的印迹，而是充满了温馨。

三、严父慈母

王选的父亲和母亲是两种风格的人：父亲做事严谨，为人正直，慷慨侠义；母亲慈爱宽厚，聪敏贤淑，勤劳能干。他们又具有共同的特点：善良本分，热情待人，在亲朋好友、左邻右舍中有很好的口碑。

父亲给王选印象最深的，是抗日期间表现出的强烈的民族气节和爱国情感。1937年卢沟桥事变后，为了让儿子记住这一使中国遭受耻辱的事件，父亲给王选起字“铜卢”。上海的苏州河上有座著名的大桥外白渡桥，位于苏州河与黄浦江交汇处，是贯穿南北的交通要道。上海沦陷后，桥上挂起了日本国旗，有日本宪兵把守，中国人必须对着旗子三鞠躬才能过桥。深受侵略之苦的王守其对日本极为痛恨，不愿受这份屈辱，几年不走外白渡桥，宁愿绕远从其他桥过河。王守其还教育子女不要买日本货。有一次，王选的大姐因日本铅笔便宜，就买了几支，父亲发现后大发脾气，把铅笔丢到火里烧毁，还狠狠训斥了女儿一顿。

还有一次，父亲悄悄交给王选一张小画报，上面画着一位精神抖擞的中国军人和一面中华民国（1912—1949）国旗，王选一看非常喜欢，但他知道在沦陷区保存这样的画是非常危险的，一旦被发现，要担很大的罪名。可父亲舍不得销毁，对王选说：“没关系，把它藏在你们小孩子这里，不会有事的。”两人一起把画藏在王选的抽屉里，上面压上好几本书，一直保存到抗日胜利。这件事成了王选心中的一个秘密，也是他自小受到的最早的爱国启蒙教育。

在王选的眼中，父亲最大的特点是做事严谨认真，一丝不苟，他在新通贸易公司工作了一辈子，从会计一直做到总会计师，账目上从未出过差池。但他的认真有时到了“过分”的程度。晚年的王选回忆起父亲的这一特点来，仍不禁哑然：

我父亲办事特别认真，一丝不苟，奉公守法。他从新中国成立前的会计一直做到新中国成立后的高级经济师，工作从未出现过纰漏。

他还有一个特点，做事情特别有条不紊。给人发封信，不仅要记下是哪天发的信，还要把那封信复写一份才发出去，为的是留一份底稿。别人来的信更不用说，全都清清楚楚地归在一起。他的东西、文件都保管得井井有条。当时家里订了《申报》，每天的报纸父亲看过后都会整整齐齐叠起来，一张也不会缺，高高地摞了一摞，成了家里花猫锻炼爪子的好去处。

父亲比较喜欢社交，大学同学聚会都是由他组织的，从联系饭店，到印发邀请函，都由他一手操办。我们几个孩子就帮他写写信封。按说自己对自己没有必要发邀请，但父亲每次都给自己写一封邀请信，而且要放在信封里贴上邮票，拿到外边的邮筒里寄出去，收到后再保存起来，真是认真到了刻板甚至不可思议的地步。

王守其称自己“一生倔强，从来不懂媚上”，“生来不会拍马钻营”，却十分注重友情。从大学毕业到新中国成立初期的十余年间，王守其每年都要组织几次留沪同学聚餐会，到会的都是同班同学，约十多人，叙旧谈心，联络感情。这就是王选说父亲喜欢“社交”的由来。

王守其“生性喜管闲事，爱打抱不平”，对待亲友、同学和同事非常仗义，慷慨大方。家里常接待外地来沪的亲戚，有的一住就是很长时间。他还帮助王选的堂兄、表兄求职，或资助其出国求学。同事如果遇到生活困难，只要开口借钱，王守其有求必应，如果所需太多解决不了，他就发起集会，请同事们捐助，大家也都乐意帮忙。

在孩子们眼里，作为一家之主，父亲比较威严，有些家长作风，母亲则开明平等，慈爱和蔼，所以几个孩子都更喜欢母亲。母亲非常能干，不但把孩子们照料得十分周到，还把家里家外收拾得井井有条，家里来了客人，她也热情招待。王选在回忆母亲的时候，声音也会变得柔和而温暖：

母亲菜烧得很好吃。1950 年我二哥得了肾结核，母亲专门买来菜谱，为二哥精心调理，厨艺大进，记得有道菜叫“肉烧百叶结”，味道十分鲜美，西餐也做得非常地道。家里房子老了，闹老鼠。墙上的老鼠洞用水泥抹上，还没干，就让老鼠咬穿了。母亲就发明了一个高招，在水泥里掺上玻璃碎屑，洒上敌敌畏。水泥抹上后，虽然软，但发出的敌敌畏味让老鼠不敢咬；等水泥干了，敌敌畏的味挥发了，老鼠又来咬，没咬几下就被玻璃刺疼了嘴，再也不敢咬了。

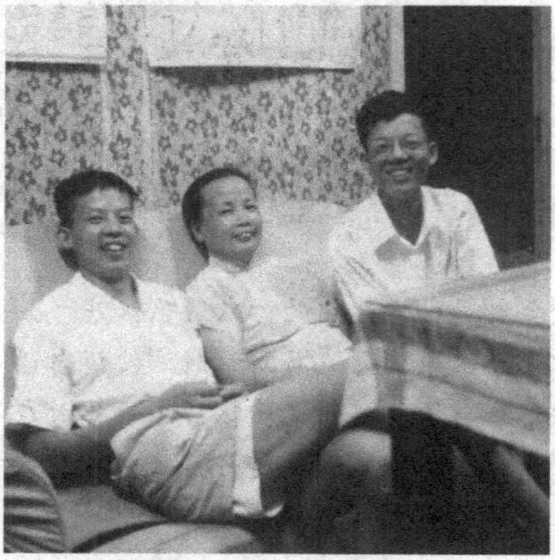
中学时代的王选（左）开心地和母亲、大哥在家中合影

母亲对新鲜事物和社会进步总是抱着开明和拥护的态度，非常支持儿女们追求进步，我们几个子女很早就加入了团组织，大姐还在新中国成立前夕第一个加入中国共产党。新中国成立后母亲看到那些地痞流氓被镇压的镇压、被管制的管制，由衷地高兴，对当时的新政策特别支持，加上她为人和善，乐于助人，后来做了街道干部。从新中国成立到1958年父亲被打成“右派”之前，是母亲一生中心情最好的时光。

王选觉得自己受母亲的影响比父亲的更多，可能是母亲每天照顾孩子的生活起居，尤其是最小的王选，与母亲更为亲密的缘故吧，以至于王选检讨自己：“妈妈太能干，使我养成了一个缺点，从小不会干家务。”在王选的身上，洋溢着母亲善良、诚实、宽厚、谦和的人格，以及乐于接受新事物的开放态度。

相比之下，王选认为自己没有遗传父亲做事有条不紊的性格：“父亲的整齐恰恰跟我是一个对比，我是特别的乱，平时东西经常找不到。这一点我没有从我父亲那里得到遗传。”而事实上这只是表现在生活方面，在科研上，王选则继承了父亲一丝不苟、严谨求实的作风。同时，王选还传承了父亲另一个重要品质：待人真诚，顾念同事和同学的情意，这使得他的身边常常有很多朋友围绕，而被他顾念的人则很难忘怀他的一切。

四、家的滋养

为了使子女接受良好的教育，王守其夫妇省吃俭用，把五个子女先后送到当时上海非常好的私立学校之一——上海南洋模范学校读书。在平日的生活中，他们也十分注重对孩子们进行品格教育和素养熏陶。

王选和兄姊们从小徜徉在书的海洋中，父母为他们购置了数百成千本适合青少年阅读的图书，从《幼童文库》到《小学生文库》《中学生文库》，一应俱全，读书成为王选课余增长才学、陶冶情操的一大乐趣。在漫长而炎热的暑假，每天吃过午饭，母亲便把客堂里的地板拖干净，铺上几条凉席，王选和哥哥姐姐们各捧一书，或躺或卧，尽情徜徉在书的世界中，流连忘返。

20世纪三四十年代的上海，是中国最大的工商都市和对外贸易港口，也是重要的文化中心城市。抗战胜利后，美国电影登陆沪上，观看美国电影成为流行时尚。但当时上海有一些小"阿飞"，学着美国电影里的情节为非作歹，所以王守其只允许子女们看《米老鼠和唐老鸭》之类的卡通片，不准他们看美国故事片。更多的时候，王守其夫妇是与孩子们一起欣赏京戏。

小学时的王选（前排左一）与兄姊们合影

京戏是王选一家最主要的娱乐爱好。家里从很早起就订了当时有名的戏剧杂志《京剧旬刊》和《十日戏剧》，收藏了梅兰芳、余叔岩、马连良、程砚秋等京剧名家的大量珍贵唱片，其中梅兰芳抗战前的唱片全部收齐，余叔岩的只缺半张。除了听唱片外，每天晚上，父亲都要把收音机打开，调到固定的频道，收听京戏演出的实况转播。小时候王选跟父母睡在一个房间，总是在袅袅的京剧唱腔中进入梦乡。让王选记忆深刻的是 1947 年，为了庆祝杜月笙 60 岁大寿，组织了空前绝后的堂会，把当时京剧界所有名角都请到了上海，连续演出数日。王选的父母就通过收音机收听实况转播。其中最轰动的戏是最后的大轴戏——孟小冬的《搜孤救孤》。孟小冬当时正值盛年，演出票价比梅兰芳和李少春、马连良、谭富英、周信芳等一大批名角合演的《四郎探母》票价还要高。可惜的是，这场戏播出时间太晚，王选当时只有 10 岁，《搜孤救孤》的前一出戏《得意缘》还没听完就睡着了，第二天听哥哥讲演出的盛况，着实遗憾。

除了在家听戏外，周末的晚上，父母还常带王选和哥哥姐姐们到黄金大戏院、天蟾舞台这些有名的剧院去看京戏。每场戏的戏单父亲都整整齐齐地保存到新中国成立后。出门前，每个人都精心打扮一番，父亲西装革履，母亲身着淡雅合体的旗袍，几个孩子也被装扮一新。王选早早地在头上抹些发油，将头发梳得光光的，穿上小西装，对着镜子上下照看，那模样煞是可爱。到了戏院，王选的眼睛就更不够使唤了，每到一个人物出场，就急着问父母："是好人还是坏人？"尤其是碰到花脸。舞台上生旦净末丑轮流出场，唱念做打，一招一式，王选都觉得新奇有趣。

天长日久，几个兄弟姐妹无形中受到熏陶，全都喜欢上了京戏，开始学着唱。王选上初中的时候，已经唱得有模有样了。一天晚上乘凉，姐弟四人合唱了一出全本《打龙袍》。这是一出传统京戏，故事取自《狸猫换太子》，王选的大哥唱李太后，二哥一赶三唱王丞相、老陈琳和灯官，二姐唱宋仁宗，王选则唱主角——花脸包公。小小年纪的王选从心里喜欢为民申冤、充满正义的包青天，把这一角色唱得活灵活现。京剧这门古老的国粹艺术，成为伴随王选一生的爱好，给了他无与伦比的乐趣和慰藉。

王选的父亲喜欢动物，他支持孩子们喂养各种各样的宠物，以培养他们的爱心和责任心。王选家的前院是个天井，对着天井的客厅有一排落地长窗。天井里成了动物世界，除了母亲怕有狂犬病不许养狗外，鸡、鸭、猫、兔、龟、鸟、鸽子、蟋蟀、金鱼、热带鱼等应有尽有，简直"陆海空"俱全，孩子们一点儿也不感到寂寞。

王选 6 岁的时候，家里养了一只猫，黑白相间的绒毛，顽皮可爱，为它起名阿咪。后来阿咪生下了阿黄，小家伙黑、白、黄三色毛交织，像披了一身漂亮的绸缎，王选尤其钟爱这母女俩。

王选：小学时候不懂得卫生，冬天就让猫睡在我的被窝里，半夜猫出去大便，回来仍钻进我的被窝。后来阿咪生下阿黄，甚至还想叼着小猫进被窝。现在回想起来我怎么不嫌脏呢，真是不可思议。阿咪1958年去世，活了15年，算是很长寿了。阿黄1954年生小猫的时候去世，不到9岁。

1955年王选（左一）与大哥和二姐在家中，养动物是他们共同的喜好

王选在这里用“去世”一词表达他对猫的尊重和不舍，他喜欢猫的心情终生都未改变。

王选和哥哥们还养了十几只鸽子，其中有两只鸽子跟王选非常亲近，经常趴在他的手上、肩膀上，王选特别喜欢，给它们分别起了名字，一只笨笨呆呆的叫“木婆”，另一只头部长得像当时的京戏名角赵燕侠，王选就叫它“面孔”。每天早晨放飞鸽子，在阳台上看它们飞向遥远的天空，王选总感到特别愉快。

这样的家庭环境，使得一家人亲密和谐，王选和哥哥姐姐间也非常友爱。王选回忆说：

我们兄弟姐妹关系都很亲密，但都不是感情很外露的，譬如长期不见，见了面表面上也不是很热乎，不过彼此间感情确实很好，是深沉的发自内心的关心。记得在我13岁那年，16岁的二哥得了肾结核，开始查不出是什么毛病，长期发低烧，人瘦得不得了。等发现的时候，一个肾已经坏了，结果动手术摘除了一个肾。二哥生病，父母很着急，我们几个孩子心里也非常着急，尽管我年纪很小，但是急切地盼望二哥身体能够好起来。当时二哥每天都要量体温，一天早、中、晚量三次，都是我做记录，并把每天的体温情况画成曲线图，观察体温变化情况。如果哪一天发现二哥体温降下来了，比平常低，我就特别地高兴。

哥哥姐姐们也十分喜爱王选这个可爱的小弟弟，经常和他开玩笑，说王选是“末奶头”，即他是最后一个吃母亲奶的；又说他是一个“多奶头”，是说他本不该来世上，是“多出来的”。二姐王偁在《小弟弟成大器》一文中的描述尤其形象生动：

弟弟心地善良宽厚，性情温和，又颇有主见。在八口人的大家庭中，他会自我料理、自善其身。每年秋天吃螃蟹时，我们都剥开蟹壳先吃那蟹黄，弟弟则不然，他先将壳里的“蟹仙人”、“六角”等取出，再将蟹脚、蟹钳中的肉耐心地剔在壳里，与蟹黄、蟹膏和在一起，等装满一壳时，倒入些许姜醋，说一声“现在享福了”，美美地享受那一蟹壳的鲜味，令我们眼馋不已。

在和谐温暖、开明进步的家庭环境熏陶下，王选和哥哥姐姐们健康快乐地成长着，个个取得了骄人的成绩。他们从南模中学毕业后，均以优异成绩考上了大学。大姐王俭比王选大7岁，1947年考上燕京大学医学预备班，然后去协和医学院上学，毕业后分配到南京军区总医院。大哥王遹毕业于上海交通大学电机工程系，为支援外地，服从分配到大同煤矿学校，工作十分出色，后来调到北京煤炭干部管理学院任教。二哥王迅和二姐王偶也都考上了复旦大学物理系。王迅成为谢希德教授的重要门生，毕业后留校，1999年当选为中国科学院院士。王偶一直从事与核物理有关的工作。

由于教育子女的成功，新中国成立后，王选的母亲曾被街道请去介绍经验。王家成为整个弄堂里有口皆碑、人人羡慕的好人家。

第二章 青春年少

一、“南洋模范”

王选的童年和少年时代（1941—1954）是在上海的百年名校上海南洋模范学校（以下简称南模）度过的，他多次颇为自豪地说：“我是‘空前绝后’的老南模。”这么说完全不是宣扬自己的出色。南模曾在1941年设立幼儿园，后来因故取消，而王选正是这一年进园的。多数南模学生（包括王选的哥哥姐姐）从南模小学上到高中毕业，加起来总共12年，而王选比他们多上一年幼儿园，在南模待了13年，所以“空前绝后”。

南模的前身是创建于清光绪二十七年（1901年）的南洋公学附属小学。1927年，南洋公学被国民党政府接管，改为上海交通大学，不再办附属学校，所属部分遂分离出来，正式成立南洋模范中小学，性质也从公立变为私立，但校址仍在上海交通大学内。1937年，上海交通大学被日军侵占，南模从上海交通大学撤出，迁入姚主教路（现天平路）200号的一栋花园洋房，逐步稳定下来。20世纪30年代到50年代，南模云集了一批水平很高的教师，加上严谨的治学风气和良好的校风纪律，成为上海著名的学校之一。迄今，南模校友中已有30多名院士以及不少海内外知名学者。

从20世纪30年代末开始，王选的哥哥姐姐相继进入南模读书。1941年9月1日，4岁的王选被父母送入新建的南模幼儿园，开始了一生的启蒙教育。这一天，幼儿园的全体老师和孩子们，在葱茏的树木和如茵的草坪前照了合影，从1927年就担任南模校长的沈同一先生也来祝贺。小小的王选盘腿坐在前排，和其他孩子一样，首次离开父母的羽翼，小脸上满是陌生又好奇的神情。

幼儿园离南模学校不远，王选记得有一道绿色的大铁门，园里有个小花园，里面养着一只大公鸡，昂首挺胸地来回走动，与孩子们很亲近，后来让黄鼠狼叼走了，大家很是惋惜。王选记忆里温馨甜蜜的时刻是每天上午发点心，接到点心的孩子不能急于享受美味，要先对发点心的值日生礼貌地说“谢谢”，对方则回答“不客气”。再就是大家当轮值生，根据天气画圆圈，晴天画红圈，雨天画黑圈，要画得很圆才好。初入幼儿园的孩子，最盼望的是傍晚家长来接，小小的王选每到夕阳西下时分，就眼巴巴地盼着父亲的身影，常常盼出了眼泪。一位苏州籍的老校工便安慰道："弗要哭，弗要哭，来哉一来哉！（不要哭，不要哭，来了来了！）"等父亲远远地来了，他又说："王先生，王先生，奥骚一奥骚（快点，快点）！"哥哥姐姐常常拿这件事取笑小王选。

一年后，5岁的王选升入南模小学，开始了求学生涯。

学校的教学楼是一座南洋风格的建筑，校园里曲径通幽，景色十分怡人。上学不久，王选就对语文产生了浓厚兴趣，语文老师也十分喜欢这个聪明专心的学生，整个小学期间王选的语文成绩都很突出，五年级时学校举办过作文比赛，王选写的是父亲让他保留那本印有中国军人画刊的故事，绘声绘色，生动感人，在比赛中得了优胜奖。也许是文史相通的缘故，后来王选又喜欢上了历史。历史老师陆维周毕业于大夏大学，他把枯燥的历史课讲得有声有色，王选听得十分入迷。王选家中有一位老伯母，闲时教王选兄姊几个读四书五经，哥哥姐姐们念了没几天，就躲出去玩了，只有王选一个人专注、认真地坚持读。他后来总结说：

文科的知识起码帮助我增强叙述的条理性，提高表达能力和更好地抓住重点。语文、历史等文科知识对我后来的科研和教学大有好处，所以我很赞成理工科学生要增加人文科学知识，而文科学生应具备更多的自然科学基础知识。

然而，王选的父亲更看重数理化，因为他觉得自己在这方面学得不够扎实，所以一直督促孩子们在数理化上多下工夫。后来五个子女大学读的都是医科或理工科，跟父亲的影响有很大关系。不过，虽然王选大学学的是数学专业，小学时他的数学成绩却并不特别突出，四年级的时候甚至还有一次不及格的记录。

1946年，9岁的王选随全家扶持祖母灵柩回无锡安葬。丧事完毕后，有人提议去爬惠山，王选也要跟去，因为他患有"小肠气"（疝气），一吃力就要发作，母亲不允许。可小王选却怎么也不听劝说，硬是和几个大人一直爬上三茅峰顶，虽然累得满脸通红，却不吭一声，小小年纪就显示出一股攀登顶峰、不达目的誓不罢休的劲头。也是因为这次回无锡，王选没有参加期末考试，成绩按不及格处理，开学要进行补考。然而，王选并没把这当一回事，疯玩了一个暑假，开学一补考，数学只考了50多分，又不及格。两次不及格是很严重的事情，要被列入试读生行列，王选母亲急得连忙到学校跟老师解释。没想到老师倒为王选说了一大篇好话，夸奖他平时聪明听话，成绩还是不错的，这次不及格，主要是暑假没好好复习，关系不大，一努力就会赶上去。母亲这才放下心来。的确，不久王选的数学成绩就追了上来，整个小学期间，王选的平均成绩一直名列前茅。

除了抓教学外，南洋模范小学还组织了不少有意义的课外活动，以培养学生对科学的兴趣。从四年级开始，南洋模范小学的教导主任陈友端开始兼任王选所在班级的自然课老师，他带领王选和同学们参观明代科学先驱徐光启的墓地，以及徐家汇天文台和佘山天文台，听专家们介绍天文知识，王选由此对探索科学奥秘萌发了极大的好奇心。王选晚年接受中国教育电视台采访时，还兴致勃勃地谈起陈友端先生上的课：

我现在都记得清清楚楚，陈友端先生是络腮胡子，瘦瘦的，戴副眼镜。我记得抗战胜利以后，因为美国扔了原子弹，大家都觉得美国科学发达，他就编了一个故事。他就讲，美国现在吃饭也是自动化，不用刀叉，用一个机器把东西灌到嘴巴里。一家主人请客人吃饭，碰到一只鸡，客人把鸡骨头在嘴里头咬了好长时间，结果后面的食物因为是定时送上来的，就从机器里喷上来了，弄得客人奶油呀蛋糕呀满嘴都是。我们觉得这个故事真有趣，都信以为真，后来长大了，回想起来知道这是一个杜撰的故事，说明陈先生用这种生动有趣的讲课方式，激发我们从小对科学的热爱。

二、先做个好人

小时候的王选个子不高，眉清目秀，圆圆的眼睛透着一股聪慧和灵气。他性格活泼，好运动。小学的学习环境非常宽松，上课时王选总是专心听讲，放学回家不到一小时便能麻利地把作业做完，所以放学后他很少直接回家，而是在外面和同学一起玩各种有趣的游戏。王选发育较晚，从小学到初中，他一直是班上非常矮的三名学生之一，到了高中才开始猛长，大学还在不停地长个儿。由于个子小，身材文弱，所以王选偏爱技巧性的游戏。他最拿手的绝技是“打弹子”。这是当时风靡上海弄堂的传统游戏，几乎每个孩子衣兜里都少不了几颗花花绿绿的玻璃弹珠，除了从小伙伴那里赢的，最直接的来源，就是家里的水仙花盆（为了美观，也为了加固水仙，大人们在花盆里放了许多玻璃弹珠）。“打弹子”有许多玩法和规则，或是比赛进洞，看谁瞄得准；或者画出一道弯弯曲曲的路线，看谁弹得远。王选很喜欢这种需要较高判断力和控制力的游戏，一有时间就在泥地上和同学们“开战”，功夫越来越高，渐渐练就了一身“绝技”，到了初中已名列年级前三名。再就是用硬纸板拍毽子、踢小皮球、打乒乓球。这些户外活动培养了王选和同学间的友谊和集体精神，“身怀绝技”的他很受大家欢迎。

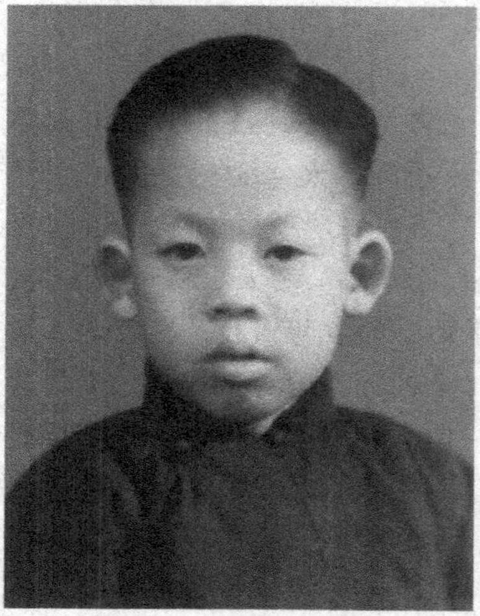
小学时期的王选

南模非常注重学生的品德教育，早在建校之初就制定了“勤、俭、敬、信”四字校训，学校的文明规范甚至对学生的着装、发型都作了严格规定。王选上学时，南模的校长是著名教育家沈同一先生，他十分注重培养学生爱国敬校的品格。每学期的开学典礼上，他常常带领学生举起右手，用崇明口音宣读校训：“我为陶冶品性而来，愿遵守校规；我为研究学识而来，愿尊敬师长；我为锻炼体魄而来，愿爱护自己。”有一次，王选作为班代表到沈校长家为他祝贺60岁大寿，发现沈校长虽为大教育家，住的竟然也是没有卫生设备的普通石库门房子，更是肃然起敬。

1947年，小学五年级的王选获得了一个“重要荣誉”。

一天，教导主任陈友端先生在班上宣布，要评选一名“品德好、最受欢迎的学生”。课堂上立即热闹起来，经过一阵讨论，同学们把焦点集中到了王选身上。因为王选学习优秀，团结同学，热心班级工作，更重要的是很讲文明，从不打架，不说脏话。最终，王选以压倒多数的高票获得了这项荣誉。

这是一个非正式的奖项，10岁的王选并没太放在心上，也没有告诉父母。他觉得自己被同学们选中的原因是“人缘好”，别人夸他的优点，是从小父母就要求他做到的，自然而然，并非刻意为之，所以很快就把这件事淡忘了。

此后的一生，王选获得国内外大奖20余项，直到数十年后，王选才意识到小学获得的这一荣誉对自己一生的重要性，平生经历告诉他，一个人要想有所成就，首先要做个好人。

他说：

“毫不利己，专门利人”是绝大多数人、包括我自己在内根本做不到的，我赞成季羡林先生关于“好人”的标准：考虑别人比考虑自己稍多一点就是好人。我觉得这一标准还可以再降低一点：“考虑别人与考虑自己一样多就是好人”。青少年时代就应努力按好人标准培养，这是德育的重要内容，只有先成为好人，才能做有益于国家、有益于人民的好事。

2002年2月，王选被授予我国科学家的最高荣誉——国家最高科学技术奖。不久，北京大学对王选进行了隆重的奖励。在颁奖大会的致辞中，王选重新提起童年获得的“品德奖”。他深有感触地说：

现在想起这一“荣誉”与我后来的成就有很大关系。因为从这以后我一直担任学生干部，懂得要以身作则，诚恳待人，虚心接受各方面的批评，特别注重团队精神。这些都是现在的学术带头人必须具备的一些重要素质。一个好的科学家或企业家首先应该是一个好人，才能带领队伍。

这段讲话集中反映了王选的一个重要的道德理念和做人原则——“好人观”。其精髓是：考虑别人与考虑自己一样多就是好人；只有先成为好人，才能成就伟大的事业。他一生坚守这一原则，尽管在复杂的人际关系和坎坷的人生道路上，他的“好人观”有时让他困难重重；尽管有人好心劝他：做人不能太好了，“害人之心不可有，防人之心不可无”，但他坚定不移，无怨无悔，用毕生的所作所为诠释和展现了一个真正意义上的“好人”。

三、融入集体

1948年，王选以优异的成绩从小学毕业，被保送升入南洋模范初中。

不过，从1947年开始，南模改在上海西郊的七宝镇设立分校，招收初中学生，而且所有学生必须住校，一周才能回家一次。当时正值第二次国共内战全面爆发，上海的局势混乱，父母担心11岁的王选离家住校太不安全，主张就在附近的学校念初中，等高中再考回南模。王选却觉得过集体生活更新奇有趣，而且他已经深深喜欢上了南模，立下心愿——要成为"空前绝后的老南模"，所以不肯听家里的劝告，怎么也要去上这个初中。父母实在拗不过王选，觉得对孩子也是一种锻炼，最终答应了他的请求。

七宝镇是典型的江南小镇，墨瓦白墙被一片片水田环绕，空气湿漉漉的，自然环境非常美丽。坐校车去七宝，远远地就能看到以早期南模著名校长沈叔逵命名的教学楼——叔逵楼，当时它是七宝镇上规模最大的建筑，所有教室均在楼中。到校后王选才知道，学校生活条件十分艰苦。最大的问题是没有电，晚上教室自习点的是汽油灯，闪烁不停，很伤眼睛。宿舍里是亮度更差的煤油灯。住宿条件也很差，几十个学生住在一间大屋子里，不论寒暑，每天清晨都要集体出操，伙食也比城里差得多。学校每周有一趟回城的班车，王选周六傍晚坐班车回家，带回一周的脏衣服，周一一大早再坐班车回学校，衣服已经被母亲洗净叠好放在包里，还有母亲炒的拿手菜——每到周一，同学们都会从家里带些好吃的互相交换。

小小少年是不知愁滋味的，王选和杨嗣隆等几个要好的同学在风景秀丽的七宝镇找到了更好玩的去处。小镇宽阔的空地，可以尽情地踢小足球或玩捉人游戏，镇上几座国民党军队留下的碉堡，成了大家捉迷藏最好的"隐身"场所。王选性格随和，同学们都愿意找他玩。活动多了，吃得也香甜，王选的身体反而比小学时健康了。集体生活培养了王选的集体观念，对他一生影响很大。多年以后，王选总结说：

在这种集体生活中，性格孤僻、自私和不合群的人是不容易受欢迎的，也会受到压力的。而这些缺点恰恰是今天高科技时代取得成就的重要障碍，需要在青少年时代加以纠正。

前几年我看到一个美国著名心理学家的公式："I（我）+We（我们）= Fully（developed）I（完整的我）"，只有把个人融入集体，才能体现完整的自我价值，而小学和中学的环境，使我在青少年时代就较好地融入了集体。

住校有较多的业余时间，除了室外活动外，王选还看了大量武侠小说，最让他着迷的是民国武侠小说家还珠楼主写的《蜀山剑侠传》。王选被书中曲折的情节和侠义精神深深吸引，几年下来，足足100多本全部看完，书中主要人物和情节他一生都记忆深刻。多年后，王选碰到金庸，曾笑谈自己少年时对《蜀山剑侠传》这部大部头武侠小说的痴迷和喜爱。随着年龄的增长，学业和社会工作日益繁重，王选无暇再读武侠小说，但他性格中的敢于担当、坚忍不拔、重情义、讲信用等特点，不能不说与他的武侠情结有关。

南模初中的教师比小学的教师更加优秀，他们许多都是大学毕业，完全可以在上海交通大学做讲师，但因为南模中学学风好，工资高，所以被吸引了过来。听他们讲课，完全是一种享受。

给王选印象最深、影响最大的是教数学的刘叔安先生。60多岁的刘叔安教了一辈子数学，所以上课的时候经常会对某个学生说，“我教过你父亲，你父亲小时候是什么样子的”。他总结了一套独具魅力的教学方法，边讲课边配上各种手势，十分生动。像讲到分子与分母颠倒，他就把大拇指和食指相对起来上下转动，一边用青浦口音说“翻个转身”。他还教给同学们许多巧妙的速算方法，譬如计算末位数是5的数的平方，可以用 $(a5)^2=[a\times(a+1)]25$ 这个公式，如 $15^2=[1\times(1+1)]25=225$；又比如，计算一个数乘11的方法可以用以下公式表示：$ab\times11=a(a+b)b$，如 $12\times11=1(1+2)2=132$。这些方法王选一生都记得并经常使用。

初中三年，刘叔安生动愉快的教学法，引发了王选对数学的兴趣，他仿佛踏进了奥妙无穷的宫殿，很快对数学着了迷。到初三时，王选已不满足老师的教学进度，开始自学新的内容，学期中间，他就把整个学期的习题全部做完了。

王选毕竟是男孩子，机灵聪明的他也有调皮的时候。2004年，王选在中央电视台《大家》栏目对他的专访中，透露了他往年顽皮的趣事：

表面上看，我是一个规矩的好孩子，可以说是品格优良，其实他们都不知道我背后很调皮。上课时我比较认真，有时下半节课就开始做作业，我做完作业以后就想办法捣乱了。我和一个要好的同学配合着来。老师在教室里来回转，他就问老师问题，把老师缠住，然后我就开始解老师的衣服扣子。那个时候老师冬天穿的都是外边一件罩衫，里面一件棉袍，扣子都在右侧，是布扣子。我先把他外头罩衫的扣子全解掉，再把棉袍的扣子全解掉，这时就暴露到里头了。最难解的就是腋下的扣子，同伴要把老师的注意力全部吸引到回答问题上，我便趁机解老师腋下的扣子。

这一行动有点像解难题，吸引着王选去冒险。虽然有些恶作剧的成分，但充其量只是孩子式的顽皮罢了，在同学和老师眼中，王选仍旧是品学兼优的好学生。初中毕业时，管理宿舍的舍监章玉麒先生在王选的纪念册上写道："我观察了三年，你是一个从来没有跟人吵过架、功课好、给我印象很深的好孩子。"刘叔安先生给王选的留言则是："我教过你们三兄弟，你们是'王氏三杰'。"

四、班里第一个团员

1951 年，刚满 14 岁的王选加入了新民主主义青年团，成为班里第一名团员，这是王选在追求进步思想的人生路上迈出的第一步。

1947 年发生在上海的学生爱国运动，是 10 岁的王选接触进步思想的开端。这年春天，国民政府教育部以经费紧张为借口，下令上海交通大学停办航海、轮机两系，并取消一个学院。上海地下党组织巧妙地利用教育部和学校当局的矛盾，发起了护校运动，最终迫使国民政府教育部收回了决定。王选有一个远房表哥，比王选大 13 岁，当时在上海交通大学念书，住在王选家里。他一回家就悄悄给王选讲上海交通大学学生运动的情况：学生们怎么自己弄了火车，说服司机把车开到南京请愿，一路上如何冲破国民党的重重阻挠，最终取得胜利，后来国民党军警又怎么按照"黑名单"来抓人……在表哥绘声绘色的讲述中，爱国进步的思想开始在小小年纪的王选心中萌芽。

由于南模中学和上海交通大学有着悠久的历史渊源，受上海交通大学影响，南模在 1945 年便组建了地下党支部，学生爱国进步运动蓬勃开展。当时上海交通大学的校门与南模的后门相隔仅数百米，国民党的警车载着头戴钢盔、手持防暴武器的警察，在上海交通大学和南模校门口的附近转来转去，伺机镇压学生运动。王选清楚地记得，有一天早晨上学，一到学校就看到进门的布告栏上挂了一件血衣，是一个学生被特务毒打之后留下的，上面写着几个醒目的大字："看看特务们血腥的暴行"。王选和同学们看了都感觉"触目惊心"。他憎恨国民党的腐败和残忍，对学生们的勇敢和坚强充满敬佩之感。

1949 年 5 月，上海终于迎来了光明。5 月 12 日，中国人民解放军发起了上海战役，为了保全这座当时中国最大的城市，我军采取各种策略，使敌军很快缴械投降。1949 年 5 月 27 日，上海宣告解放，城市面貌基本完好无损。12 岁的王选目睹了解放军进城的一幕，兴高采烈：

记得解放的前几天，我和大哥趴在屋顶上，看解放军用炮火打国民党军队，当时是很高兴的。好像一夜之间，整个上海就解放了，国民党几乎没有什么抵抗，市民非常平安，上海市区也没有什么破坏。第二天一早，我记得很清楚，我和我哥哥，还有邻居的一个孩子，一块到街上，看到解放军就睡在地上，没有进老百姓的家里，站岗的解放军威风凛凛的。尽管当时我才 12 岁，还不太懂事，对共产党、解放军还没有更多的认识，但还是有一种高兴的心情和喜悦的感觉。

在这样的环境下，王选和哥哥姐姐很快都接受了进步思想。最早是大姐王俭，她于 1947 年考入燕京大学医学预备班，在燕京大学加入了地下党外围组织，新中国成立初期又加入了中国共产党，大姐来信时经常给全家人讲一些革命道理。新中国一成立，王选的大哥王遹很快也加入了青年团，他经常给王选讲青年团的先进性，讲作为团员的光荣和应发挥的作用。这一切，都在王选心中打下了深刻的烙印。因此，1951 年，刚满 14 岁的王选提交了入团申请，被顺利批准，成为班里唯一一名团员。

王选之所以被批准入团，除了品学兼优、思想进步外，还有一个重要原因，那就是他对班级工作充满热情。

小学五年级被选为“品行出色”的学生不久，王选被推选为班长，从此，他的心中除了自律外，又多了一个自我要求：多为他人考虑，多为班集体服务。上初中后，王选担任学习委员，除了学习方面的工作外，还负责宣传。他的字写得不错，铅笔画也很拿手，在学校和同学间小有名气。据他的一位中学同学回忆，王选曾教他画吉普车，几笔就能画出一辆，栩栩如生。1947 年南模校庆，王选画了一幅轮船，被选中参加学校的画展。后来学校举办一些政治宣传活动，像支援抗美援朝，便找王选去画大幅漫画，张贴在墙上，或制成宣传牌上街游行。王选曾遗憾地说，自己在书画方面没有继续发展，到了高中、大学就“越来越趋于一般化了”。

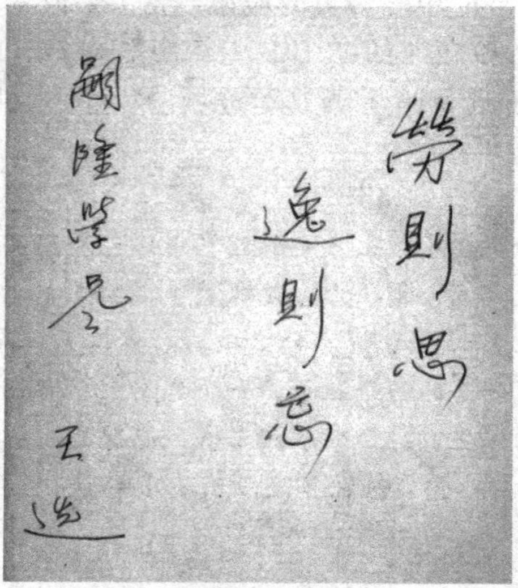

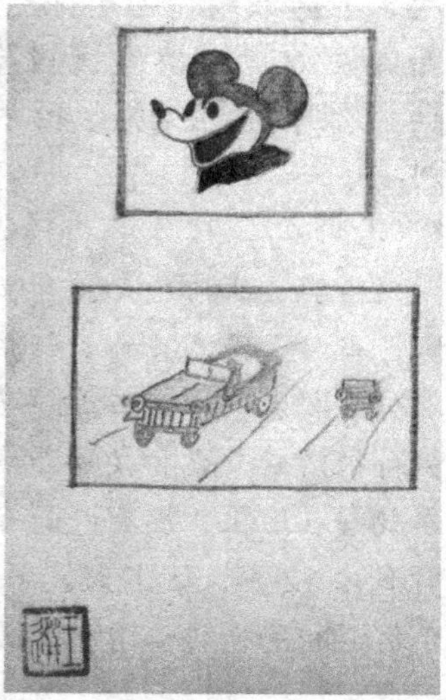

王选初中毕业时给同学杨嗣隆的留言和图画

由于王选能写会画，老师便把办墙报的任务交给了他。这是当时南模培养学生进步思想、锻炼写作能力的一项重要活动。那时的墙报和现在的黑板报不同，是把文章写在纸上贴在墙上。对于一个十来岁的孩子来说，这确实是一项非常繁重的任务，既要组稿、审稿，还要自己写稿。同学交来的稿子如果特别潦草，王选还要一笔一画抄一遍再贴到墙上，很费时间和精力。不过王选十分喜欢这项有意义的工作，为了增加墙报的吸引力，他四处搜集了许多智力测验和趣味数学题，还用心琢磨出一些文字游戏，让同学们猜。比如，在“口”字上、下、左、右分别加上一个字，使它成为另一个字；“利”加一笔能变成什么字？“差”加一笔是什么字？大家被这些字谜所吸引，猜得不亦乐乎。

为了将墙报办得更加精彩，王选利用周末回家的时间，悄悄到离家很近的南模高中部“取经”——到教室里看人家墙报是怎么办的。一次，他看到高一某班的墙上贴着毛主席题写的报名——“青锋”。原来，1950 年 4 月，南模中学高一学生马恩凯和几个同学试着给毛主席写了封信，请主席为他们的壁报题写“青锋”两个字作为报名，含义有二：一是“青年先锋”，二是“锋利的宝剑”。没想到，七天后，学生们果真收到了毛主席的复信，主席特意题写了横、竖不同排列的三个“青锋”，以供选择。这件事立即在南模引起轰动，《文汇报》和《亦报》也都做了报道，可见当时青年学生办墙报的积极性和受重视程度。

初中三年一眨眼就过去了，在七宝镇自由清新的空气下，王选的学习成绩一直保持在班上前三名，思想和知识水平与身体一起健康地向上滋长着。1951 年，王选被免试保送到南模高中，回到了阔别三年的天平路 200 号，就读于高一（丙）班。

五、启发式教学法

20 世纪 40 年代到 50 年代初，南模高中对高水平教师实行高薪聘任，一些教师宁愿放弃上海交通大学副教授或讲师的职位到南模任教，所以各科都集中了一批优秀教员，可谓名师云集。

教数学的赵宪初先生对王选影响十分大。赵宪初在南模任教 70 年，后来担任南模校长，是上海一代名师。他是王选兄姊五人的数学老师，教学的特别之处是“声情并茂”，一些需要记住的公式，他常常以特殊的音调朗读，并带着大家一起背诵，学生们很容易记住，后来有位校友还请人把赵先生的声调谱成曲子传唱。赵宪初教得最绝的是三角，一直流传着这样一件事，“文革”期间，赵宪初被打入“牛棚”，一位著名美籍华人学者访问上海，指名要见赵先生，于是工宣队只好“陪同接见”。那位学者一见赵先生的面就深深鞠躬说：“中学的很多课程我已忘了，唯独赵先生教的三角还记得。”王选对赵先生的幽默风趣印象极深：“赵宪初先生上课从来是笑嘻嘻的，他风趣地把俄国数学家罗勃契夫斯基叫成‘萝卜吃死鸡’。赵先生脾气特好，说话幽默，笑口常开，我想这是他长寿的重要原因。”

在赵宪初的影响下，原本就喜爱数学的王选，上高中后不久就像初中那样，把高一到高三数学课本上的习题全部做完了。王选后来报考大学数学系，也与此有密切关系。1998 年赵宪初逝世，王选单独送上花圈，表达对赵先生的崇敬。

1993 年，王选的大学同窗于劭约王选为他的一本介绍中学几何教学方法的书写序，王选在序中阐述了自己学习几何的体会：

立体几何这门课，初学者往往觉得困难，主要是空间图形的实际形象只能在头脑中想象，无法在纸上画出真实图形。50 年代时，某个名牌中学的几何老师每次上课时带一只萝卜，一边讲解一边用刀切萝卜演示，使学生对立体几何的真实形象产生深刻印象。

中学几何课程，包括平面几何、立体几何、解析几何，是数学的重要分支，它们本身有较大的实际应用价值，又是学习高等数学必须具备的基础。学习几何，对于培养学生逻辑思维能力、空间想象能力，起着重要作用。

南模的启发式教学模式对王选产生了重要影响，王选总结说：

南模的教学法很特别，是一种启发式的教育，他们的教学生动活泼，从来不搞题海战术，而是启发学生的兴趣和主动性。通过生动的教学启发学生的兴趣爱好和学习的自觉性，觉得念书是一种乐趣。不是像现在有的老师那样使劲地搞疲劳轰炸，布置很多很多的作业，使学生觉得念书是个很苦的事情。

王选上大学以后，南模师资力量发生了变化。1956 年，南模一下有 6 名优秀教师奉命调入大学任副教授，后来又不断有优秀教师抽调到大学，南模元气大伤，教学水平受到了很大影响。当时的校长沈同一感叹："南模好比一碗馄饨，现在把馄饨都捞走，就只剩一碗汤了。"王选说：

实际上，还是留下了若干"馄饨"，没有全捞走，后来任校长的赵宪初先生显然是"馄饨"。这也说明实施素质教育的另一个重要条件，是提高师资水平，有了名师才有名校。

六、"社会活动家"

高中时期，学习对于王选仍然是轻松的，每天写家庭作业的时间从不超过两小时。他把更多的时间和精力花在了班级和社会工作上，被同学们称为"社会活动家"。

一上高一，王选就忙坏了，因为全班 50 多个同学，只有他一名团员，所以支部书记的会要参加，组织委员和宣传委员的会他也要参加。除了办墙报的工作外，王选又担负起发展团员的重任：找人谈话，写材料，开会，过组织生活，有时上课也不得不开起小差思考这些问题……从高一到高三，班上团员发展到十多人，大多数团员的介绍人都是王选，团支部也是在他的努力下筹建起来的。

高中时期的王选

20 世纪 50 年代，正值新中国刚刚成立，举国欢腾，百废待兴，全国上下各种运动一浪接着一浪，特别是“思想改造”运动，连中学都被席卷了进来。刚上高中的王选正赶上这一运动，大量的社会工作都压在他的头上，白天学习，晚上开会，有一段时间，他几乎每晚都要近 11 点才回家。放假也闲不住，暑假的一天，王选一直忙到半夜，看看天太晚了，就在地板上睡了一宿，第二天接着开会，中午才回家，这可把家里人急坏了。母亲和姐姐左思右想，判断王选大概在电影院看电影。于是母女俩半夜赶到电影院，举着一个牌子，上写“寻找王选”，在黑乎乎的观众席里转了几圈，也没找到王选的影子。

在晚年的回忆中，王选对 1951 年的“思想改造”运动谈了自己的看法：

现在看来，在十五六岁的青少年里搞这种所谓批判资产阶级思想，有些过分，使得知识分子后来在“文化大革命”期间对一些错误的东西，缺乏一种反抗力和斗争精神，显得软弱。但也不能完全否定，因为它使我们从年轻时就懂得进行批评和自我批评，懂得互相团结和帮助，从这个角度讲我想还是有好处的。现在的年轻人没有经受过这些事情，有些人往往批评不得，任何意见都提不得，我觉得这个恐怕是现在一些年轻人的缺点。

还有一次，学校要举办一个高中部和工人、解放军的联欢会，把联系部队的任务交给了王选。当时大家只知道西郊有军队驻扎，但不知道具体位置。王选便和一位同学骑着自行车来到西郊碰运气，希望能碰到解放军。到了那里已是晚上，还真碰上一个出来方便的战士，王选赶忙拿出学校的介绍信，打听到部队驻地，谈妥了联欢会的时间、人数以及联系方式，使学校成功地举办了这台联欢会。

由于王选工作出色，高一那年被评为全年级唯一的优秀团员。

对于王选的忙碌，母亲一直积极支持和鼓励。早在抗日的时候，她就曾不停地踩着缝纫机，做了许多棉背心捐给抗日战士，因此，她能理解儿子参与社会工作、积极追求进步的心情。所以不管王选回来多晚，母亲都做好热乎乎的夜宵等着。王选有滋有味地吃，母亲坐在对面慈爱地看着，边嘱咐他慢点吃，边询问开会的情况。那时母亲正担任街道干部，对于社会形势、时事政策同样非常关心，母子俩一个问一个说，有时说到很晚。

除了社会工作外，王选对班级工作也非常热心，多年来母校的培养，使王选对南模充满感情，他热爱母校，热爱班级，愿意为她尽自己的力量，并为这个集体取得的每一份荣誉而自豪。为了强健身体，母亲给王选买了一个篮球，他放学后经常和同学一起在操场上奔跑跳跃打篮球。南模中学篮球队的水平很高，在上海中学生篮球比赛中多年领先。王选上高二时，学校篮球队以 54 ∶ 19 的绝对优势，夺取了上海市中学篮球联赛冠军，由于王选他们是 54 届的，大家便把这一胜利称为“1954 的绝对优势”，瘦小个子的王选与同学们一起奔走相告，欢呼雀跃。

高三的时候，为了庆祝国庆节，班上很多同学提议举办一次舞会。王选不会跳舞，甚至还有点“老法”（上海方言，意思是“保守”）。但是，作为团支部书记，王选明白一个好的学生干部除了具有较强的组织能力和交往能力外，更重要的是，必须懂得为别人考虑、为别人服务。他挽起袖子搬凳移桌，布置会场，看到同学们翩翩起舞，王选高兴得合不拢嘴。

从小学五年级被选为班长，直到大学毕业，王选足足当了 12 年学生干部。这些宝贵的经历沉淀在王选的生命中，成为他日后成功的重要因素，王选说，这些经历让他“终生受益”：

长期的学生干部经历使我懂得要以身作则，为别人着想，要诚恳待人，虚心接受各方面的批评。学生干部的经历也提高了我的组织能力和表达能力，这是一个人能够做出成绩的不可缺少的素质，对我后来做事业还是有很大帮助的。如果只懂得读好书，一个书呆子很难在应用科学里做出成绩来。应用科学里你不得不要带领一个队伍，不得不要学会处理很多协作关系，没有这样一种干部经历，我认为是不利的。后来我在招聘员工时很注意他们是否当过干部，因为组织管理能力对于研究、开发和经营都是至关重要的。

在王选的高中生活中，社会活动占去了他的大部分精力，他在学习上并不怎么费工夫，但是由于基础扎实，方法得当，加上聪明灵慧，整个高中，王选的学习成绩一直保持在班上前 5 名。

1953 年，转眼到了高三，该报考大学了。班主任说：“王选的成绩，考北大、清华、交大都没有问题。”

到底报考哪所大学？王选想起跟父母一起送大姐去北京上学的情形，大姐是从上海坐船出发的，热闹喧嚣的码头上，望着滔滔江水和高大的客轮，10 岁的王选仿佛看到了一个遥远而充满魅力的世界。

1953 年暑假，王选（后排右二）和父母兄姊们齐聚上海，合影留念

> 当时就有了一种长大也考到外地去的念头。报名的时候这种想法更强烈了，而且由于政治上要求进步，还有一种比较幼稚的思想，认为上海资本主义比较严重，北京是首都，政治气氛好，东北是老解放区，人的觉悟也肯定高。大哥也写信来，赞成我报北大数学系，所以下决心离开了上海。

最初，王选曾和班上不少同学一起报名去哈尔滨军工大，由于体检未通过而没有如愿。如果真去了，王选的命运就要改写了。

后来，王选在报名志愿表上工工整整填下了三个志愿：

第一志愿：北京大学数学系；

第二志愿：南京大学数学系；

第三志愿：东北人民大学（现吉林大学）数学系。

1954 年夏，王选以优异的成绩，如愿考取了第一志愿——北京大学数学力学系。

这是王选自己的决定。对于孩子的选择，开明的父母没有异议，就像同意大姐北上读书，同意大哥和二姐毕业后分到遥远的大同和兰州工作一样。孩子羽翼丰满了就要振翅高飞，如今，他们又为王选开启了通往远方的大门，期望着自己的小儿子像他的哥哥姐姐那样，乘风破浪，展翅翱翔。

中小学是一个人成长的关键时期，王选一直认为自己在南模受到良好的教育是幸运的，这座他钟情和热爱的母校，不但给了他优秀的品格、出色的学识，更重要的是，锻炼了王选的处事能力和团队精神，这一切，都为他的大学学习和日后取得成功打下了基础。

第三章 北大学子

一、迈入高等数学的殿堂

1954年8月底，火车在歌声中驶出上海站，向着北京进发。

这一年，上海南洋模范中学共有十几名学生考入北京大学，进入数学力学系的除王选外，还有张恭庆等三人。这年夏天，整个南方暴发大洪水，北上的很多路段遭到不同程度的破坏，为了便于管理，保证安全，北京大学专门派一位教师到上海，把上海赴京的新生组成一个大队，集体北上。一直担任班干部的王选被选为小队长，负责一个小队的协调和管理工作。

车厢里，17岁的王选身着白衬衫，忙着清点人数，文雅中透着干练。他兴奋地和大家一起唱起苏联歌曲《共青团员之歌》：

听吧！战斗的号角发出警报，穿好军装，拿起武器，
青年团员们集合起来踏上征途，万众一心保卫国家；
我们再见吧亲爱的妈妈，请你吻别你的儿子吧！
再见吧，妈妈！别难过，莫悲伤，祝福我们一路平安吧！
再见了亲爱的故乡，胜利的星会照耀着我们……

望着车窗外微笑着挥手告别的父母，王选的心头掠过一丝不舍，然而，离别的惆怅很快就被激昂的欢歌笑语驱走，青春总是与希望并肩而行的。

经过两天三夜漫长的颠簸后，终于到北京了。接站的校车满载着新生驶进北京大学西校门，美丽的校园景色一下子映入眼帘，石狮、华表、拱桥、古木、湖光、塔影……这座创建于1898年的中国第一所国立大学，以它雕梁画栋的皇

1956年，王选（中）与大学同学在北京大学西门前

家气派、兼容并蓄的文化风范，深深触动着王选的心，他用“震惊”一词形容自己看到那些精雕细刻的大屋顶古建筑时的感受，“因为在上海从未见到这类建筑”。

数学学科的发展在北京大学的建设中历来都是极受重视的。早在1913年秋，北京大学开设数学门，建立了我国现代第一个大学数学系。1917年蔡元培任北京大学校长，在各系的排名次序上把数学系列为第一，理由是“大学宗旨，凡治哲学文学应用科学者，都要从纯粹科学入手；治纯粹科学者，都要从数学入手。所以，各系秩序，列数学系为第一系”。1952年秋，为适应国家大规模经济建设的需要，全国高等学校进行了院系调整。北京大学由沙滩迁至燕园。北京大学数学系与清华大学数学系、燕京大学数学系经调整后，组建了北京大学数学力学系，师资力量得到了进一步加强。

王选入学的1954年，北京大学数学力学系在全国招收了200多名新生，除西藏自治区、新疆维吾尔自治区、台湾省和香港外，其他各省、市、自治区和澳门均有学生入学。学生分成9个班，每班20多人，王选分在6班。两年后王选才知道6班和9班从一开始就被定为尖子班，都是高考成绩在前几十名的优秀生，但一直没有公开。54级数学力学系后来一共出了7位院士：王选、张恭庆、周巢尘、胡文瑞、张景中、朱建士、刘宝镛，在北京大学数学力学系的历史上是空前大概也是绝后的。

大学一年级的三门基础课——解析几何、数学分析和高等代数，把王选和同学们从中学数学一下子带进了高等数学的殿堂。从中学的初等数学进入大学严密的高等数学范畴，是一个很高的门槛，中学的很多数学概念，例如极限中的“趋向于零”、“趋向于无穷大”，表述是不严格的，到了大学，要用 $\varepsilon-\delta$ 来阐述极限的概念。所有这些，对于大多数学生来说并不轻松，甚至有困难，需要付出加倍的努力。值得庆幸的是，王选一入学，就受到名师的精心教导，顺利地跨越了这一门槛，迈入了高等数学的殿堂。

当时的北京大学校长马寅初，主张要把办学重点放在基础课上，以便使学生在入学之初就打下扎实的基础。因此，北京大学一年级基础课多由著名学者教授担纲，王选在《回忆北大数学力学系的大学生活》一文中回忆：

解析几何由江泽涵先生讲授，他当时已年过半百，是北大的一级教授，由此可见当时北大对基础课教学的重视。江先生的教材是自编的油印讲义，因为当时尚无成熟的教材（包括苏联的）。我至今还记得，课间休息时，江先生总要抽一种散发香味的烟斗。……教授数学分析这门主课的程民德先生，当时是37岁的正教授，他讲课循序渐进，十分严密，培养了我们严格思维的习惯。……教高等代数的先是聂灵昭先生，后是丁石孙先生。丁先生毕业于清华大学，听说北大数学系代主任段学复表示不惜用6个人去换丁石孙一人来北大，可见他才华之出众。丁先生教我们时才27岁……

基础课除了上大课外，为了使学生们更好地吸收消化所学知识，系里还开设了习题课，以小班为单位，每个班20余人，一周数次，抓得很紧，使学生感到紧张和压力。任课的教师是助教，同样十分优秀。据王选回忆：

数学分析习题课由吴文达、陈永和担任。吴文达先生生性乐观，讲话有趣。"文革"结束后创建北京市计算中心并任主任，还担任北京市科委委员。高等代数习题课老师是郭悦成，他与陈永和均是数学系专修课毕业生中的尖子。……解析几何习题课老师是程庆民，他的习题很有特色，尤其是一学期末的一堂总结课，真是十分精彩。他用高的观点，深入浅出地把一学期的内容串在一起并加以提高，大家听后收获匪浅。

到了二年级，基础课增加了理论力学和实变函数。教理论力学的是1956年刚从美国回来的专家王仁，他后来成为中国科学院学部委员。教实变函数的是冷生明先生，他教学方法独特，富有经验，20世纪五六十年代曾被评为北京市优秀教师。王选很喜欢实变函数这门课，他找来一本和冷先生的教科书风格很不一样的参考书，对照着自学，最终把两种方法糅在一起，融会贯通。

众多名师的引导，严格的数学训练，使王选扎扎实实地迈出了第一步，并为他后来搞计算机应用研究奠定了重要基础。他总结说：

大学的基础课学习，使我养成一种严密思考、严密推导、分析问题、归纳问题的数学思维方法，这种思维方法对搞计算机研究是极端重要的。因为计算机是很严格的，无论是编程序，还是硬件设计，错一条线、错一条指令都会造成整个系统的失误甚至瘫痪。而高等数学本身是很严密的，它证明一个定理，某一步有一点点小错误，整个就走不通。这种推理方法是很严格的，不允许一丝一毫的错误。所以这种训练对搞计算机是很有用的。

1993年，王选在写系列文章《从事计算机研究的体会》时，第一篇体会文章写的就是《数学基础和跨领域研究是取得创新成果的重要因素》，文章开篇第一个小标题便点明"数学基础是至关重要的"。动笔时他做过一个仔细的统计，美国计算机学会一个著名杂志 *Communications of the ACM* 上，每年都刊登当年"图灵奖"得主和得奖人的情况。这个奖是国际计算机领域的最高奖项，王选发现，不但图灵本人是数学家，而且从1966年设立这个奖以来，30多个获奖人或是学数学出身，或是有很好的数学修养，几乎无一例外。他对这一现象进行了思考：

首先，"抽象"是数学的本质，而计算机硬件、操作系统、高级语言和应用系统的设计中经常使用"抽象"的手法。有一个很能说明问题的故事，大概在1946年，著名数学家、存储程序计算机概念的提出者冯·诺依曼在一次讨论班上说，他可以用6个电子管设计一个加法器，并在黑板上画出加法器的电路图。主持世界上第一台电子计算机ENIAC工程设计和实现的肖克利立刻说："不对，有一处脉冲的极性反了，应加一个管子实现反向，另两处驱动能力不够，应加管子，因此需要九个电子管。"冯·诺依曼回答说："你说的是电路上的加法器，我说的是逻辑上的加法器。"正是依靠了抽象，出现了电子计算机逻辑设计这一重要分支。

其次，严密的逻辑思维和推理对硬件和软件研制都是很有帮助的。三十多年来我在从事逻辑设计、体系结构研究、软件、微程序设计和专用芯片的设计过程中，深感北大数学系的严格训练使我终生受益。我们设计过三次专用超大规模集成芯片ASIC，从未做过实际的电路实验，主要依靠严格的论证来保证设计的正确性，结果三次样片都是一次完成。

最后，好的算法往往会大大改进系统的性能，而数学基础对构思算法是很有帮助的。1974年图灵奖获得者Knuth是学数学出身，他自己动手设计了TEX排版语言，并发明了数学公式在折行时的算法，既能自动把一段公式折成几行，又能保证得到的版面很美观。

可以说，大学四年的数学学习使王选深刻领会了数学的奥秘，以后更体会到数学在计算机应用方面的巨大威力。而王选在研究汉字激光照排系统之初，正是依靠扎实的数学功底，发挥数学的魔力，凭借一个"数学游戏”，使困扰中外科学家的难题迎刃而解，王选由此成为数学应用和创新的典范。

二、恰同学少年

与紧张的学习相比，大学生活则显得轻松愉快、丰富多彩。

王选和同学们最初被安排住在靠近北大南门的24斋，4人一间，不久又搬到了11斋，这是座简易的两层楼，一个大房间被隔成三小间，住着24个学生，每间8人。冬天没有暖气，靠生炉子取暖，一个燃煤火炉把管子通到每个隔断，专门有一位工友负责烧火炉和打扫卫生，他总是把洗脸间和厕所打扫得干干净净。

北方饮食并没有给王选带来多少不便，吃惯了米饭的他对包子、馒头一样来者不拒。倒是语言这一关，让王选着实适应了一段时间。当时普通话尚未普及，上海广播讲的是上海话，老师上课也是如此，所以王选的普通话水平不高，刚到北京时，不太敢在班上讲话，尤其是在小组会上。好在同学们来自五湖四海，许多人普通话水平还不如王选，每到班上开会，不少同学都说着方言，或操着带当地口音的普通话，倒是让王选“辨别和听懂各省方言的能力大为提高”。有一次王选在城里的饭馆吃面条，服务员问他要几两面。北京人买饭都说买“几两”，南方则说“一碗面，两碗饭”，所以王选对“两”毫无概念，只好胡乱说“要一两”。旁边一位老先生好心地提醒他：“你这样的年轻小伙子，应该要半斤。”后来到了1960年困难时期定量供应以后，王选才对“两”有了精确的概念。

那时的大学生活是很有规律的，每天晚上10点半熄灯，早晨6点多钟广播喇叭奏响起床号，王选和同学们一起集合晨练——跑步、做广播操。下午4点半以后，由班里的体育委员组织大家进行锻炼。活跃好动的王选积极参与，尤其钟爱篮球和乒乓球。他总结自己的绝招是“投篮准”和“落点刁”：

高中时我天天打篮球，大学也常打，可能是有小时候打弹球的基本功，我投篮准确率也比较高，但跟跑和弹跳能力不行。相比之下，乒乓球水平更高一些，大学时在班里能排第一，年级里也挺靠前，绝招是落点准，打球特别刁。不过我自认为握拍姿势不好，不能登大雅之堂，大学毕业后工作一忙，打球的机会就少了。

王选所在的班级是一个团结友爱的集体，同学间无论谁遇到生活或学习困难，大家都会伸出援助的手。班里唯一的党员王树桂家庭困难，天凉了没有厚衣服穿，大家一商量，就凑钱买来了绒裤，由心灵手巧的女同学绣上“王树桂”三个字，放在他的床头。看到王树桂感动的样子，王选和同学们心中充满温暖。

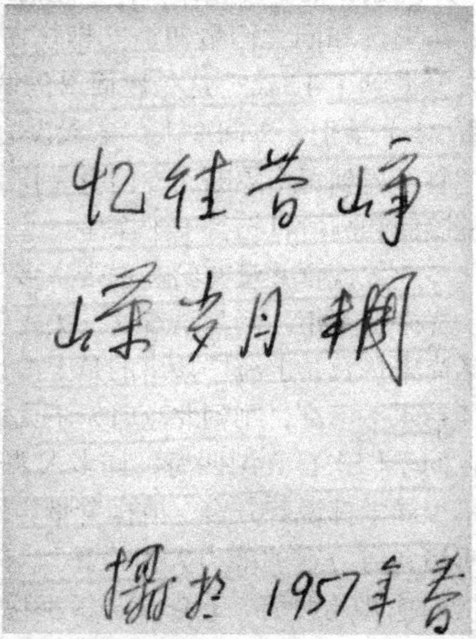

1957 年春，王选（前排左二）与大学同学在长城上合影。
王选在照片背面写下了“忆往昔峥嵘岁月稠”的感慨

北京的名胜古迹对于王选和来自外地的同学们是最有吸引力的，利用春游和秋游，王选和同学们饱览了燕郊美景：颐和园、长城、樱桃沟、香山、卢沟桥……尤其是颐和园，它的宏伟大气和文化内涵使王选流连忘返。

王选：第一次去颐和园印象很深，因为过去从未见过这样宏伟的皇家园林。1954 年秋游人很少，大多数的殿都免费开放，殿内有很多展品，包括慈禧的画像。当时的颐和园尚未修缮，保留了新中国成立前破旧的状况，与今天相比，倒有些原汁原味的意境。丁（石孙）先生对 54 级情有独钟，1956 年时曾与 54 级同学一起划船游颐和园，并在石舫讲了话，他说："现在的青年学生给我最深的印象是：大家都有理想。"那一年我还看到一批白发的老画工，冬天在长廊上燃起了炉火，一笔一笔地画人物和花鸟画，使长廊的面貌焕然一新。"文革"开始"破四旧"时，我迫不及待地赶往颐和园，想再看一眼长廊的画，可惜已被"红卫兵"用漆涂掉了，大失所望。

在王选的记忆中，"大学里最高兴的事"是入学后不久就参加天安门国庆游行。国庆前夕，王选把最好的一件白衬衫拿到服务社洗熨，他特意嘱咐社工把衣领浆挺括，穿在身上意气风发。从小学到高中，王选穿得最多的是白衬衫和布鞋，夏天是黄色的短裤，这好像是南模的校服，不过倒是正合王选的心意，他喜欢白衬衫的洁净和单纯，喜欢布鞋的随意和舒适，这个习惯一直保持到多年以后。

北大离长安街很远，那时交通不便，王选和参加游行的同学在前一天晚上就赶到了城里。王选的舅舅、舅妈正好住东单，王选就在他们家住了一宿，第二天大清早再赶到天安门广场。白天游行，晚上又在天安门跳集体舞，当时正值新中国成立五周年，王选和同学们兴高采烈地唱啊、跳啊，沉浸在欢乐的气氛中。联欢结束时已是凌晨1点，深更半夜回舅妈家显然不合适，王选便和几个南模的同学到附近一个同学家休息了一晚，天亮才回舅妈家，把舅妈急坏了。

当时这样的盛会还有参加中山公园的游园会，那是周总理出面为欢迎西哈努克亲王举行的，王选为此专门花时间学习了集体舞。能见到敬爱的周总理，大家的激动之情是不言而喻的。20世纪50年代的青年，对祖国充满真诚热烈的爱。

吃惯了食堂，偶尔改善一下伙食也是一大乐趣。王选还记得：

一次我和沈立、朱建士、毛德行、金旦华等六七个人去东来顺吃北京有名的涮羊肉，因为沈立已先吃过一次，回来一番形容引得大家垂涎欲滴，便一起前往。这是我第一次吃涮羊肉，当时不是用火锅，而是在桌上铸槽注水，各人在自己面前的沸水里涮着吃，让本来就没吃过涮羊肉的我感到很新奇。还有一次，全班集体改善生活，买来肉和佐料，自己做红烧肉吃。由金旦华负责，我和尹桂彬去棉花地（现在的五四操场）的住家借炉子和锅，居然如愿以偿，炖了一锅红烧肉，大快朵颐。

大学里听京戏的机会大大减少，但碰上好的场次，痴迷京戏的王选也不会错过。一次，马连良、谭富英等一大批名角在北京展览馆剧场演出《群英会》和《借东风》，王选一大清早就去排队，买了好几张票，和毛德行、周炜等同学兴致勃勃地去一饱眼福。看完戏回到学校已是深夜，校门关了，不知是谁提议，大家翻墙而入，才回到了宿舍。

当时的青年教师与学生们年龄相差不多，关系也很融洽，丁石孙先生举行婚礼，王选和同学们都去闹洞房，送上一个洋娃娃，祝他们早生贵子。程民德先生入党，王选和一些学生干部也被邀请参加，那隆重而热烈的场面使他深受感染。

三、求索

北大是新文化运动的中心和五四运动的发祥地，是中国早期的马克思主义和民主科学思想的源头之一，也是中国共产党早期的活动根据地之一，校园中涌动的爱国、进步、民主、科学的氛围和精神，深深感染着王选，他在追求理想和进步的道路上自由地徜徉着，求索着，有收获的喜悦，也有受挫的迷惘。

在北大求学的学子，没有几个不被丰富多彩的报告感染过，王选也不例外。当时的北大校长马寅初，已年过七十，“威望高，面子大”，所以常能请到领导人来北大演讲。王选就聆听过周恩来、陈毅、胡耀邦等的精彩报告，这给了他开阔的视野和见解。特别是1957年马寅初做的有关“人口论”的报告，坚持真理，客观求实，给王选留下了深刻印象。

王选：50年代时，马老脸色红润，身体十分健康，那次报告中他对人口过多的负担十分忧虑，讲话语调非常激动，并不时拍打桌子。在报告中他举例说明深入调查的重要性，他说他从美国留学回来后看到农村的公厕只有半截墙，外面能看到上厕所的人的脸，他觉得不文明，应加高围墙或改成封闭式的。后来农民告诉他：“你是美国博士，但你不懂得，我上厕所时要看住我放在外面的扁担，以免被人偷走。”马老说，这番话使他恍然大悟。马老在报告中特别强调了人口数据统计的重要性，他说现在的数据都是static（静态的），一定要有dynamic（动态）的数据才能反映人口发展趋势。马老“人口论”的远见卓识已被历史证明，他始终坚持真理不作妥协，这是值得敬佩的。

上大学后不久，王选被选为团支部书记，后来又担任了系分团委副书记。大量的学生工作和社会活动占据了他很多时间，耗费了大量精力，可王选乐此不疲，他把追求政治进步和学业有成放在同等重要的地位，认为这样才能对社会、对国家做出更多贡献。他和中学时一样，认真负责地投入工作中，不遗余力地开动脑筋，想出很多搞好会议和集体活动的好办法。一次，为了使同学们了解国家在各个领域的建设和发展情况，王选提出举办一个故事会，通过“大家谈”的方式达到目的。他发动大家分头去调查采访，通过各种渠道了解家乡和各行各业的变化，在故事会上逐一讲述。结果反响热烈，故事会开得别开生面，效果奇佳，还得到了北大团委的重视，王选也受到了师生们的一致好评。

1955 年 11 月，大学二年级的王选被评为北大优秀生、北大青年“三好”积极分子。这在当时是一项非常高的荣誉，54 级数力系 200 多名学生，只有 10 余人获得，平均每班 2 人。北大为此召开了隆重的表彰大会，为了迎接大会，更好地向积极分子们学习，各系组织了形式不同的活动：生物系全体同学在学生宿舍周围种植了 200 株国槐，向大会献礼；化学系一年级同学为全系积极分子做好了大红花，准备敲锣打鼓把他们送进会场；数学力学系则组织了一次声势浩大的义务劳动，1955 年 11 月 19 日出版的《北京大学校刊》记载了当时的情景：

数学力学系 200 多人所组成的劳动大军，浩浩荡荡来到了“东方红”农业生产合作社。在一片 30 多亩的棉田里，同学们进行着紧张的劳动。男同学的任务是拔棉茎，这个任务是比较艰巨的，由于天气寒冷，手已冻僵了，一不小心就被棉枝刺破了皮，但同学们劳动热情非常高涨，不到 20 分钟，一大片长满棉茎的田野全部拔光了。……女同学的工作是摘棉花，她们在极短的时间内，每人已摘满了一书包棉花。

王选和同学们一起在田里忙碌着，心中充满劳动的快乐。不远处，一位身材玲珑的女同学在手指翻飞地摘着棉花，不时发出几声清脆的笑声。她叫陈堃銶，是 53 级的，与王选是上海老乡，自小品学兼优，大学里也是德才兼备。由于有一副银铃般的嗓音，陈堃銶还被选入北京市大学生合唱团，经常参加演出，接待外宾。这次陈堃銶也被评为北大优秀生和青年“三好”积极分子，由于都是班里的团干部，王选和陈堃銶此前已在开会或参加活动时见过几面，彼此认识。陈堃銶记得王选身穿V字领毛衣，翻着白衬衫的领子，外罩一件深色毛领夹克，儒雅得体。不过，当时他们在棉田里各忙各的，并未谋面。

表彰大会后，系里组织被评为优秀生的同学与低年级学生一起座谈，介绍经验。王选与陈堃銶分在一个组，尽管王选碰巧有事没有参加，但这似乎再一次预示着他们的缘分。12年后，陈堃銶成为王选的妻子，成为他事业上最忠诚和最得力的助手，生活和精神上相濡以沫的支柱。

系党组织很快发现了王选这棵好苗子，把他列为重点培养的入党对象。1956年，系党组织正式找王选谈话，把一份入党申请表交给王选填写。对于缔造了新中国的中国共产党，年轻的王选一直充满向往和追求，能在学生期间入党，是非常光荣而神圣的，也是十分不易的。

但是，王选不是一个趋炎附势、人云亦云的人，他善于独立思考，有自己的见解。他要在入党前弄懂国际、国内形势，梳理思路，使思想跟党保持完全一致。

北大图书馆给王选提供了浩瀚的信息海洋，他在边边角角里，翻看别人不一定注意的资料。在一个英文版的《民族前卫》（*National Guard*）杂志上，王选看到了《赫鲁晓夫的秘密报告》全文，这是1956年2月24日深夜至25日凌晨，赫鲁晓夫在苏联共产党第二十次代表大会上作的报告，长达4小时，题为《关于个人崇拜及其后果》，尖锐地揭露了“斯大林的严重错误以及对他的个人崇拜所造成的严重后果”。王选后来得知，自己是整个数学力学系第一个看到这份报告的学生。在当时中国把苏联当成“老大哥”、把斯大林当作伟大领袖的环境下，这无疑使王选掀起了思想的惊涛骇浪，他陷入了深深的矛盾和疑惑之中。

王选：我当时十分关心政治，又有比较独立的判断能力，所以看了很多别人没有看到的资料，而看的资料越多，产生的怀疑就越多。比如赫鲁晓夫关于斯大林的“秘密报告”是否是真的，苏联是否有大国沙文主义，是否朝鲜先发动战争，等等。当时我思想上非常虔诚，觉得我在入党之前，一定要把我所有的思想、所有的问题，都向组织上说出来，然后才能检验出我确实是真的够格。如果不把这些问题讲清楚，总觉得对不起党组织，觉得不够忠诚老实。当然这些怀疑现在看来是对的，但是当时这些想法都是极其异端的，不可容忍的，甚至是反动的。我的思想跟当时流行的政策不一致，这些问题始终困扰着我，思想斗争非常激烈。

50年代的青年心灵是纯净的，对党和国家的态度是赤诚的，就像孩子对待自己的父母，热爱之余，有什么不满意，会不加遮掩地倾诉出来。当时王选班里发生的“给《光明日报》写信”一事，就充分体现了这一点。

1956年的一天，班里的同学拿着一份材料来找王选签名，王选一看，是一封写给《光明日报》的信，内容是对当时政治理论课教学的意见和建议，十分大胆甚至尖锐，信的末尾已有洪允楣、张景中、于劭、张恭庆等七位同学签了名字。王选觉得信中内容很符合当时的情况，便也在上面签了自己的名字。

不久，同学们惊讶地发现，1956年8月18日的《光明日报》全文刊登了他们的来信。信中这样写道：

我们认为，政治理论课学习的实际效果是与高等学校政治理论教育的要求相距很远的。主要原因是教学内容和教学方法上的问题，教学内容重复。我们在中学学了总路线后，大学里还要在中国革命史、马列主义基础及政治经济学中，大同小异地学三遍关于国家工业化与农业集体化的理论。而且讲授不深入，结论多，论证少。有时为分析问题而分析，在分析时总离不了“必要性”、“可能性”、“意义作用”等一大套。说老实话，这样的讲授是我们大家都厌烦的，因为它使我们得不到什么。在教学方法上，教研室很少鼓励同学进行独立思考和自由讨论。……有时对不同的看法进行讨论时，老师往往又用“立场”、“思想方法”的帽子把他不同意的看法否定掉，而不是以理服人，不是帮助同学们站稳立场，学会分析问题的方法。……我们认为，必须从政治理论课教学的实际效果中来加以检查，痛下决心，大力改革，才能使政治理论教育不致成为学生厌烦的课程，而成为学生喜爱的课程，起到它应有的作用。

信中反映的许多问题，今天看来仍不陌生，足可见当时学生们思想之活跃、直言之勇气，以及《光明日报》的开放态度。当然，这与当时提倡“思想解放”和“反对教条主义”的时代背景是密不可分的。

1956年，当系党支部委员再次找王选谈话时，经过再三矛盾与犹豫，怀着诚实得有些天真的心情，王选倾吐了内心深处的所有想法。令人担心的事情发生了，支部委员对王选的所思所想非常吃惊，他们没想到王选居然还有这么“反动”的思想，甚至认为王选对社会主义制度产生了动摇和怀疑，这么高的上纲上线，使王选感到了极大的委屈，也使他感到不安和不测。

果然，不久支部通知王选：经过研究，决定对他继续考察。王选的入党问题无限期地被搁置下来。后来王选得到了一句评语："'大鸣大放'期间思想混乱。"这对于从小要求进步又一帆风顺的王选，无疑是一个不小的打击。王选一路平坦的人生旅途第一次遭遇挫折，思想的纯净天空蒙上了一层阴霾。

1958年，又传来不幸的消息，王选的父亲被划为"右派"。家里情况大变，虽然邻里关系不错，但母亲的街道干部不能当了。母亲还告诉王选一件特别气愤的"借钢板事件"。有一次街道出现了反革命传单，是用钢板刻后油印的，因为王选的父亲是"右派"，便遭到怀疑，于是有人来借钢板加以试探。王选的母亲觉得莫名其妙，因为家里根本没有钢板。后来一位邻居悄悄告诉了她事情真相，平白受到怀疑和委屈，王选的母亲非常生气，从此心情变得很低落。

接下来的漫长岁月里，王选像中国的众多知识分子一样，在政治上陷入了一个苦闷时期。

王选：对"肃反"的扩大化、对"胡风集团"的批判我都有怀疑，"反右"期间对青年学生采取如此严厉的态度，我思想上实在想不通。"大跃进"后批判彭德怀想不通，后来到了"文革"，想不通的事就更多了。越学习，越关心政治，疑问就越多。很长一段时间里，我非常希望自己是一个糊涂虫，什么独立思想都没有，也老幻想自己有一个苦大仇深的家庭出身，没有这些"乌七八糟"的思想。直到"林彪事件"发生以后，我终于大彻大悟，知道自己的所有怀疑都是对的，思想才完全解放了。

不过，如此多的疑问和苦闷，如此重的挫折和压力，并没有打击王选的爱国之心，他仍旧以满腔热情，全身心地投入为祖国努力学习和科研的奋发拼搏之中。

四、人生第一个重要抉择

大学一、二年级系里是不分专业的，同学们上的是一样的基础课。三年级开始要分专业学习。因此，1956年大学二年级下学期，除了政治上的思虑外，王选还必须作出另一个抉择：学什么专业。

1956年，中国的科技发展进入了一个新阶段。那年初，党中央发出了“向科学进军”的号召。4月至6月，周恩来总理亲自主持了《1956—1967年科学技术发展远景规划》(后来被称为“十二年科学技术发展规划”)。邀请了全国600多位科学家和18位苏联专家参加草案的起草工作。这是新中国第一个科学技术长远发展规划，它从13个方面提出了57项重大科学技术任务，其中第41项是“计算技术的建立”；确定了导弹和原子弹、电子计算机、半导体、无线电电子学、自动化技术等六项紧急重点任务，在中国科学院和有关部委组建新的学科研究所，还安排大学新建相关专业以培养人才。在这一时代背景下，北京大学、清华大学相应设立了计算数学和计算机方向。北大的计算数学方向就设在数学力学系，由徐献瑜教授担任教研室主任。

因此，王选和同学们可选择的方向，除了原有的数学、力学外，又新增加了计算数学。

每个同学都意识到，未来自己所从事的工作，与所学专业密切相关，专业的选择从某种程度上决定着一个人的发展方向甚至前途命运，这是关键的一步，一定要慎之又慎。

数学专业，这门古老而又成熟的学科，既有完整严密的理论体系，又有等待解决的道道难题。系里一些尖子学生从中学时就树立了勇攀数学高峰、摘取数学桂冠上闪耀的明珠的宏伟志愿，数学专业自然是他们的首选。

选择计算数学，则意味着要跟计算机打交道。现在看来，这是个极其热门的专业，但在50年代中期，情况却有所不同。虽然早在1946年，美国科学家毛奇利（J. W. Mauchly）和埃克特（J. P. Eckert）就发明了世界上最早的电子数字计算机，1951年他们又研制成功世界上第一台通用商业化计算机，在美国人口统计局投入实际应用。但在当时的中国，计算机在人们心中还是一个遥远、神秘甚至陌生的梦想。计算数学在整个中国都是新兴学科，不但没有一套像样的教材，而且应用性强于理论性，包含大量繁杂琐碎、非创造性的技术，在不少人眼中不见得有高深的学问，前景也不清楚。

王选的看法是，越是古老、成熟的学科，越是完整严密的理论体系，越难取得新的突破；而新兴学科往往代表着未来，越不成熟，留给人们的创造空间就越广阔，发展前景就越大，这是让喜欢挑战和开拓的王选十分看重的。

王选还有一个想法，希望自己所学习的知识能够直接服务于祖国建设，能够为发展国民经济发挥实际作用。他从“十二年科学技术发展规划”和周恩来总理的讲话中看到，计算技术是我国迫切需要的重点技术。王选想，一个人只有把自己的工作和国家的前途命运联系在一起，才有可能创造出更大的价值。

我们注意到，王选后来十分强调科研成果的应用和转化，这一观点，早在他大学期间就开始萌生。

为了证明自己的观点，王选去图书馆查阅报刊资料，有两篇文章引起了他的注意。一篇是钱学森访问苏联的文章，提到苏联把计算机应用在人造卫星等航天工业上，起到了很好的作用；另一篇是中国科学院数学所数理逻辑研究室主任胡世华撰写的，讲的是未来战争中，现代国防科学技术，包括航空航天、导弹等技术都要和计算机联系起来，通过数理逻辑、概率论、博弈论等数学理论来实现指挥作战，甚至控制整个战争。王选看后认为，计算数学这个方向将来能够跟现代尖端科学——原子能、航天事业、国防科技事业等发生紧密关系，是一个前景十分广阔的领域。

所以，王选下了决心，就选计算数学。他在录音回忆里对自己的这一选择进行总结说：

我选这一专业基于几个考虑：第一，从上大学以后，我就有一个比较强烈的为社会服务的愿望。我不大追求理论上的完善，或者发表一点文章，在数学的纯理论方面，当时很强调“漂亮”，就是做证明、下结论时讲究非常简洁。我则侧重于希望自己的研究成果直接为国民经济做出贡献。第二，我并不在乎这个领域有没有多少东西可学，恰恰没有东西可学说明有更多的空间需要开拓，发展的潜力更大。第三，我并不讨厌非常烦琐的计算和具体工作。因为搞技术性工作，像计算机、计算数学都非常烦琐，我恰恰不怕这些，不会在乎它的工程量和琐碎的地方。只要觉得这东西有价值、有意义、对国家有贡献，那么我就不厌其烦。所以，我下决心选择了计算数学，这是我一生中第一次重要抉择，我为能够参与这个领域而感到十分自豪和高兴。

与王选一起分到计算数学方向的有20多名学生，是54级数学力学系全部学生的1/10。时间的发展证明，这一选择对于王选来说是至关重要的，它为王选今后的科研工作奠定了第一块基石。否则，王选将与激光照排无缘。

这一选择，还首次体现出王选的远见和洞察力。多年后，王选在总结取得成就的原因时说：

我能够取得成就，最重要的一点，应该是具有远见和洞察力。我在解难题上面的本事并不大，但有一点我大概是突出的，就是洞察力、远见力，英语叫 vision 或 insight，具体表现就是我能比别人早一拍走到正确道路上。选择计算数学以及后来自觉地训练英语听力，从硬件跨到软件，两者结合起来研究，直到选择搞激光照排，都是这种 vision 在起作用。

无独有偶的是，陈堃銶也选择了计算数学方向。本来二年级时，陈堃銶选的是数学，但到了三年级末，各专业又细分出不同的“专门化”课，需要同学们再次进行选择，新设立的“计算数学专门化”引起了陈堃銶的极大兴趣。

陈堃銶：数学专业新成立了计算数学教研室，徐献瑜教授是筹备者，后成为教研室主任。他从苏联考察回来，向大家介绍苏联的情况，特别是计算机在国民经济中的作用，讲得十分生动，许多同学都很动心。我也很感兴趣，而且我自感不是学纯粹数学的料，比姜伯驹等有很大的差距，所以决定报计算数学。后来知道挑学生还比较严，大概我当过优秀生，才被选上。

与其说是机缘巧合，不如说是志同道合吧，看来王选和陈堃銶走到一起，是上天早就注定的缘分。

五、触摸计算机

选择计算数学后，王选对计算机技术投入了极大的热情和关注。每当看到国际或国内的相关发展动向时，他都异常兴奋，他越来越觉得，自己的选择是正确的。他热切期待着能够在这一新兴领域有所作为，在进军科学技术的洪流中发挥作用，这成为他在大学三、四年级发奋学习的动力。

不过，当时电子计算机技术属于尖端科技，就是在美国和苏联，也被视作国防机密，我国的计算机研究，更是处于刚刚起步阶段。计算机是什么模样？王选和同学们谁也没见过。

引领王选跨入这道神秘大门，生平第一次触摸计算机的，是张世龙先生——“计算机原理”专业课的授课教员。

张世龙可以算是我国计算机事业的拓荒者，当时只有 28 岁，他常对同学们说："先生先生，其实是比你们先生几年而已。"据 1956 年考入北大数学力学系的董士海在《从两张照片谈起——回忆无线电系和计算机系的成立》一文中描述，张先生平时给大家的印象是"很健谈、爱抽烟、知识面广、和气、年轻，喜欢穿皮夹克（用现在的话来讲是'帅'）"。张世龙毕业于燕京大学物理系，是老燕京的地下党员，新中国成立后是新北大第一任教学行政科（相当于现在的教务部）科长，有扎实的物理和数学基础，平时喜欢摆弄无线电收音机，又有很强的动手能力。北京大学在筹建计算数学专业时，决定建立一个实验室来研究计算机技术。1956 年，在北大南阁后面一排简陋的平房中，北京大学计算数学实验室正式建立，张世龙被任命为主任。也就在这一年，张世龙开始自行设计计算机"北大一号"。

王选：张先生是一位绝顶聪明和事业心很强的人，他于 1956 年开始独立设计一台电子数字计算机，所参考的资料只有十分有限的外文资料。他的这门课大部分内容就是他主持设计的这台完整的串行计算机，从逻辑到电路都很具体。他大概是中国第一个独立设计一台完整的电子数字计算机的人，但由于磁鼓存储器不过关，机器未能运行。而科学院计算所夏培肃先生主持设计的小型计算机，由于有计算所磁心存储器研制组的有力配合，后来居上终于率先运行，成为我国计算机发展史上真正的第一。

1958 年冬，北大数学力学系 54 级计算班师生在数学力学系办公楼前合影。前排右二为王选，右五为系主任段学复教授，右四为张世龙老师

张世龙开设的“计算机原理”课，不但有“北大一号”模型机，还绘制了详尽的原理图，从逻辑设计、原理设计到电路设计、工程设计，明明白白，一应俱全。同学们听过张世龙的课后，佩服之余，都感到内容实在、具体，对计算机有了一个完整的概念。王选拿着有些简陋的油印讲义，听着张世龙先生把枯燥生涩的计算机原理讲授得生动形象、简易明了，他的脑海里，渐渐勾画出了一台熠熠生辉的计算机模样，内心涌起的感受是无法形容的——设计计算机，这一充满创造性的工作让他入迷、激动、跃跃欲试……张世龙可以称得上是王选的计算机启蒙老师，他敢为人先的勇气和精神，更是给王选以深远的影响。

王选：张世龙先生对我最大的影响，就是敢为人先。他能在那么简陋的条件下，没有很多的国外资料，靠一些杂志上零零碎碎的点滴的东西，大胆设计一台计算机，不但逻辑设计是严密正确的，好多高招都是他自己琢磨出来的，而且还把它装配了出来，这是不可想象的，是充满创造性的劳动。敢于做前人未曾做过的事，没有相当的勇气和胆识，是不可能做到的。张先生“敢为人先”的勇气影响了我后来的科研生涯。

而张世龙对自己在计算机方面的贡献并不居功，却为培养过王选这样成就卓著的学生感到“荣耀”。

张世龙：作为教师，我自以为大体是称职的。这并不是说我有多么高明，而是我笃信韩愈《师说》：“师不必贤于弟子。闻道有先后，术业有专攻，如是而已。”所以课程开始我总是说：你们叫我“先生”，就是我年龄比你们大，先于你们生而已！我的学生们的成就大多超过我，王选更是远远超过。我从未感到“惭愧”，俗话说得好：“有状元学生，没有状元老师。”相反，我以为学生超过自己了是“正道”，也是教师的“荣耀”。

程序设计课的辅导课老师是陈堃銶，她已于1957年毕业留校，在数学力学系做助教，担任计算方法和程序设计课的辅导课老师，协助大课老师补充讲解，解答问题。她觉得54级这届学生比他们幸福多了，她上专业课时，由于老师是外面请的专家，要每周几次挤公共汽车到白石桥的西苑旅社去上课。虽然身份由师姐转换成为老师，但陈堃銶个子瘦小，梳两条又黑又粗的大辫子，怎么看也还是个学生，有的同学就叫她“小先生”。王选的同班同学毛德行还记得，陈堃銶第一次给同学们上课，站到讲台上望着台下一双双注视着她的眼睛，紧张地说："哎哟，我害怕！"下了课，一些女同学常常和"小先生"嬉笑打闹在一起，陈堃銶倒也不在意，她耐心细致、开朗快乐的个性和悦耳的嗓音，赢得了王选和同学们的喜欢。

陈堃銶也记住了王选，有几次，王选因为忙于"北大一号"机的实习，没有及时交作业，急得陈堃銶跟在他后面追着要。王选抱歉地说："我太忙了，稍后一定交。"结果期末打分时，别的老师给王选打的大多是5分，陈堃銶偏偏给他打了4分，并对他说："这是对你不按时交作业的惩罚！"王选拿这位铁面无私的"小先生"没有办法。

1958年春天，大学课程基本结束，开始上实习课了。张世龙决定与空军司令部第三研究所合作，对"北大一号"进行改进，并以此作为王选和同学们实习的内容。张世龙重新确定了设计原理和思路，采用较先进的插件方法，对逻辑设计也做了很大的改动，然后把具体设计"改进机"的任务交给了王选。他发现，这个学生不但对计算机设计兴趣浓厚，而且思维敏捷，逻辑严谨，是进行科研设计的好材料。

老师的信任，使王选在自豪的同时，感觉到了肩上的担子。当时各方对于"改进一号"寄予了很大期望，朱德总司令还亲自到位于北大北阁的机房参观视察，北大则希望用半年多的时间研制成功，向国庆献礼。时间的紧迫，更加大了王选的压力，他和空军三所调来的几位同志以及同学们一起，加班加点、白天黑夜地连轴转，还为此闹了笑话。

王选：有一天调试机器，我上的是一大清早的班，外面还是黑咕隆咚一片。我迷迷糊糊地从双人床的上铺爬下来，拿了挂在床边的一件衣服穿上就去了实验室。在实验室，我全部精力都放在了调机上，完全没有注意自己的穿着。我从5点钟一直调试到中午11点多钟，然后才去食堂吃饭。一出门，外面阳光很强，我觉得上衣有点不对劲，好像从蓝色变成了灰色，不过没往下想，脑子里一直在琢磨刚才那个移位寄存器为什么老调不出来。路上就用口袋里的钢笔记了一个数据，觉得笔也细了一圈，我想肯定是累糊涂了。一进食堂，一个同学就冲我说："你把谁的衣服穿上了，怎么这么短啊？"又看见龙世达，迎面过来叫住我说："你是不是穿错我的衣服了？"我一看才明白过来。周围一片哄笑，我的马大哈也出了名。

"北大一号"改进机的运算器和控制器终于调试完毕，但由于存贮器用的国产磁鼓不过关，所以虽然王选他们费了很大力气，仍未能使机器投入运行。王选还记得那年夏天周培源先生陪同列宁格勒大学（今圣彼得堡国立大学）的一位校长来参观，当时中苏关系还很友好，这位校长参观后热情地赞扬了一番，但走的时候说了一句话，“我预计这个东西最起码一年半才能真正投入使用”。说得王选和同学们都很失望，又很不服气，憋着一股劲儿加紧调试。但终因主要设备不过关，这台体积庞大的改进机最后虽然交付了空军，但只能做一些简单的加减法运算，无法投入使用。

1958 年，王选（右一）和同学及协作单位的同事在“北大一号”机前

不过，这次实习让王选对计算机从逻辑设计到整机调试都有了一个完整翔实的认识，对复杂的计算机原理图也了解得很扎实，动手能力也大大加强了；更重要的一点，是王选对计算机设计产生了不可抑制的冲动，他在接下来的“红旗机”研制中投入了巨大心血，几乎搭上了性命。

六、学习方法观

1958 年夏，在经过了四年系统的大学学习后，王选以优秀的成绩毕业，被留在北大数学力学系工作，一年后调至新成立的无线电系。晚年的王选回忆起在北大读书的学子生涯，充满留恋和难忘的记忆，他动情地写道：

四年的大学生活正是“恰同学少年，风华正茂”，留下了很多美好的回忆；但也经历了“反右派”“人斗人”的残酷场面，许多成绩优秀的同学都成了“右派”，受了 20 年的苦难。这使我想起夏衍的一首打油诗：“敢想容易敢说难，说错原来非等闲，一顶帽子头上戴，搬他不动重如山。”幸运的是，当我们 40 岁左右时，迎来了打倒“四人帮”、改革开放的春天，许多人在后半辈子做出了新的成绩，当年的“右派”有的成了院士、劳动模范和单位的骨干。受尽磨难的我们这一代人聚会时都毫无例外地谈道：数学力学系学生时代为我们后来的成绩打下了坚实的基础，使我们终生受益。

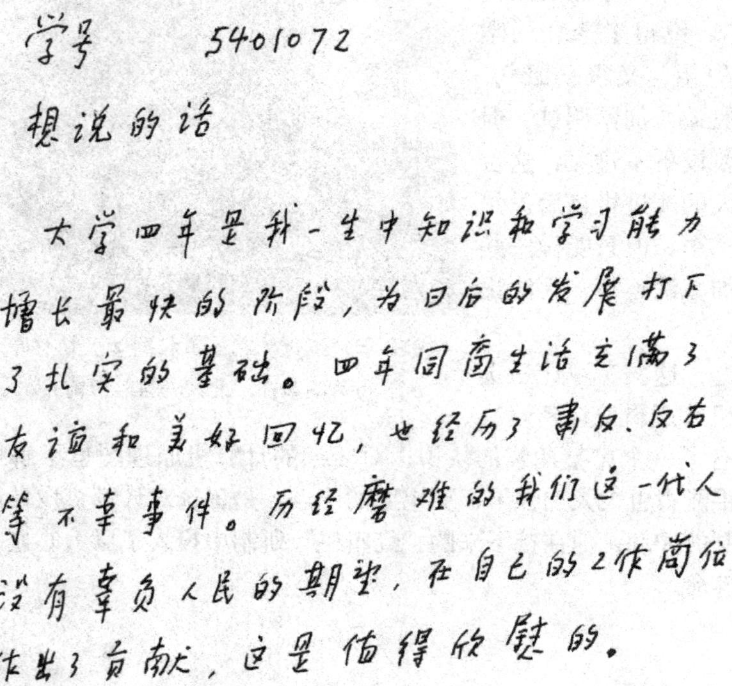
学号 5401072

想说的话

大学四年是我一生中知识和学习能力增长最快的阶段，为日后的发展打下了扎实的基础。四年同窗生活充满了友谊和美好回忆，也经历了肃反、反右等不幸事件。历经磨难的我们这一代人没有辜负人民的期望，在自己的工作岗位作出了贡献，这是值得欣慰的。

2004 年，王选在北大 54 级数学力学系入学 50 周年纪念册上的留言

的确，北大得天独厚的条件为王选提供了良好的学习环境，而善于思考和富有创造性使王选在大学期间创立了一套独特的学习方法，他曾对此作过较为系统的总结，归纳为以下几点。

第一，踏实、一丝不苟。我觉得对高中、大学的基础课程，不应该老问学这些课程有什么用，而应认真学习，把基础打牢。比如说学数学，主要的教科书，每句话都要弄得很清楚，尤其每个定理的推导，每个原理的阐述，每个细节、每个基本概念都要弄得一清二楚，一丝一毫都不能马虎。要严格、严格、再严格，培养一种严格的推理和归纳能力。假如这方

面不严格锻炼能力的话，今后从事科学研究就会遇到问题。无论是搞计算机、搞数学还是搞其他任何科学领域，最最忌讳的就是不踏实，好高骛远，似懂非懂，这是学习的大敌。

第二，要比较、鉴别地学习。一门课程假如有几种不同的体系，就需要比较鉴别，把它们的优缺点加以比较，最好能够把不同的体系打通。你可以看参考书，但要少而精，看参考书的目的在于鉴别对比。我在大学三年级学实变函数的时候花了很多精力。老师讲课用的是一种方法，他自己编的教程里用了一种体系；而当时还有一本苏联人编的书，用的是完全不同的另外一个体系，但内容大同小异，这样就很有意思了。我当时把这两个体系都仔细地学习，看看这个体系的定理在那个体系里头应该怎么样去证明。通过这样一个比较学习过程，就对这个概念的了解提高了一大步，而且一下子就生动活泼多了。

第三，做习题的方法。中学、大学习题量都很大，那么我坚持两条原则：第一条原则，做习题前一定要把基本概念弄清楚，绝不在概念还没有弄清楚的情况下很快去做题，这是很重要的。因为做题本身就是为了理解概念，同时掌握技巧。第二条原则，做习题不能搞题海战术，当然也不能强调少而精，关键在于做完习题以后要总结。哪些题目是一类的？到底解决了什么问题？对理解哪个原理有帮助？掌握了什么技巧？特别是当你做题的方法跟别人不一样的时候，或者老师最后得出来的做法跟你不一样的时候，你要总结总结，你为什么方法做得比他笨，或者为什么做得不对。这样在做下一个题目的时候，就可以把前面所掌握的技巧和方法推广应用过来。因此经过思考和总结经验做十道题，可能会比你糊里糊涂做一百道题的效果要好，掌握的知识更牢固。

第四，要边学习、边实践。我很赞成在大学期间动动手。无论搞物理的或是搞数学的，尤其是搞计算机的，在假期中，玩玩计算机，编编程序，做点实验。实践不能盲目，一定要在正确原理指导下进行，实践过程中要不断地总结，对原理上有什么新的想法和体会。动手对全面理解、掌握知识和提高自身能力很有帮助，这无论对中学、大学还是做研究工作都是重要的。

第五，要跨领域地学习。尤其在大学高年级和大学毕业以后，尽可能在年轻的时候能够跨两个领域学习和研究，因为两个领域的结合点往往是空白点。我记得美国数学家、哲学家、控制论创始人维纳（Wiener）曾经说过一句话："在已经建立起来的科学领域之间的空白区上，最容易取得丰硕成果。"这句话我体会很深，我选择计算数学专业，就是数学和计算机两方面的结合；60 年代初，我从事软件和硬件相结合的研究，研究软件如何对硬件产生影响，以及 70 年代中期，从事激光照排系统研究，将计算机技术应用于高精度的汉字字形信息处理领域，都是在两个领域之间的空白区产生了新的成果。

1958 年，王选的学生时代画上了圆满的句号。他开始沿着科研之路蜿蜒前行，等待他的有鲜花，也有荆棘；有奇峰胜景，也有万丈深渊。王选义无反顾地跋山涉水，迎接着无数接踵而至的挑战。

第四章

峥嵘岁月

一、投身“红旗机”

1958年10月，美丽的燕园秋风送爽，澄净的未名湖水泛起阵阵波澜。留校不久的王选，在张世龙的带领下，又投入了新型计算机“红旗机”的设计工作，从而开始了他一生中工作“最狂热”的阶段。

在“十二年科学技术发展规划”部署下，1958年8月，以中国科学院计算技术研究所为主的科研单位，在苏联专家的指导下研制的我国第一台103通用数字电子计算机试制成功，开辟了中国计算机事业的新纪元。同时，中国科学院计算技术研究所还在研制一台每秒运算1万次的电子计算机104机。

1958年，恰逢我国的“大跃进”年代，北京大学在高校中一马当先，也决定研制一台每秒达1万次定点运算的计算机“红旗机”。如果成功，其运算速度可以列入当年世界前10名。研制计算机的想法是张世龙提出的，回忆起此事，他的语气中不乏幽默。

张世龙：1958年是“大跃进”年……当时已有了“大跃进”、“人民公社”，又有了社会主义建设总路线这“三面红旗”。在那种全国热腾腾的劲头中，我头脑也发涨了，贸然在总支委员会中提出我们自己设计制造计算机，并定名为“红旗”（源于当时出版的《红旗》党刊和“三面红旗”）。

张世龙的建议得到了北大党委的大力支持。为了加快研制速度，北大受教育部委托，决定从全国高校和科研院所中抽调一批力量。消息一公布就引起了热烈反响，北京师范大学、哈尔滨工业大学、内蒙古大学、浙江大学等20多所高校，以及一机部十五所、中央气象局科研所等单位先后派出100多人来到北大，参加这一激动人心的“会战”。他们在各自单位都是政治过硬、业务水平较高的教师、高年级学生或科研人员，因此，北大也很重视，由党委书记陆平亲自过问，给他们安排了与北大教员一样的食宿条件。

然而，这些人员虽然热情高涨，学习劲头十足，但几乎没有人懂得计算机原理，懂电路的也不多，不经过培训，是无法参加研制工作的。因此，数学力学系主办了为期一个半月的计算机培训班。由张世龙、杨天锡、吴大奇、王选、王良训、许卓群、陈堃銶等教师轮流讲授相关知识。来自中央气象局科研所的龚一平从来到北大那天起就开始写详细的工作日记，2006年他又写了回忆文章《我与王选一起战斗的几百个日日夜夜》，文中记叙了王选给培训班讲课的一幕。

龚一平：王选人长得比较清瘦，但是相当精神。他的高等数学根底好，通晓计算机原理，熟悉无线电基础和脉冲技术，在张世龙老师领导下，研制过北大第一台小型计算机“北大一号”。开学后的一天，王选走上讲台，向100多位师生讲了一堂生动的计算机课，题为“串联机的逻辑设计和电路设计”，讲课有条有理，深入浅出，既有原理，又有实践，立刻得到了师生们的欢迎。

11月下旬，训练班告一段落，计算机设计工作正式开始。为了便于管理，北大按当时大办人民公社中“全民皆兵”的办法，把参加“红旗机”研制工作的教员和学生按连队编制组织起来，成立了“红旗营”，下设逻辑电路、存储和外设三个连。营长由张世龙担任，教导员由陈良焜担任。王选、王良训担任“营参谋”，做张世龙的“左膀右臂”。陈堃銶担任营部一位党员干部的“秘书”，除了承担程序设计培训外，主要负责人员管理、培训与食宿安排、安排教室等各种杂事。

“红旗营”成立后不久就召开了一次誓师大会，党委书记陆平到会讲话，营部下达了第一道“战斗命令”：“苦战百日，放出卫星，在明年三八节设计、安装、调试出一台中型计算机！”大家群情激昂，干劲冲天。

计算机研制是尖端科学，绝不是搞“群众运动”、依靠一大拨人“大干快上”就能一蹴而就的。所以，“红旗营”的热闹场面仅仅维持了几个月就结束了。1959年年初，北大悄悄宣布“红旗营”解散，百十人的营员除龚一平等十余人留下继续工作外，其余都陆续返回。不过，通过几个月的学习和实践，为各校培养了计算机技术骨干，不少学校相继开设了计算机课，“红旗营”成了播撒计算机技术的种子基地。

1959年新春前夕，北大决定组建无线电系，将物理系中的无线电相关专业、数力系的计算数学教研室从事“红旗机”硬件设计的教员都划归无线电系。张世龙、王选、杨天锡、王良训、吴大奇、许卓群、毛德行等一并调入，组成了“计算技术与自动控制专业”，简称335教研室，室主任由张世龙担任。教研室成立后的主要科研任务就是继续研制“红旗机”，至此，研制工作终于步入规范化，开始有条不紊地步步推进。

很快，张世龙重新整理了总体设计，包括计算机字长、指令结构、基本指令、加法器模式和基本的电路设计构思。他把具体设计任务交给了王选、杨天锡、王良训、吴大奇等几名骨干。王选是逻辑设计的主力，同时，他还承担了部分电路设计和工程设计工作。为了保证设计的严密和准确，王选反复检查，严格推导，不放过一处纰漏。为了方便工作，1959年春天，王选干脆住进了实验室，早、中、晚三段工作，晚上就打开铺盖，睡在办公桌上。直到暑假“红旗机”设计组装完成，他才搬回宿舍。

五一节前夕，百花争艳，春光正好，经过夜以继日的紧张工作，“红旗机”的逻辑设计顺利完成。张世龙高兴地看到，王选的设计在没有外来经验可以参考和借鉴的情况下，思路灵活，逻辑严密，算法准确。如此复杂的设计，只出了两个小错，实属不易！这也使王选感到欣慰和更加自信。在后来的科研岁月里，他一直秉持逻辑思维严密、计算准确并严格审核的科研作风，从而有把握少出错甚至不出错误。

累加器是运算器的主体部件，加减乘除和逻辑运算都在累加器中实现，电路的组合以及进位链的设计十分重要。王选想出了一些独特巧妙的方法，使运算速度大大加快，设备得以简化。

王选：为了加快运算，我采用两位一乘的办法，就是一次并不是一位一位的乘，而是两位一起乘，一起参加运算，因此乘法速度比常规办法提高一倍。执行加减法的时候，也不是加完以后再移一位，而是把加法和移位合在一拍里进行。另外，我提出一个成组进位的方法，把原来一位位串联进位的方法改成四位一组，成组进位。这些设计使运算速度大幅提高。

再比如用存储进位来提高速度。存储进位以前就有，并不是我发明的，但我用在“红旗机”上有一个特色，就是绕过了一个延迟时间最长的线路。因为在进位过程中会遇到一个整形电路，这个整形电路比别的电路慢10倍，所以成为影响进位速度的重大障碍。我做了一个比较灵巧的设计，用了一个比较好的存储进位方法，可以绕过整形电路，这样一下子就使速度的提高变得相当可观。另外还有一系列比较灵巧的逻辑设计，使得整个设备简化。

通过“红旗机”的逻辑设计，年仅22岁的王选才华初显。用独特设计绕过整形电路这一障碍的想法，使王选的同事、大学同学毛德行回想起一件趣事：上学时在东操场看露天电影，由于出口很窄，散场后，成百上千人只能一个挨一个地慢慢往前挪。而王选则采取了“溜边策略”，这样能绕过中间的人群更快地走出操场，早早回到宿舍，王选得意地称之为“最快的逃逸方法”。这就是王选在遇到问题时异于常人的思维方式和解决方法，他戏称为“投机取巧”、“走捷径”。后来王选在研制激光照排和电子出版系统时，正是多次采取迂回策略，实现了一次次技术上的跨越式发展。

进入6月，王选和同事们分头协作，整机设计顺利完成，机房布置、插件生产和电源安装基本就绪，“红旗机”开始全面组装。电源系统由张世龙亲自设计安装，以保障供电的稳定可靠。王选参加整机的领导工作，并直接负责运算器的组装。以现在的眼光来看，“红旗机”简直就是庞然大物，运算器、控制器、存储器……十个机箱摆满了机房，每个都有大立柜那么大，包括几百个插件，成千上万个电子管，数万个焊点，几十千米长的接线，把这些元器件有机地组合起来，是一项十分艰巨的任务。

流火7月，王选和同事们画接线图、布板、做插件、焊接焊点……一丝不苟地做着这些烦琐的工作，他知道，任何一点差池，都会增加计算机调试的难度，因此，王选对工艺要求非常严格认真。一个周末，大家都休息了，王选来到机房，看到两个机架之间的线走得长了一点，觉得十分难看，“心里难受极了，好像我个人受到什么损失似的，连忙动手重新布线”。

10月，金风送爽，经过一个暑假的埋头苦干，“红旗机”终于组装成功，下一步，该进入联机调试的关键阶段了。王选像一台开足马力的机器，狂热地加速运转着，到了忘我甚至牺牲一切的地步。

二、“拼命三郎”

恰在这时，“反右倾”运动的政治风波波及了北京大学，大批师生被卷入，年仅30岁的张世龙因为强调“红旗机”制造工艺问题，严厉批评不按程序操作的学生等原因，受到了激烈的批判和处分。

张世龙：当时群众惑于所谓“解放思想，敢想敢干”，实质上是不顾工艺规定的蛮干。举一例，学生们发现实验室中有“焊油”，用起来比酒精溶解松香的助焊剂好用得多，既快又方便，于是他们自行决定使用焊油取代松香。殊不知焊油含酸，虽一时方便，日后却极易形成“虚焊”。为此我当时确实是火冒三丈，严厉指责了管理生产的实验员和学生干部……实验员倒是可以接受，因为他们曾劝阻学生却无效，但学生干部却不能接受这种指责，而以为（我）是暴跳如雷地打击群众积极性。后来反右倾批判时，就上升到“以资产阶级权威专家自居，打击革命群众的革命积极性”了。

1959年秋，张世龙被停止了包括“红旗机”研制在内的一切工作，甚至连机房也不许他进。他最终被定为“以党内专家自居的右倾机会主义分子”，给予“严重警告”处分，被责令到京郊农村去劳动改造。临行前，张世龙把调试“红旗机”的艰巨任务交给了王选和同事们。王选对张世龙的遭遇感到不平，看到老师忧虑的目光中满是重重的嘱托，他对张世龙说：“放心，保证圆满完成任务。”

刚毕业不久就背负起如此重任，王选既感到巨大的压力，又有创业的冲动带来的无穷动力，带着强烈的责任感和自信心，他将全部精力投入了工作中。

“红旗机”安装在北大的一斋210机房。粉饰一新的墙壁呈天蓝色，淡雅明亮，崭新的机柜紧紧相连，五色彩胶线星罗密布，威武壮观。为了使这些庞然大物早日运转起来，先要进行各部件的分调，最后再进行总调。王选和吴大奇、毛德行、龚一平等人，负责运算器的调试。检查电源，检测讯号，检修插件，直接上机，哪里需要哪里就能看到他的身影。不过，宿舍楼里却很少见到王选的人影，他们宿舍也被戏称为“懒汉屋”。

王选：我这一生有三次狂热的工作经历。第一次是高中做社会工作，达到全身心投入、忘掉一切的地步。第三次是搞激光照排，狂热却不失冷静和理智。唯独第二次研制“红旗机”，玩命到不顾身体。特别是1959年秋到1960年秋这一年负责“红旗机”的调试工作，是我一生最紧张的一年。早晨进实验室，经常连续工作一天一夜，然后睡一会儿，再继续工作一天一夜，没有休息过任何一个节假日，没有任何娱乐，连处理个人私事的时间也没有。整整一年都处于高度紧张的状况，除了吃饭、睡觉以外，全部时间都在实验室里度过。

当时我住的集体宿舍在北大靠近未名湖边的德斋2楼，宿舍的负责人，也是我们同事，住在别的房间。楼道的卫生由每个宿舍轮流打扫，轮到我们宿舍却从来没人打扫，所以别的宿舍意见很大。但没办法给我们提意见，因为从来见不到面，他们起来的时候我们早就去上班了，等我们回来时是半夜，意见也没法提。结果他们就反映到系里去了。系里知道我们全都在紧张地工作，就说，他们实在太累了，就别打扫卫生了，你们就原谅他们吧。大家也就算了。

张世龙担心的事情还是发生了，因为“红旗机”使用的是自行设计制造的国产元器件，磁心存储器不可靠，电路和工艺上也存在很大问题，经常出现虚焊点，影响了机器的稳定运行。那段日子，王选和同事们一起检查焊点和线路情况，要在几万个焊点中找出虚焊点，称之为“打鬼”。当时新闻制片厂曾到北大拍摄过“红旗机”的研制情况，这段珍贵的录像资料被保留了下来。从中可以看到王选和同事们“打鬼”的场景。

王选在“红旗机”前敲打查找虚焊点。经过一番
敲打，捉到一个“鬼”（影像截图）

2004年，当中央电视台《大家》栏目采访王选的主持人提到“红旗机捉鬼”时，王选笑了，他解释说：

那时候叫“打鬼”，也叫“捉鬼”。因为元器件的毛病比较多，就要把这些毛病找出来。一种办法就是敲打，拿着一个小锤子，在后面的插件上很轻地敲打，因为它有虚焊点，或者元件不好，这么一敲打它马上就停。另外一种办法，是用我设计的一个检验的程序，那也是我第一个被正式使用的软件。每天我们都要做这种看起来很烦琐的工作。

对于存在的诸多问题，王选忧心忡忡。他反复对大家说，我们设计的计算机速度，可以位居世界前列，但如果在工艺问题上不认真对待，等完全交付时，恐怕早就落后了，一定要扎扎实实抓工艺。然而，当时一切讲究“大干快上”，王选的说法一度遭到了批评，被认为有“右倾”倾向。但他坚持自己的观点，一丝不苟地对待每个细节。上万个焊点，他都认真地一个一个去检查，不放过一处纰漏。

1959年年底，运算器先后调出了四十位加法和四十位减法。1960年新年过后，开始调试“乘除法”。机器24小时不停机地调试，大家分成日夜两班，每天至少调机12小时以上。而王选则不分昼夜地工作着，睡眠严重不足。

王选：当时我每天工作都在14个小时以上，最紧张的时候40个小时不睡觉。早晨，干了一天一夜通宵，大概八九点钟回到宿舍，已经没有力气脱衣服睡觉，坐在床上，靠在被子上就睡着了。等口水掉下来，醒了，再脱衣服躺下。这时如果同事有什么问题找我，都有这个经验，说你去叫醒王选，光叫他不行，一定要在旁边看着他穿好了全部衣服，才能离开，否则他很可能又睡着了。一觉睡那么四五个小时，醒来已过了中午，经常吃不上饭，有时就和同事一起到南校门外的饭馆，要点饺子吃。饺子还没上来，我已经趴在桌子上睡着了。当时觉得最大的享受就是好好睡上一觉。

经过三个月的奋战，运算器分调任务终于完成，控制器、存储器组的调试工作也基本结束。四月下旬，开始进行三器联合调试。这是一场攻坚战，主持整个机器系统的联调，需要准备好测试数据，以便在调试时看出波形，很费时间和精力，王选只好挤时间准备。他身上带着一个小本子，走在路上，或者去饭馆吃饭等菜的时候，就拿出小本子设计数据。当他把设计好的数据拿出来时，同事感慨道：“王选肯定是吃饭和走路的时候想出来的，平时工作这么紧张，哪有时间啊！”

随着调试工作的步步深入，王选几乎到了“走火入魔”的地步。

王选：因为长时间缺乏睡眠，我开始说胡话，就是控制不住自己的语言，脑子里想到什么，比如想到小时候的什么事，立即就从嘴里冒出来了。一说出来自己就知道了，马上清醒了。到最后很多人都犯困，都说过胡话，不过，我一到夜里就变得一点都不困，精力非常旺盛，大家都觉得很奇怪。我想这是一种责任感的驱使，因为整个“红旗机”的责任都在我这里，机器要调出来，这是硬碰硬的、立竿见影的工作，一定要把它做出来。这样一种压力，促使我不断开动脑筋，想出各种各样的办法来解决面临的具体问题，把所有的能量都发挥了出来。

1960年五一节前几天，“红旗机”总调开始，关键的总决战打响了。王选和同事们全神贯注，通力合作，陆平书记几次到机房给大家勉励打气。终于，激动人心的时刻来到了，5月1日下午4点42分，机房内生机勃勃，控制器的信号灯不断地发出指令，四十位运算器的氖灯在不停地闪烁，“红旗机”轻快地算出了第一道题目：一个十次多项式的结果。

接着又试算了几道小题目，均准确无误。王选和同事们欢呼雀跃起来，“红旗机”“活”了！向往了18个月的美梦终于实现了！这群二三十岁的年轻人，看着自己日夜拼搏、亲手设计的计算机，实现了快速数学运算，感到无比激动和自豪……

5月13日，北京市委书记刘仁在陆平的陪同下，来到北大210机房视察工作，颇有兴致地观看了“红旗机”的操作运算和输出输入表演。当时研制“红旗机”既是科研任务，又是政治任务，被列入北京市重点科研项目，北大335教研室还被评为“北京市文教群英会先进集体”。在335教研室召开的庆丰收大会上，陈良焜作了总结：参加“红旗机”研制的前后有20多家单位，上百名技术人员；参加生产劳动的有1000多人，投入了10万多个劳动日；使用的元器件包括电子管3500多个，半导体二极管4000多个，电阻、电容等元件5万多个，电源、电信号接线长几千米，消耗功率70千瓦，成本价值近100万元……

至此，“红旗机”的研制取得了阶段性胜利。

这年夏天，王选被派往内蒙古大学出差，帮助调试一台计算机。在北京开往呼和浩特的硬座火车上，王选趴在小桌上美美地睡了个昏天黑地，这是他一年来睡觉时间最长的一次。

经过艰苦的调试，“红旗机”终于成功运行，但由于国产磁心存储器等关键部件不过关，最终没有投入实际生产和使用。不过，“红旗机”完全依靠自主力量设计、生产和调试，在技术上有创新和突破，而且培养出了王选等一批我国早期计算机技术骨干力量。多年后，王选用“跌打滚爬”一词形容这三年硬件第一线的战役，并对自己亲自动手工作产生了深刻的认识。

一定要在年轻的时候养成自己动手的习惯。在计算机领域内，只出点子、从来不动手实现的人不容易出大的成果。一个新思想和新方案的提出者往往也是第一个实现者，这似乎是一规律。因为开头人们总会对新思想提出怀疑，而只有发明者本人才会不遗余力，承受一切艰难困苦、百折不回地予以实现；也只有发明者本人最清楚自己方案中的问题，能最有效地改进方案和克服实现过程中的各种困难以取得成功。

王选在设计和调试“红旗机”中显示的才华，尤其是他的“拼命三郎”精神感动了同事们，包括在田野里劳动的张世龙。从那时起，王选被公认为是教研室中“脑子最灵活，记忆力最好，工作起来最玩命的年轻人”。对此，王选却有不同看法：

对我的这个评价，是我在60年代中期才知道的，当时并不知道，我对自己的评价永远比别人对我的评价低。跟我共事的人，我总能发现他们身上比我强的地方。比如一起研制“红旗机”的杨天锡、许卓群、毛德行，都是我常年合作共事的同事。杨天锡机敏、反应快，做某些设计或遇到具体问题时，能够想出妙招；许卓群的长处在于能够比较深入地进入一个新的领域，比较快地掌握这个领域的基础知识，自学能力很强；毛德行动手能力强，临时解决硬件上或者工程上的疑难问题有一些灵巧的办法。这三个同志都有特色，我觉得他们在这些方面都比我强，所以，我也很注意发现和学习他们的这些优点。后来搞激光照排，我也发现许多年轻人某些方面比我强，这是我长期以来的一种想法。当然我毫无自卑的感觉，对自己充满信心。

王选从年轻时就建立起来的这种“不如别人”的想法，贯穿着他的一生，使他能够始终“自信而不自负”，善于发现和发挥团队里每个人的长处，虚心听取不同意见，这是他日后取得成就的又一个重要因素。

三、“独观大略”

就在王选拼命工作的时候，更艰难的境遇降临了。1960年初冬，“大跃进”的热潮刚过，由于接连不断的自然灾害，国民经济受损，人民生活陷入了严重困难。因缺乏睡眠已经十分疲惫的王选，又开始遭遇饥饿的折磨。

王选：米面原来都是每月定量供应，现在定量减少了，副食供应也很差。我对“两”的概念这时候搞得十分清楚了。晚上食堂里已经没有干饭，只有稀粥。我的晚饭就是稀粥加一小碟黄酱。时间一长，总觉得饿，原来我以吃饭慢闻名，后来喝粥速度不断加快，太烫，就三碗粥轮着喝，先喝上面晾凉的，最高纪录是5分钟喝下3大碗滚烫的稀粥，然后就去上班。一个通宵下来，中间也没有什么可以加餐，所以肚子饿得很厉害，工作还是拼命在干。

屋漏偏逢连阴雨。11月的一天，王选把刚领来的20多斤粮票放在了棉大衣口袋里。这件大衣是王选从家里带来的，平时不怎么穿，睡觉时常盖在身上。这天一觉醒来，王选发现口袋里的所有粮票都失踪了。这可是一个月的口粮啊！当时教研室有规定，不许家里寄粮票，万般无奈，王选只好向食堂提前预支，并答应在四五个月内偿还。为此，他把本来就不够的口粮每月又减少了四五斤。同事们听说王选的粮票被偷，纷纷解囊相助，但大家的口粮都不够，只能一两、二两地接济，这对于23岁的王选来说，只是杯水车薪。

粮票被偷给王选带来了“重大打击”，过度的疲劳和饥饿使他全身严重水肿，数月不退，时常头昏眼花，心跳过速。然而，王选已经像一台高速运转的机器，无法停止下来，他不在乎地以为，这是当时许多人都出现的症状，凭借年轻和良好的身体素质，咬咬牙就过去了。他根本没有在意，自己正在透支生命。

1961年春天，万物复苏。“红旗机”的研制工作告一段落，王选也可以稍稍喘息一下了。这时，系里交给他一项教学任务——讲授“计算机逻辑设计”课。

这是王选第一次给系里的本科生开课，要使教学内容深刻生动，必须理论与实践相结合，通过三年“红旗机”的研制工作，王选觉得自己的实践经验已具备了不少，应该在理论上下足工夫。他决定大量阅读外国文献，以了解国际上计算机科学技术发展的最新动向。

王选在大学里学的是俄文，但他坚持自学英语，后来接触到计算机后，王选看到欧美比苏联的技术要先进得多，所以更加强了英语学习。大学毕业后，王选养成了阅读英文文献的习惯，当时他下了一个决心：不看翻译过来的中文书，只看原版英文书。这样既锻炼了英文阅读能力，又避免译文不准确或错误所带来的一些误解。“红旗机”研制结束后，尽管备课等工作繁忙，王选仍坚持在晚上 10 点到 12 点之间腾出时间看文献。不久，他的英文水平已经相当熟练，可以不借助字典去读英文文献了。

王选对阅读晦涩的科技文献有自己独特的方法——“独观大略”。他总结说：

“独观大略”是形容诸葛亮的一句话，就是能够在众多的文献里找到自己所需要的精华部分，从这些精华部分吸取营养，继而萌发新的思想。“独观大略”是需要培养的，要通过博览群书来提炼这种本事。文献资料有长有短，一本书只要有一个新思想对工作有启发，我就满意了，花钱买这本书就值得。我当时看的许多计算机文献都不长，有的只是半页纸的消息，有的甚至是广告。因为短，有些细节也没有讲清楚，不大能看得懂，就要靠各种联想和猜测来看。我记得当时有一篇关于小型计算机 AGP30 的材料，还有一篇介绍 TX2 的新思想的文章，很精彩，但很多同事反映看不懂。那么我只要求能看懂这些文章的某些地方，往往一句话，两句话，就能一下子带来启发，爆发出某些新思想。啃了几次硬骨头，看懂几次原来觉得很难看懂的文章，这个能力就培养出来了，以后看这种文章就不害怕，只要反复钻研，最后总能把它的某些奥妙体会出来。

几个月过去了，王选一边与水肿和饥饿搏斗，一边阅读了 100 多篇关于计算机体系结构、逻辑设计和电路设计等方面的英文文献。20 世纪 60 年代初，美国的计算机工业已很发达并形成了产业，英国也有许多耀眼的创新成果纷纷问世，如变址、闭子程序、微程序和虚拟存储器，等等。王选如饥似渴地阅读着，用他“独观大略”的思维搜索着、筛选着、判断着。他进入了一个精彩纷呈的计算机世界，并为此兴奋异常。

王选：当时一些新的计算机概念不断涌现，都是用非常简单的文章报道的，一般人可能不大注意，我对这些新动向十分敏感，有意识地想抓住一些新的苗头来推动自己的研究，所以每看到一些好的思想，就非常兴奋和激动。现在已经过去了这么多年，我对当时的文献内容还记得清清楚楚，对美国和英国五六十年代一些著名计算机的主要特征和创新之处，我还能流水账似地写出来，当时这些计算机给我的印象实在太深了，我考虑很长时间没有想到的一些性能，这些新的计算机全提供了。1956年开始设计的美国著名计算机IBM Stretch（号称每秒百万次），和1958年开始设计的英国曼彻斯特大学的Atlas计算机对我的触动最大。Stretch首次提出了程序中断的概念，实现了多道程序的并行工作，而它的多道程序运行和切换是靠软件来实现的，以前我只知道笨重的硬件切换方法。最使我激动不已的是1961年初看到的关于Atlas计算机的一篇简短报道。Atlas是英国曼彻斯特大学50年代末研制的一台大型计算机，每秒运算高达几十万次，首次提出并实现了虚拟存储器（当时叫一级存储器）的概念，这是计算机历史上一个重要贡献。这是一篇很短的报道，大概有半页纸，其中有关虚拟存储器概念的叙述也就几行字，一般不注意的话就看过去了。当时我看了以后，兴奋得中午睡不着觉，觉得这一技术可以解决程序使用上很大的问题。

兴奋和赞叹过后，王选冷静下来，开始思索。他反问自己，为什么他们能设计出如此漂亮的计算机体系结构，而我只能欣赏别人的成果却不能有自己的创新思想呢？王选发现，原因在于自己没有找到“创造的源泉”。他开始研究取得这些创造性成果的科学家的知识背景，一下发现了一个规律，就是他们大多具有两个以上领域的知识和实践，因此在面临挑战时往往会萌发新的构思。

王选首先在发明世界上第一台全数字电子计算机ENIAC的美国科学家毛奇利和埃克特身上发现了这一规律。毛奇利是物理学博士，曾经致力于天气预报的研究，因为这一领域的题目计算量很大，他便想出许多方法提高计算速度，从而在数学和计算方法方面能力突出；埃克特在数学和电子工程两个领域都有深厚功底，两人兴趣极为相投，一拍即合，在1945年秋使ENIAC运行成功。

还有最让王选激动的Atlas计算机，他的主设计师叫Tom Kilburn，精通程序，又有很出色的无线电才能。由于英国比较穷，用不起超大容量的磁心存储器，Kilburn只用了16K×48位的磁心存储器，再加上第二级九十多K字的磁鼓存储器，首创了虚拟存储器。同时，又以极大的魄力用晶体管分立元件来实现了这一创新的方案。

王选又研究了这些新思想提出的背景，他发现了另一个规律，即20世纪五六十年代计算机硬件方面的很多高招都来自程序和应用（后来叫软件）的需要，硬件和软件的结合给计算机体系结构带来一系列的突破，可见，程序和应用对硬件设计是非常重要的，只掌握硬件设计，不懂得程序设计，不会从使用的角度来考虑对计算机的要求，照样产生不出创新的想法。

为了证实这一想法，王选把这些计算机体系结构的新思想、新技巧介绍给搞软件的同事，他发现：

搞软件的同事从使用者的角度，对有些新思想所带来的影响和好处体会得更深，比如用指令计数器作变址的想法，我理解不太清楚，而搞软件的人一下就看到它的意义，可以说出很多好处。但在某些涉及硬件领域的方面，他们又没有我理解得深。这进一步证明了我的推断：只掌握硬件或软件，能力就会受到局限，就不能充分发挥想象力和创造性，因此创造性必然会受到限制。

王选幡然醒悟，自己虽然有了三年硬件方面的实践经验，也编过一些程序，但对软件方面总的了解还十分欠缺。看来，这就是问题的根源所在。

就在1961年夏，王选作出了一个被他称作“一生中最重要的决定”：从硬件转向软件，但不放弃硬件，从事软、硬件相结合的研究，以探讨软件对未来计算机体系结构的影响。他相信，通过这一跨领域研究，一定能找到创造的源泉。当时software（软件）这个名词在西方还没有流行，1964年以后software一词才慢慢流行起来。这是王选又一个闪烁着前瞻意识的insight（洞察力），因为当时整个中国也鲜有人这样做。后来的事实证明，王选运用“独观大略”的方法，发现了一个重要的科研规律，使他在学术上豁然开窍，进而找到了自身发展的正确方向。

很快，王选从图书馆借来一本苏联科学家叶尔晓夫写的《快速电子计算机编制程序的程序》，书中详细介绍了研制一个程序设计自动化系统框图的方法和过程。另外，王选还看了一本详细介绍SOAP汇编语言的资料，以及FORTRAN的一些文章。他逐字逐句地研读着，眼界和思路一下子开阔了，他觉得自己此时此刻才开始真正了解计算机，他甚至在备课讲义中特意编了一段属于程序自动化的纯软件解释程序，来丰满和充实这一硬件课程。

四、重病回沪

1961年春天以后，困难情况稍有好转，北大小南门对面的长征食堂有时会卖田鸡炒面、肉丝炒面。有一次，王选和毛德行等几个同事去吃饭，正赶上卖田鸡炒面，每人立即要了半斤，头也不抬地吃完了，当时每人每月只有几两油的配给，这简直是天下无双的美味。回来的路上，有人感叹道，我们身体亏损严重，赶快回去睡一觉，把这顿饭的营养全部吸收，改善一下身体。王选脑海里想的却是：今天饱餐一顿，有了能量，可以比平常多看一小时书。那天晚上，他看书看到很晚。

1961年夏天，正当王选如痴如醉阅读文献的时候，长期的劳累加饥饿彻底摧垮了他的身体，一场大病降临了，谁也没有料到，王选这一病就是十多年。

王选：那场病有些莫名其妙。低烧不退，胸闷憋气，呼吸困难，肺部有很重的阴影，血压升高，白细胞一度下降到3000以下。我想原因就是连续三年的劳累，尤其是连续一年超强度的工作，完全超乎正常人所能承受的极限，而我又不懂得保养身体，保持体力。好像是打仗的时候全部心思都放在冲锋上，中了子弹却完全不知道，实际上身体内部已经损耗很大。又好像跑长跑，跑了很长一段，已经累得很厉害了，到了最后，又要靠第二次力量来冲刺。我大概是把第二次力量也全部用枯竭了。

课上不成了，王选把精心准备的课程交给了同宿舍的同事董士海。看着王选对软硬件研究的宝贵体会，董士海感受到了病弱的王选的信任。

董士海：我与王选、张永魁合作，为57、58级本专业同学开设的“计算机逻辑设计”专题课备课。……王选准备讲计算机体系结构的一些新技术，如流水线、并行处理以及一些与软件相关的硬件技术。后来因王选病重无法讲课，由我根据他的备课材料代他完成讲课任务。王选特别提醒我 БЭСМ 计算机（即104机）的一条转移指令留下了转出地址，对程序设计非常有用！他的钻研、执着、熟悉软硬件使我得益匪浅。

1961 年，王选（前排左一）与陈良焜（后排左二）、马秉锟（后排右一）、毛德行（前排右一）、董士海（前排右三）等北大无线电系 335 教研室同事在颐和园

王选开始了长期病休的生活，他行动困难，连五分钟的路都走不了，整天坐在椅子上，或者躺在床上。一日三餐，不得不请董士海等同事帮着到食堂打饭，到医院看病，也全靠毛德行和同事用自行车把他送去。

最让人担心的是，王选的病无法确诊。北医三院的医生怀疑是一种凶险的胶原病，名字十分可怕，叫红斑狼疮，但是化验血液却找不到红斑狼疮细胞。医生告诉王选，不能接触阳光，即使阴天出门也要戴上帽子。治疗了一段时间，阴冷的冬天过去，一点没有好转的迹象。1962 年 3 月，王选住进了阜外医院，胸内科主任是当时国内有名的权威，同样诊断王选得的是一种胶原病，但不是红斑狼疮，而是结节性动脉周围炎。这两种病在那个时代都是很难医治的重病，尽管王选吃药打针，用尽治疗办法，最后甚至用了激素，但始终低烧不退。

学校的食宿起居条件实在简陋，万般无奈之际，王选想到了回家疗养。1962 年夏，王选向学校提出回上海治病，学校批准了他的请求，为了供应方便，还同意王选把户口也暂时转回上海。6 月炎热的一天，王选抱着一堆棉衣，在同事们的搀扶下登上了回家的火车。毛德行和几个送行的同事看着昔日里性格温和、聪敏活跃、工作起来又认真玩命的王选，如今弱不禁风地坐在那里，前途未卜，心中暗暗难过。看到同事个个表情凝重，王选抬起胳膊招招手，低声叫着毛德行的外号，微笑着开起了玩笑："毛大，同志们，永别啦！"一句话，几乎让所有人的眼泪夺眶而出。"王选，快别瞎说！"毛德行连忙制止。

王选终于回到了温暖的家，石库门房子一点都没变，只是父亲母亲都老了。做人本分正直的父亲还戴着"右派"的帽子，情绪低落。母亲看到儿子瘦得弱不禁风，感到钻心地疼："你就是累病的。上高中的时候，你也忙，可不管多晚回家，都能吃到我给你做的夜宵，补补身体。现在你远在北京，别说夜宵，就是饭也吃了上顿没有下顿，能不生病？"母亲又说："不要紧，有病治病，会没事的。"听了母亲的话，王选好像回到了小时候，一下子有了一种依靠感。

上海的医院对王选的病也是一筹莫展。王选回忆说：

接下来就跑医院。医生需要了解我过去的病情，可是病历都在北京的医院里没带回来，我就根据回忆自己写了一个详细的病历。大夫看了问我："你是在医院工作的吧，病历写得这么专业。"我说我是搞计算机的，大夫说："难怪，逻辑严密，用词准确。"

8月份到上海有名的中山医院又做了一次检查，意外地在血液里查到红斑狼疮细胞，当时马上就拍板定案是红斑狼疮。后来转到华山路的上海医学院附属医院，到专治红斑狼疮的皮肤科去看。红斑狼疮会表现在皮肤上，但我的皮肤表现不明显，而且再查红斑狼疮细胞，却怎么也查不着了。一部分大夫认为查到一次就可以定案了，还有一部分大夫认为并没有看到切片、化验片子，不能完全定案。我也和他们一起讨论，但最终找不到病灶在哪里，所以一直没有诊断清楚。

后来，二哥打听到一位姓包的老中医，医术高明。母亲连忙带着王选去看，包老先生看后对王选说："小兄弟，你来得有些迟了，不过可以试试看。"吃了他开的药，开始两星期没有起色，接着竟神奇地有了好转。现在看来，王选的母亲分析得很准确，王选的病，正是劳累过度，引起功能失调和自主神经紊乱造成的，只要静养和精心调理，是能够慢慢恢复的。母亲认准了这个道理，她亲自抓药、熬药，还使出浑身解数，变着花样地给王选做各式饭菜，甚至想办法买来昂贵的甲鱼给王选滋补元气，丝毫没有表现出气馁或懈怠。

1965 年春节，在沪养病的王选（后排左二）与父母兄姊及侄女王侃（前排中）等拍摄下一张难得的全家福

母亲的坚强和无微不至的照顾给了王选强大的信心。他越来越相信，人的生命力是很旺盛的，靠自身抵抗力的不断增强，完全有可能治好某些被认为是不治之症的可怕疾病。他觉得自己不能就这么无所事事地躺着，应该看些什么，听些什么。可是，整天憋得喘不过气来，好像有一块大石头压在身上，没有一刻感到轻松，以这样的体力，看那些专业书根本没有可能，母亲也绝不允许。王选这时想起了京戏。

家里从 20 世纪 40 年代保留下来的《戏剧旬刊》和《十日戏剧》还整整齐齐地摆在那里，王选一本本翻起来，像看文献资料那么认真，边看边对照着听唱片。从盛夏到隆冬，王选沉浸在悠扬的京剧文化和京腔京韵里，对京戏的理解和喜爱又上了一个层次。王选曾这样评述自己喜好的各家流派：

老生里我最喜欢余叔岩，直到现在我想还没有人超过他的水平，这点在京剧界也是公认的。我最爱听的是余叔岩 20 年代灌的唱片，比如 1924 年左右的《战太平》，这是他的全盛时期。1905 年谭鑫培的《秦琼卖马》也是极品，50 年代的杨宝森、马连良，再就是谭富英，也是我喜欢的名角儿。

花脸里头喜欢金少山，天生的好嗓子，特别洪亮，这一派可惜没有继承人，也没有人有这么好的嗓子。另外裘盛戎也很出色。

武生里最喜欢的是杨小楼的唱片，他是清末成名的，据说慈禧太后非常喜欢他的戏。杨小楼嗓子特别好，我最喜欢他的念白，开创了“武戏文唱”的路子。

旦角里喜欢梅兰芳1937年以前的唱片，《生死恨》《四郎探母》《玉堂春》《三堂会审》，和杨小楼合演的《霸王别姬》，这都是梅兰芳40岁出头灌的唱片，代表了他的最高水平。抗战八年期间梅兰芳没演戏，1945年恢复上台以后，嗓音、气口都下降了一大步，很多人听的是晚年的梅兰芳，不知抗战前三四十岁的梅兰芳好到什么样的地步。

人在生病的时候，精神的力量有时敌得过世上任何灵丹妙药。母亲的悉心照料，京戏的如歌如泣，像是鲜活的元气源源注入，王选感觉到病痛像抽丝一样一丝丝离他而去。1963年的春天，当春风绿遍江南的时候，王选终于可以下地走动了，他来到离家不远的衡山公园，享受着温暖的阳光，春风轻快地拂过，一座古亭的飞檐下，两只燕子呢喃有声。王选结识了一位精神矍铄的师傅，他曾给国民党的一个军长当过保镖，太极拳打得很是出色。王选跟着学起来，他没有力气一口气打完整套路数，只是跟着比画几下，却非常喜欢这套古老的中华功夫，在行云流水、刚柔相济的阴阳开合之间，王选感到心神宁静，浑身舒泰。从此，打太极拳成为王选主要的锻炼方式，伴随着他的一生。

更重要的是，王选遇到了爱情这副灵丹妙药。

五、鸿雁传情

王选是个不甘碌碌无为的人，身体稍有好转，他又想到中断了的文献研究。他四处托人找资料，其中包括“小先生”陈堃銶。当时陈堃銶在计算数学教研室程序设计（即后来的软件）方向工作，此前王选决定了解软件时，时常与陈堃銶讨论和借阅资料。

1962年，陈堃銶回上海探亲，曾来家里看望王选，这着实让病中的王选高兴。他对陈堃銶说，病好后最想做的是继续熟悉软件，搞软件和硬件相结合的研究，并请陈堃銶帮他找一些这方面的资料。正好陈堃銶教研室的董铁宝教授从美国回国时带回不少资料，还托王浩教授订了美国计算机学会权威杂志 *Communications of the ACM* 等期刊，陈堃銶常向他借阅。回北京后，陈堃銶便将包括上述资料在内的一些重要文章陆续给王选寄去或托人带给他，这成了王选病中的甘露。董铁宝后来和王选成了"忘年交"，王选这样描述道：

董铁宝先生是从力学专业转入计算专业的，他称得上是"中国第一个程序员"。50 年代的董先生在美国 Illinois 大学的 Illiac I 计算机上解了大量题目，张世龙先生在设计计算机时很重视董先生的意见，认为他是真正大量使用过计算机的专家。董先生为人耿直，比我大 20 岁，我们后来成了忘年交。

虽然王选在此之前看了大量外国文献，英文水平已有很大提高，不用字典就可以轻松阅读英文专业书，但他发现自己的阅读速度总是上不去。现在，这种感觉更强烈了。

王选：我读一篇文章或一本书，有时基本上没有什么生词，但是看的速度就是不快，做不到像中文那样一目十行地浏览，其原因是反应能力不够快。而反应能力的提高光靠多看书是解决不了问题的。学习英语要做到四会：听、说、读、写，听要反应很灵敏，假如一句话里面有一个单词不懂得，打一个磕巴，想想这个词的意思，底下的几句话就听不进去了，马上就会漏过去。所以练习听力不但能锻炼口语，还可以提高反应能力，从而加快英文阅读速度。

20 世纪 60 年代王选阅读的计算机英文文献和学习笔记

1963 年年初，王选决定锻炼英语听力，这被他称为人生中的又一次重要抉择。

王选看到阁楼上有一台二哥装的收音机，里面加了短波波段，喜出望外，很快找到了北京电台的对外英语广播节目，每天定时收听。开始时总遇到生词，后来越听越熟练，往往听四五分钟才遇到一个生词。再后来，王选觉得不过瘾了，开始寻找外语广播，很快找到了不受干扰的英国广播公司 BBC 对远东的英语广播，这个节目在每天下午五点一刻到五点半，播放一刻钟的新闻，然后是一点科技节目。它的发音比中国对外广播的发音要准确，难度也大，正合王选的心意。此后连续两年多时间里，王选每天坚持听半小时英语广播，听力水平大幅提高，英语阅读速度明显加快，能够像看中文书那样一目十行了，口语能力也大大加强。

1963 年的一天，教研室领导陈良焜到上海出差，顺便来看望王选。王选病后，陈良焜在生活上一直关心着他。当时王选拿的是劳保工资，每月只有 37 元，根本不够看病吃药的花销，有时不得不靠大哥从山西寄钱回上海补贴家用。每过一段时间，王选就把看病的发票寄给毛德行，由他去校医院报销，其中一些看中医的票据，按规定报销比较困难，陈良焜和教研室的其他领导总是想尽办法，让王选能够多报一些医药费。对此，王选心存感激，他高兴地招待陈良焜，和他聊了许久。

陈良焜：我去之前，听看望过王选的同事回来说，他病得很厉害，状况很不好，我当时心里也很沉重，毕竟是多年的同学、同事。但是我到了他家以后，情况跟我想象的完全不一样。王选跟我谈了很多，谈京戏，谈病情，他都快成专家了。他还告诉我，他在听 BBC 和德里电台的英语广播，外语长进很大，连 BBC 和德里台的味道，他都能分辨得很清楚。这给我很大的震动，他虽然重病在身，思想却这么活跃和积极，对未来充满憧憬，是一种非常乐观的状态。

陈良焜回北大后，对同事们讲，王选精神状态很好，正在学外语，这也是为了将来能够更进一步了解世界科技的发展。现在看来，王选的做法没有什么新奇之处，但在 20 世纪 60 年代，这样做的理科教师凤毛麟角；王选更没有想到，几年之后“文革”开始，听英语广播成了他的一条“罪状”，而陈良焜也因此被扣上了“怂恿和包庇王选”的帽子。

陈良焜从上海回来不久，遇到陈堃銶，她关切地询问王选的情况。陈良焜笑着赞叹：“王选精神头很足，学外语很起劲，我从他家出来，他一直送我到公共汽车站。我觉得王选这人生命力挺旺盛的，要是一般人得那么重的病，精神早都蔫了。”闻听此言，陈堃銶感到一阵宽慰。

1963 年夏天，王选感觉身体有些力气了，便常花上半天时间，到上海图书馆看文献。气温高达39℃，虚弱的王选挤在公共汽车上，浑身是汗。图书馆里没有空调，闷热难耐，可王选一看到那些文献资料，就如饮琼浆，如沐清风，忘了一切。

虽然看了大量文献，但王选总有一种“浮光掠影”的感觉，他又想到了自己的目标——软件、硬件相结合的研究。王选越来越觉得，应该深入软件领域里，最好研制一个真正实用的系统，这样才能切实理解软件对硬件的影响。他想起看过的1961年第1期CACM杂志，上面刊载了美国一个讨论班Rump Group Seminar发表的一系列关于ALGOL 60高级语言编译系统的文章。王选决定同时开始两方面的研究，一是继续研究新的计算机体系结构，这是硬件范畴；二是研究ALGOL 60高级语言编译系统，通过对编译系统的深入研究来试图提出体系结构方面的新思想。

什么是编译系统？对计算机而言，机器语言是计算机能直接接受和执行的语言，它是用二进制码“0”和“1”组合而成的，难编、难记、难读、难改。后来的符号语言虽然用符号代替了二进制码，但仍具有机器语言的缺点。相比之下，高级语言则易写、易读、通用性强，比较接近人们的自然语言和数学语言，但计算机不能直接识别高级语言，必须把高级语言翻译成机器语言。这种翻译高级语言的程序，就叫作“编译系统”。

虽然现在高级语言已普遍推广，人们已不用机器语言来编制程序，但在20世纪60年代初，国内只有南京大学的徐家福和中国科学院计算所的董韫美，各自率领一个团队在研制高级语言编译系统，他们都是软件专家。搞硬件出身的王选决心去从事这一软件的研制，当时在国内外也是少有的。王选为什么要选择这一项目，他解释说：

我在选择项目之前，第一要了解国内外在这个领域的现状和水平，第二要看准这是不是一个有重大意义和远大前途的项目。在1963、1964年，软件这个名称还不很流行，当时国内还是以硬件为主，但我感觉到今后软件是一个重要的发展方向，而且高级语言必然会大大流行，成为编写程序的主要方式。而要使得高级语言程序运行速度快、效率高、程序短，必然会对机器的体系结构提出一些新的要求，从而会对计算机体系结构产生重大影响。所以我清楚，这是一个重大的发展方向。

但是，到哪里去找高级语言编译系统的资料？机缘巧合，王选又一次从陈堃銶那里得到了帮助。

陈堃銶：我当时常参加中科院计算所的讨论班，正好计算所有油印的英文资料《ALGOL 60 修改报告》，便多要了一本，在那年暑假托董士海给王选带到了上海。ALGOL 60 是联合国教科文组织下设的一个工作小组设计的计算机高级语言，所谓修改报告就是“最后的确定本”，由于当时还没有复印机，要到一份很不容易。

握着散发出油墨香气的报告，王选心情久久不能平静。这真是雪中送炭，王选觉得陈堃銶很能理解他这样一个病弱的人几近疯狂的打算！王选想起与陈堃銶闲聊时了解的她的身世。小学三年级，陈堃銶的母亲就因病去世了，父亲曾在参加抗战时加入了国民党，一直从事无线电通信技术，由于长年在外奔波，小堃銶被放在上海的亲友家，过着寄人篱下的日子。抗战胜利后父亲转到杭州浙赣铁路局工作，小堃銶就跟着父亲来到杭州上学。离开家乡，人生地不熟，加上初中年龄正是青春期充满叛逆的时期，陈堃銶经历了一段“特殊时光”。

陈堃銶：我当时不适应在杭州的生活，没考取好学校，上了一所很差的中学，但学校不让转走，所以总想闹出些不守纪律的事情来，让学校开除我。比如上课和同学传纸条、讲故事、看小说、打毛线活，给老师起外号，放学后不复习功课，常去看电影。美国的许多电影像《金刚》啊、《人猿泰山》啊都是那时候看的。当时有些电影在杭州拍外景，我知道了也要和同学一起去瞧热闹。就是这么胡闹，学校也还是没把我除名，大概为了揽住生源吧。

后来，陈堃銶考上了杭州高级中学，简称杭高。这所学校有着辉煌的办学历史，名人辈出。但此后不久，陈堃銶的父亲遭受不白之冤，被打成反革命，失去了工作，生活顿时陷入窘迫。但陈堃銶自立自强，在 1953 年考上了北京大学数学力学系。

坎坷的经历锻炼了陈堃銶的生存能力，也养成了她独特的性格——既心直口快、疾恶如仇，又正直诚实、开朗活泼。更重要的是，陈堃銶有一颗乐于助人的心，她没有享受过太多的母爱，却常常乐观地说：“宝宝没有人疼，宝宝就疼别人吧！”想到这些，王选就感到心暖暖的，好像平添了许多信心和力量。他思忖良久，反复修改措辞，怀着忐忑不安的心给陈堃銶写了一封意味深长的“感谢信”。

收到信后，陈堃銶第一遍居然没有看懂。

陈堃銶：王选在信中除了对我帮他借资料表示感谢，还说了一些家里的情况，比如他的哥哥、姐姐都是党员啦，他的身体将来会复原等等。第一遍我没有看懂，奇怪他为什么跟我说这些事情？看了第二遍，我才恍然大悟，原来王选的意思是要和我“进一步发展关系”，所以才介绍了一通他家的情况。

陈堃銶有些拿不定主意，上大学的时候，陈堃銶和同学们以为王选什么文艺细胞也没有，长得又瘦，就叫他“面包干”。不过后来才知道，王选对京剧很在行，也很会玩。但陈堃銶还有一个顾虑，从设计“北大一号”机和“红旗机”的过程看，王选太痴迷科研了，似乎只会谈技术，而且身体不好，与这样的人生活会不会很累啊……带着这些疑虑，陈堃銶去找陈良焜，想听听他的意见。因为陈良焜既是陈堃銶的大学同班同学，又是王选教研室的书记，对双方都很了解。

王选和陈堃銶在北京大学校园中（摄于 1997 年）

陈堃銶：我把王选来信的事跟陈良焜说了，没想到他一听，非常高兴，说太好了，他们也很关心王选的个人问题呢。又说，王选为人正直善良，事业心强，才华和能力都很出色，是个难得的好人。陈良焜的爱人也对我说，我看你们很合适，你这急脾气，也就只有王选适合！

不久，王选收到陈堃銶的佳音，“同意发展两人之间的关系”。后来的岁月中，曾有许多人问过陈堃銶，为什么会爱上当年如此病弱的王选，是预料到他后来的辉煌成就吗？陈堃銶总是笑答：“我当时可没有想那么远！”在回忆里，陈堃銶有一段质朴的表白：

我当时对王选的印象也不错，只是觉得最大的问题是他的身体。不过又想，对于一个生病的人，应该鼓励和支持他，而不应该拿感情的事折磨他，所以就答应了。当时我 20 多岁，很年轻，至于以后他会怎么样，两人会遇到什么困难，并没有想太多。

从此，鸿雁南来北往，传递着两人的恋情。爱情是胜过世间一切良医的神药，加上计算机文献这副独特“补剂”，王选终于从死亡线上逃了出来。

六、ALGOL 60

要设计 ALGOL 60 高级语言编译系统，就必须先弄懂这一语言系统。王选开始集中精力研读《ALGOL 60 修改报告》，由于是定义式的文件，王选感觉像在看一本天书，晦涩难懂。

王选有这样的感觉一点都不奇怪，后来才有介绍这一语言、解释其疑难问题的通俗文章出现，而当时，他只能靠自己，一丝不苟、逐字逐句地啃这块硬骨头。

王选：这是很难懂的一份报告，因为它不是一本教材，它是一个非常严格的文件，不多说一句话，也不少说一句话，每句话都十分严格，严格到搞编译系统的人必须拿这份报告作为第一手的文件，严格按照它的规定来执行。它是给专家看的，不是给一般读者和使用者看的。要做编译系统，必须读透这份报告。我花了很多精力，把这份报告从头到尾，反反复复仔细推敲，1964 年初，终于彻底读通了，对每句话、每一个细节都掌握得非常清楚。

当时真有一种“茅塞顿开”的感觉，原来我以为自己是懂得计算机的，干了几年硬件，搞过逻辑设计、电路设计，甚至做过大量调试，谁能说我不懂计算机？可是现在，我发现只有了解软件，才算真正懂得计算机。高级语言、汇编语言（和机器语言）以及微程序语言是三个不同级别的语言，只要贯通这三者，肯定会在体系结构上有创新的构思。我更加相信选择软、硬件结合的研究方法是正确的。

为了证实自己的想法，王选马不停蹄地开始了 ALGOL 60 编译系统的设计，由于缺乏实际编程经验，王选还设法找到复旦大学两位教师许自省和施伯乐，得到了他们非常热心的指点。

与此同时，王选把设计 ALGOL 60 编译系统的进展情况写信告诉了陈堃銶。陈堃銶回信告诉王选，738 厂正在研制一台 DJS–21 计算机，王选的 ALGOL 60 编译系统正好可以在这台机器上实现。这对王选是很大的鼓舞，他列了一个计划，每天工作 6 ～ 8 小时，用 90% 的时间从事 ALGOL 60 编译系统的研制，另外 10% 的时间用于探讨适合高级语言的计算机的体系结构。设计好一部分方案，就把它寄到北大，由许卓群、陈堃銶、朱万森几位教师去具体实现。

1964 年 10 月 16 日，我国第一颗原子弹成功爆炸，这是中国科技进步的重大标志，也是中国人聪明才智的最好体现。王选备受鼓舞，他深入 ALGOL 60 编译系统的研制中，力求使这一系统灵活实用，与众不同。

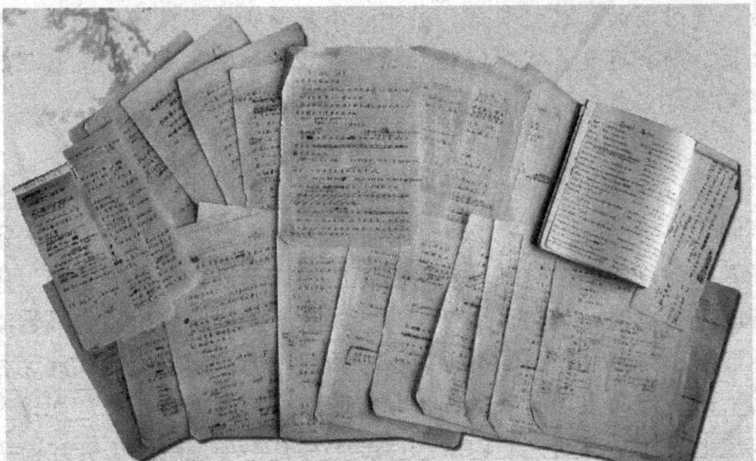

王选设计 ALGOL 60 高级语言编译系统的手稿

母亲看到王选整天趴在桌上写写算算，旁边的草稿纸堆成一大沓，虽然辛苦，气色却一天好似一天，有时还兴奋地哼唱几句《战太平》，母亲放心地长吁了一口气。

1965 年夏，王选接到陈堃銶的来信，得知 ALGOL 60 编译系统被正式列入北大科研计划，王选兴奋得再也在上海待不住了，他告别父母，回到了阔别三年的校园。

ALGOL 60 编译系统研制小组正式成立了，成员除王选、许卓群、陈堃銶、朱万森以外，还包括三名协作单位的人员。软件设计是一项十分艰苦的工作，王选的体力还很虚弱，无线电系党支部和王选所在的教研室，为了让王选专心研制，同时进一步康复身体，专门分给他一间宿舍。王选每天不停地写着，实在累得不行了，就靠在床上工作。好在有陈堃銶，她对王选的设计心领神会，总能编写出精确漂亮的程序去实现。陈堃銶也被王选的设计所折服，常暗暗赞叹，这个瘦弱不堪的人怎么会有这么多奇思妙想。

的确，王选感觉仿佛找到了创造的源泉，崭新的思想和设计源源不断地涌现出来，层出不穷。

王选：在设计过程中，我不赞成硬件直接执行高级语言的方案，而是主张寻找编译和目的程序运行中的瓶颈问题，比如下标变量的处理、子程序调用（尤其是递归调用），这些在当时的常规计算机（例如 IBM 360）上都是很费时间的。这些瓶颈，对于一个只懂软件不懂硬件的人，可能会束手无策，而我有硬件实践经验，就试着从硬件上想办法，果然很容易就想出了克服这些瓶颈的方法。

不过，有一些问题王选也会百思不得其解，比如如何在语言中有效地利用当时 DJS–21 机上的磁鼓外存储器，就折磨了他很久。王选决定向以董韫美教授为首的中科院计算所请教，他和许卓群去了趟中科院，果然得到对方的热情点拨，王选很快开了窍，回来不久就研究出了磁鼓数组的设计。通过与中科院计算所的接触，一方面，王选为同行间能如此无私相助而感动；另一方面也切实感受到，北大的项目与计算所相比，无论在研究人员数量上，还是在研究的深度和广度上都有不小差距。怎样才能缩短甚至超越这一差距呢？

王选：我就在设计中加了一些独特的功能，比如有一个很有特色的功能，使用户使用我们的系统时，能及时发现和纠正动态错误。在动态出错（例如下标超界和算术溢出）后，能找到可以重新计算的最近起点，然后在系统监督下做重新计算，并打出产生错误的那个操作之前的各种状态。因为动态出错会破坏一切状态，要做到打印出错那一瞬间之前的状态是很不容易的，当时还没见到国外系统有这类功能。

此外，我坚持系统采用标准的 ALGOL 60 语言，连纸带码都与欧洲标准相同，而不是我国的“方言”，在当时批判“洋奴哲学”的极“左”路线下，这样做有极大的风险。但当时国外杂志上登载的用于交流的算法均写成 ALGOL 60 形式，70 年代才逐步改用 Fortran 语言；所以我始终认为应遵循国际标准，不该创新的地方不应创新，否则容易由于不具备通用性而被淘汰。

由于受到“文革”的冲击，DJS-21 机的 ALGOL 60 高级语言编译系统直到 1967 年才完成，成为一个 5000 行程序的大软件，这在当时国内是不多见的。因其方便和实用很受欢迎，后来又经中科院数学所陆汝钤等高手的精心维护和修改，在几十名用户中加以推广，成为国内早期得到真正推广的高级语言编译系统之一，被列入中国计算机工业发展史大事记中。

20 世纪 50 年代到 60 年代初，软件尚未充分发展，硬件则还是分立元件时代，设计和实现一台计算机的硬件是一项复杂的工程，因此即使在计算机技术相对发达的西方，同时通晓软、硬件，并具有两方面实践经验的人也是不多的。从这一意义上说，王选可以称得上是我国从事软、硬件相结合研究和实践的先驱。

ALGOL 60 高级语言编译系统的研制成功，使王选在软、硬件两方面的学术水平和实践能力有了一个质的飞跃，他再翻看外国文献时，常常能发现对方设计的不足，继而想出更好的解决方法。而一段时间后，王选惊喜地发现，国外设计者提出的改进方法，与他的想法不谋而合。王选感到，创造的源泉如冰雪消融，正化作潺潺溪水，川流不息，他相信一旦有了这种源泉，中国人完全可能和外国人同时或更早提出某些新的思想。这种自信和能力，成为他日后勇于承担激光照排系统研制并取得成功的决定性因素。

第五章

相濡以沫

一、危难真情

1966年，正当王选为找到创造的源泉而信心十足，在研制 ALGOL 60 编译系统中大显身手的时候，“文化大革命”开始了。

北大作为这场政治运动的潮头，顿时陷入一片动荡和混乱。在漫天的大字报中，出现了王选的名字。有人发起攻击，说王选是“出身黑五类的修正主义苗子”，不能单住一间宿舍享受“特等待遇”。同时，ALGOL 60 编译系统也受到非议，由于王选坚持用标准的 ALGOL 60，被说成“崇洋媚外”，又因为系统有很完整的调试措施，竟被批判成“想独霸中国，野心很大”。陈堃銶教研室中有些人更为此几乎每天进行批判，王选哭笑不得，教研室里弥漫着不安与猜疑，研究工作陷入了困境。

这年夏秋之际，王选和同事们被派往乡下割麦子。到了清华园火车站，本来就虚弱不堪的王选感到身体极为不适，胸闷得透不过气。大家看王选脸色苍白，虚汗直流，赶忙劝他回去。王选坐在送行李的马车上，一路颠簸着回到了北大，一病不起。可怕的是，病症和 1961 年一样，低烧不退，胸部像压了块巨石，稍微一动就不住地喘息。

王选的病需要静养，而此时北大到处是来搞大串联的“红卫兵”，连走廊里也住满了，高音喇叭不停地播放着革命歌曲和口号，震耳欲聋，没有一刻安静。王选想到了远在郊区昌平的北大分校“200 号”。

1963 年 7 月，北大无线电系、技术物理系、数力系的力学和计算数学专业等单位共 1300 余人迁到了“200 号”。“文革”开始后，除个别单位外，上述人员又搬回校本部参加“文革”，“200 号”几乎成为一所空校。王选想，那里地处偏远，生活上肯定不方便，但应该比学校安静。百般无奈，王选申请搬到了“200 号”。

“200 号”背靠青山，环境幽静，空气清新。王选的宿舍在四楼，上下楼很困难，幸亏食堂有位姓温的大师傅，善良热情，每天爬楼送来饭菜，让王选一生难忘。而最让王选盼望的是周末，因为每个周末，陈堃銶都会从北大校本部不辞辛劳地赶来，这使王选觉得，寂寥空旷的“200 号”有了“世外桃源”一般的感觉。

王选：陈堃銶每周都会带着罐头、点心、水果来看我，去昌平分校的路很远，以前有班车，这时也没有了，只能先坐车到昌平镇，然后走很远的路才到200号，还拎着很沉的东西。她一来就不闲着，帮我收拾房间，改善伙食，还告诉我学校又发生了什么新闻，时局又有什么变化，房间里顿时充满了生气，那是我最快乐的时光。

这也是陈堃銶的快乐时光。虽然很多同事对她与王选交往不理解，有的好朋友还直截了当地问她："为什么要和这样一个'病鬼'谈恋爱？"然而，随着对王选了解的逐步深入，陈堃銶越来越感到，王选看似病弱无力的身躯里，似乎蕴含着超出常人的能量。与他在一起总有说不完的话题，看问题的观点也大多一致。更有趣的是，两人除了都是"黑五类"的子女之外，在一些细节上也惊人地相似，比如，两人中学都毕业于名校，家境也相当——他们的父亲在被打为"反革命"和"右派"之前的工资相同，他们上大学带来的皮箱、行李袋几乎一模一样，并且都从家里带来了当时一般人很少有的毛巾被。最有意思的是，他俩吃饭的速度都是出了名的慢。也许这就是缘分吧！

然而，七天相会一次毕竟太过漫长，转眼到了隆冬，昌平分校没有暖气，王选的病一天天加重，必须得到精心护理。像上次那样回上海已不可能，不仅身体虚弱的王选根本无法乘坐大串联拥挤的火车，而且那个温暖的家正经历抄家的劫难。从小就有主意的陈堃銶，作出了一个让王选不敢相信的大胆决定——结婚。

陈堃銶：这年冬天，系里一些教师为了解决结婚用房，自发组织了一个分房小组。与王选同班又留在同一教研室的同学周炜对我说，昌平分校没有暖气，你们的关系又已经稳定了，不如借机结婚，要一间房子。我一想，觉得很有道理。我跟王选说，咱俩结了婚，我就可以名正言顺地照顾你，谁也不能说什么。王选说，我这个样子，病都不知道能不能好，怎么能拖累你呢。我说，正因为你病成这样，才需要人照顾。有我照顾你，你的病一定会好的。

听了陈堃銶的话，王选心中溢满温暖和感动，千言万语涌动着，却一句也说不出来……

陈堃銶以准备和王选结婚的名义，向分房小组提出了要房申请。立即有人提意见，说有的老师生了孩子还没有房，这是“一对黑”（“黑五类”子女），还有的说，到底是结婚还是养病？不能分房。好在陈堃銶平日人缘很好，分房小组最终同意了她的请求。

1967年2月，王选和陈堃銶的婚礼悄悄举行。陈堃銶买了一块小搓衣板，同事们找来两张好一点的单人床一拼，两个人把各自的箱子铺盖搬到一起，就算是结婚了。以前和陈堃銶要好的同事曾开玩笑说：“你结婚的时候，我们非在大饭厅给你闹个够！”可在当时的政治环境下，闹新房成了“资产阶级的一套”，已是不可能了。

没有热闹的仪式，没有隆重的贺礼，两个人却从此相濡以沫，再不分离。

北大未名湖北岸，并排坐落着几座古色古香的建筑，即有名的德、才、均、备、体、健、全各斋。王选夫妇的新房就在健斋307，这是间10平方米的南房，坐在窗边能晒到太阳，还能看到窗外的未名湖。房子不错，可生活却极不方便。原来这座楼是给一些家住城里的老教员们中午休息的地方，只有一楼和二楼有水，女厕所在二楼，男厕所在一楼，不能在楼里做饭。王选他们住的三层既没有自来水，也没有下水道，更没有厕所。王选别说上下楼，连出门的力气都没有，只能由陈堃銶每天下楼打自来水，倒污水。瘦小个子的她楼上楼下地跑，非常吃力。

1967年，王选与陈堃銶在北大未名湖畔

陈堃銶：我上班在南校门附近的29楼，健斋在校园北边，路很远，有时晚上还要上班，我到50多岁才学的自行车，当时只有走着去上班，一天下来疲劳不堪。我们房间北面有个窗户，窗外很荒凉，没人，也没有建筑。有时我累得实在不行了，就把污水从窗户泼了出去，不巧被看楼的工友碰见，他非常认真，说了我一通，可我是实在没有办法才这样做的。

最要命的是楼里不让生炉子，吃饭倒是好办，旁边就有食堂，但熬药问题就大了，只能在地下室生个炉子熬药，非常辛苦。

家里家外，都由陈堃銶一人操持，王选浑身无力，动一动都要喘上半天，只能靠在垫着棉被的椅子上，眼睁睁看着妻子忙碌。婚后这一年，王选从妻子那里得到了身体和心灵上的精心照顾和抚慰，身体一点一点恢复，可陈堃銶却累瘦了。

幸亏有邻居居彩莲夫妇和马秉锟、毛德行等同事，平时生活上经常关照王选夫妇。王选去医院，也是由他们用自行车载着去。

毛德行：当时王选让我到阜外医院问一下给他治过病的那个大夫，现在应该吃点什么药，要不要去看一次？我就去了阜外医院，医院里到处都是大字报，乱糟糟的。我找了半天，终于在保健科找到了那个大夫，我估计她也有什么政治问题，已经不看门诊了。我对她说：大夫，王选让我来问问你，他之前一直在吃中药，现在能不能来医院看看？那个大夫第一句话就是："王选还活着？"当时我听了心里咯噔一下。她又说："王选我知道，我知道，他姐姐是我同学。"然后对我说，"不用来，不用来"。我说那该吃点什么药啊，她说没有药可吃。三句两句就把我打发走了。我回来思想斗争了半天，就不敢给王选说"还活着"这句话。这怎么说呀，还活着，这不是说他没有救了嘛。我就跟王选说，大夫说没事，不用看，吃中药就行了。

马秉锟为王选上街抓中药，街上的店铺都被布置得像书店，橱窗里千篇一律地陈列着毛主席著作，根本看不出哪家是药店。马秉锟就骑着车满街转，边转边用鼻子嗅，闻到药味儿再下车找药房。

到了1968年春天，学校武斗升级，未名湖边的大喇叭整夜吼叫，王选根本没法安静地休息，只能再次回上海。火车上挤满大串联的"红卫兵"，坐火车回去肯定行不通。马秉锟多方奔走，从学校和北京市革委会开出介绍信，终于买到了飞机票，3 月把王选送回了上海。到了 4 月，武斗抓人抓到了楼里，好多人都离校躲了出去，陈堃銶放心不下王选，在北京也待不下去了，便也收拾行李回到了上海。

二、风雪严冬

王选原本想回上海寻一方净土，到家才发现，这里早已面目全非，再也不是从小生长的那个安乐温暖的港湾了。父亲除了被打为“右派”外，又被戴上了“现行反革命”的帽子，被打成“专政对象”，每天在弄堂里劳动改造。连 10 岁的小侄女王侃都在学校挨斗，母亲的精神也不如以前了。家里东西被抄，王选和父母、姐姐及两个侄女，六口人被赶到楼上挤住在一起，楼下被一家工厂的造反派占据，那位女造反派 50 岁左右，很凶，王选和家人说话都要小心翼翼，不敢大声。母亲去找给王选看病的老中医，他的妻子十分紧张，连门都没敢让母亲进去，急促地小声说：“现在不让看病了，快走快走！”

面对这样的境遇，王选在痛心之余，也只能仰天长叹。

1968 年秋，为了制止武斗混乱的局面，军宣队和工宣队进驻北大，搞“两派联合”，所有在外地的教员必须返回参加运动，陈堃銶不得不赶回学校，把王选留在上海养病。

这年年底，王选接到一封学校来信，打开一看，不禁大吃一惊。

王选：学校让我立刻回校参加“学习班”，却没有说什么理由。我赶紧让陈堃銶去系里打听一下情况。陈堃銶到无线电系去问，有一个军代表态度还好，说有病还是要养，但工宣队长态度强硬，拒绝说出理由，只冷冷地说：“告诉王选必须马上回来，否则 335 的革命群众绝不答应！”

王选只好起程回京。时值隆冬季节，寒风刺骨，滴水成冰。火车晚点了，本应傍晚到站，结果深夜才到。一下火车，王选就被眼前的情景吓了一跳。站内全面戒严，站台上到处是荷枪实弹的解放军，要找什么“黑材料”，每个人的行李都要搜查。幸好王选有学校开的病休证明，才过了关。可让王选犯难的是，陈堃銶进不了站，自己还很虚弱，实在没有力气拎行李。好在一路上王选与一位同车旅客熟络了，只好请他帮忙。这位旅客拎起王选的行李，嘟囔说："很轻嘛，这还拿不动。"

陈堃銶已在寒风中苦苦守候了几个小时，望着瘦弱的丈夫远远走过来，她禁不住一阵心酸，她知道，王选此番回京，凶多吉少。深更半夜，公共汽车早就没有了，王选和陈堃銶找到车站附近的一间工棚，紧紧依偎着挨到凌晨5点，才雇了辆起早拉活儿的三轮摩托车回北大。刺骨的风中，王选心疼地望着冻红了脸颊的妻子，异常沉痛，他不知道这漫漫长夜何时才是尽头。

回校的第二天，王选就参加了"学习班"。理由是"偷听敌台广播"。这是王选怎么也没有想到的，当初他收听外语广播的事，陈良焜等系党总支领导是知道并首肯的，他们认为王选这样做是为了提高外语水平，无可厚非。然而，现在陈良焜也被扣上了"怂恿和包庇王选"的帽子。再说，欲加之罪，何患无辞？

王选："学习班"虽然就在北大，但一个礼拜才让回家一次，每天除了写检查"交代问题"，就是"讲政策，给出路"。当时军宣队进驻北大集中搞"清理阶级队伍"，已死了许多人，形成了自杀高峰，陈堃銶的教研室也连续自杀了两个人，形势肃杀。我的忘年交董铁宝教授也在其中。"清理阶级队伍"时，他作为"特嫌"被隔离，不堪受辱上吊自尽。以前一些关系不错的同事见了面也都躲着不敢理我。

王选还得知，张世龙先生也因被怀疑是"特嫌"（"特务嫌疑分子"）而遭到隔离审查。王选的心情坏到了极点，他怎么也想不通，自己敬佩的老师怎么一夜之间就成了特务？董先生这么好的人，转瞬之间活生生的生命就消失了。自己听英语广播明明是为了提高文献阅读能力，怎么就成了"偷听敌台"？什么叫"给出路"？我的出路为什么要别人来给？这些问题折磨着王选，加上自己的病医治无门，他感到极端痛苦和无奈，甚至一度也产生了轻生的念头。

陈堃銶看出了王选的心思，心急如焚。

陈堃銶：我所在的教研室一共14个教员，就立了5个专案，自杀了2个，我也参加了"知情人学习班"，就是对一些人一些事必须说清楚，虽不算专政对象，却完全在高压之下，非常难受。但我对王选说，我们不甘心，还得看看，难道就这么下去了？要等等看事态究竟会怎么发展。

患难见真情，王选与陈堃銶互相扶持和鼓励着，走过了艰难的岁月

虽然嘴上安慰着王选，陈堃銶的心里却承受着巨大的压力。在大会小会上，她经常会听到一些莫名其妙的不点名的批评，有时还把王选的事情往她身上安，陈堃銶知道是在含沙射影地批自己，心情非常压抑，但为了王选，她告诉自己一定要挺住。

健斋在未名湖北岸，离学校中心区很远，一天到晚搞运动，陈堃銶累得快吃不消了，她决定去房产科要求调房子。

陈堃銶：学校的房产科一个礼拜只办公一天，我对他们说，我爱人有病，希望能把房子从健斋换到南校门附近来。房产科的人说，那你等下个礼拜再来吧，我们讨论一下。虽然我心里很着急，但不得不等。过了一周我又去房产科，把情况再说一遍，接待我的人就说："有病？什么病？有病的人多着呢，谁知道是什么病。我们房产科有个规定，邻居矛盾可以换房，有病不管换。"我心里非常着急，也很难受，后来幸亏系里有一位老师住在20楼，很同情我们，主动提出跟我们换房子。这样终于把问题解决了。

那时候家里也没什么东西，家具都是学校的也不用搬。这个老师就帮我搬家，他上班来的时候把他的东西带点过来，下班的时候再把我的东西带些过去。就这样慢慢搬了这个家。

20楼当时在北大的武斗区，换到的房子是3楼最头上的一间，又小又暗，墙上面写满了“不拿群众一针一线”之类的口号。好在不必为水发愁，离学习班近了许多，还可以生炉子煮药，做点对胃口的饭。王选的精神渐渐好了很多。

王选：搬到20楼后，平时最盼望的就是周六回家，可以吃到陈堃銶做的可口饭菜，可以跟她发发牢骚，讲讲委屈。到了周日傍晚又要回去。那是我最难受的时候，学校的广播一响——我还记得播的“革命歌曲”是“紧跟伟大领袖毛主席奋勇前进，胜利是属于我们的……”我就心情抑郁，觉得又要去坐“监牢”了。好在每次都由陈堃銶夹着被子送我，一直送到“学习班”，铺好被子才走。那些日子，多亏有她我才坚持下来，一个人如果有真正信任你、理解你的妻子，是不会轻易自杀的。

这是王选的肺腑之言，包含着他对妻子深深的感激和依恋之情。1969年是王选活得最艰难的时期，有一两个月他是咬着牙硬挺过来的。好在有百般理解他、呵护他的妻子陈堃銶，两人相互搀扶着，终于挺过了这一关。“零落成泥碾作尘，只有香如故”，未名湖畔的梅花在冰雪中怒放，见证了这对患难夫妻的悲苦和艰难，也见证了他们傲立风雪的坚韧和顽强。

“学习班”的沉重压力，使王选拖了3年的病又有了加重的迹象，他开始连续低烧，工宣队见状，只好让王选暂停学习，回家“思过”。王选成了长期病休、只领劳保工资的老病号。

三、佟府乙8号

1969年3～8月，中苏边境接连爆发了“珍宝岛”等数起冲突事件，之后，大军压境的苏联又私下向美国等国试探对中国核设施发动突然袭击的可能性。在此背景下，中国展开了防范“新沙皇”侵华战争的紧张战备和疏散工作，许多高校也紧急迁出城市。1969年10月底，北京大学将数学力学系的力学专业与技术物理系、无线电系1000余名师生及家属，一并迁往陕西汉中地区（现汉中市）的北京大学汉中分校。毛德行等同事均举家去了汉中，王选由于病休，留了下来。

就在这一年，系里组织去京郊的平谷县劳动，陈堃銶必须参加。病中的王选连开瓶盖的力气都没有，根本无法照顾自己，陈堃銶只好千方百计请了一个保姆。说好一个月 16 块钱，等出发的那天早上，保姆突然提出再加 2 块钱才干，当时的鸡蛋几分钱一个，2 块钱是不小的数目，明知是乘人之危，但为了王选，陈堃銶也只好答应。

不久，北大 20 楼的住户因战备疏散被责令一律搬迁，为了王选的身体，陈堃銶又一次为房子四处奔波求情。几经打听，她了解到勺园对面有一个小院叫佟府，内有三间平房，住着三户人家，其中两家是数学系分进去的，现在搬走一家，有一间空房。这里离系里和校医院都比较近，王选平时出来走动走动，晒晒太阳也很方便。陈堃銶就去要房，房产科当然不肯给，陈堃銶只好苦苦哀求，无线电系一位要房的老师也在一旁帮着说好话，总算要了下来。1970 年年初，王选夫妇搬进了佟府乙 8 号。

这是一座古色古香的建筑，已经很破旧了。小小的院落，青瓦飞檐，青石台阶，围墙上是密密的爬山虎，院子里有一棵高大的柿子树，枝繁叶茂，到了秋天柿子便挂满枝头。

院子里有三间房，“文革”前住着一户人家，比较宽敞，“文革”中却住进了三家，一下变得拥挤起来。王选夫妇住在最外面一间。中间一家的主人老程在“文革”中残了双脚，后来陈堃銶下工厂劳动，王选和他成了患难朋友，还有住在丙 8 号的老金，大家互相扶持照顾，结下了终生的友谊。最里面一家男主人去了江西“五七干校”，只留下妻子一人带着两个孩子，在那个风雨如晦的年代，几家人都过得很困难。

王选住的屋子只有 10 平方米，屋里开了三个门，一个通厕所水房，一个通院子，一个通一间 2 平方米的小储藏室，可以放一些杂物。屋子里除了一张大床、一个小柜子、一桌两椅外，再也放不下其他东西。厕所水房只有 2 平方米，是三家合用的，洗衣、洗菜、淘米、洗澡、上厕所都在那里。不管白天黑夜，只要有人用水，声音立即就会传到两边的房间；王选上厕所时间长，他不好意思给邻居带来不便，经常跑到外面去上，极为不便。没有厨房，好在门口有一个一米来宽的平台，可以生炉子做饭。春天的时候，风一吹，柳絮直往锅里飘。冬季屋里没有暖气，只好在床边生一个蜂窝煤炉子，空气不流通，乌烟瘴气，早上屋里只有 4℃，所以一到冬天，王选就每日捂着胸口剧烈地咳嗽。

不过，王选和陈堃銶已经感到很知足了，门前台阶很宽，天好的时候可以晒太阳；离校医院和食堂都很近，生活方便多了。

两个月后，正在平谷劳动的陈堃銶突然接到系里通知，北大正与石油部协作研制一台每秒运算百万次的计算机“150 机”，由于陈堃銶有 DJS-21 机编译程序的经验，被抽调回校参加“150 机”的研制工作。“150 机”是 1968 年年初由北京有线电厂和北京大学、石油部地球物理勘探局合作研制的我国第一台百万次大型集成电路计算机，属于绝密项目，陈堃銶因做 ALGOL 60 编译系统时受到批判，特别是“文革”以来的经历，对从事计算机事业已经心灰意冷，宁愿和学生一起劳动，但命令难抗，只得回到北大。被入了“另册”又在病中的王选当然没有资格参加，但他很高兴，准备悄悄协助妻子大干一场。

让陈堃銶没有料到的是，刚调回来不到三天，就接到通知：马上离开项目组，一小时内收拾行李去昌平 200 号劳动。通知陈堃銶的人还煞有介事地问：“有困难吗？”陈堃銶心中燃起一腔怒火。谁都知道家中的丈夫还病在床上，自己一走，能没困难吗？更让她生气的是，刚通知自己参加项目，又很快把人赶出来，这不是要弄人嘛！可倔强的陈堃銶绝不会低头，她强压住火喊道：“没困难！”

陈堃銶：我当时气得不行，心里想，本来我在乡下劳动，和单纯可爱的学生们在一起，心情还比较舒畅。既然你们觉得我不够格，因为我的家庭出身不好，我也并不奢望参加这种带有保密性质的工作，但是你们把我叫来，说明你们应该对我的情况是了解的，那为什么又要把我赶出去？我又气又急，回到家边哭边把大学毕业证书找出来撕了，把最喜欢的一套数学分析书也扔了，我对王选说，这辈子咱们再也甭想搞业务了。

走的那天是个周六的早晨，为了做得不那么明显，还派了一女二男三个人陪我一起去 200 号，我知道他们没有什么政治问题，因为其中一人后来还入了党，但让他们陪着算是给我留了点面子。在 200 号我的活是给瓦工当小工，因为我没什么力气，好多活都干不动。当时我觉得一辈子都翻不了身了，那时候还买了一些医书，我和王选都学了一些耳针、针灸之类的小本事，甚至想，不行去干这行算了；或者到一个谁也不认识的地方，做些抄抄写写的工作，远离这个是非之地。

这是一个共和国培养起来的知识分子痛苦又无奈的感叹。本来就瘦小体弱的陈堃銶，在冬天没有暖气的屋子里做了一阵小工后，手指关节处长出许多骨刺，一直隐隐作痛。面对这一切，王选也只有像当初妻子开导自己那样，安慰着伤心劳累的妻子。他愧疚地说：“是我连累了你！”陈堃銶则苦笑道："不只因为你，谁让我们是'一对黑'呢！"

在昌平200号干了一段时间，陈堃銶被"落实政策"，调回学校，又下放到位于东直门外牛王庙的地质仪器厂，协助工厂搞一个使用计算机的项目，同时接受"再教育"。这总比给泥瓦匠当小工要好多了。陈堃銶很珍惜这一工作，帮厂里解决了一些技术问题，颇受工人师傅们欢迎。这多少给逆境中的她带来些许慰藉。

在陈堃銶下厂期间，王选一直由保姆照顾，王选的母亲不放心，加上侄女王侃学校已停课，祖孙俩就来到了北京，在佟府住了大半年。平时晚上，母亲、王选和侄女睡在一张大床上，周末陈堃銶回家，实在没有地方住，只好四个人横睡在大床上，脚边拼几个凳子。好在王选夫妇只是上了"另册"，不像王选的父亲要被揪斗，所以，白发苍苍的老母亲心情相对舒畅一些。四口人虽蜗居斗室，心却是暖融融的。

母亲带来许多晒干的豆腐皮做的百叶结，偶尔会改善一下伙食，做一顿王选爱吃的肉烧百叶结，整个小院都飘溢着香味。王选从小不会做饭，陈堃銶不在时，他深感无法自己做饭的不便。于是母亲做饭的时候，他就站在旁边跟着学了几样，从此学会了烧菜。屋里有老鼠洞，母亲便用老法子在水泥里掺上玻璃碎屑和敌敌畏，把洞堵上。有了老人的照料和收拾，小小的屋子才像个家的样子了。

侄女王侃的到来，给小院增添了欢快的气息。王侃是王选大哥的女儿，出生后由于父母在外地工作，便留在上海，由爷爷奶奶一手带大，视若掌上明珠，未免有些娇惯。1962年王选回上海家里养病时，王侃才5岁，王选很喜欢这个聪明伶俐的侄女，也有很多法子教导她，叔侄俩慢慢培养出了深厚的感情。王选二姐王儁在《小弟弟成大器》一文中回忆说：在王选的调教下，"侃侃学会很多知识，智力提高很快，她对这位小叔叔言听计从，十分服帖"。

1979年，陈堃銶与侄女王侃在佟府家门口

这时的王侃已经是十三四岁的中学生，家庭的变故使她早早

成熟懂事起来，不过在她眼里，小叔叔王选还是那么温和幽默、可亲可爱。王选时常给王侃辅导功课，会讲许多笑话，还会变戏法，明明看到他把一根绳子剪断，拉出来却是完整的，让人觉得新奇有趣。

陈堃銶也很喜欢王侃，对正值青春期的侃侃进行一些心理成长方面的教育和引导。看到王选夫妇如此喜爱侃侃，侃侃也对他们十分依恋，王选的父母曾一度提议，把王侃过继给王选和陈堃銶做女儿。

到了1970年秋天，王侃的学校要开课了，一老一小离开北京回了上海，生活重新恢复了宁静。学校里招收了工农兵学员，陈堃銶教他们“程序设计”，一天分上午、下午、晚上三段时间上班，除了备课外，不是劳动，就是学习，连党员过组织生活，陈堃銶他们这些群众也要在一起“提高觉悟”，真正的业务工作并没有多少。那些日子里，王选的身体一直没有大的好转，胸闷憋气，低烧不断，陈堃銶在门前放一张破木椅，天好的时候王选就坐在外面晒晒太阳。上午阳光不怎么强烈，有时陈堃銶也拿个小马扎坐在门口看专业书。出门穿过马路就是现在的勺园，那时是个气象园，有一片草地，一个测气象的亭子，还有一条小河。两人经常去河边走走，那里的空气很清新，王选大口大口地呼吸着。

秋深了，望着高高枝头上挂着的几个孤零零的柿子，王选想起了同事说的话：“你将来可以翻译翻译资料，搞搞文献情报工作。”言下之意是，你搞研究设计这种既费脑力又耗体力的工作恐怕不行了。王选也听到一些关于自己的传言：“这样的长期病号早晚要被处理掉的，老待在学校里也不是个事儿，也不知道是个什么政策。”果真如此吗？难道自己辛辛苦苦找到的创造源泉，还没有来得及汇成江河，就枯竭了？王选真的不甘心。

四、双重纠错码

除了陈堃銶外，还有一个人能给苦闷彷徨的王选带来慰藉，他就是经常来串门的同事马秉锟。马秉锟为人正直洒脱，家庭出身“过硬”，不怕跟王选夫妇两个“黑五类”接触，说起话来也没有什么顾忌，王选从他那里能听到外面发生的很多“新闻”。更为重要的，马秉锟是“150机”项目组的成员，常跟王选谈起项目进展情况，这是王选最感兴趣的信息。

1972年春的一天，马秉锟又来看望王选，他一进门就紧锁眉头，原来，“150 机”项目遇到了难题。当时采用的纠错码只能纠正一行信息中出现的一位错误，而由于使用的国产磁带机很不稳定，磁带的工艺质量差，这样就导致磁带可能发生多位错误，用原有的一位纠错方法肯定不行。项目组试图找出能纠正双重错误的纠错方案，研究了一段时间，却解决不了。

马秉锟的话顿时引起王选的极大兴趣，他决定试试。当时陈堃銶在厂里搞项目，星期六才能回家，回到家就看到满桌子的演算稿纸和数据表格，王选把它们剪成一条一条的，在那里拼来拼去。

王选：没有计算机，我完全用手工对几百种编码方案进行筛选论证，那时我正在发低烧，每天从早算到晚，有时累得筋疲力尽了，就靠在椅子上喘一会儿气。开始总不顺利，后来忽然找到了规律，把编码稍稍移动了一下位置，只需用附加的八位信息，就能纠正同一行的另八位信息中的双重（两个）错误。

终于，半个月后，王选设计出一个理想的两位纠错码方案，把问题解决了。他兴奋地给马秉锟看，马秉锟感到非常惊讶：王选正发着低烧，又没有计算机，是怎么解决难题的？而且只用了半个月的时间！等仔细看过王选的方案，马秉锟连连赞叹：“太巧妙了，我们怎么没想到呢！”他没敢“暴露”是王选的设计，回去悄悄把方案重新抄写了一番，拿到“150 机”的磁带上一试，一举成功。

王选这样做，不为任何名与利，也不想让同事们知道，但他乐在其中。最重要的是，这件事让王选证明了自己的实力，他兴奋地对陈堃銶说：“看来我的脑子没有坏，还可以继续搞科研！”

成功让王选信心大增，心头积郁已久的愁绪一下子消散了，身体也再次奇迹般地好起来了。

王选对科研的热爱超出常人的理解和想象，他似乎有永远不会被打击掉的积极性，他的创造欲望再次被激发了。20 世纪 70 年代初，世界计算机技术正发生着日新月异的变化，王选让陈堃銶从图书馆借来一些英文的计算机杂志，像前几年那样开始了解国际动态。这些杂志当时已经没有什么人看，所以很容易借到。王选发现，由于有了软、硬件两方面的经验，再看别人的成果时，经常能找出不足的地方。后来，王选自己动手了。他结合研制编译系统时体会到的软件对计算机设计的需求，设计了一种新型计算机体系，它结构新颖、高效，与当时先进的 IBM360、IBM370 相比，目标代码的长度只有其1/2，性能也有不少改善。

1972～1974年，是王选边养病边工作、积蓄力量、积淀知识的阶段，他把多年的学习心得和实践经验一点一滴总结出来，没有力气写字就把要写的内容先在脑子里“贮存”，等有力气时再写成文章，这使他锻炼出了惊人的记忆力，也写成了十几万字的论文，在一些同事之间传看。后来王选取其精华进行压缩，在1975年2月写成3.5万字的《介绍一种适合软件的新型计算机》一文。

然而，1975年还是“十年浩劫”后期，王选的身份和境遇，使这篇论文遭到了拒绝甚至嘲弄。

王选：当时我曾向北大电子仪器厂的领导请示并建议请少数同志审阅一下后再发表，但在“四人帮”严密控制下的北京大学，这一建议不仅得不到支持，反而遭到当时某领导的讽刺挖苦，把本文的研究工作说成是“关在屋子里想出来的脱离实际的东西”，由于得不到支持，这篇文章未能发表，而手稿也不知去向。

直到1978年，王选这篇再次整理的论文，才刊登在当时我国唯一的计算机杂志《电子计算机动态》上，终见天日。王选在文章的前言中有一段背景介绍，也是对自己科研经历的一次总结。人们注意到，虽然是唯一著作者，但王选仍谨慎地避免使用“我”这个主语，而代之以“我们”，或省略不写：

本文写于1975年2月，反映了1964～1974年这一时期我们在适合软件的新型计算机这方面的某些工作。作为一个硬件工作者，在1958～1961年期间从事设计、制造和调试计算机的工作后，于1961年开始研究多道程序计算机的硬件和有关的管理程序，1963年开始接触程序语言和编译系统。由于有硬件的实践经验，我们很快感觉到软件的发展和程序语言的推广将给计算机的体系结构带来深刻影响。为了促进适合软件的新型计算机的研究，1965年初，我们发起和参加了DJS-21机ALGOL 60编译系统的工作，我们一边搞软件，一边继续研究软件对硬件的影响。1966年提出了一些想法，与接下来美国的B-6500计算机有某些相似之处。1972年看到了介绍MU 5计算机的两篇简短文章，给了我们极大启发，解决了多年来使人苦恼的某些关键问题，推动了这一方向的研究工作。1973年对大量源程序做了统计，对比了IBM 360和本文介绍的新型机的性能，感到 IBM 360、Iris 50 这类计算机的体系设计反映的是 60 年代初的水平。我国 70 年代的系列机应采用更为先进的 MU 5 概念。为了介绍这种新型系列机，1973、1974 年先后写了十余份书面材料，1974 年底计算机所高庆狮同志建议整理成文章发表，1975 年 2 月把十几万字的材料压缩修改成本文。

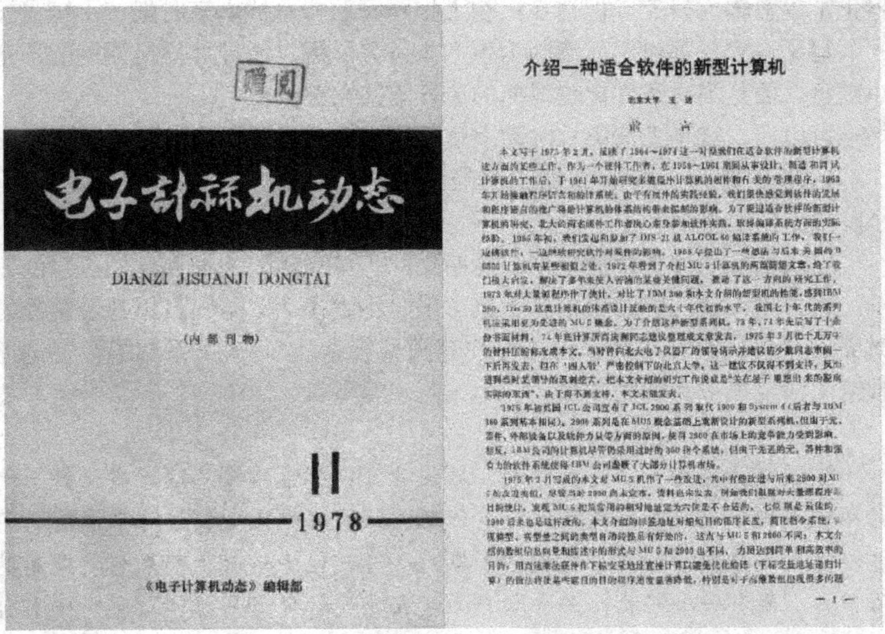

1978 年刊登在《电子计算机动态》上的王选的学术论文

……本文对 MU 5 机做了一些改进，其中有些改进与后来 IGL 2900 对 MU 5 的改进类似，尽管当时 2900 尚未宣布，资料也未发表。例如我们根据对大量源程序题目的统计，发现 MU 5 把最常用的相对地址定为六位是不合适的，七位则是最佳的。2900 后来也是这样改的。……

多年后，王选发现自己在这篇论文中设计的计算机不能运行国外流行的系统软件和很大一部分应用软件，与国外计算机不兼容，他自我检讨：如果这台计算机上马，“那一点点‘创新’所带来的好处远远抵不上‘不兼容’所带来的严重后果，真要这样做，将是劳民伤财而毫无结果”。不过，在 20 世纪 70 年代全中国人民都在“批林批孔闹革命”的时候，王选这样一个身体病弱又上了“另册”的小人物，能够用数年的时间，坚持不懈地设计出一台有多处创新的计算机，其本身的象征意义，远远大于实际意义。

1974年，王选在设计完新型计算机结构后，对汉字输入有了兴趣，他和陈堃銶一起，用几个月时间研究出一套“小键盘输入汉字的方法”，将汉字拆成偏旁、部首等字根，用常用的小键盘输入计算机，再由软件转换成该汉字的编码（编号）。王选发现这一方法可行性非常大，为此他还做了一段时间的拆字输入设计。1975年，王选因开始设计照排系统，便停止了键盘输入研究。但他在最初上报精密照排总体方案时把“小键盘输入”写了进去。不过，最终因为生产条件等原因，原理性样机使用的不是小键盘，而是当时条件比较成熟的仿日本的大键盘。

可以说，这是王选第一次动手解决汉字输入计算机的问题。

1975年春天，佟府的柿子树经过一冬的休眠，奋力吐出新的枝芽，小院重新生机盎然。

王选的邻居程先生搬走了，新搬来的是一对年轻夫妇和他们3岁的儿子。在男主人沈四宝的眼中，王选“平时不爱说话，给人打招呼经常是先微笑后开口，声音柔和，与人交往充满着善意”。后来关系熟了，王选还教给沈四宝很多有益的建议。

沈四宝：我的英语是自学的，从发音开始，常常读不准。我记得王选老师曾多次十分友善和认真地帮我纠正，他对我的发音错误从来没有耻笑过。给我印象最深的是帮我发 /v/ 与 /w/ 音，他告诉我，如果想要提高英语听力，他有一个经验，买一本 *Peking Review*，先好好读懂，再听中央台的英语新闻广播，这样听力就会较快提高，他说他就是这么做的。他讲这个经验时，十分认真和诚恳，我听了后十分感激而且马上付诸实践，英语水平有了显著提高。受到这位善良老师的指点，使我后半生受益无穷。

他先微笑后开口的特点，给我影响特别大，后来我当上了教授，我上各类形式的专业课时，不管听众是谁，始终能先微笑再开口，微笑讲授，微笑待人。而且待人以诚，办事认真。他对人的影响力是如此之巨大，他能用自己的言传身教，让自己的高尚人格辐射到各类人身上，包括我这样一个与他性格几乎相反的年轻人身上。

有时，沈四宝会向王选发出感叹，现在这个年代，学习还有什么用？专业还要不要？王选的回答非常坚定：“中国一定能找到富强的道路，一定会好起来的。……你现在学的英语，今后一定会派上用场。”

王选是在鼓励沈四宝，也是在鼓励自己。他一边钻研，一边每天坚持锻炼：散步、打太极拳……门前五六米长的走廊上，经常可以看到王选来回踱步的身影。

孟子曰：“天将降大任于斯人也，必先苦其心志，劳其筋骨，饿其体肤，空乏其身，行拂乱其所为，所以动心忍性，曾益其所不能。”从1958年大学毕业到1975年，整整17年，王选生命中最宝贵的青春时光就这样逝去了，他经历了“红旗机”、ALGOL 60编译系统、“150机”等科研攻关的艰苦与历练，饱受了病痛的折磨和政治的非难，也拥有了人世间最珍贵、足以让他托付一生的爱情。也许命运让王选遭受这么多磨炼，就是为了让他迎接更大的挑战。

1975年，王选已经38岁，接近不惑之年的他，迎来了一生中最大的转折。

机遇在这一年降临了。

第六章

惊世原创

一、偶遇“748”

1974年，正当王选埋头钻研时，影响汉字传承乃至中华文明进程的一项工程，在中国悄然设立了，这就是被称为“748”的汉字信息处理系统工程。

20世纪70年代，在美国等西方国家，计算机技术的发展突飞猛进，开始从国防尖端科技向商业化方向延伸，IBM公司的大型机和DEC公司的小型机各领风骚。1971年，英特尔研制出世界上第一块4位字长微处理器4004；1974年，英特尔再度推出处理速度比4004快20倍的微处理器8080；同一年，美国MITS公司利用8080设计出全球第一台微型电子计算机“牛郎星”（Altair），预示着微机时代的到来。计算机成本大大下降，应用领域日益扩展，从数值计算发展到文字及事务处理，显示出对整个社会乃至人类生活的巨大影响力。

然而，计算机是西方发明的，它建立在英文的基础上，在当时的中国，显得高不可攀。要跟上世界信息化发展的步伐，使计算机从高处走下来，除了突破各种客观条件的限制外，还有一个最基本的前提，必须与中华民族的文化基础——汉字相结合，否则，计算机在中国就不可能获得普及和应用，中国将被排除在世界信息化社会之外。

要使计算机能处理汉字，就要解决汉字的数字化、汉字输入和输出以及字形在计算机中存储等一系列问题，也就是汉字的信息处理问题。与拉丁字母相比，汉字是表意文字，英文纵然千变万化，终究只有26个字母，而汉字字数繁多，《康熙字典》收入的汉字达47 000多个，常用字就有五六千个。我国语言文字学界关于汉字优劣的争论一直没有停止过，认为“汉字落后”的一派甚至声称“计算机时代是汉字的末日”，“要想跟上信息时代的步伐，必须要走汉语拼音化的道路”。汉字信息处理不但成了计算机在中国普遍应用的关键，甚至关系着汉字的存亡，关系着中华文明的传承与发展！

对汉字信息进行计算机处理，是一项系统工程，需要多个部门共同努力、协调组织才能完成。据《中国计算机工业概览》记载，1974年8月，

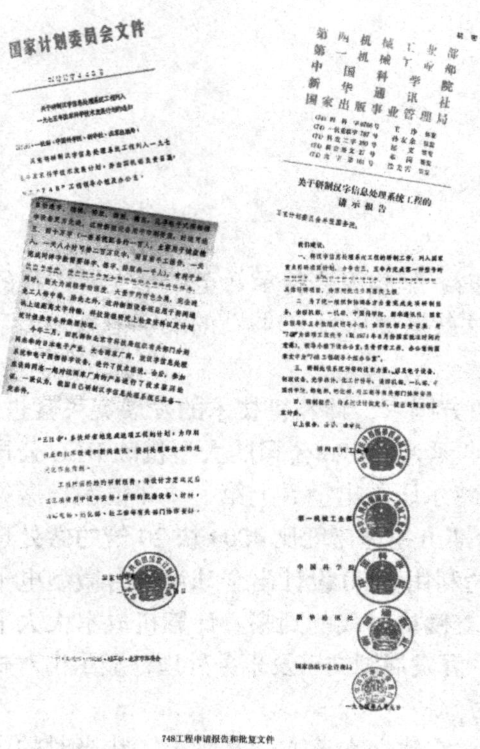
国家计划委员会文件

第四机械工业部
第一机械工业部
中国科学院
新华通讯社
国家出版事业管理局

关于研制汉字信息处理系统工程的请示报告

748工程申请报告和批复文件

“748 工程”申请报告和批复文件

四机部（后来的电子工业部，现已撤销）、一机部（后来的机械工业部，现已撤销）、中国科学院、新华社和国家出版事业管理局（后来的新闻出版总署，现为国家新闻出版广电总局）五家单位，联合向国家计委提出报告并报请国务院，要求将研制汉字信息处理系统工程列为国家重点科研项目。周恩来总理对此十分重视，亲自听取了汇报。9 月 24 日，由国家计委批准立项，定名为“汉字信息处理系统工程”，简称“748 工程”，列入国家科学技术发展计划，并由四机部成立“748 工程”领导小组及办公室，开展具体工作。根据批复提出的“为印刷行业的技术改造和新闻通讯、资料处理等技术现代化做出贡献”的要求，“748 工程”选择了“汉字精密照排系统、汉字情报检索系统、汉字远传通信系统”三个子项目作为突破口。

这是一项具有预见性的重大决策，标志着我国汉字信息处理技术的崛起。

1975 年年初，一个偶然的机会，王选从陈堃銶那里得知了“748 工程”。

1974 年，北大研制成功一台 6912 计算机，为了使这台计算机充分发挥作用，1975 年年初，学校从各系抽调力量组成一个调查组，对校内的行政管理、后勤、物资、财务和印刷厂等部门分头了解情况，调查这些部门采用计算机、实现自动化的可能性，陈堃銶所在的计算数学教研室也要派人参加。

陈堃銶：从 1974 年下半年起，我因眩晕症经常发作，不能担任教学任务，教研室便让我管些杂事，如管管资料、对付学校的一些活动等，好让“头”们专心搞业务。1975年初，“头”派我参加学校组织的调研组，调查刚研制成的6912计算机的用途，最初只是想在学校的各部门管理中使用。在调查中了解到国家有个“748工程”，此工程共有三个子项目：汉字通讯、汉字检索和汉字精密照排系统。

回到家，陈堃銶便把这一消息转告给了王选。王选听后精神一振，多年的科研实践培养了王选的敏锐嗅觉和前瞻眼光，当他听到“汉字精密照排系统”几个字时，预感到这是一个价值和前景不可估量的重大项目。王选立即来了兴趣，兴致勃勃地和陈堃銶分析讨论起来。

王选：我分析了一下这三个子项目，对于通信系统而言，汉字与西文没有多大差别，不会有什么特色；情报检索系统虽然价值大，从长远看有很大的发展前景，但当时中国的硬件条件、联网和使用情况还不足以使这类系统在较短时期内形成一个大的气候。尤其重要的是，情报检索系统的关键之一在于建大容量的信息库，只有出版业采用计算机系统后，才能方便地获得建库需要的信息，特别是文献的全文信息。汉字精密照排是指运用计算机和相关的光学、机械技术，对中文信息进行输入、编辑、排版、输出及印刷，也就是用现代科技对我国传统的印刷行业进行彻底改造。虽然难度巨大，但它的价值和前景同样不可估量，因为在当时，中国最多的厂，恐怕就是印刷厂了。

的确，当时我国印刷厂约有1万家，每厂职工平均不到100人，多是装备落后的小厂。从人类发展的历史长河来看，印刷工业的发展状况是反映一个国家经济、科技、文化、教育发达程度的重要标志。我国古代文明源远流长，印刷术是中国的四大发明之一，隋唐之际产生了雕版印刷，最具代表性的是公元868年在敦煌发现的《金刚经》。大约公元1048年，北宋的毕昇发明了活字印刷术，“用胶泥刻字，薄如钱唇。每字为一印，火烧令坚”（沈括《梦溪笔谈》）。以后又相继出现木活字、铜活字、锡活字、铅活字，但是受社会发展和冶金、机械等工业水平的制约，始终没能取代雕版印刷占据主导地位。1445～1455年，德国的古登堡将铅锌合金活字与印刷机相结合，发明了铅活字机械印刷术，大量推广并形成产业，引起了信息传播的飞跃。19世纪中期，西方的铅活字印刷技术进入中国，逐步成为中国印刷业的主宰。

进入20世纪，随着电子计算机和光学技术的迅速发展，西方率先结束了活字印刷，采用了电子照排技术，被称为“冷排技术”，在印刷技术上不断取得突破。而70年代的中国仍是“以火熔铅，以铅铸字，以铅字排版，以铅版印刷”的“热排工艺”。据不完全统计，当时我国铸字耗用的铅合金达20万吨，铜模200万副，价值人民币60亿元，每年还需补充消耗铅5000吨，铜模9000副，不但能耗大，环境污染严重，而且出版印刷能力极低：一般图书从发稿到出书要在出版社压上一年左右，科技图书甚至要拖两至三年，许多新书发行时已经成了旧书。报纸杂志的数量品种也十分缺乏，在当时印刷品占信息量70%的情况下，我国平均每人每年获取的文字信息仅15个字，而国外发达国家是我国的100倍。

王选又想起曾在印刷厂见过的难忘一幕：排版车间里是一排排黑压压的铅字架，拣字工人一手托着木盘，一手拿着文稿，在铅字架之间来回走动着，不停地把文稿需要的铅字从架子上找出来，排放在铅盘中。随着铅字的增加，托盘变得越来越重，托着铅盘的手臂越来越酸，而拣字的手已变得漆黑。一个熟练工人一天只能排7000字，人均不足5000字，一天下来，要托着铅盘来来回回走上十几里路，劳动强度非常大，如果文稿要修改就更麻烦了。更严重的是会引起铅中毒，除大的标题字外，大部分铅字排完版后不可能再一一放回铅字架，而是放在火中熔化重新铸字，所以厂房里空气十分污浊，很多排字工人和熔铅铸字的工人都有不同程度的铅中毒现象，隔一段时间就要排一次铅毒，对身体影响很大，国家每年花在这方面的劳保费用也十分巨大。

铅排车间的排字女工在拣字

如果汉字精密照排项目研制成功，不但可以使印刷工人彻底解放出来，还将引起中国报业、出版印刷业甚至媒体传播领域一场轰轰烈烈的革命！通过一个科研项目发明一项技术，再用它来改造一个行业，这是多么激动人心的创举！王选兴奋得坐不住了，他决定立即着手开始研究。这一年王选已经 38 岁，大好的青春年华已在十多年的劫难中无情地逝去，他再也不能坐等下去了，谁知道多少年才能遇到这么一个意义重大的项目呢！陈堃銶太理解王选的心情了，那是他们共同的心声，她完全支持丈夫的决定，愿意和他一起去研究。就这样，两人开始了为之呕心沥血、奋斗余生的宏伟事业。

多年后，王选被问到的最多的一个问题是，当初为什么要选择照排项目？王选分析说：

汉字精密照排的难度是显而易见的，正是它的难度和价值吸引了我。我搞项目一贯追求的目标是：不鸣则已，一鸣的话，就要在某些地方惊人，一定要比前人有进步，否则就没有什么意思。一旦选择了项目，那么我就要不遗余力地把它做到能够实用，能够推广，绝不半途而废，这也是我的一个原则。另外，我当时病休在家，每月领 40 多元的劳保工资，但却可以自由选题，可以做自己想做的任何事情。这也说明在可能的条件下让年轻人自由选题，做自己喜欢做的事情，才能激发创造的欲望。

这正是王选的可贵之处，他喜欢挑战，喜欢“标新立异”，他从一开始选择汉字精密照排项目，就看到了它的巨大难度和实用价值，并且抱定了攻克难关、实现价值的目的和信心。他的选择是完全自发的，因而也是自主的。所以，他的创造激情一下子被激发了。

二、确定数字存储

按照习惯，王选先要把国内和国际上在照排系统方面的研究现状和发展动向了解清楚。北大图书馆的资料不够全面，王选想到了中国科技情报所，作为当时我国科技情报收藏的权威机构，那里的资料，尤其是外文资料相对全面而且时效性强。

王选开始奔波于北大和位于和平街的中国科技情报所之间，每周去三四次，一待就是半天。从北大到情报所的车费是二角五分，少坐一站就可以节省五分钱，由于没有经费来源，车费当然无从报销，王选就提前一站下车，步行走到情报所。这是1975年的春天，一连几个月，从和平西街到和平街的路上都会出现王选瘦弱的、踽踽独行的身影。他的目光专注地注视着前方，眉头或紧蹙或舒展，他在思索着，分析着，完全没有在意路边的玉兰花开了一树，像站了满树的白鸽；没有感觉到北京春天里独有的狂风和漫天黄沙。

中国科技情报所的外文文献给王选展现了一个洞察世界的窗口。在当时的中国，没有几个人会像王选一样，自己掏钱，走很远的路去看外文资料。王选发现，许多有关照排系统的文献以及 *Graphic Arts Monthly* 等印刷杂志的借阅登记卡上都是空白的，他是那些杂志的第一个借阅者。这说明涉猎这一领域的人寥寥无几。王选如饥似渴地浏览着。这些资料虽然可以复印，但费用不小，这使得王选复印时格外谨慎，字数不多的就动手抄在随身携带的笔记本上。图书管理员注意到，这个戴黄框眼镜的男子一坐就是半天，手中不停地抄写着，笔迹密密麻麻，整洁清晰。

很快，王选了解了国际上照排系统发展的历史和现状。早在20世纪40年代，西方就开始了用照排机取代铅字的研究和发明：

第一代是手动照排机。1946年由美国Intertype公司研制成功，称为Fotosetter。它实际上是一种西文的照相排字机，字模制作在一块透明的模板上，通过键盘的控制，把选中的字符对准一个窗口，用很强的灯光照射，使这个字符在底片上感光，然后底片移动一下，再照下一个字符。

第二代是光学机械式照排机，于1951年在美国研制，叫作Photon 200。是把西文字模制作在有机玻璃圆盘或圆筒上，在照排过程中圆盘做高速的匀速转动，当选到需要照相的字符时，自动启动闪光灯，使字符在底片上成像。20世纪50年代末，第二代照排机与计算机相连，构成了计算机排字系统，从而进入了一个新阶段。二代机曾是欧美60年代电脑排版的主力，日本70年代初期仍很流行。

第三代是阴极射线管照排机，1965年由德国的Rudolf Hell公司研制，称为Digiset，1968年开始成为商品。它把所有的字模以数字化形式存储在计算机内，输出装置是一个超高分辨率的阴极射线管，依靠它发光在底片上成像。1975年的时候，三代机在欧美广泛使用，十分流行。

王选还了解到，我国当时已有5家攻关班子从事汉字照排系统的研究，其中有两家选择了光学机械式的二代机。最早要属清华大学，他们和中科院长春光学机械所合作，从20世纪60年代末就开始研制平板式二代照排机，使用了清华大学研制的112计算机，1973年，在北京新华印刷厂首次实现了汉字进入电脑。但这套系统机械故障频繁，无法投入实际生产。另一家是上海中华印刷厂和复旦大学共同研制的圆筒式二代机。另外三家采用了阴极射线管输出的三代机。其中，中科院自动化研究所采用飞点扫描方式进行字形存储；云南大学和云南出版局采用的则是字模管存储方案；实力最雄厚的是上海的一个研究班子，由上海印刷技术研究所、华东计算所（电子工业部32所）、上海硅酸盐研究所等十几个研究单位组成，采用硅酸盐研究所的全息存储器存放汉字信息。上述5家在汉字字形存储方面采取的全部是模拟存储方式。

通过进一步仔细分析和比较，王选作出了一个大胆的判断：

二代机用机械方式选字，对机械精密程度要求极高，需要非常精细的机械制造工艺，依照我国当时的机械工业水平，很难达到要求，研制和生产都很困难。同时，不能适应复杂版面的要求，尤其不可能实现文图合一的输出，因此，二代机是没有发展前途的。

三代机所用的阴极射线管比黑白电视机分辨率高20倍，生产难度极大，校正电路很复杂，对底片灵敏度要求也很高，国产底片很难过关，要研制成功也是非常困难的。

更重要的是，汉字字形的信息量庞大，模拟存储的方法不可能解决存储和输出等技术难关。

这时，我想起了国外系统中给我印象最深的德国Rudolf Hell的Digiset，它首创的数字式存储和数字式输出，就是把每个字形变成一连串二进位信息，存储在计算机内，被称为“真正的突破”，有一份杂志登载了Digiset输出的线条图，质量很好。看来，数字式存储将占统治地位。

王选的判断是准确和具有前瞻性的，20世纪80年代初，上述国内5家研究班子全部停止了照排系统的研制。当然，应该说他们的尝试在我国照排系统研制过程中是有历史意义的。

经过一番研究，王选得出了研制汉字精密照排系统过程中第一个重要结论：研制汉字照排系统，首先要解决汉字字形信息的存储问题，模拟存储的道路是走不通的，必须采用数字存储的技术途径。

当时，王选还看到很少几则报道，英国一家叫作蒙纳（Monotype）的公司正在研制第四代激光照排机：将字模以点阵形式存储在计算机中，输出时用激光束在底片上直接扫描打点成字。王选立刻敏感地意识到，与第三代阴极射线管照排机相比，激光照排分辨率高、精度高、幅面可以很大、速度潜力也很大，还可以过渡到激光直接制版，前景十分诱人。但是，激光照排当时还处于研制阶段，能查到的资料非常少，而且都反映困难重重。有一则报道提到，美国一家公司研制出了样机，但很快就放弃了推出商品的计划；另一则报道称，激光逐行扫描使控制器的设计难度大大增加，研制出的系统很难达到廉价推广。

王选把这些报道暂时放在了一边，他首先要解决的，是如何采用数字方式，将庞大的汉字字形信息存储进计算机中。

三、绝唱

佟府的柿子树已是浓荫一片，王选坐在树下的椅子上，面前摆放着几张报纸和一个放大镜。连日来，他像是得了职业病，一有时间，就盯着报纸看个没完，他不是在看报纸内容，而是在看每一个字的结构笔画。渐渐地，这些大小各异、字体不同的字在王选眼中变得越来越大，每一个笔画都被分解开来，细化成一个个小点，组成了黑压压的点阵。

王选把选择“数字存储”的方案告诉了陈堃銶，陈堃銶非常赞同，她在工作之余，也参加到王选的研究中来，与他一起分析如何实现这一方案。

王选：要把汉字字形存放进计算机，就要变成计算机可以识别的由0和1构成的信息形式。如果我们把汉字写在方格纸上，把有笔画通过的小方格记为1，把没有笔画通过的小方格记为0，这样，组成汉字的全部小方格，就被处理成了计算机所认识的数字化格子。如果我们把每个小方格看作一个点，那么汉字字模就变成了数字化点阵，一个点就对应着计算机里的一位二进位，点阵由多少点组成，计算机就相应的要有多少位来记录它。

那么，能否原原本本地把所有汉字完整的数字化点阵存到计算机里呢？显然这是不可能的，因为仔细一分析，虽然早有心理准备，但两人还是被汉字字形庞大的信息量惊住了。

王选：西文只有26个字母，所以存储量问题并不尖锐，而汉字字数繁多，是西文的数百倍；印刷用的汉字更存在多种字体，有宋体、黑体、仿宋、楷体等十余种，每种字体还有十余种大小不同的字号。为了达到印刷质量，五号字大小的正文小字需要100×100以上的点组成，也就是要用1250字节表示，大字的点阵就更大了，像标题用字需要1000×1000以上点阵，总的算起来，存储量达数百亿位。若全部用点阵存储，存储量极大。

如果当时的国产计算机有现在的大容量内存、硬盘甚至服务器，我大概不会这么费心思了。实际情况是，20世纪70年代，我们有条件使用的国产DJS-130计算机的磁心存储器，最大容量只有64KB（6万多字节，每个字节8位，共64×8=50多万位）；没有磁盘，只有一个512KB的磁鼓和一条磁带，相当于美国50年代末的水平。这样简陋的条件，要存下如此庞大的汉字信息，是完全不可能的事。而且当时读写外存的速度很慢，也会给处理带来很大困难。

从1946年西方发明第一代照排机开始，到1975年已经过去了30年，汉字照排系统的问题却一直没有得到圆满解决。德国Digiset采用的是黑白段的描述方案，描述每行黑段（即有笔画处）的起点和终点，压缩量很小，对付26个英文字母还可以，对付海量的汉字点阵信息就行不通了；更重要的是，无法使汉字做精确的大小变化，变小可能出现笔画中断，变大则可能出现“马赛克”。

汉字字形信息量大的难关，成为多年来横亘在科学家面前难以逾越的高山。

王选思索着，必须想出一种巧妙有效的方法，对汉字信息进行大大压缩，这是关键的第一步，不能步别人的后尘，必须另辟蹊径。

王选拿出字典，琢磨着每个汉字的笔画，他很快发现了规律：汉字虽然繁多，但每个汉字都可以细分成横、竖、折等规则笔画，以及撇、捺、点、勾等不规则笔画。王选与陈堃銶商量，是不是先想办法对这些笔画进行统计，看看能否选出若干典型笔画，供整套字合用，再研究怎样用较少的信息描述笔画。

陈堃銶认为可以请北大印刷厂帮忙。因为陈堃銶参加调研的这个项目开始之初，是为包括图书馆、印刷厂等北大各部门的自动化管理而设立的，所以参加的单位除数学系、无线电系、中文系外，还有印刷厂和图书馆。

陈堃銶：我们请印刷厂帮忙，找来字模稿，将字模稿上的一个个汉字字形放大在坐标纸上，再描出字形的点阵和统计笔段。我和同事一起统计，发现横、竖、折的基本部分比较固定，变化的是其头和尾，而头和尾的样式不是很多，因此可以挑选出若干个供所有字合用的典型，王选将这类笔画称为规则笔段。点、捺、撇等可称为不规则笔段，这些笔画变化太多，很难挑出几种可供所有汉字合用的典型。例如即使是一个点，也有长短、胖瘦、方向等多种变化，如果强行只允许若干个，必然影响文字的质量，这是绝对不行的。

王选拿着一张张字模稿，像着了魔似地反复分析着，每天都在考虑：用什么方法既能减少存储量，又能保证字形在变大变小后的质量？王选的数学专业背景发挥了意想不到的功效，他首先想到的是用“轮廓”描述汉字字形。

陈堃銶：这时王选想出用折线轮廓逼近汉字字形的方法，就是在汉字的轮廓上选取合适的关键点，将这些点用直线相连成折线，用折线代表汉字的轮廓曲线，只要点取得合适，就能保证文字在放大缩小后的质量。方案设计好后，由我在 6912 计算机上试验。

后来我们看到材料说，1975 年日本电气公司 NEC 曾来京介绍，他们发明了一种字根组合方案，把汉字看成由基本部件构成，系统中存有几百个基本部件，每个基本部件也是用折线轮廓表示，然后由基本部件拼出汉字，例如“新”字，由“立”“木”“斤”三个基本部件经放大、缩小、拉长、压扁处理后拼成。尽管部件的压缩倍数不小，但用部件组字很难保证字形质量，更谈不上变倍后保证笔画的匀称了。正因为产生的汉字质量差，系统未投入实用便夭折了。而王选是用折线逼近整个汉字，所以能保证汉字字形的质量。

然而，在进行文字变倍试验时，王选和陈堃銶发现，横、竖、折这类规则笔段，本来笔画粗细相同，如果单纯用轮廓表示，在变大或变小后却可能变得粗细不匀。为了保证笔画的匀称，需要对这些笔画进行特殊控制。

王选：汉字笔画多，尤其是横道很多，在字形变倍特别是变小时，笔画会出现粗细不匀。比如“量”字中有九道横，同样宽度的两道横，当字形变大、变小后会变得宽度不一样。应该一样粗的横道变倍后却粗细不一，明显影响了文字质量。怎么才能保证一个字在变大尤其是变小时的质量呢？

王选和陈堃銶粗略统计了一下，发现汉字中规则笔段的比例占了近一半，一套七八千字的字模可能会包含几万个横和几万个竖，但分类后可能就只有十几个类型的横和竖了。经过反复研究，一个绝妙的设计在王选脑海中形成了，他兴奋地对陈堃銶说：

我们可以用参数方法描述规则笔段，就是把笔画的长度、宽度、起笔笔锋、收笔笔锋、转折笔锋（后来称为横肩、竖头、竖尾等）以及笔画的起始位置等用参数编号表示。其余撇、捺、勾、点等不规则笔段仍然用轮廓表示，这样不但可以保证字模变倍时横、竖、折等笔画的匀称，解决文字变倍后的质量问题，还可以使信息进一步大大压缩！

王选又对陈堃銶说：

另一方面，由于可以实现不失真的变倍，不必把所有字号的压缩信息都存到计算机里去，而只选其中一两种有代表性的字号，放大或缩小来变出其他各种字号，这样就能达到更高的压缩倍数。

为了验证上述想法，王选不停地统计和计算着，遇到问题就与陈堃銶讨论，陈堃銶则把压缩信息拿到计算机上进行各种模拟实验。他们惊喜地发现，这种“轮廓加参数”的压缩信息表示法，实现了信息最大限度地节省，从而使汉字信息存入计算机的问题迎刃而解。后来，他们又设计了压缩信息的紧凑形式。陈堃銶用黑体、宋体、仿宋体、楷体四种字体的10种字号以及长宋、扁宋、长黑、扁黑等点阵的总存储量与压缩后的存储量相比，发现总体压缩倍数达500多倍！一次介绍方案时，有人不禁赞叹：“压缩了再压缩，实在精彩！”

更独特的是，王选用参数这一附加信息来描述横宽、竖宽，以控制字形变大或者变小时敏感部分的质量，从而实现了字形变倍和变形时的高度保真，此项发明在1975年属世界首创。直到大约10年以后，类似的用“提示信息”（即HINT）描述字形的技术才在西方流行。与汉字相比，西文字母笔画少，结构简单，而且西方工业技术先进，选择的都是高分辨率输出，文字变倍后基本不存在质量变化，所以也就不必用附加信息控制敏感部分变倍后的质量。直到1985年以后，低分辨率的激光打印机开始大量流行，在用低分辨率输出时，西文也出现了变倍后的文字保真问题，才有人想到用“提示信息”描述字形的宽度、间距以及需要保证对称的敏感部分，轮廓加参数的描述方法才在西方大大流行起来。

王选的这项发明，比西方早了10年。

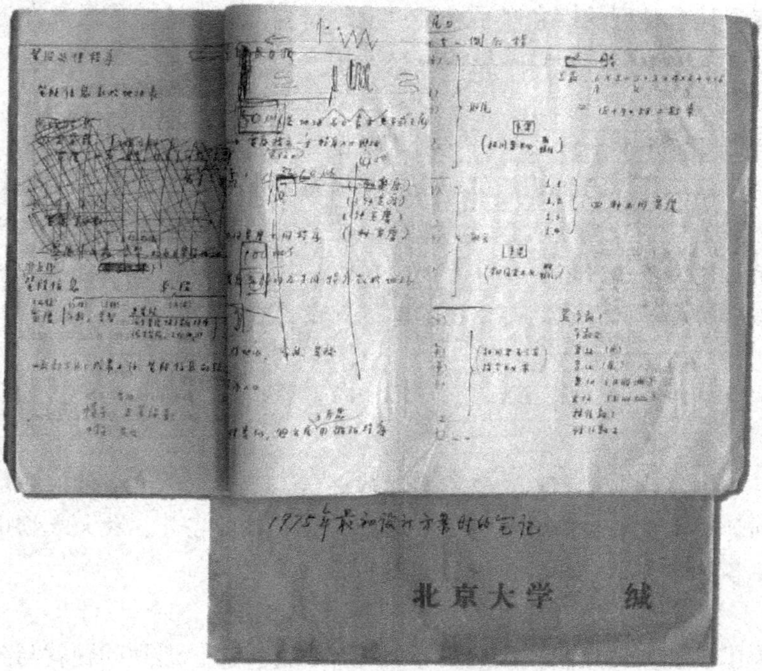

1975年王选最初设计方案时的笔记

1991年10月，王选在美国波士顿文字处理国际会议上报告了这一技术，会议主席Robert Morris教授说：“汉字笔画的高密度使中国人更早采用控制变倍后质量的描述方法。”多年后，王选从中总结出一条极为宝贵的经验：最前沿的需求刺激是创新的源泉——正是较低的分辨率和汉字笔画密的特点，给了王选创造的需求和动力。

接下来，王选要解决的是怎样使存入计算机的压缩信息还原成字形点阵。

王选：我想出一个方法，靠对数学公式的推导，推导出来一个压缩信息复原的递推公式，这是跟陈堃銶一起讨论的，然后两人一块验算，验过以后得出的结果非常漂亮，当然两人非常高兴。

陈堃銶：一天中午，我和王选都没睡午觉，在那里想，忽然想出了解决办法，试验画了一批字，无论放大缩小，都很漂亮。

两人高兴地大叫："绝唱！"《绝唱》是1975年日本演员山口百惠和三浦友和主演的一部爱情电影，当时正在国内播映，所以两人不约而同地想到了这个词。

陈堃銶：以后又试验了各种形状的字，使复原方法更加完善。

当然这种方法做出的字模不如现在的PS和TrueType字模，它们是用曲线轮廓逼近的。用折线逼近的方法当字放得很大时，会看出折线痕迹，影响了笔画的光滑度。但用曲线轮廓逼近，其存储量远大于折线，是当时的计算机条件无法接受的。而折线轮廓已能满足非特大字的质量，所以这是当时条件下的最优方案。

数学和汉字，这两种代表不同意义的学科和符号，被38岁的王选和谐巧妙地结合起来，一系列世界首创的发明诞生了，这些发明后来成为王选欧洲专利的重要权项，也是华光和方正照排系统的核心技术，这的确是一首绝唱！

四、会战遇挫

为了使自己的研究成果能被学校领导接受，从而能投入使用，王选在1975年5月把自己的设计构想写成一份"全电子照排系统"书面报告，提出了"数字存储、信息压缩和小键盘输入"的总体方案，向数学系和无线电系作了介绍。

让王选和陈堃銶感到意外的是，方案立即引起了重视，系里决定向北大领导汇报。王选的手稿被拿到北大印刷厂打印，在工人们中间竟也产生了很大反响。

王选：一些印刷工人得知我们正在研究用“电脑代替铅字”，十分兴奋，纷纷说：“这事真要成了，咱就不用天天跟黑糊糊的铅字打交道了，轻轻松松坐在电脑跟前，一敲键盘就齐了。”这给了我很大鼓舞，想不到一个微不足道的病号只是提出了一个初步方案，就得到了工人们如此强烈的反应，说明我的研究与他们是休戚相关的，是有意义的，这更坚定了我的信心。

很快，北大校革委会负责人、8341部队军代表魏银秋拿到了王选的方案。

陈堃銶：来自8341部队的学校革委会负责人之一、主管科研教学的魏银秋对国家任务很积极，我们将初步方案于1975年5月向他汇报，他很高兴，后来又听了两次汇报，很希望我们能承担国家任务，并表示接“748”任务要干，接不成学校也要干。由于赞赏王选的方案，他还破例到我们这样的“臭老九”家中看望。

1975年5月的一个晚上，数学系、无线电系、图书馆和印刷厂的联合会议在魏银秋主持下举行，由于王选身体虚弱，陈堃銶参加了会议。会一直开到半夜，最后作出两项重要决定：一是把汉字精密照排系统列为北大自选项目，肯定了“数字存储、信息压缩和小键盘输入”的总体方案，未来争取加入国家“748工程”；二是从各单位抽调人员成立会战组，协作攻关。

夜已深了，王选一直未睡，等候着陈堃銶。陈堃銶一回到家，就兴奋地向王选细述了会议的情况和结论，两人心中的感受难以言表。从1966年起，将近10年了，王选一直是个边缘人物，很多时候都感到一种永世不得翻身的绝望。直到今天，他才重新感觉到了学校、科研对他的需要，甚至感到了祖国和人民的重托。5月的北大正是槐花盛开的季节，空气中暗香浮动，王选有些热血澎湃，他跃跃欲试地对妻子说：“这下咱们要大干一场了！”

不久，王选的方案传到了四机部“748工程”办公室主任郭平欣那里。郭平欣是我国电子和计算机方面的技术专家，是一位1946年就加入中国共产党的地下老党员，新中国成立前曾从事过军工和通信方面的技术工作。1949年任驻苏联军事代表团负责人，1951年回国并参与领导我国计算机科学发展的开创事业。1960年担任四机部科学技术局副局长，1976年四机部组建计算机管理总局后出任副局长。郭平欣从一开始就参与了“748工程”立项的全过程。1973年，在对国外汉字信息处理技术情况的调研过程中，郭平欣了解到日本正在采用信息压缩技术解决汉字存储问题，但他们只看重计算机技术的应用研究，而忽略了汉字本身在字形、字号、出现频率等方面的特点，因此没有成功。通过调研，郭平欣认识到汉字字形的模拟存储问题很大，数字存储才符合技术发展潮流。这一点与王选的想法不谋而合。

王选与郭平欣（20世纪80年代）

四机部原定由部属十五所（即华北计算所）负责总体设计，但因为当时十五所忙于设计200系列计算机，所以一直没有拿出总体方案。现在，北大冒出一个王选，要出奇制胜地解决这个问题，郭平欣立即意识到，王选的研究成果属于汉字信息处理的核心技术，如果真有突破，意义重大。

郭平欣马上派“748工程”办公室的干部张淞芝等人到北大了解情况。5月，张淞芝曾和十五所、南京大学等承担“748工程”项目的单位到北大介绍过工程情况。9月5日，他第二次到北大，听取了王选方案的简要汇报。回来后张淞芝向郭平欣汇报，王选对开发二代机、三代机所面临的困难进行了切中时弊的分析，而王选提出的数字存储、信息压缩方案对解决汉字存储这个关键问题独辟蹊径，很有创见。郭平欣听后，同意北大进一步完善方案，并准备组织论证。

1975年5月北大的会战组开始筹建时，当选中共中央副主席不久的邓小平同志开始主持中央日常工作，把发展国民经济放在首要战略地位，形势出现好转。听说北大要搞精密照排等项目，来北大参观学习的人多了起来，这使得王选兴奋不已。

陈堃銶："文革"多年，各方面工作荒芜，这时各单位开始"抓革命、促生产"，所以常有许多外单位的人来参观、听介绍。因为多年未能工作，所以每当有人来，王选都很兴奋。有一次，他在图书馆的楼梯上看到一批外单位的人，就高兴地问他们是不是来参观的，弄得人家以异样的目光问他："你要干什么？"

然而，会战组的组建并不顺利。陈堃銶回忆说：

会战组隶属于学校的教育革命部，由军代表老金负责，不过他只是"奉旨行事"，老金是4587部队的，很爽直，河北口音，常把"那个"说成"乃个"，我和王选在背后就戏称他为"乃个老金"，以便与邻居老金区分。

会战组的人很少，只有数学系最积极，我们的方案出来后，计算教研室一批人都参加了讨论，他们还主动找四机部去汇报以争取任务。后来因为有教学任务，只确定由我和丁霭丽两个教员以及两个刚毕业的工农兵学员参加软件设计，但还承担教学任务；无线电系派来陈保华等年轻人参加王选的硬件组；中文系派来陈竹梅、李一华、石新春三位老师参加字模制作，即做出每个汉字字形的压缩信息；印刷厂派负责照相的祁贵珍师傅来兼职，另派刁一彬师傅帮忙将字模稿放大在坐标纸上。整个会战组熟悉计算机的只有王选和我两个人。王选是全休病号，我的身体也不好，常要病休。当时学校的计算机软、硬件教员大部分在昌平分校（200号）的电子仪器厂，可能因为有研制150计算机的成绩，他们的一个负责人对照排项目很不积极，说："都是病号，能干什么？"

1975年9月，王选的高倍率字形信息压缩技术、字形的高速还原技术进一步成熟，20日那天，陈堃銶通过软件在计算机中模拟还原出“人”字的第一撇。她高兴地在机房里跳了起来。接着，王选和陈堃銶又做了“方”和“义”两个字的整字试验，都取得了成功。

然而，许多人认为，这只不过是一个名不见经传的小助教，拖着长期病弱的身体凭空想象出来的数学游戏。

1975年11月初召开的北纬旅馆论证会，给了王选第一个沉重打击。

当时，汉字精密照排系统子项目以及100多万元经费已经下达给了北京市，北京市决定由北京市出版办公室负责，并指定北京新华印刷厂为第一用户。为了论证我国精密照排的技术方案，北京市出版办公室将在宣武区的北纬旅馆召开方案介绍和论证会。北大听说后，认为这是一次极好的争取项目的机会，一定要参加。

论证会在北纬旅馆接连举行了几天，先是方案介绍报告会，再进行分析论证。全国各地的多家单位带着自己的研究方案和成果相聚北京，跃跃欲试，都想从中脱颖而出。北大派王选、陈堃銶等人参加了方案介绍报告会。夫妇俩辛苦多日，拿出了最新成果：一个用字形信息压缩方案、通过软件还原、宽行打印机打印的“义”字，是两张宽行打印纸拼接起来的，展开有五六十厘米见方。之所以选“义”字，是因为这个字的压缩信息简单，又包括了撇、捺、点三个不同笔画，可以看笔锋的质量。王选身体仍非常虚弱，说话无力，便再次让陈堃銶代作报告。

王选：新华社在会上介绍了云南大学的字模管三代机和小键盘编码输入方案，科学院自动化所介绍了他们正在研制的飞点扫描三代机方案，新华印刷厂介绍了与清华大学合作研制的字模平板移动、静止曝光的二代机，一机部则介绍了上海有关单位的研制情况。我们的字形信息压缩方案和“义”字引起了与会者的很大兴趣。

与其他单位相比，王选的方案新颖独特，太有创意了。然而，听完介绍，大多数与会者暗中摇头。

陈堃銶：我们的方案在当时太超前了。另外五家研究单位的存储方法都是模拟存储，而我们是用数字方法存储，用点阵来组成汉字，当时印刷界对计算机很不了解，一般的同志对我们的方案是闻所未闻的，所以就觉得，字模应该是看得见摸得着的，要实实在在印刷的，怎么能靠计算机算出来？看我们又是压缩，又是解压缩，简直像是在玩数学游戏，能保证文字质量吗？觉得有点天方夜谭似的，太脱离实际，所以除了新华社的孙宝传，几乎没有人有兴趣。

经过几天的论证，王选等来了坏消息，会议最终选择了二代机作为“748工程”的正式方案上报。这是会战组成立以来遇到的第一个挫折，王选心情沉重，但他并没有一点退缩的情绪，反而更加坚定了继续搞下去的决心。

王选：因为我清楚，二代机是没有发展前途的，1975年秋我专门去新华印刷厂看过一次，他们只能排“老三篇”（毛泽东的三篇短文，即《为人民服务》《愚公移山》《纪念白求恩》），存的字体很少，速度也很缓慢，工人师傅们反映，这样用计算机简直是“受罪”。选择二代机不只是一个技术决策的错误，还将带来人力物力的巨大浪费，更重要的是将延误我国在照排领域内赶超世界先进水平。当然，依我个人的力量，是没有能力改变这个决定的。但我可以做到一点，就是不受影响，继续干下去。当时我想到一句话，美国的巨型机之父克雷（Cray）说过，当他提出一个新的构思时，人们常常说“Can't do”（做不成），对这种怀疑的最好回答是“Do it yourself”（自己动手做）。这句话给了我很大的启示，并且在以后的十几年中始终鼓舞着我。

1975年11月，“批邓、反击右倾翻案风”运动开始，全国刚刚趋于稳定的形势再度陷入混乱，北大是“四人帮”严密控制的单位，政治运动再次占了主导地位，大会小会不断。人员薄弱的会战组平时还要参加学校运动，工作更是难以开展。

不过，王选并不灰心，他对陈堃銶说：“我的编制虽然在无线电系，但我是‘吃劳保’的全休病号，没人管我，这些政治活动我都不用参加，没有什么杂事，正好可以集中全部精力来完善总体方案。”陈堃銶则配合王选设计完善汉字压缩信息及还原算法，在计算机上继续做模拟试验，培训字模组人员做压缩信息，并与王选一起确定整个系统的框架。

五、柳暗花明

当然，机会并没有从王选身边溜走。作为“748 工程”的五个发起单位之一，新华社被定为第一用户。但通过一个阶段的试验，新华社觉得二代机问题太大，不仅速度慢，灵活性差，而且经常出现机械故障，很难满足印刷报纸的要求。北纬旅馆会议结束后不久，新华社的“748”项目负责人王豹臣等人多次来到北大，谈新华社的需求，观看软件还原字形的演示，对北大方案有了进一步了解。

郭平欣也一直关注着北大的方案，经过一番更为详细的调研，他对北大方案开始“深信不疑”。郭平欣一贯主张工程项目不能采取政府分配任务的办法，而应该集思广益、公平竞争、择优支持，他计划在适当时机联合相关单位在北大进行一次“会诊”。

1976 年 2 月 11 日，春节刚过，四机部和新华社、十五所一行多人在北大召开会议，正式听取了王选的方案介绍。

陈堃銶：其实郭局长等也很着急，他要在十五所和我们之间决定方案的取舍。1976 年 2 月 11 日，郭局长派毛应（外设处处长）、张淞芝组织报告会，请十五所与新华社等单位的同志参加。会上我们报告了整个方案，因王选身体尚未恢复，方案由我报告。十五所没有报告他们的方案，只对我们的方案提了几个问题，王选和我一一作了回答。会上毛应明确表示软件要由北大承担，新华社王豹臣也表态任务要北大参加。

王选看得出，与会专家问得很仔细，不少人对自己的方案表示出赞许的态度，事实上这次介绍的确对日后项目的下达起了很好的作用。1976 年 2 月 25 日，王选等人第一次来到新华社，王豹臣很明确地对王选说，新华社赞成采用北大的方案，并且会向上积极争取。虽然天气寒冷，王选却感到浑身暖融融的，他深知新华社的分量，有了他们的支持，事情就更有希望了。

不久，张淞芝告诉王选：“748”办公室支持北大的方案，但任务下达需通过北京市，而北京市对北大的方案持不同态度，还要进一步做工作。1976 年 3 月底，为了支持北大继续研究，郭平欣决定先将北大的工作作为单项列入四机部项目，下拨了少量经费。

让王选感到踏实的是，北大的态度是坚决的：不管任务是不是下达给北大，都要做下去。鉴于有些院系互相推诿、不愿出头，3月24日，学校委派了当时北大教育革命部部长张龙翔担任会战组组长。在走马上任的第一次会战组会议上，张龙翔开口就说："各系都不愿意管，那就我来管。"这使王选很受鼓舞。张龙翔自上任之日起直到后来任北大校长期间，始终全力支持激光照排项目，是历任校长中对这一项目投入精力最多的一位。

设计工作继续进行，事实上，因为任务长期不能下达，1976年一年，会战组只增加了少量人员，人力严重不足，基本的科研用房也得不到保障。但王选信心十足，他进一步决策用硬件方法加快字形信息复原，同时着手设计微程序以及整个系统的构成。尽管王选的身体在天气变冷时很不好，但他稍有好转便坚持工作。

王选：陈堃銶编写了一个程序在主机130上统计，发现如果用软件实现将字模从压缩信息还原为点阵，速度极慢，平均每秒只能还原1个字，这是无论如何也不行的。于是，我考虑用硬件方式来实现，设计出一套适合硬件实现的、失真最小的高速还原汉字点阵算法，并编写微程序，用微处理器实现字模生成（称为生成器）、形成版面、选读字模并实现对照排机的控制，整个这一部分称为"后处理系统"。

陈堃銶则开始了解排版需求，设计排版语言。当时的办公室只有文史楼两小间旧教室，约20平方米，另外借了新图书馆的两间房间。文史楼旧教室是软件组所在地，正对着大门，冬天暖气不足，加上穿堂风，阴冷难耐，陈堃銶工作的时候不得不在腹部捂上热水袋。她在充分调研后，也和王选一样，采取了跨越式的方案。

陈堃銶：当时国外流行的是贴毛条拼版方式，就是将文章排成长条（称为毛条），若是排书，按一页书的长度，依次剪开，再贴上每页的页码、书眉；若是排报，按每栏的高度剪开，一条一条地拼贴，很费事，但也出现了少数能整页输出、自动成页的先进的排版软件。我决定向国际先进技术看齐，跳过输出毛条、人工剪贴成页的阶段，直接设计整页组版的排版语言及排版程序。

陈堃銶的这一设计思想使得我国报纸和书刊的出版印刷没有像国外和中国香港、澳门、台湾省那样，经历输出毛条、人工贴版的过程，而是直接实现了整页组版、整页输出。

王选和陈堃銶在研究汉字激光照排系统中的技术问题

1976年，整个中国的政治形势也到了极为严峻的时刻。1月8日，为稳定局势而力挽狂澜、日夜操劳的周恩来总理逝世，万物肃杀。“四人帮”压制广大群众悼念周恩来，加紧篡党夺权的阴谋活动，激起强烈民愤。4月清明节前后，北京市上百万人民群众，自发地聚集在天安门广场，在人民英雄纪念碑前献花篮、送花圈、贴传单、作诗词，掀起了一场悼念周恩来、声讨“四人帮”的群众运动。王选和陈堃銶，这对一直为国家前途命运担忧的知识分子，按捺不住心中的悲痛和激动，用他们特有的方式，行动了起来。

陈堃銶：总理去世使我们无比悲痛，清明节时，大批群众自发地聚集到天安门悼念周总理，我因为天天要上班，王选虽然已经在会战组，但身体还比较虚弱，一直是拿劳保工资的全休病号，没有坐班，他就偷偷地去了天安门好几次，我很担心让他们系里的人看见，但我无法阻止他去。每次回来后他都很激动，把那些场面形容给我听，花圈有多少，解放军有多少，还学着广场上群众的口吻念一些诗词给我听：“骨灰撒在江河里，八亿人民知心意”；“黄浦江上有座桥，年久失修已动摇，江桥摇，请示总理，是拆还是烧？”我们都非常兴奋，觉得是人心所向，中国不是江青这一伙能够任意统治的，他们的日子不长了。

当时由于我们这个项目始终立不了项，有好心的朋友出主意，劝我们不如向江青反映，请她出面。因为有个胶片厂，就是有江青批语之后，工作才有了转机。朋友们说，这当然是无奈之举，但你们这样好的方案不知等到何年何月才能实现，实在可惜。我们俩听了坚决不同意，因为对江青们的丑恶行径深恶痛绝，宁可等待也绝不用这种办法。而且我们觉得早晚有一天会清算她的罪行，便商量，在设计时一定要专门考虑一种功能，能在文字上摞字，这样江青被打倒的时候，可以在她名字上面打叉，我们都相信这是早晚的事情。

此时，在郭平欣的心中，北大方案的先进性已毋庸置疑，到了该决断的时候了。他决定不顾得罪某些单位的可能，给北大和王选这个机会。郭平欣这样做是需要很大魄力的，因为这个机会的背后是一大笔科研经费，如果让给与四机部毫无"亲缘"关系的北大，肯定会被认为"肥水外流"。郭平欣想了一个主意，先让北大做一次演示，证实压缩信息方案可行，再找相关领导谈。5 月 3 日，他让张淞芝给陈堃銶写了一封信给北大下达了任务。

5 月 4 日，陈堃銶收到了张淞芝的来信，信中写道：

根据你们目前在人力和器材方面的具体情况，调字速度问题暂不考虑，只要实地表演一下把汉字压缩信息通过宽行打印机还原成字形，希望你们立即准备一下这项试验工作。……郭局长挑了十个字，山、五、瓜、冰、边、效、凌、纵、缩、露，希按上述十个字做试验。……另外，参观试验后即安排一次简明扼要的、直接向郭局长作的方案介绍，这次工作很重要，希望你们尽可能准备得充分些。

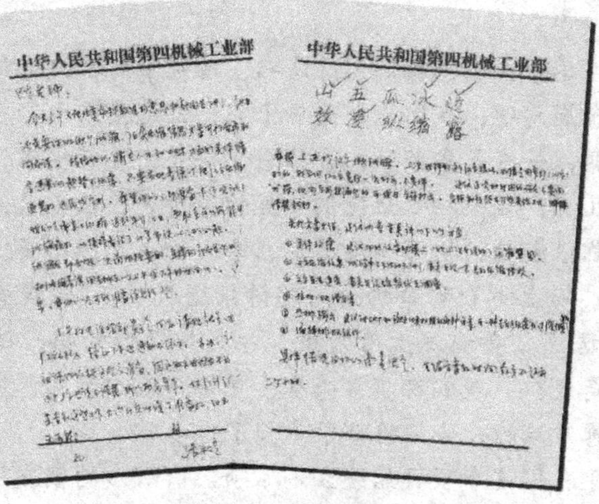
中华人民共和国第四机械工业部

中华人民共和国第四机械工业部

山 五 瓜 冰 边
效 凌 纵 缩 露

1976 年 5 月张淞芝给陈堃銶的信

不久，郭平欣又加了一个“湘”字，王选一看，这11个字从简到繁，包括了汉字的主要笔画和结构，知道郭局长想实际检测一下不同结构的汉字的压缩率以及复原后的文字质量，不过王选并不担心，因为对于用压缩信息表示以及还原成点阵来说，文字的结构其实并无差别。让王选感到意义重大的是这次实验背后的含义：这是关系到北大能否加入“748工程”的一场硬仗。当天晚上，张龙翔召集全组开动员会，决定突击一个半月完成模拟实验。

王选：因为以前的软件模拟都是陈堃銶负责，所以这次仍由她主持。我们先请印刷厂师傅在96×96的坐标纸上用宋体写出这11个字，然后我和中文系的人员做出压缩信息，再由陈堃銶她们编制模拟程序。当时使用的是北大计算中心的6912中型机，白天有教学任务，只能利用深夜和清晨四五点钟上机调程序，纸带、宽行打印机和内存又经常出错，所以非常紧张和辛苦，陈堃銶的血压也一度降到55/70。但大家为即将下达国家任务的消息所振奋，不懈努力，于6月9日提前一周完成了任务。

1976年6月11日，郭平欣、张淞芝、国家出版局副局长沈良、新华社技术局王豹臣、尤继林等人以及《人民日报》《光明日报》等媒体记者来到北大计算中心，现场观看王选他们进行文字生成演示。由于准备充分，演示非常顺利，11个字是用宽行打印机打出的，每个字都由两张宽行打印纸拼接而成，规范漂亮，笔锋光滑，几乎看不出有失真的地方。更重要的是，郭平欣要求一个字只要压缩在1K，也就是120字节内就可以了，而实际的压缩倍数比这要大，结果比预料的还要好。在演示后举行的座谈会上，大家对信息压缩倍数予以了肯定，出版局沈良认为，文字质量能满足出版要求。郭平欣满意地笑了，他下了决心，要尽快说服某些单位退出，把精密照排项目的总体设计任务下达给北大。

然而，郭平欣的意见在北京市一些单位却遇到了重重阻力。1976年6月14日，北京市科教组负责人和科技局局长来校观看生成程序表演，询问了任务下达情况，6月下旬，北京市发来下达任务的文件，上面盖了科技局等三个单位的公章，不过文件中说，照排方案仍采用二代机，只要北大承担二代机的排版软件。

这份红头文件等于封住了四机部的口，因为当时正值“四人帮”反对“条条专政”的风口上，四机部无法给北大直接下达任务，必须通过北京市。为此，四机部不断与北京市进行着交涉。

一晃三个月过去了，转眼到了秋天。也许是郭平欣不愿再无限期等待，1976年9月8日，征得四机部刘寅副部长的同意，郭平欣让张淞芝在普通信纸上手写了一封信，亲自签发，给北京大学正式下达了研制任务，至此，“748工程”的精密照排任务正式由四机部下达给了北京大学。

这封不起眼的信与那份威风凛凛很像中央红头文件的二代机任务书相比，实在太寒酸了，但它体现了科学求实的精神，标志着中国印刷术腾飞的开始，具有非凡的历史意义。

王选：可惜的是，由于种种原因，二代机方案未能放弃。从1975年到1982年，北京存在两个“748”，一个是郭平欣副局长领导的“748”，一个是北京市的“748”。其实，负责新华厂二代机项目总设计的清华大学老师听了我们的方案介绍后，承认他们的方案是落后的，北京市也有不同意见，部分同志有将两个“748”合二为一的想法，但最终没有与四机部谈妥。

后来的事实证明，郭平欣具有伯乐般的眼光和胆识，给王选这匹“千里马”提供了一个奔腾驰骋的疆场。郭平欣自己却说：“我是有心栽花花不开，无心插柳柳成荫。”

六、一步跨越40年

逾越了汉字信息高倍率压缩这座高山后，选用什么输出设备是1976年王选要解决的第二个问题。

最初王选打算采用阴极射线管即荧光屏显示输出的三代机方案，但一直觉得心里没底，因为他了解到，国产高分辨率的阴极射线管不过关，屏幕尺寸也很小，满足不了报纸版面要求，所需要的高灵敏度底片也没有人研制。此外，王选从文献上看到，德国 Rudolf Hell 为保证三代机高质量输出，首创了一整套复杂的校正电路，后来传到了美国，而国内在这些方面毫无经验，实现的难度很大。输出设备成为很长一段时间内困扰王选的严重困难。

1976年4月的一天，王选偶尔听说邮电部杭州通信设备厂研制成一种报纸传真机，已在《人民日报》投入实用，每天用这种高精度的传真机把《人民日报》版面传真到外省市，再制版印刷，其印刷质量能够符合报纸的要求。很快王选在北京的一个展览会上见到了这台名为 BC 360 的报纸传真机，立即被吸引住了——这种报纸传真机实在太好了，幅面宽、分辨率高、对齐精度好；更重要的是，它是成熟的、已经每天在使用的设备。王选一下想到了国外正在研制的激光照排系统，一个念头冒了出来：如果把报纸传真机的录影灯光源改成激光光源，不就变成激光照排机了？王选激动地坐不住了，但光学上他是外行，必须找个内行问一问。回到学校，王选立即找到物理系的光学专家张合义，询问他：北大有没有能力把杭州报纸传真机的录影灯光源改成激光光源，并且把分辨率从原来的 24 线 / 毫米提高到 29 线 / 毫米？因为当初王选给系统定的输出分辨率是 742 线 / 英寸（1 英寸＝ 0.0254 米——编著注），也就相当于 29 线 / 毫米，这样能进一步提高输出质量，不仅满足出报要求，也能满足更高的出书质量要求。张合义思考了一下，肯定地回答：可以。

王选一阵惊喜，他知道，张合义是严谨的光学专家，没有把握是不会做肯定回答的。王选决定立即开始激光输出控制器的研究，这下才发现，技术困难远远超过他的想象。

王选：当输出分辨率是每英寸 742 点时，把一版报纸的汉字压缩信息还原成的点阵，信息量将近 20 兆字节（20MB）。当时还没有国产磁盘，直到 1978 年底才有 5MB 的保加利亚磁盘可供使用；国产磁鼓的容量仅有 500KB；内存一块板为 8KB，最多插 8 块板，也就是 64KB，这也是当时国产 DJS−130 机的最大内存容量，只有一版 20MB 信息量的 1/300，简直杯水车薪。

最严重的困难是，阴极射线管三代机可以在瞬时改变光点的直径和扫描步长，因此可以走走停停，逐字扫描；而杭州通信设备厂滚筒式的传真机却不行，一旦开始扫描就要连续不断地运转，必须不停地高速提供点阵信息给扫描头，这种扫描方式叫逐线扫描（raster）。激光不能改变光点直径、逐线扫描和不能走走停停这三个特点，使控制器提供字形点阵变得十分困难。

如何用一台 500KB 的磁鼓、两个 32KB 交替访问的磁心存储器，使控制器在每页报纸扫描开始后，能够连续不断地从内存向照排机高速提供多达 20MB 的一版版面点阵信息，而且两页之间还不许有长的停顿，成为几个月来折磨王选的拦路虎。为了提高获取字模压缩信息的速度，王选在早些时候就设计了“挑选式读带写鼓”方案，就是预先统计本次要照排的一本书或一张报用到的全部字模，将这些字模的压缩信息先从磁带上读到磁鼓中，在以后照排过程中就不需要访问读写速度很慢的磁带了。为了加快汉字复原速度，王选还设计了“按索引取一行字模压缩信息读入磁心存储器”的方法。但是，内存容量放不下一版报纸的问题仍是十分困扰王选的难题。他手里拿着一张《光明日报》，苦思冥想，终于在1976年7月想出“分段生成字形点阵并缓冲”的高招。

王选：在生成字形点阵时采取分段生成并缓冲的方案，用一个专门的硬件来完成，一个汉字字形每次只生成8条扫描线，每次只缓冲一版报纸的8条线，一个96×96点阵的五号字需反复分段复原12次；但由于速度很快，平均仍能得到约150字/秒的复原速度，从而赶上了传真机滚筒扫描的输出速度。这是我继压缩信息后解决的最大困难。

这些构思巧妙的绝招，终于使激光扫描控制器的技术难关一个个得到解决，于是，王选于1976年8月作出了又一个大胆决定：跨过世界流行的二代机和三代机，采用激光输出方案，直接研制世界上尚无商品的第四代激光照排系统。

这是王选在研制汉字精密照排系统过程中最具前瞻性的决定。在很多人眼里，这无疑又是一个天方夜谭，因为当时世界上只有英国蒙纳公司在研制第一台激光照排机，还没有成为商品，国内这么多家研究单位，都是在二代机和三代机上下工夫，还从未听说谁要搞四代机。王选听到有人私下议论：国外还没搞出来的东西，他能行吗？有人说得更直白：真是梦想一步登天，他想搞第四代，我还想搞第八代呢！

王选是个执着的人，一旦认准了目标，就要千方百计地去实现。多年后王选看到两句话，大为赞赏——索尼公司名誉董事长井深大说的“独创，绝不模仿他人，是我的人生哲学”；著名声学专家汪德昭说的“标新立异、一丝不苟、奋力拼搏、亲自动手。”王选想，一鸣惊人有什么不好？只要切合实际，就是创新。王选还认为，搞应用研究，必须采用高起点，着眼于未来技术的发展方向，否则，成果研制出来，就已经落后于时代，只能跟在外国先进技术后面亦步亦趋。从长远看，激光照排符合世界照排技术发展潮流，是最佳选择。

不过，杭州传真机的滚筒转速是每分钟1600转，再提高转速不太可能，实际输出速度只有每秒15个五号字。郭平欣说按这个速度，比二代机快不了多少，肯定有人说闲话。

王选不怕别人说闲话，有时一两句闲话可能变成一种特殊的刺激和动力。接下来的几个月，怎样才能提高输出速度成为王选不断思索的问题。已是深秋，佟府柿子树上的柿子又红红地挂满了枝头。1976年11月的一天，一个念头突然在王选脑中一闪，如果把现在的一路光改成四路光在滚筒上平行扫描，速度不就可以提高4倍了？

王选：经过仔细研究，我断定控制器同时提供四位信息是可行的，这要求字形轮廓信息填充时就按四路平行扫描的要求进行处理和缓冲，输出和移位均按四路平行扫描的要求设计。这种方法虽然设计改动较大，但的确可行。不过，我知道四路平行扫描主要困难不在控制器，而在于光学系统，对此我一窍不通。

王选迫不及待地再次去找张合义，张合义这年秋天已经参加到748会战组，负责激光输出设备，尤其是光学系统的研制工作。他听了王选急切的询问，也感到很振奋。他沉思了一会儿，那一刻王选觉得特别漫长。最后张合义肯定地回答："可以用四路光纤耦合的方法实现。"

王选兴奋地一把握住了张合义的手。

王选根据上述构思设计的激光照排控制器是汉字激光照排系统的核心，王选当时也称其为"后处理系统"。后来王选不断完善设计，最终做到文字和图形、图像合一处理，发展成为西方所称的栅格图像处理器（即解释版面描述信息并产生字形点阵和图形、图像点阵的设备，英文叫Raster Image Processor，简称RIP）。

1976年是激光照排系统核心技术设计成型的关键一年，这一年，王选完成了照排控制器关键技术的设计方案，写成《全电子式精密照排系统》及《全电子式汉字照排系统后处理部分》两册讲义，由北大印刷厂分别于6月、12月油印。陈堃銶则设计了各部分软件间及软件与硬件之间接口的数据结构；调查了各种书刊的排版样式，设计完成了书版的批处理排版语言，将排版程序分解为两次扫描，再用一次扫描（称为照排准备，后称为三扫）将排版程序结果转换成照排控制器需要的信息，设计了各次扫描的程序框图。

至此，汉字激光照排系统的总体设计方案基本形成了。

王选：1997年我看到一则报道，钱学森于1956年回国后，建议中国先搞导弹，后研制飞机。当时有些同志觉得很奇怪，中国是不发达国家，飞机是西方国家已有30多年生产历史的成熟技术，我们也许可以追赶人家；至于导弹，连美、苏当时都还没有洲际导弹，中国怎么有能力去发展呢？钱学森回答得很妙："搞飞机难，搞导弹容易。"因为飞机载人，长期反复使用，中国基础工业薄弱，发动机、材料等一系列困难短时间解决不了，而且需要长时间的疲劳试验；导弹是一次性的，这点比飞机要容易得多，但导弹要准确命中目标，要有高超的制导方法和技术，而中国人的聪明才智是能够在较短时间内攻克这一难题的。后来的事实证明了钱学森的远见卓识。

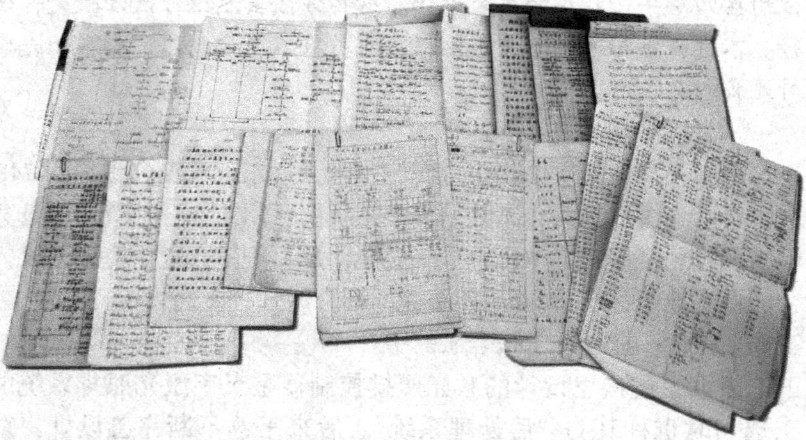

王选的原理性样机主要设计手稿

和钱学森绕过飞机研制导弹一样，王选正是绕过了二代机和三代机在机械、光学等方面的巨大技术困难，大胆选择了别人不敢想的第四代激光照排，才取得了成功。西方从铅排印刷过渡到激光照排用了三四十年时间，期间经历了第一代手动式照排机（1946）、第二代光学机械式照排机（1951）、第三代阴极射线管照排机（1965）的兴衰，到1976年英国蒙纳激光照排机问世，1986年才开始推广应用。王选于1976年提出直接研制第四代激光照排系统，1985年开始实用，使我国出版印刷业没有经过一代机、二代机和三代机阶段，从铅排印刷直接跨入激光照排，一步跨越了西方走过的40年！今天看来，最宝贵的，正是这种具有凌云气概的技术跨越。

第七章

原理性样机

一、“三方首脑会议”

1976年10月,“四人帮”被粉碎，北大得到解放，黄辛白任党委书记，校长由周培源担任。他们两人对“748项目”都十分支持，激光照排研制工作终于迎来了第一个春天。

由于会战组人员长期不能落实，1976年年底，组长张龙翔给北大党委递交了一份报告，陈述了组建科研班子的困难，请学校对“748项目”目前的状况进行重议。1977年1月27日，黄辛白批复：“不必重议，抓紧进行。”这无疑等于拿到了“尚方宝剑”，张龙翔把报告拿给王选看，高兴地说：“我马上向各系联系抽调人员，听说昌平200号的电子仪器厂快解散了，这是个好机会！”

就在当天，北大接到了新华社王豹臣的电话。此前，作为第一用户，尽管新华社积极支持北大方案，但因为受“四人帮”严重干扰,“748工程”项目陷入停顿状态。现在，社领导已经通过项目重新上马的报告，准备上报中央，争取经费。四天之后，王豹臣等五人来到北大，详细听取了王选关于总体方案的介绍，当得知北大的研究不但没有停顿，而且在激光输出方面又有重要突破时，王豹臣又高兴又感动。

1977年5月6日，一个春风送暖的日子，在新华社的会议室里，电子工业部、新华社和北大的三方领导及专家齐聚一堂，召开“748项目”重新上马的协调会。北大原定参会的黄辛白书记临时有事，张龙翔就请来了周培源校长。由于周培源的到会，新华社把社长曾涛请了出来，电子工业部参加的领导是郭平欣。这次会议因此被称作“三方首脑会议”。

此次会议实际上开成了动员大会。周培源在会上愤怒地声讨了“四人帮”对我国教育和科技事业的破坏，还特别提到，新中国成立后培养的知识分子是有水平、有能力的，“748工程”方案的提出就是一个有力的证明，有一种说法以为“新中国成立以来培养的知识分子是无用的废品”，这是完全错误的。周培源鼓励大家一定要把工作做好，把被“四人帮”耽误的时间夺回来，为中国人民争口气！曾涛社长在会上也作了热情洋溢的发言，他斩钉截铁地拍着桌子大声说："一定要干，一定要干好，要为中华争光！"

会议作出重要决定，成立以郭平欣、杨家祥（新华社副社长）、张龙翔组成的三人领导小组，以便统一协调和领导，从而使"748 项目"在组织上得到有力的保障。

这次会议，成为"748 工程"的一个转折点。

王选：在回校路上，周老向我侃侃谈起他与曾涛的友谊和在法国时的一段交往，还询问了"748 工程"的进展情况。这一天是周老第一次了解"748 工程"的内容和意义，从此之后，他就满腔热情、不遗余力地推动这一项目，包括队伍建设、人员调动、科研用房以及成果保护等问题，都十分关心，几乎有求必应。这种关心、支持和爱护一直继续到他 1993 年去世。

王选的心情久久难以平静。"十年浩劫"，王选一直在与疾病和困苦作战，一直没有放弃他钟爱的科研事业，为此受到多少误解轻视、讽刺挖苦！领导们尤其是周培源校长的鼓励和支持，使他感到了无比的温暖和力量。王选暗下决心，即使豁出命去，也一定要把这项事业干成!

在校领导的支持和张龙翔的动员下，北大相关各系和单位的积极性大大增加，纷纷派员参加会战组：数学系最积极，先后调来白敏珠、裴坤寿、顾小凤等加入软件设计；物理系派张合义、李新章等人加入激光组；200 号的骨干董士海、陈葆珏等也先后来到会战组参加硬件设计，他们原来都是王选所在的无线电系 335 教研室的同事，很快成为主力；从 1977 年 6 月初开始，新华社也先后派来尤继林、王增抗等人，分别参加硬、软件设计和字模制作等工作。王选高兴极了，常在家里大呼："Galaxy（群英荟萃）！ Galaxy！"

到了 1977 年 8 月，会战组人员大增，此前科研用房一直就很紧张，还是千方百计争取到的，分别位于新图书馆正对楼梯的 404 房间和文史楼正对大门的两间小教室，现在这两处办公用房已不够用了，加上协作单位在逐步确定，大量人员和设备将陆续到来，房子问题已到了非解决不可的地步。

张龙翔也觉得事情迫在眉睫，先向后勤部门要求，却被指责说："你们接任务怎么也不看看学校有没有房子？"后来他想到了旧图书馆的一楼，那里是“四人帮”时期“教育革命展览会”所在地，现在“四人帮”打倒了，也就没有存在的必要了，于是张龙翔向学校提出将旧图书馆一层腾出来给会战组使用。但让人腾出房子一贯是十分困难的事，幸好周培源、黄辛白等校领导大力支持，最终还是决定把旧图书馆一楼全部拨给“748 工程”。

一个月后，房子腾了出来，王选和同事们兴致勃勃地去看房。整个一层楼的空间与以前的小房子相比，显得宽敞空旷，王选乐地合不拢嘴，“748 工程”终于有了一个像样的科研基地，真比自己分了一套房还高兴。王选对汉字激光照排系统的前景充满自信，甚至预见到不久就会产生重大突破，引来各方瞩目。他仔细盘算着如何打隔断，才能使机房、实验室和办公室布局合理，为此还受到让出房子的人的无端讽刺：“干都还没干出来，就想到有外宾参观。”王选脸一下子红了，后悔“说漏了嘴，活该受此抢白”。这也从另一方面坚定了王选的决心，一定要抓紧时间，赶快出成果。

北大党委书记黄辛白，刚在学校大会上做完“检讨”，就来到机房改造现场给大家鼓劲加油，这使王选和同事们深受感动。

王选：北大的同志都知道黄辛白同志在很多问题上是抵制“四人帮”那套做法的，是受排挤和没有实权的，但由于黄是领导成员，仍然要“说清楚”，这当然不是一件愉快的事，难免也要受到一些批评和责难。一天下午，黄辛白同志刚刚在办公楼礼堂大会上做检讨和“说清楚”，散会后立刻步行到旁边的旧图书馆参观正在动工的机房，并兴致勃勃地询问情况，与刚才“说清楚”时的神态判若两人，这使我们深受感动，在研制组中传为佳话。黄辛白同志一直对这一项目充满感情和大力支持。

陈堃銶：旧图书馆一楼是整个打通的大厅，要作为科研用房，必须隔开，学校后勤说没有人，当时山东潍坊电讯仪表厂刚刚被确定为总承单位，听说后主动支援我们泥瓦工师傅来打隔断，组里同志都来帮忙做小工，新华社的同志也来劳动了两天，连黄辛白同志也高兴地来观看。大伙一起搬砖头，运沙子，干得热火朝天，很快就完工了。整个大厅隔成五间，南头装修成计算机房，还有一间暗房供冲洗底片，一间门房，供考勤和一般会客。1977 年 11 月 26 日，我们离开了拥挤的文史楼小屋搬到了旧图书馆，在这里一直工作到 1989 年才搬到印刷大楼。

王选在北大旧图书馆计算机所的会议室里工作（20 世纪 80 年代）

1977 年 8 月，北京大学决定将“748 工程”会战组扩建成正式研究单位，成立“汉字信息处理技术研究室”。由张龙翔担任室主任，李一华任党支部书记。研究室下设硬件、软件、文字、激光和行政各组，并成立了以王选为首的技术组，领导技术工作。“汉字信息处理技术研究室”成为后来北大计算机科学技术研究所的前身，被习惯性地称为“748”。

自 1978 年开始，又有吕之敏、杨孔泉以及迁回的北大汉中分校毛德行、俞士汶、钟耀坤、宋再生等教员充实进来，研发力量得到进一步扩大和加强，整个研究室充满了生气。大家努力协作，共同设计。王选的病情尽管时有反复，但他一直坚持和大家一起埋头工作。

现在，领导班子有了，科研力量增强了，办公环境也大大改善。不过，要研制出一套完整的激光照排系统，王选的方案还需要在照排控制器、汉字终端机和激光照排机等关键设备上才能实现，仅靠北大和新华社远远不够，必须寻找生产相关设备的协作厂家。这一年的早些时候，北大已经在电子工业部郭平欣的亲自主抓下做了大量工作。

二、确定协作厂家

首先落实的是照排机厂，因为中国科学院是“748工程”发起单位，其下属的长春光学机械研究所本来就要参加项目，于是在1977年3月确定由长春光学机械研究所和四平电子所合作，研制转镜式激光照排机，这是最早确定的协作单位。由于王选中意邮电部杭州通信设备厂（522厂）的报纸传真机，经电子工业部与邮电部协商，在1977年年底与该厂达成合作协议，由北大的张合义、李新章负责，利用报纸传真机同杭州合作研制滚筒式照排机。

接着是寻找汉字终端协作厂家。早在1976年春，王选开始设计汉字校改终端的总体方案，确定了先进的设计思想。

王选：1976年春我开始构思汉字校改终端的总体方案。当时日本厂商来华介绍的是TKS校对系统，这是一种很落后的校改方案，没有屏幕显示，不能做直观的增删改，只能在输出的纸样上做记号，再把修改部分另穿纸带输入。我们当然完全否定这种途径，一开始就决定研制带汉字显示的先进的校改终端。为了使校改功能灵活可变，我想到了在主机130机或同类型机上用软件实现各种复杂的编辑功能。我让陈堃銶编制程序对光标移动和增删改等功能做了速度测算，表明一台130机可以带8台以上的显示器。为了节省，只在130机内存中为每台显示器开辟一个缓冲存储，存放需显示的汉字代码，而根本不存储一屏的汉字点阵，因为在当时的硬件条件下，一屏汉字点阵的存储量也是够吓人的。

陈堃銶：我们将终端分为联机和脱机两种，联机终端与主机相联，除完成编辑功能外，还完成各种命令的传递；脱机终端完成文稿的编辑与穿成纸带，其控制机（称外围机）是与130机同一系列较小规模的DJS 120机，由外围机完成终端上的编辑功能。最后决定主机与外围机各配置4台终端。这种终端称为“可编程终端”，在当时是较为先进的做法。

这时，王选无意中看到一篇报道，文章介绍美国Digital公司正在DEC公司生产的小型机上开发一个多终端系统，采用的也是一台小型机带多台显示器的技术途径。20世纪70年代中期，Apple Ⅱ个人电脑尚未出现，基于微处理器芯片的计算机功能还很不成熟，这种基于小型机的可编程多终端系统可以说是性能价格比最好的一种汉字终端方案。这也说明，王选的设计思想是十分先进的，几乎与国外的技术发展趋势同步。

不过，王选并没有把这一方案看作自己的专利秘不示人，而是热心地向前来“取经”的同行介绍。1976 年 7 月，上海来了几位同志，了解北大方案的进展情况，他们是从事上海照排大项目中汉字输入和校改子系统任务的。面对同行，王选热情接待，毫无保留地介绍了刚刚设计完成的汉字终端方案。在场旁听的同事会后忧心忡忡地说：“王老师把什么想法都告诉了人家，我们自己还没有实现呢！”多年后王选反思说：“那时候我的市场和商品意识还比较差，长期受的教育都是互相学习、互相帮助，觉得对国内同行实行技术封锁和保密似乎是一种‘落后意识’。”的确，王选的商业保密意识和许多人一样，是随着改革开放的发展，在市场经济大潮的冲刷下逐步建立起来的，但最主要的因素还在于王选的为人：他是一个对人不设防的人。

汉字终端协作厂的确定费了些周折。1977 年 6 月底的一天，王选家乡的无锡电表厂（后来的无锡计算机厂）派了几位同志来到北大，王选向他们详细介绍了自己的汉字校改终端总体方案，陈堃銶介绍了功能键实现方法等问题。无锡方面开始有些犹豫，因为他们已经承担了“汉字情报检索项目”（被称为“南方 748”）中的汉字终端研制任务，但听了两天讲解后，对王选他们先进的汉字终端方案深表叹服，态度变得十分积极，表示要力争接此任务。经过郭平欣、张淞芝等出面协调，终于在 1977 年 10 月底得到了江苏省电子局和有关单位的同意和支持，将无锡电表厂确定为汉字终端的生产厂家。

生产主机和照排控制器的总承厂在落实过程中则费尽周折。由于项目一开始就确定用 DJS 100 系列计算机作主机，因此需要物色生产 130 计算机的工厂作为总承厂；同时，总承厂还要负责生产照排控制器，用以还原压缩信息和控制照排机，是整个系统的核心，因此大家都非常慎重。几家实力雄厚的生产厂家被列入首选，北大先后派人去苏州计算机厂和天津无线电二厂联系，但他们表示已有的任务已经很重，拒绝了北大的合作意向。

1977 年 3 月 14 日，杀出一匹黑马，山东省潍坊市电子局郝局长带人来到北大，向张龙翔主动请缨。听完情况后，大家很是犹豫，该市试生产 130 机的是潍坊电讯仪表厂，这个厂刚刚起步，技术力量薄弱，300 人的厂子技术人员只有 40 人，1976 年第一次生产 130 机，尚未完成联调，而且内存只生产过 16KB 和 32KB，还没做过 64KB 的机器，再扩大也没有把握。但可贵的是，他们的积极性很高。

7月14日上午，会战组就总承厂的选择问题召开了一次讨论会，新华社也派人参加。会上，绝大多数人一致认为要选力量较强的苏州计算机厂，只有王选与大家意见不同，他主张选潍坊电讯仪表厂。

王选：会议是在文史楼的那间10平方米的旧教室中召开的，前面放了块小黑板，比较厂家的优劣。会上大家都反对潍坊承担，力争苏州计算机厂协作；只有我一个人赞成潍坊，我的理由是，积极性最重要，只要积极性高，技术力量可以加强，北大可以进行培训指导，还可以调一些有夫妻两地分居问题的同志去充实。我想北大会战组两年多来在如此困难的条件下没有垮掉，就是因为主要骨干积极性高。

在王选的坚持下，会议决定对潍坊电讯仪表厂进行一次实地考察。郭平欣对潍坊方面提出，尽快做好各方面准备，要在限定时间内准备20人的技术力量，9月以后去检查。1977年10月13～19日，由郭平欣带队，电子工业部、新华社和北大大批人马赶赴潍坊。王选由于身体原因没有前往，陈堃銶和几个会战组成员参加了考察工作，并介绍了整个方案。听众除潍坊电讯仪表厂的人外，还有山东省电子所、山东大学等省内多家单位。郭平欣一行检查了潍坊电讯仪表厂的工作与队伍情况，感到比较满意，10月18日，当场宣布潍坊电讯仪表厂为总承厂。潍坊电讯仪表厂后来发展为潍坊计算机公司，成为在1991年前生产和销售“华光”汉字激光照排系统的主要厂家。

1978年年初，潍坊派出一批30岁左右正值盛年的技术人员来到北大，经过培训正式投入了工作。王选、陈堃銶他们也推荐了一批技术人员调入潍坊，使潍坊的技术力量大大加强。对于这些从北京来的技术骨干，潍坊电子局拿出了优惠政策，把他们持有农村户口的配偶和子女转成潍坊城市户口，解决夫妻两地分居问题。他们中的傅国泰、向阳等后来成为佼佼者，对潍坊计算机公司的发展发挥了重要作用。

陈堃銶：在此期间，我们介绍了原在北大电子仪器厂（200号）的傅国泰、向阳等去潍坊厂，对于这些“文革”前只上过一两年学的同志，山东方面对他们的水平不大放心，为此我向山东省电子局姚书记介绍了他们的情况，强调他们都是“文革”前考入北大的，素质不错，加上这几年的实际工作锻炼，他们的能力是不成问题的。后来傅国泰成了潍坊厂软件的骨干，向阳不但成了潍坊厂的硬件骨干，还被提拔为领导，当选为第八届全国人大代表。

至此，主要协作生产厂家全部确定，“748”的队伍一下子壮大起来。王选更加忙碌了，他既要研制技术方案，又要协调各方工作，还要开展培训工作，让来自不同单位和厂家的技术人员了解和学习激光照排方案。王选的身体尽管在不断恢复，但秋冬来临后，常常感到胸闷憋气，有些天连打太极拳都很困难，但他只在最难受的时候休息一下，身体稍有好转就坚持工作。他设计完善了整个照排控制器方案，写了两份《后处理指令系统补充说明》。为了培训新参加工作的校内外人员，王选又组织编写了整个系统的设计方案，以易于理解的写法整理成册，1977 年 12 月正式定稿为《七四八工程全电子式汉字精密照排系统方案说明》。由潍坊电讯仪表厂帮着刻写在蜡纸上，油印了几百份，分发到协作单位。

1977 年油印的《七四八工程全电子式汉字精密照排系统方案说明》

这是一套上、中、下三册的蓝皮书，共 189 页，灰蓝色的封面上，大红的标题十分醒目。前言中有一段研制照排系统的背景说明，洋溢着王选和同事们满腔的科技报国情怀：

全电子式汉字精密照排系统，是综合应用电子计算机和激光等先进技术，彻底改革铅字排版印刷过程，提高排版印刷速度，实现排版印刷自动化的最新设备。研制这样的新设备，是加速实现我国四个现代化的迫切需要。汉字是我们祖国固有的文字，研制先进的照排设备，应是我们责无旁贷的光荣任务。

《七四八工程全电子式汉字精密照排系统方案说明》的第十五章《系统设计的指导思想》一开始就写道：

在任何以计算机为主体的系统中，都必须十分注意软件和硬件的结合，让软件和硬件互相配合提高整个系统的性能价格比，从本系统的全局到每个局部都贯穿了这一思想。

这是王选强调软、硬件相结合的最突出的体现。高倍率汉字信息压缩技术、高速高保真还原和输出技术等一系列关键技术无不实践了这一指导思想。这些技术成为日后王选获得1项欧洲专利和8项中国专利的主要内容。后来，这套蓝皮书在北大和协作单位中流传甚广，还赠送给不少前来索要者，为照排技术的培训和普及立下了汗马功劳。多年后，王选笑自己“毫无保密意识”，但他内心感到十分宽慰。

1977年12月1日，在北大旧图书馆新建成的机房里，一场模拟实验正在进行。为了检验杭州通信设备厂传真机输出的文字质量和测试它与计算机之间的接口，研究室做了一个试验，用一个“羊”字的单字汉字点阵发生器与传真机相连，输出了一整版印满“羊”字的底片。输出质量比预料的还要好！

这是激光照排输出方案的第一个重要试验，王选和同事们一样，都感到很振奋。北大领导听说后，认为这是一个应该对外宣布的好消息。1977年12月6日上午，在周培源校长主持下，电子工业部、新华社、潍坊方面和各大报社40多人被请到北大，观看了一场别开生面的演示会。输出的一整版“羊”字字体端庄，笔锋秀丽。郭平欣在仔细看过底片后，高声宣布：“研制激光照排系统的技术条件已经成熟！”会场顿时沸腾，大家欢欣鼓舞。

不久，在杭州通信设备厂的协助下，张合义、李新章等人把传真机光源改成激光，并采用新的同步方法，又成功地在底片上输出了整版“羊”字，而且质量明显更高，从而证明了激光机的输出质量完全能满足印刷出版要求。王选深深舒了一口气，透过这些“羊”字，他仿佛看到了日后整版输出的报纸。然而，要实现这一步，还不知要经历多少千辛万苦。

三、风云突变

1978年3月，全国科学大会在北京召开。王选对郭沫若同志为闭幕式所做的讲话“科学的春天”印象深刻，的确，这次大会好似一股春风，迎来了我国科技事业发展的春天。这年12月，中共十一届三中全会召开，中国进入了改革开放的新的历史时期。

这一年，北大恢复了停止多年的职称评定工作，王选和陈堃銶在做了20年助教后双双晋升讲师。王选还领到了100多元补发工资。这在当时算得上是一大笔钱。十多年了，王选一直拿的是每月40多元的“劳保”工资，过着拮据的日子。1975年开始研究照排系统时，他更是为了节约5分钱而对公共汽车的线路和收费了如指掌。其实，从参加会战组的那一刻起，王选就算恢复正常工作了，而且还是总体设计负责人，但他和陈堃銶都没有想过，向北大提出恢复与助教级别相同的工资待遇；他们更无暇计划怎样花费这笔钱，因为，研制原理性样机的攻坚战已经打响了。

王选把全部时间都花在了原理性样机的逻辑设计和工程设计上。除总体设计外，王选主要负责照排控制器（即后处理系统）的设计和实现，包括字模生成器的逻辑设计和微程序、后处理各部分的功能和调试指令等。

软件系统继续由陈堃銶负责总体设计。此前，她设计完成了能排文科书籍和8开小报的CL排版语言及其编译程序结构，还设计了排版结果信息数据结构，这就是后来在前几代激光照排系统中使用的页面描述语言BDPDL的前身。1977年年底，陈堃銶根据新华社的要求，开始设计主机上的操作系统。

陈堃銶：因为新华社要求四个用户同时使用，所以需要设计具有实时功能的分时操作系统。由于时间紧迫，操作系统只能仍由我设计。我最终负责设计了整个照排系统的软件，包括排版语言和排版软件结构、操作系统结构、全部命令功能和实现程序结构、控制终端的外围机调度程序结构等，与组里及协作单位的同志一起编制程序和调试。

当时硬件和软件的开发条件都很简陋。硬件方面，由于国产集成电路质量差，每次关机、开机都会损坏一些芯片，严重影响进度，只好采取不关机的办法，昼夜工作。每晚男同志轮流值班，节假日女同志值班。怕王选记不住值夜班要带的东西，细心的陈堃銶还给他编了个顺口溜：“被子、床单、书包，毛巾、牙刷、牙膏，钢笔、水果、小刀。”软件开发方面，国产130主机上没有合适的高级语言可用，只能先设计汇编语言，再用来写程序；没有软盘，程序和数据的输入都用纸带；没有显示器，用拨控制台面板上的开关调试程序，难度相当大。

王选想，要是能有先进的进口计算机和元器件该多好，那样研制工作会轻松许多倍！然而，先进的设备没有盼来，却闯来了一个不速之客——世界上最早研制成功西文激光照排系统的英国蒙纳公司，早中国一步，推出了汉字激光照排系统，准备大举来华。

1979年1月，蒙纳公司借在香港举行的世界报业协会年会之际隆重推出了他们的新成果——汉字激光照排系统。尽管这套系统还无法实用，其终端机的屏幕上也只能显示十几个汉字，却是实实在在的样机。蒙纳公司的参展代表对前来参观的中国印刷技术考察团格外热情，表示可以免费为中国培训使用和维护其激光照排系统的工程技术力量，并计划在1979年夏秋之际到北京和上海举办展览。这无疑等于雄心勃勃地宣布，蒙纳公司准备正式进军中国巨大的印刷出版市场。

听到这一消息，王选一下子感到了从未有过的危机。早在1978年8月，王选就得知香港中文大学一位教授在做汉字终端，并要与研制激光照排的英国蒙纳公司合作，没想到这么快就来到家门口了，对于刚刚进入样机研制的国产系统，这个强敌的威胁实在太巨大了。不过，王选很快镇静下来，冷静地分析双方的优劣。

王选：蒙纳公司1976年发明了第四代激光照排机，很快成为商品，是当时世界上唯一生产西文激光照排机的公司，也是世界上两家最早生产排版印刷设备的厂家之一。它采用的是平面转镜方式，最绝的一点是可以走走停停，一行字可以扫完几线后停下，再启动时继续扫该行的下面几线而仍能保持字的精度（当然彩色精度不够），这无疑是一大发明，也就不会有照排机不可等待引起的设计困难。它的硬件先进可靠，而软件经改进后是可以使用的，尽管性能价格比不见得好。相比之下，我们的主要问题是全部采用国产元器件和外设，硬件设备落后，系统的可靠性比采用大规模集成电路的蒙纳系统差得多。原理性样机即使完成，勉强使用，离成为商品的要求也还相差甚远。

不过，蒙纳系统有一个致命的弱点，它的控制器总体设计是很差的，采用黑白段描述字形，在点阵字的基础上做一些压缩，压缩率很低，字体不能放大缩小，放大了就会有马赛克，缩小了笔画就会粘在一起。尽管用了4个80兆字节的硬盘，也存不了多少汉字，而且当时读写磁盘的速度慢，影响了读字模的速度，也大大影响了输出速度。尽管输出英文时达到每秒150个字母，但输出汉字每秒不到20个字。此外，它的汉字终端功能也很差，一屏只能显示17个字，而我们与无锡合作的终端（1976年秋天研制成功），一屏能显示352个字；它的编辑功能也又慢又差，只能出毛条，不能自动成页，这些方面与我们差距较大。

我们的优势在于，设计思想先进，“轮廓加参数”的字形描述方法、高倍率信息压缩和高速复原等技术是我们的杀手锏。

这样一分析，王选增强了信心，同时也感到了时间的紧迫。他决心加紧原理性样机的研制和调试，一定要在展览会举办以前，输出一张报版样张。

这是王选的又一个重要抉择：从实验室走出来，与国际先进产品一争高低。在20世纪70年代末作出这样的决定，除了高度自信外，还有中国的印刷革命应由中国人来实现的一腔爱国豪情。

然而，让王选没有料到的是，大学内部的“出国热”“论文热”接踵而来，使研究室科研队伍受到影响，开始动荡不安。

王选：1975年到1977年北大“748工程”班子组建时，虽然遇到各系领导的阻力，困难重重，但很多教师个人还是很愿意来的。“文革”期间教师是被改造的对象，要下厂下乡，还要受学生的批评。而我们单位除了政治学习没有其他活动，加上“748工程”是个新项目，工作虽苦，晚上加班还有3毛到1块钱的加班费，因而具有吸引力，多少被认为是个“美差”。1976年张合义的一位朋友听说他已专职从事“748项目”研究后，羡慕地连声大喊：“舒服！舒服！”后来系里落实政策希望我们单位的教员回系时，有的教员说，“在这里就是落实政策”，不愿回去。

不料，1978年底，北大内部风云突变，一批中年教师获准出国做访问学者，业务上可以学习国外最新知识，经济上又能得到改善。这一年北大开始恢复职称评定，教师们十分重视论文写作，因为这是评职称的重要条件，当时也是一种全国范围内的倾向，这对从事应用项目的科研人员很不利，北大计算机和电子领域的教师，谈起工程项目都有点“谈虎色变”，认为很难稳定队伍，吃力不讨好。而我们激光照排项目从事的正是繁重的软、硬件工程任务，科研条件艰苦，根本没有时间写论文，所以变得有些“不得人心”。

外有“大敌压境”，内部又看不到任何名与利，几个骨干相继离去，剩下的也人心不稳。这时恰逢原理性样机到了紧张的调试阶段，研究室决定召开动员大会。张龙翔在会上恳切地说：“改革开放后大家很想读书、充电、提高水平，这是完全可以理解的。只是现在到了最关键的时刻，请大家暂时不要出国，齐心合力把‘748 工程’搞好；项目成功后，出国、写论文的机会自然不会少，凭我的老面子，可以送几个人去加拿大做访问学者……”

一波未平，一波又起。1979 年，北大恢复成立了计算机系，由张世龙任系主任，希望散在各处的教员回系里任教。张世龙还亲自到王选家，邀王选到系里工作，王选自然无法答应。但一些骨干陆续提出回系里工作，使研究室遭遇了又一次人员流失。最困难的时候，硬件组 9 个人只剩下王选和吕之敏等 3 人，幸好有一批协作单位的技术人员，才未对工作产生太大影响。

1979 年是王选研制激光照排十余年间身心最紧张和最劳累的一年，他承受着巨大压力，带领同事们日夜不停地向曾立下的目标努力着：一定要在蒙纳公司来京展览前，输出一张报版样张。

四、首张报版样张诞生

1979 年 7 月，正值盛夏，旧图书馆窗外树荫匝地，蝉鸣阵阵，学生们大都放假了，校园里静悄悄的。旧图书馆一楼的研究室机房却是一番热火朝天的景象。

由潍坊生产的计算机和照排控制器直到 1979 年 4 月才全部到齐，此前，王选带领着硬件组的年轻人画逻辑图、布板，一天三段不辞劳苦地工作，此时开始加紧调试照排控制器。激光照排控制器的零部件全部采用国产，集成电路也是小规模的，因此体积庞大，由 28 块大插件板组成，装在一个很大的机柜里；主机 130 计算机和用作外围机的 120 计算机体积都很大；磁鼓驱动器也占了一个机柜，加上磁鼓，体积也不小。由于硬件设备很不稳定，各部分常常不能正常运转，调试过程十分艰巨。许多人熬得眼睛红红的，有时实在困得坚持不住，便倒头打个盹，醒来接着干。

进入7月，原理性样机的硬件部分终于调通，王选他们决定输出一张8开大小的报版样张。因为排版软件来不及调出，陈堃銶和软件组的同事们只能先设计好报版样张，再写出它的排版结果信息，供后处理输出。

陈堃銶：为了使报版样张版面尽量表现系统的功能，我们配合设计出了漂亮的版面，内文用了多种字号和字体，安排了竖排，配上4种清秀的花边，右下角有一个简单的表格。还请郭平欣局长书写了“汉字信息处理”6个大字作为报头。因为那时还不能处理太大的字，只得将这6个大字每个字拆成4个拼接。最后将版面内容按二扫结果信息格式写出，供照排控制器生成版面。所以这一样张纯粹是为了考验硬件。

然而，由国产元器件组成的硬件太不稳定了，不是磁鼓出问题，就是磁心内存或其他部件出故障，使得输出样张困难重重。排版时样张上的日期是7月1日，但几乎整月都在试验，结果总无法令人满意，有时出到半截就停了，有时输出来了，又发现个别字模有问题，需要修改。后来终于能全部输出了，却发现底片上的字笔画是弯曲的，根本不符合质量要求。

汉字信息处理

报版样张 1979年7月1日

本刊是计算机—激光汉字编辑排版系统的试排样张。

由计算机总局主持，北京大学、新华社、山东省电子局、潍坊市电子局、潍坊电讯仪表厂、杭州五二二厂、天津红星厂等单位协作会战

计算机—激光汉字编辑排版系统主体工程研制成功

汉字编辑排版系统的工作流程和软件

汉字字模信息的存贮

滚筒式激光照排机的工作原理

第四代排字机

我国用汉字激光照排系统排印的首张报版样张于1979年7月27日成功输出

陈堃銶：笔画弯曲的原因是照排机有抖动，因为机房地板下是空的，只要有人走过，照排机就会抖动。我们只好在照排机周围放几个凳子，拴上绳子把机器围了起来，照排时不许人接近。大家经过它时都蹑手蹑脚，尽量绕行，离这个“金贵的宝贝”远一些。

1979年7月27日下午，经过日夜奋战，历经几十次试验，一张报版样张顺利完整地输出了，底片冲洗了出来，王选迫不及待地拿起放大镜，仔细查看每一个字，大家紧张地等待着，终于，王选抬起头，笑逐颜开地大声宣布：“成功了，非常完美！马上制

版印刷，多印一些！”

大家长舒一口气，接着发出一阵欢呼声，我国第一张用汉字激光照排系统输出的报版样张，在未名湖畔诞生了！

消息很快传到国务院，第二天，国务院副总理兼国家科委主任方毅同志兴致勃勃地来到北大汉字信息处理技术研究室的机房视察。他轻车简从，悄悄进入机房，一个人坐在进门的右边观看起来。当时陈堃銶等人正忙着调试程序，因为轮着一段上机时间很不容易，没有看到方毅副总理进来。还是其他同事发现后，才通报接待的，这让王选和陈堃銶他们十分感动。方毅副总理高兴地与大家一一握手表示祝贺，并口头指示，新闻媒体可以进行宣传。

接下来的几天，国家科委、计委、教委以及国家出版局等许多单位纷纷前来参观，可谓门庭若市。大家仔细观看着输出的样报。这是一张8开大小的报纸，郭平欣手书的报头“汉字信息处理”几个大字遒劲有力，正文大标题为“计算机—激光汉字编辑排版系统主体工程研制成功”。共有四篇文章：《汉字编辑排版系统的工作流程和软件》《汉字字模信息的存贮》《滚筒式激光照排机的工作原理》和《第四代排字机》，对整个系统进行了深入浅出的介绍。右下角是一张简单的表格，刊登着世界上照排系统从第一代到第四代的发展情况。输出的汉字笔画匀称，笔锋清晰，字形美观大方，如果不是右上角“本刊是计算机——激光汉字编辑排版系统的试排样张”的提示，简直与一张正式出版印刷的报纸一模一样。参观者中，有位当年参加过北纬旅馆论证会的同志，激动地对王选说：“当年你们介绍情况时，我们都不相信，没想到现在真的实现了，而且复原出来的汉字质量这么高，真让人感到震惊！”

然而，在要不要宣传的问题上，大部分新闻媒体却采取了谨慎的态度，理由是：原理性样机还不稳定，汉字终端机还没有研制出来，排版软件和操作系统也才开始调试，无法投入实际使用。以前关于重大科研成果的报道有过失实的教训，因此为慎重起见，此时不宜报道。

对于新闻界提出的理由，王选完全理解，由于硬件条件的限制，这张报版样张仅在1979年7月27日完整顺利地输出了没有任何毛病的一张，此后再也没能成功输出。不过王选认为，尽管如此，也足以证明激光照排系统的设计原理是正确的，中国人是有能力做出先进设计的！王选想到了《光明日报》科学部的资深记者朱军，便辗转拨通了她的电话。朱军后来在接受采访和回忆文章中说：

我第一次听到激光照排项目和王选团队，是在国家计委严谷良同志处，严谷良同志对我说，这是一个重大项目，但遇到了困难，是支持国内自己研究的项目，还是进口外国的产品，目前争论和分歧很大，希望舆论支持我们自己的项目。随后我每次去北大，都要拐进旧图书馆，向王老师他们了解这一项目的进展，看到了他们的技术实力，也认定这是件了不起的事情，因为我们办报的人太知道铅排印刷的弊病了。所以我就说，只要用这个系统输出第一张报版样张，就着手宣传。当然此前我作为《光明日报》科学部负责人，已从科学院方毅院长、北大周培源校长以及北大多位领导那里得到“可以报道”的许可。

8 月 10 日下午我接到北大打来的电话，说样张出来了，我请他们赶快赶过来，一起讨论写稿，争取明天就见报。那天运气也好，头版重要的新闻不多，就把原来的稿子撤掉了，等着我的文章。大概傍晚六七点钟，王老师才赶到我们报社，他还带了三个同事，我们四五个人就在我办公室把桌子一拼，他们说我写，写完一张稿纸，就送工厂排字，打出小样来再修改讨论。工人们在排字间里跑上跑下，王老师他们也到那里去看了，之后他就老讲，工人和编辑真辛苦啊，一定要让编辑们用上电脑排版。

那天晚上稿子发完已经凌晨四点了，大家都很高兴。我要干事买来茶叶泡茶招待王老师，还请他们吃了夜宵。王老师当时好像收入很低，加上他还生病，没有多少钱。他说出来坐公交车都计算好，几站之内是五分钱。我那个时候工资比他还高一些。他那种一定要做出这个事业来的奋斗精神，真是很感人。

光明日报

GUANGMING RIBAO

汉字信息处理技术的研究和应用获重大突破

我国自行设计的计算机—激光汉字编辑排版系统主体工程研制成功

可喜的成果 有益的启示

1979 年 8 月 11 日，《光明日报》关于汉字激光照排系统的报道

1979 年 8 月 11 日，《光明日报》头版头条刊登了记者朱军的长篇报道。通栏大标题是《汉字信息处理技术的研究和应用获重大突破》，用的是当时不常见的大字号，副标题是《我国自行设计的计算机—激光汉字编辑排版系统主体工程研制成功》。文章称这项成果“对于我国新闻出版印刷领域的现代化具有重大意义”，是“振奋人心的捷报”。报纸还在头版编发

了评论员文章和小报样张的照片，对于北大团队的科研精神进行了热情洋溢的称赞，不过，依照王选的要求，文中没有出现王选的名字。在当时媒体普遍的“审慎”态度下，《光明日报》力排众议，如此旗帜鲜明地予以报道，对王选和同事们来说的确如雪中送炭，起了极大的鼓舞作用，也在中外印刷界引起了不小的轰动。

朱军：第二天，各方面的电话来了，有新闻单位，也有出版单位。杨西光当时是我们《光明日报》的总编辑，他就把我找了去问我：怎么搞的啊，这么多人告你状？我说你给我20分钟，我给你汇报。听完了之后，他说：“哦，这是个很好的事嘛。”他说这样吧，他们的反驳意见我不在报纸上见，在内参上见。结果反对意见登一篇出来，我跟着写一篇出来反驳。为了更专业，更有说服力，我也找了王老师手下的几个人一块搞。最主要的观点就是：英国的系统要进来，这个系统落后于我们，我们为什么不用自己的先进技术呢？

在《光明日报》社熬的那个通宵，让王选第一次体会到了报社编辑的辛苦，也促使他后来积极推进报社采编流程计算机管理系统的研制。王选是个饮水思源的人，此后的日子，他对《光明日报》念念不忘，新闻媒体采访王选的时候，他常特别叮嘱要访问记者朱军。富于戏剧性的是，后来《光明日报》的决策人最初并没有采用北大的产品，而是使用了国外进口的设备，但又解决不了汉字信息处理的关键技术问题。朱军受报社领导委托，硬着头皮请王选帮忙解决。王选热情接待，一见面就说：“《光明日报》的事我怎能不管呢！”朱军看到，王选办公桌的玻璃板下压着的那张1979年8月11日的《光明日报》，纸都发黄了。王选说：“这么多年，我每天上班都会看一眼这张报纸，告诫自己要对得起《光明日报》，要用市场上的实际效果证明报道中提到的用国产系统改变我国印刷落后面貌的期望！”

五、当惊世界殊

《光明日报》的报道，如同平地响起的一声春雷，震动了国际照排系统研究领域。

最感震惊的当然是正在上海筹备展览会的英国蒙纳公司的技术人员，他们立即向伦敦总部汇报：中国也在研制汉字激光照排系统，并已完成了主体工程，通过报纸公之于世！不过，蒙纳的技术专家对此难以置信，他们估计，北京大学的这一成果，很可能与此前台湾省和香港出现的类似技术一样，输出质量很低，不能满足高质量的印刷需求。

1979 年 10 月，蒙纳系统的总设计师金斯教授跟随参展团队来到北京，迫不及待地参观了北大的成果。为了技术保密，王选回避了这次接待，事后，同事们绘声绘色地向王选描述了一幕戏剧性的场面。

王选：金斯一行原来并不知道我们达到了什么水平，来之后还问："你们真的搞出来了？"我们拿出输出的底片给金斯教授，他用放大镜仔细一看，非常吃惊，连连说："Very high quality（质量很高）！ Very high quality！"连续讲了两遍。后来讨论的时候金斯教授就问："我有一个大难题，这么多汉字字模，不同字体、不同大小，如何放进计算机，又如何很快地取出？这个问题的解决是不容易的。蒙纳公司这个问题没有解决好，所以汉字输出速度慢，硬盘占的存储量也很大。"看到我们已经解决了这个问题，金斯教授印象非常深。他后来在参加一个技术交流会时，跟一些中国代表说："北大在秘密状态下进行了这项工作，看来他们的整体设计是好的。"为什么说秘密状态呢？因为此前他们完全没有听说，更想不到我们会有这么大的进展，出乎他意料之外。所以这是很有戏剧性的一件事情。后来他们还提出希望买我们的技术，我当然不能答应。

1979 年 10 月 8 日，英国蒙纳照排系统展览会还是热热闹闹地在北京举行了。20 世纪 70 年代末，外国公司来中国举办展览会，即使是在首都北京，也是不多见的。虽然其汉字输出速度非常慢，屏幕修改清样的校对终端只能显示 17 个字，校对功能也很差，但来参观的人大多没有见过北大的系统，外观先进气派的蒙纳系统使他们充满好奇和艳羡。展览会开幕式上，有人热情介绍蒙纳系统，大谈如何先进，深深刺痛了在场的北大校长周培源。

陈堃銶：1979 年 10 月 8 日蒙纳展览开幕，我陪周培源校长去参加。一路上他嘱咐我要注意保密，要设法申请专利，要与国外合作，以争取更好的工作条件使系统稳定实用。在会上，有人非常热情地介绍蒙纳系统，主张引进。周老为人非常率直，当时会议并没有安排他讲话，周老却主动站起来，作了一个相当长的发言。他只字不提蒙纳系统，只字不提引进，却讲了一大通我们的原理性样机和汉字终端系统，介绍这一国产系统设计思想如何先进，强调必须依靠中国自己的力量发展照排系统。他的发言与会议主题大相径庭，却大长了中国人的志气和威风，也使我们很受鼓舞。

然而，王选深知，原理性样机即使研制成功，也只能应对一下鉴定会，要投入实际应用，必须设计更为先进实用的新一代系统，体积应该更小，功能应该更灵活方便，输出速度也要更快，更重要的是保证整个系统的稳定可靠性。要做到这一点，必须引进一些国外设备和元器件。王选向周培源校长谈了自己的想法，并强调主系统和软件并不想让外商插手。周培源鼓励王选加强与国外接触，开拓一些合作渠道。恰在此时，国外一些专家慕名前来参观，王选格外留心，热情参与接待。

1979～1980年，北大汉字信息处理技术研究室先后接待了一批美、日专家和厂商。王选先进的设计思想，引起了国外同行的浓厚兴趣和称赞。

1979年10月，王选接待了麻省理工学院（MIT）的美籍华人李凡教授。李凡此行来中国，是帮助清华大学建立硬件实验室，当时他正指导研究生研究高分辨率汉字字形的信息压缩问题，听说了王选的研究成果，专程来北大拜访。李凡仔细听取了王选的介绍，又观看了系统输出的底片。他感到非常惊诧，怎么也想象不出，眼前这位瘦瘦的、不修边幅的北大讲师是在如此简陋的科研环境和条件下，取得了如此伟大的成果。李凡的研究生后来在论文中激动地写道：

过去的各种方法都未解决汉字信息的压缩问题，或者是压缩率低，或者是压缩率高而质量不好。因而高质量的中文输出系统虽然有，但非常昂贵。在这种情况下，当中国的研究小组在1979年8月宣布他们的系统用了一种信息压缩技术，500万字节的存储量可以存储65万个汉字时，使人激动和印象深刻，总压缩率达1∶500，而输出质量无懈可击！中国这一系统可能是唯一的性能价格比合理的中文照排系统。

王选与美国麻省理工学院李凡教授

（摄于1979年）

李凡向王选发出了请他去麻省理工学院工作的邀请。这在当时许多人的眼中，简直是求之不得的机遇，但王选谢绝了李凡的邀请。

王选：李凡建议我去MIT工作一段时间，由他出面申请福特基金会的资助，他说，那里有良好的硬件开发环境，我可以把北大的工作在MIT继续下去。优秀的科研环境和条件是我一直渴望的，之前学校也分配给过研究室出国的名额，第一个被通知体检的就是我，而且体检也通过了，但我根本不可能放下手头的工作。所以这次面对李凡的邀请，我没有什么思想斗争，私下里也没有任何嘀咕，就婉言谢绝了他的一片好意。因为我觉得，我的工作不是我一个人的，离不开国内的集体和协作单位。针对李凡的建议，周培源校长还主持校务委员会专门进行了讨论，也让我列席了会议，会上一致同意了我的意见。

历经十年磨难仍对祖国不弃不离，王选的决定使李凡在深为感动之余，更生佩服之情。他热心地为王选做了两件事：一是送给王选一本正在开发的Am 2900位片微机手册，为王选确定采用微处理器作为Ⅱ型机的照排控制器主体这一方案，起了决策性作用；二是给方毅副总理写了一封信，建议重视保护自主知识产权，把王选的发明申请外国专利，并表示愿意帮忙。此事由于当时中国成果申请外国专利还存在法律问题，暂时搁浅，但为日后王选申请欧洲专利埋下了伏笔。

日本在研究汉字照排系统方面已经有多年的历史，汉字信息的存储问题一直是他们公认的难题，始终未能解决，王选先进的设计让日本人叹为观止。1979年11月，研究室与日本日立公司举行会谈，日立制作所的神奈川工厂厂长说："对诸位先生的这一成果十分敬佩，对压缩信息技术很感兴趣。"日立公司在书面建议中表达了愿意购买这一技术的意图，被王选婉言谢绝。1980年1月，北大又与日本松下电气公司洽谈合作研制汉字终端一事。该公司最高顾问、被日本誉为"经营之神"的松下幸之助率领一个高级代表团来到北大，他参观了照排系统后，给周培源校长写了一封信，信中说："在汉字信息处理系统方面，贵大学已经有了相当高的水平，我感到非常高兴。"后来王选听松下的员工说，松下幸之助是轻易不出面的，一般员工很难见到他。多年后，王选从他身上学到了更多的东西，例如，"把自身的3个劣势变成优势从而取得成功的秘诀""激励员工的21条诀窍"等，都使王选受益匪浅。

1980 年年初，与日本松下电器公司洽谈合作研制汉字终端事宜，“748”部分领导和骨干与松下公司人员合影。前排左三为张龙翔；二排左起：王选、毛德行、顾小凤；三排左起：钟耀坤、李一华

陈堃銶：王选还收到美籍华人教授王浩等大学教授、新闻媒体、电脑界等的许多海外来信，有表示敬佩的，有邀请访问的，有约稿的，对我们的工作交口称赞。总之，与国内的“天方夜谭”“畅想曲”“先进到修正主义那里去了”“你想搞第四代，我还想搞第八代呢”等挖苦、讽刺截然不同。

1980 年 3 月，香港《工程与科学》杂志刊登了一篇题为《电脑——激光汉字编辑排版系统》的综述，文中这样描述：

北京大学的科研人员研制成功一种汉字信息压缩技术，使每个汉字的信息量减少了很多，并可实现字的变倍，从而使总的信息量也大大下降。这一突破，据悉在中国以外还未做到。……看来中国在电脑汉字信息处理方面和印刷技术革新方面正在赶上并在某些方面达到或超过世界先进水平。

这是香港地区对北大成果的首次报道，充满了神秘，更充满了期待。

六、雪中送炭

虽然汉字激光照排系统备受赞誉，王选却仍是个名不见经传的小人物。于是，在寻求对外合作的过程中，曾出现过一段不和谐的插曲。1979年11月，美国文字印刷基金会代表团访华，这是一个难得的机会，在会议现场，王选决定临时“出击”，向副团长、哈佛大学教授霍夫海因斯介绍激光照排系统。恰好霍夫海因斯教授作完一个汉字打印机的报告，主持人宣布中场休息，王选走向霍夫海因斯，简洁快速地进行了自我介绍，并拿出报版样张给他看。霍夫海因斯教授立刻表现出极大兴趣，邀王选到休息室详谈。来到休息室，王选用流利的英文向霍夫海因斯介绍了原理性样机的技术特色，这可急坏了负责接待的中方人员。

王选：当时某部门负责接待的一位同志也在场，他不懂技术，也不懂英语，没有礼貌地几次打断我们的话，说：“人家是美国教授，都懂，不用你来说。”霍夫海因斯则听得津津有味，让我继续说下去。由于交谈受到干扰，很快结束了，我向负责接待的同志表示歉意，因为事先没有安排。霍夫海因斯知道我是北大的，当天就打电话给北大，要找周培源校长。当天晚上我去周老家汇报与美国文字印刷基金会接触的情况，周老告诉我，有一个他不认识的霍夫曼打电话找他，我说就是霍夫海因斯。周老当即找到校长办公室主任文重，要他和我们一起去会晤。

第二天晚上，在美国代表团下榻的宾馆，在霍夫海因斯和国际光电子公司、麻省理工学院的印刷专家和电子技术专家面前，王选展开用激光照排系统输出的底片，专家们拿着放大镜，上上下下仔细察看着，频频点头。王选听到他们不停地说，“这一成果激动人心！”“印象深刻！”

王选：几天后，负责接待美国文字印刷基金会的某部出了一个接待简报，上面有这样一段文字：北京大学王选事先未经接待部门同意，与美国文字印刷基金会的霍夫海因斯教授用英语做了急促的交谈。该简报发到了北大，有位同事在组里大声朗读这段文字，引起哄堂大笑，大家纷纷说，假如在“文化大革命”期间，王选这件事都有里通外国的嫌疑了。

后来，美国文字印刷基金会表示了合作意愿，但由于种种原因没有谈成。1987 年和 1991 年，王选两次作为特邀专家去美国波士顿参加国际文字处理会议，并在会上作主题报告和特邀报告。当时汉字激光照排系统正在国内迅速推广应用，王选又碰到了当年文字印刷基金会代表团的几位专家，其中一位甚至提出希望做方正系统的北美代销商，这大概是那位政府接待人员和绝大多数人没有想到的。

正如上述事件所体现的那样，当时尽管国外专家对王选大加赞赏，国内持怀疑态度的却有一大批人，他们不相信国产系统能胜过进口设备。英国蒙纳的中文激光照排机在展览后，1979 年 11 月，国家出版局向国务院提交了申请留购两台机器的报告，认为可一面用于生产，解决排字力量不足问题，一面作为样机，进行激光照排技术研究。1980 年 8 月双方正式签订了留购协议，英方开出的价码是每台 60 万英镑，两台机器分别放在京沪两地。蒙纳当然很高兴，并从 1980 年开始与中国印刷技术研究所、北京新华印刷厂、上海印刷技术研究所合作开发汉字激光照排系统。其他一些单位也对蒙纳系统表现出浓厚兴趣，毕竟，出版单位积压待出版的书稿实在太多了。

引进风刮得很猛，虽然原理性样机还在调试中，但王选知道，为了与国外竞争，必须尽快换代升级，设计出稳定可靠的实用系统。王选开始多方奔走，寻求有关部委的支持。幸运的是，国家计委、科委、电子工业部和教委都赞成抵制洋货，大力扶植国产系统。郭平欣等人均明确反对引进，尤其要阻止电子工业部的下属单位介入引进和与外商进行技术合作，因为这类合作显然以外商为主。而王昌茂和严谷良两位给王选的印象更为深刻。

王选：我第一次见到王昌茂是在 1979 年秋一次讨论是否引进蒙纳系统的会上。王昌茂同志刚接任计算机局的外设处处长职务，在会上他代表电子工业部做了旗帜鲜明的发言。他说，北大的字形信息描述技术不仅对汉字有很大意义，对西文也有很大好处。当时我听了觉得“过奖”，大概是为了强烈反对引进而这样说的，但后来的发展说明我们当时确实提前走上了一条康庄大道。计委的严谷良同志在 1979 年春就给有关领导放风说：“要出大成果了。”输出报版样张和终端研制成功后，他更是不遗余力地到处奔走，说服各方领导，落实经费。

王选和张合义还找到国务院进出口管理委员会，在进口国外元器件方面寻求支持。当时担任管委会正、副主任的分别是汪道涵和江泽民同志。汪道涵热情地接待了王选，认真仔细地听取意见。王选急迫地表示，中国人用落后的国产元器件，做出了功能不逊于外国产品的样机系统，如采用国外先进的元器件和设备，则一定能研制出更先进、更可靠的系统。

王选他们的意见引起了国务院进出口管理委员会的极大重视，随后不久，进出口管委会就向国务院有关领导上报了一份报告。李岚清同志在2008年编著出版的《突围——国门初开的岁月》一书中有如下叙述：

1980年初，发生了一件重要事情，就是关于中文激光照排系统的引进、消化、吸收和自主创新。……我国的科学家王选等早在1975年就进行中文激光照排系统的研究，并取得一定成果。但是几年来，在研制及发展设想等方面，各方分头进行，各有各的思路，科研、开发、制造、使用不仅不能配合，甚至相互抵触，再加一些关键零部件和设备难以解决，使我国自己研制的激光照排系统迟迟难以形成完善的商品，进入实用阶段。

1980年，英国莫诺（即蒙纳，下同）公司的中文激光照排机问世，并拿到我国展览。这在我国印刷出版界和科技界引起很大震动。前者要求进口英国设备，而后者则要求出资支持国内研究开发，双方相持不下，要求国家进出口委协调裁决。

1980年1月9日，根据江泽民同志的建议，国家进出口委党组经过研究，向余秋里、王震、方毅、谷牧副总理上报了《关于“中文激光照排”项目的请示报告》，提出了如下建议：

一、关于采用中文激光照相排版印刷技术，势在必行。同意国家出版局留购英国莫诺公司展品，解决国内出版任务急需，要求外商保证在2～6个月内完善该机功能，正常投入使用。

二、积极扶植国内的技术革新、发明、创造。支持北京大学根据自己的设计思想、研究成果，建立中国的激光照排系统……进口国外先进的大规模集成电路和其他零配件及测试设备等，提高系统的稳定性，缩小体积，尽快形成具有中国特点又具有国际竞争能力的中文激光照排系统。

三、组织已经开始中文激光照排研究工作的单位，如北大、清华、一机部、四机部、电子计算机总局、国家出版局、人民日报社、新华社等单位，在研究课题、发展方向上共同配合，分工合作，承担起中文通讯、检索、照排和自控系统的研究与试制工作。

四、科研单位与制造单位结合起来，把国内中文激光照排系统的研究成果推广到工业生产中去……形成生产能力，准备把产品打入国际市场。

五、生产与使用单位结合起来，以销定产，印刷行业要制定一个印刷业现代化的规划，提出今后每年的印刷任务和中文激光照排机的需求量。

……

国务院领导同志对这些意见表示赞同。

根据国务院领导指示，经与有关方面多次协调，1980年2月22日，江泽民同志写了一份报告，由汪道涵、周建南同志核报谷牧副总理。报告提出：北大等单位对“中文激光照排设备”的研制，已有明显成效，技术接近成熟……对于该项目应予积极扶持，可给以少量外汇（20万美元）进口小型电子计算机和一些主要外部设备以及集成电路组件等，以便继续试验使其完善化……各有关单位应和北大共同配合，集中力量，将这一项目搞得更加完善，开花结果。谷牧同志2月27日批示：这个问题，开始时各方意见不大一致，经同有关方面反复研究，我认为这个方案是可取的，请秋里、王震、方毅、依林、鹏飞同志审批。其他领导同志很快也圈阅同意。

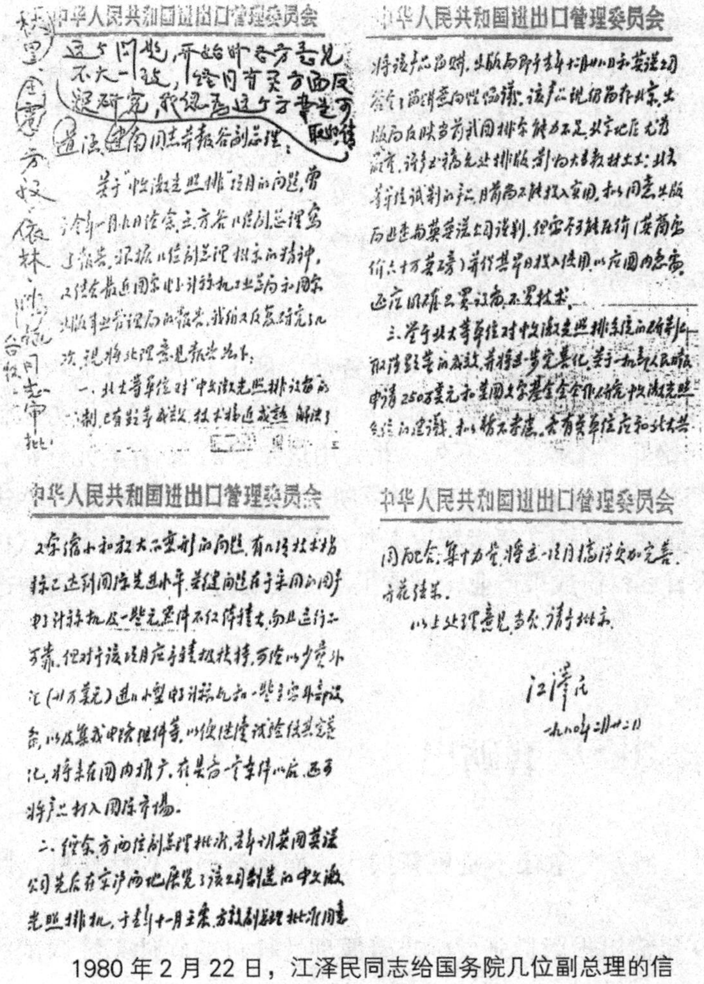
中华人民共和国进出口管理委员会

中华人民共和国进出口管理委员会

中华人民共和国进出口管理委员会

中华人民共和国进出口管理委员会

同配合，集中力量，将这一项目搞得更加完善，开花结果。

以上处理意见当否，请予批示。

江泽民

一九八〇年二月廿二日

1980年2月22日，江泽民同志给国务院几位副总理的信

江泽民还在报告中提出，为应国内急需，只留购蒙纳公司在中国的参展产品，“应明确只买设备，不买技术”，“关于一机部、《人民日报》申请250万美元和美国文字基金会合作研究中文激光照排系统的建议，拟暂不考虑”。

这份报告同时抄送到新华社和《人民日报》社，1980年2月底，王选在新华社傅宗英那儿看到了报告的复印件，是江泽民同志亲笔书写的，洋洋洒洒四页纸。王选逐字逐句看过后，感到十分惊讶，江泽民在此之前并未参观过原理性样机，却对这一拥有自主知识产权和创新技术的项目，表示了深刻理解和支持，至于谷牧等几位副总理的意见，也显示了国家支持自主开发、谨慎对待引进的态度。

王选又想起当初装修机房时受到的抢白，心头涌起无限感慨。

我当时最突出的感受，是一个小人物有了独创思想和方案后，在最需要支持和最困难的时候，得到了精神上的巨大鼓励和科研条件上的重要支持。国家如此支持一项技术上先进、潜力很大，但还不够成熟、尚不能形成商品，而且人们普遍不看好的项目，我觉得这是有普遍意义的。江泽民同志在报告中陈述的我们系统的技术优势，后来得到了充分发挥；进口的蒙纳系统均被国产系统所取代；从1996年开始，我们的系统进入了日本、欧美等西方市场，真正开了花，结了果。

的确，报告中提到的20万美元资助，是在1979年年底中国外汇储备仅为8亿多美元的前提下提出的，与今天我国3万多亿美元外汇储备下的20万美元绝非一个概念。不久，北大用这宝贵的20万美元外汇，从日本购买了NDG公司生产的NOVA计算机，以替代国产130机，并进口了其他一些元器件，从而在很大程度上加速了激光照排项目更新换代的实用化进程，为日后科研成果产业化创造了不可或缺的条件，可谓雪中送炭。

七、宝剑锋从磨砺出

不过，当务之急还不是更新换代，而是调通原理性样机，使之通过鉴定。

1979年输出报版样张，标志着原理性样机的硬件系统调试成功，接下来要调试的是软件系统，由陈堃銶负责设计的这一大型软件程序总量达14万行，包括具有实时功能的多用户操作系统、命令处理程序和批处理排版软件，全部在国产机上用汇编语言写成。调试工作仍由陈堃銶带领软件组的同事们进行，于1980年3月31日全部联调通过。为了实际考验排版程序与输出系统，陈堃銶一直在寻找合适的材料以便排出整本书籍，当时《人民日报》正连日刊登《伍豪之剑》，这是为纪念周总理逝世4周年撰写的故事，描写1929年时任中央军委书记的周恩来同志化名“伍豪”，挥剑斩除党内叛徒的故事传奇。不仅内容好，长短也合适，而且格式简单，正好适合用于首次考验。于是在软件联调完成后，陈堃銶他们立刻开始试排《伍豪之剑》。

然而，硬件条件的简陋，使得软件调试工作变得难以想象的艰难。

陈堃銶：我们用的主机国产130机像今天的柜式空调那么大，没有显示器，也没有软盘，输入程序不像现在，边击键边显示，打错了立刻修改，而是用纸带输入。纸带要先在穿孔机上穿孔，穿孔时看不到打的键是否正确，所以要上机调试程序，必须先调对纸带。而纸带输入机又不稳定，常常这次输进去了，下次又输不进了，甚至扯破了。主机只有一台，每个礼拜我就贴一张表，让大家填自己要上机的时间，每人每天平均两小时，排班轮流使用，好不容易轮到了，纸带又输不进去，这段时间就一无所获。所以大家对纸带输入都战战兢兢，唯恐出问题。

输入程序的纸带和补孔器

当时我们上机很可笑的，因为要调试的程序很多，所以不是拿着一盘纸带，而是提着一个装满纸带的桶去上机。如果发现纸带上的孔少了，应该有孔的地方没孔，就要用一种专门的补孔器来补穿；如果孔穿多了，就要用穿孔时掉下来的黑纸（我们叫芝麻粒）给它堵上。

计算机的外存用的是保加利亚磁盘，体积很大，容量却只有5兆字节，读写常常出错，程序要读未排版的小样，读出来的却是上次的排版结果，调试程序的人还以为自己程序错了。系统采用三级存储，在磁鼓中存放本次排版用的全部字模的压缩信息，以加快发排速度，但这一关常常很难过，不是像上面说的从磁盘上读字模信息可能读不对，就是读对了常常写不进磁鼓，需要有人在旁边“值班”。吕之敏常担当此任，我们发一次命令，她就拨一通照排控制器上的开关，读一遍显示灯，我们问：“写上去没有？”她若说没有，我们就要再发一次命令，直到写上为止。

好不容易一关关通过了，有了排版结果，但当时没有大样机，我们直到1984年才配上激光大样机，除了照排出底片，无法看到排版结果。但照排机很难正常照出底片，就是照出来了还要显影定影，人力、物力、时间都赔不起。所以我们只好用宽行打印机将结果数据打出来，也就是说没有汉字可看，看到的只是汉字的编码以及它的X、Y坐标等数据，要检查结果是否正确，就要很耐心地一个个查对数据，并在坐标纸上画出来。宽行打印机的字轮很不齐，一个数字的位置上常常打成上下两个数，如2打成上面是1，下面是2，或者上面是2，下面是3，就得去猜。总之调试程序的艰难程度是今天的人们想象不出的。幸好整个软件的设计是正确的，没有造成返工。

与此同时，“出国热”“论文热”的影响还很大。当时学校的环境与“四人帮”时期大不相同，教员不必坐班，还有机会出国进修，而在“748”工作既要坐班，技术上的新鲜感也已过去，干的大多是枯燥的调试、查错、维护等工作。所以一些人感到杂事多、进修少，情绪不高。致使一些岗位常常无人坚守，设备有时无人开启或维护，使紧张试排《伍豪之剑》的工作大受影响。

面对这种情况，王选心急如焚，他于1979年年底被选为研究室副主任，对这种松散的工作状态当然不能坐视不管。但王选只是负责技术的领导，他批评了随意不上班的同事，却弄得不欢而散；他去催促工作，得到的回答却是：“你急什么啊！”王选说话直率，不会拐弯抹角，听甲说乙有项工作没有按时做，王选一着急就会直接找乙问：“甲告诉我，你这个工作没做……”弄的甲、乙两个人吵了起来，对王选更是有意见。陈堃銶是个心直口快的人，对组里一些情况看不惯就会指出来，有时王选下班回家，就会问陈堃銶：“你今天又讲了什么？”陈堃銶知道，王选肯定又听到了有人对自己的不满。

像王选这样把全部精力都投入科研中的知识分子，自然没有心思和能力来应对上述复杂局面。后来陈堃銶感叹说：“科研难关的攻克和工作条件的艰苦，我们都能克服，最难的是与各种人打交道，处理复杂的人事关系和问题，这是最伤脑筋的，那段时间除了紧张和劳累外，心情非常压抑，真是身心俱疲。”

不过，研究室的主要骨干和协作单位的一批技术人员对项目研制工作是全力支持和配合的，王选和他们同心协力，克服了来自各方的重重困难和压力，没日没夜地工作。在历经“千辛万苦”之后，终于在1980年9月15日上午，顺利输出了《伍豪之剑》全部底片。当天，底片送新华社印刷成册，我国第一本用国产激光照排系统排出的汉字图书诞生了！

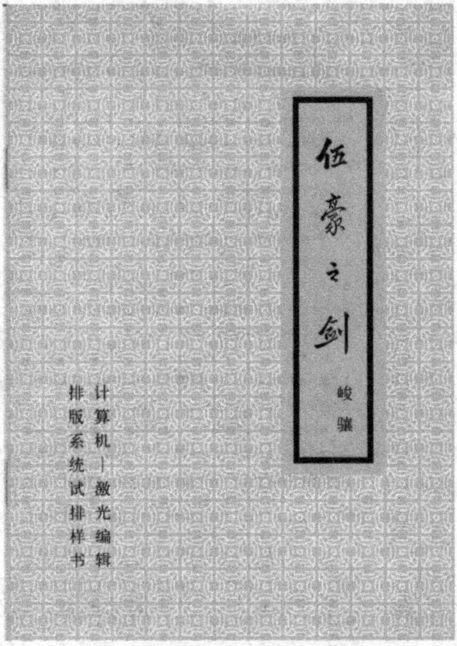

1980年9月15日，我国用汉字激光照排系统输出印制的第一本样书《伍豪之剑》

10月20日，周培源校长将《伍豪之剑》样书呈送方毅副总理，并转送政治局委员人手一册。方毅仔细端详，这是一本26页的小册子，绿色封面上均匀地分布着浅白色的花纹，“伍豪之剑”四个字被设计成竖排、手写体，左下方有两行竖排宋体字：“计算机—激光编辑排版系统试排样书”，整个封面秀丽典雅，朴素大方。内文的说明中写道：

本书是用激光照排机排出的，所有文字和封面图案都由点阵组成，正文用的五号字是由108×108个小点组成的。这些点阵以数字化形式存在计算机内，然后用四路平行的激光束在底片上扫描打点形成版面。这种照排机属于最先进的第四代照排机。

本书所有编辑排版和校对工作都是在计算机控制下进行的。

这不是一本普通的图书，它的诞生，没有动用一个铅字，这意味着什么？这意味着中国古老的印刷术就要面临一场划时代的革命！方毅欣然挥笔：“这是可喜的成就，印刷术从火与铅的时代过渡到计算机与激光的时代，建议予以支持，请邓副主席批示。”

方毅副总理的这句批示，成为多年后人们形容汉字激光照排系统带来我国印刷技术革命时常用的一句比喻——“告别铅与火、迈入光与电”的缘起，它以宏大的气魄和无比的自豪，形象地描述了继毕昇发明活字印刷术后汉字印刷术的第二次腾飞。

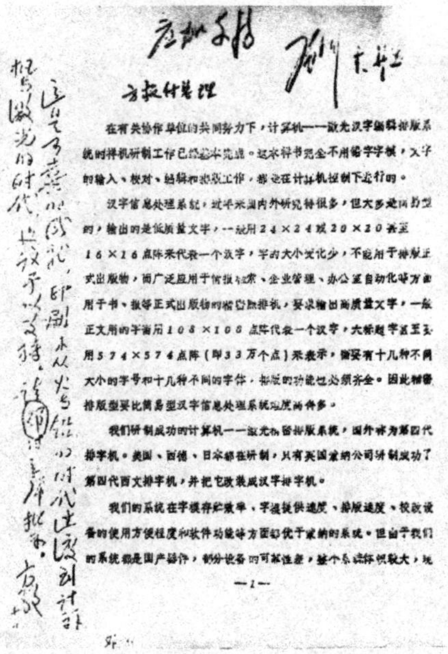

方毅付总理

在有关协作单位的共同努力下，计算机——激光汉字编辑排版系统的样机研制工作已经基本完成。这本样书完全不用铅字字模，文字的输入、校对、编辑和排版工作，都是在计算机控制下进行的。

汉字信息处理系统，近年来国内外研究得很多，但大多是简易型的，输出的是低质量文字，一般用24×24或20×20甚至16×16点阵来代表一个汉字，字的大小变化少，不能用于排版正式出版物，而广泛应用于情报检索、企业管理、办公室自动化等方面。用于书、报等正式出版物的精密照排机，要求输出高质量文字，一般正文用的字needs用108×108点阵代表一个汉字，大标题字甚至要用574×574点阵（即33万个点）来表示，需要有十几种不同大小的字号和十几种不同的字体，排版的功能也必须齐全。因此精密排版型要比简易型汉字信息处理系统难度高得多。

我们研制成功的计算机——激光编辑排版系统，国外称为第四代排字机。美国、西德、日本都在研制，只有英国蒙纳公司研制成功了第四代西文排字机，并把它改装成汉字排字机。

我们的系统在字模存储效率、字模提供速度、排版速度、校改设备的使用方便程度和软件功能等方面都优于蒙纳的系统。但由于我们的系统都是国产器件，部分设备的可靠性差，整个系统体积较大，现

—1—

方毅副总理的题词与邓小平同志的批示

方毅副总理向邓小平同志送上了《伍豪之剑》样书，并随书附上北京大学的一封信，信中提出要进一步开发和推广应用激光照排技术，建议国家继续给予支持。几天后的10月25日，邓小平写下4个大字：“应加支持。”

1980年11月19日，方毅副总理带着邓小平同志的批示第二次来到北大，在机房里与王选他们亲切交谈了很长时间，勉励大家不要辜负小平同志的殷切期望。大家都感到振奋不已。

八、玉汝于成

《伍豪之剑》排出以后，为了考验整个软件和系统，同时为原理性样机鉴定做准备，大家马不停蹄地继续工作，一是要排一本尽量能体现系统

功能的样书，二是要将系统调试稳定。

陈堃銶设计了一本功能复杂的样书，包括汉字十多种字号的宋、黑、仿、楷四种字体，十一种字号的英文、俄文；内容有诗歌、剧本、表格、数学公式、化学反应式和软件的程序清单等；功能上有分栏排、加着重点、两行左右对齐和排在两行中等，比较齐全。

陈堃銶：要调出这本样张确实不易，一方面因为内容复杂，会用到整个排版程序的功能，所以必须调通整个软件；另一方面因为机器很不稳定，有时执行几遍的结果竟都不同，增加了调试的难度，在调试过程中各部分程序都发现不少问题，字母、符号等字模也有许多要修改。各种设备此起彼伏地出现问题，大家克服重重困难，终于在6月初排出了样书。

1981年6月6日，这本体现复杂功能的样书终于排出。这期间陈堃銶经常感觉身体不适，并开始便血，但7月就要召开鉴定会，必须在此之前把软件调试工作做得尽量完美，这使她根本无暇自顾，只是随便用些痔疮药。谁也没有想到，危及生命的癌细胞正在陈堃銶体内疯狂滋长。

王选此时也忙得透不过气来，要通过鉴定，只排出样书是不够的，必须考验到系统的方方面面。王选不仅负责整个系统和硬件的问题，还要做大量字模查对工作，以确保每个字的质量。这是一项异常细致烦琐的工作，需要将照排出来的每种字体的字模一一查对，发现有错的再查压缩信息。由于没有显示器，要用宽行打印机先将压缩信息打印出来，再将这“压缩了再压缩”的信息一一展开，然后耐心地在坐标纸上按还原算法画出这个字的轮廓点，以查明是王选设计的还原字模点阵的生成器有问题，还是字模制作人员将字模的压缩信息做错了。若发现是压缩信息错误，就仔细地修改节点，同时修改压缩信息。每种字体都有数百个这样的字模，都需要由王选和做字模的人员一一查对。密密麻麻的修改手迹，凝聚着王选超出常人的艰辛，体现着他一丝不苟的精神和坚韧不拔的毅力。

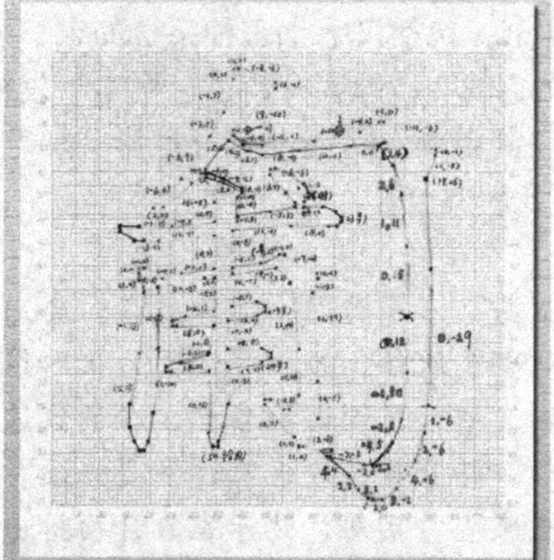

查改出错的字模压缩信息

为了确保每个字的质量，王选付出了超出常人的艰辛。图为王选分析字模数据的手迹，以此查找字模输出错误的原因，辨别是字模制作错误，还是生成器问题。

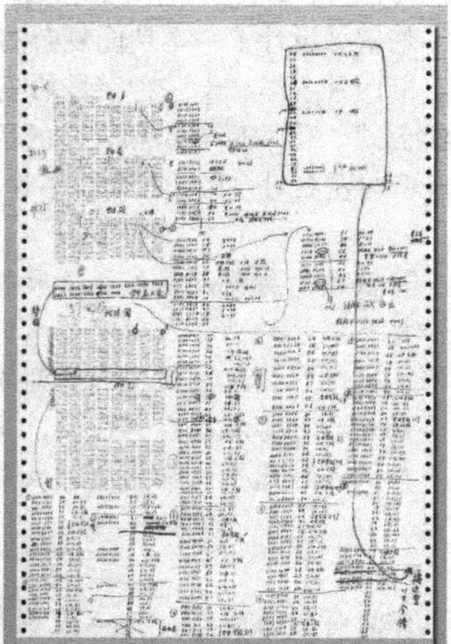

王选分析和修改匍字压缩信息的手迹

王选查改字模压缩信息的手迹

1981 年 7 月，时间越来越紧张，天气炎热，到了晚上，旧图书馆地下室飞出成群结队、又肥又大的蚊子，叮咬夜间加班的人员。7 月 8 日就要召开鉴定会，只有一周时间了，也许是气温过高的缘故，硬件系统却越发不稳定起来，问题一个接着一个，出现在陈堃銶的工作记录上：

7 月 1 日星期三。上午生成器坏一块（组件），常有读不出。缺文件，鼓写不上一次。

7 月 2 日星期四。上午读盘时死（机）一次、跑（因机器故障引起程序运行错误）二次，下午查出七个虚焊点（盘控板）。改后下午较稳定，跑一次。

7 月 3 日星期五。上午读盘中内容不对，检查一天未发现主机问题，而是盘四天未擦。

7 月 4 日星期六。继续试验。决定查有无非法中断码。

7 月 5 日星期日。上午发现接收中断码错，33 与 06 叠加成 37，是原 130（主机）设计错。下午发现 120（终端控制机）发送过来命令倒数第 2 位丢失。……

磁盘控制器有七个虚焊点、主机中断处理有设计错误、短短几天内坏了三块组件……面对层出不穷的问题，大家咬紧牙关一个一个去克服，高度紧张地忙碌着。鉴定会召开前，问题总算及时得到了解决。

1981 年 7 月 8 ～ 11 日，中国第一台计算机—激光汉字编辑排版系统原理性样机鉴定会隆重召开。鉴定会由教育部和国家电子计算机工业总局联合组织，有关部门的领导、专家和代表约 60 人参加。研制单位为：北京大学、山东潍坊电子计算机厂、无锡电子计算机厂、邮电部杭州五二二厂、新华社技术部研究所和印刷厂、天津红星厂。鉴定内容分照排控制器（即后处理部分：高质量汉字生成和激光扫描控制）、滚筒式激光照排机、用于排普通书版的大型软件、汉字终端系统四个部分。会议整整开了三天半，第一天作研制报告，王选、张合义、陈堃銶和顾小凤分别作了题为《计算机—激光汉字编辑排版系统》《滚筒式激光照排机》《编辑排版软件系统》和《M6800 汉字终端软件系统》的报告；第二天到北大参观，演示了所有功能，幸运的是机器还稳定，只有输纸带的光电输入机出了故障；接下来的一天半是小组讨论和大会讲话以及讨论鉴定书内容。整个鉴定会开得十分严谨仔细。

7 月 11 日，通过了鉴定结论："本项成果解决了汉字编辑排版系统的主要技术难关。与国外照排机相比，在汉字信息压缩技术方面领先，激光输出精度和软件的某些功能达到国际先进水平。"

鉴定会上响起热烈的掌声，王选百感交集，1975 ～ 1981 年整整 6 年时间，他和多家单位的 70 余名研制人员一起，经过夜以继日、艰苦卓绝的奋战，克服了内忧外患，终于迎来了这一天。王选眼前浮现出同事们的身影，几年的合作中，有很多同事让他十分感动，王选看在眼里，记在心中，并在后来的回忆文章中专门列举他们的事迹，除了感谢他们在技术上的贡献外，王选还以他独有的悉心观察细数了他们的专长和奉献精神：

吕之敏毕业于上海交通大学，学的是无线电专业，她的电路功底比我好得多，动手能力也强，加上思维清晰、认真细微、极端负责和有组织能力，这些特点使她很快成为硬件研制的主力。在软件调试过程中，硬件故障和软件故障常常分不清楚，而吕之敏熟悉硬件、字模信息和接口信息，十多年来她经常给软件人员提供帮助，这些都是没有名利的琐碎工作，但又需要高水平和头脑敏捷。吕之敏性格直爽，无论是技术问题或其他人事和管理方面问题她都敢于直言，大家也相信她出于公心，所以她与中年和年轻的同事以及协作单位都能保持良好的关系，受到大家的尊重。1990

年吕之敏随爱人去澳大利亚，欢送会后她落了泪，说，在北大“748 工程”的 12 年，是她一生中最有价值的时期，永远值得回忆。

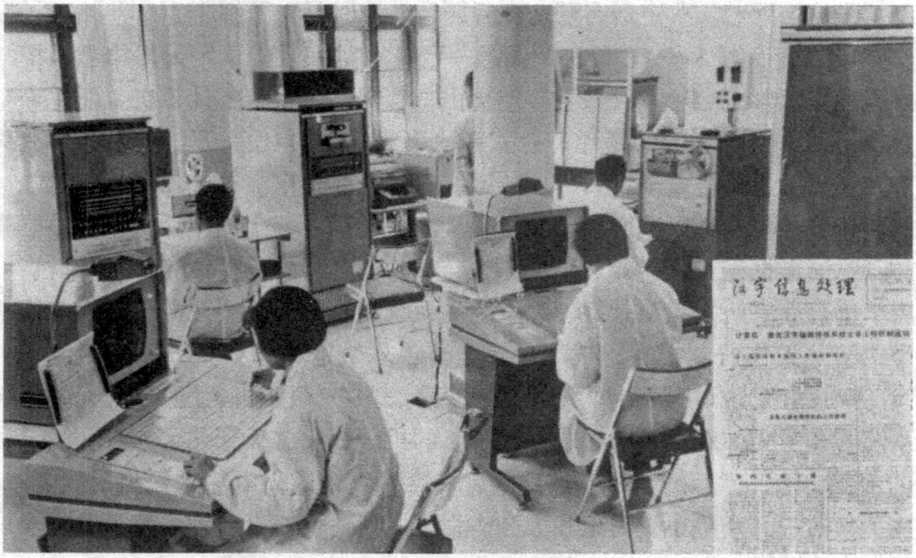

王选带领同事们研制的中国第一台计算机—激光汉字编辑排版系统原理性样机

汤玉海于 1978 年 1 月作为潍坊计算机厂的成员参加“748 工程”的协作，在北大出差长达 8 年之久，经常每天上午、下午、晚上三段工作。第一次来北大时他女儿才半岁，长期出差北大的协作方式结束回潍坊时，女儿已上小学二年级。汤玉海逻辑思维严密，常能查出一些比较隐蔽的故障。1978 年 1 月起他就参加照排控制器的研制，很快成为骨干，TC83 的大部分微程序是我写的，而微程序中的多数错误则是汤玉海查出的，其中有一个属于二进制码翻译错误的故障特别难发现，是汤玉海挖空心思后找出的。

向阳于 1978 年下半年参加“748 工程”，承担了版图制作的任务，按常规一般最快也要三周到一个月才能完成，向阳却用想象不到的速度提前完成了任务，在此期间他开了九个通宵，一来就表现出异乎寻常的拼搏精神和心急如火的工作作风。接着他参加了原理性样机的调试，由于他有多年研制和调试计算机硬件的经验，所以很快就成为主力。

傅国泰除参加操作系统的研制外，还承担了“三扫”软件的开发，这是解释页面描述和做照排准备的一块重要软件。傅国泰因解决夫妻两地问题，由我们推荐，从北大调入潍坊。他生性朴实，不善表现自己，加上衣着土里土气，所以刚到潍坊时，有人怀疑："这样的人能顶事吗？"其实傅国泰软件能力强、反应敏捷、踏实牢靠，他不挑肥拣瘦，总是千方百计、不厌其烦和精益求精地解决技术上的麻烦问题；业务好又能虚心听取意见，能与别人搞好合作，又不张扬自己的功劳。这样的人才在大型软件项目中是非常需要的。

杨孔泉毕业于厦门大学数学系，逻辑思维严密，工作极端负责，并有一定的组织能力。不计较个人名利和得失，任劳任怨、兢兢业业地工作，她编写的软件自己调试得很充分，联调时故障较少；在合作中，她往往把困难留给自己而照顾对方，有时甚至到了过分的地步；她身体不好，但十多年来我印象中她很少休寒暑假，有时大年初一还在上机。她是"748"软硬件元老中唯一没有出过国的人，她对此也从不计较，她是一位"付出多而得到少"的人。

北大中文系陈竹梅于1975年11月就参加"748工程"会战，承担字模工作。她统计了大量宋、黑、仿、等线体的横、竖、折笔画的笔锋和起笔、收笔变化，给确定参数描述的参数范围提供了可靠的根据。陈竹梅工作认真负责，在字模制作中如何保证质量方面积累了很多经验，并培养了一批字模制作人员。

原理性样机的激光照排机部分是张合义负责的，后来他逐渐脱离这一项目并出国做访问学者，由李新章接替张合义，负责光学系统的研制、照排机总体把关和与杭州通信设备厂的协调。李新章事业心很强，知识面广，勤奋和不怕吃苦，经常不停地琢磨技术问题和想各种点子，他敢于承担困难任务和不怕风险。在他主持下，北大完成了新的光学系统方案的全部实验验证，并把结果提供给杭州通信设备厂。

……

介入原理性样机研制的70多人大多数没有参与后续机型的研制，但他们在那段困难的初创时期所做出的贡献应该充分肯定，并载入中国印刷技术发展史。

16年后的1997年，当经过数代蜕变的全新的中文电子出版系统遍布海内外之际，王选对最初的原理性样机有了更为深远的认识：

十多年的路走过来，现在看，原理性样机的设计和调试是我一生中从事的难度最大、挑战最多和最富有创造性的工作，有些设计算得上"首创"。可惜的是我们身处20世纪70年代中期，用的却是国际上20世纪60

年代初期的硬件条件，因此后来硬件条件一旦改善，很多这类所谓的“首创”性工作变得毫无价值。

这就让我想到一个大胆的假设，假如60年代我们就能利用国外最先进的硬件条件，我们能否于60年代中后期就研制出先进的激光照排系统呢？我认为完全可能，不但可能，而且还会非常先进和极具竞争能力，其先进性还可以保持到70年代初期。当然，这种假设近乎天方夜谭，因为不可能让历史倒流，让中国的国门早10年对世界打开。

我认为有可能性，只是想说明一点，我们比西方人更早成功，是因为汉字的特点使我们比他们更早得到十分宝贵的需求刺激：汉字字数多、字体多、信息量巨大，所以我想出了高倍率汉字信息压缩技术；汉字笔画密，又使我想出了用参数这一附加信息来描述字形，从而保证文字变倍后的质量。

这就是王选从原理性样机中得到的最大启示，只要具备两个条件，中国人是有可能比外国人更早提出某些新思想和新设计的：一是采用国际上最先进的技术和设备；另一个也是最重要的，是比国外同行更早得到最前沿的需求刺激。从那以后，王选经常提醒自己，给优秀的年轻人创造良好的环境，不仅指待遇、住房和科研条件，更重要的是设法把他们推到需求刺激的风口浪尖上，只有这样，才能使他们“出彩”。

第八章

印刷革命

一、压轴大戏

原理性样机通过鉴定后，计算机总局给北大的科研集体颁发了奖状和奖金。北大将原理性样机作为一项重大科研成果，列入《北大科技成果选编》，还准备报奖。然而，王选总忘不了鉴定结论中的一段话："目前的系统是原理性样机，元器件落后，有些设备不过关，尚不能满足生产性使用要求。在这一成果基础上应加快研制采用先进元器件的改进型系统，使之早日投产，在国民经济中发挥实际作用。"事实上，王选对原理性样机有清醒的认识。一方面，它的重要作用是不可低估的：证明了字形描述和复原方法的正确，照排控制器的原理经受了严格的实际检验；大型软件经受了初步考验；制作了许多精密字模；还有一点是使项目争取到了后续研制经费。但另一方面，原理性样机是闭关锁国的特定环境下的产物，开发手段落后，还存在很大的不稳定性，几乎所有的设备均不可靠，来人参观表演时大家常常提心吊胆。因此，原理性样机不可能走出实验室，它的使命已经完成，必须加紧研制能够投入实际应用的新系统。

其实，早在1979年，当拿到李凡送来的Am 2900手册后，王选就在紧张调试原理性样机硬件系统之余，利用零星时间开始设计Ⅱ型机方案，这一举动曾引起有些同事的不解，认为应该首先把原理性样机系统调试稳定。但王选看得很清楚，原理性样机不可能实际应用，更新换代必须提早动手，所以便利用晚上的时间设计Ⅱ型机照排控制器。

王选：关于照排系统的更新换代，我觉得应该遵循一个原则，就是用最少的设备，获得尽可能高的速度。因此我在设想Ⅱ型机控制器的结构时，决定采用以双极型位片微处理器为主体的方案。当时唯一的这种芯片是Intel 3000，但我仔细研究相关手册后，发现这种芯片并不好用，微程序设计也不方便，还有很多会影响性能的限制。正当我一筹莫展的时候，李凡教授带来了刚刚出版的Am 2900手册，他告诉我Am 2900比Intel 3000要好得多。我一看，封面上印着Under Development（正在开发中）的大字，说明还没有正式产品。这真是一份十分宝贵的资料，我如饥似渴地阅读完，不由得心花怒放。我从 1958 年开始计算机逻辑设计，一直追求设计的“漂亮”，而 Am 2900 的性能使我深信可以设计出速度很快而且很美的硬件（当然是以当时而不是现在的标准来衡量），我决心用它设计新一代系统的文字发生和扫描控制部分。从事有趣的、富有挑战性的设计，本身就是一种愉快的享受。

用进口的 Am 2900 代替国产组件，后处理系统必须重新设计，整个微程序需要重写，照排的扫描控制也要重新设计，所以王选的工作量极大。1979 年，王选家从佟府搬进北大蔚秀园，住在同园的石新春每晚在院子里散步时，总能看到王选在窗前埋头工作。1980 年，王选设计出了 Am 2900 系列、外围逻辑与微程序三者相结合的新一代照排控制器方案。在字形信息存储方面，用 512KB 的存储器板取代原理性样机中的磁鼓，存放一本书所用到的全部字模；在字形压缩信息复原方面，由于当时存储器板的集成度不高，无法实现整版点阵缓冲，仍旧采用逐段生成和逐段缓冲的做法，但从原理性样机的一次生成和缓冲 8 线一下提高到 32 线，大大加快了复原速度。王选把改进后的控制器命名为 TC83，TC 是 Typesetting Controller（照排控制器）的缩写，预计在 1983 年完成。

1980 年 10 月，国际中文信息年会在香港举行，会议由香港电子计算机学会和国际中文电子计算机学会主办，王选作为电子工业部组织的代表团成员参加了这次会议，这是王选第一次去香港，第一次参加国际学术会议。

王选：参加会议的有中国（含香港、台湾地区）以及日本、美国、加拿大等国家和地区的代表 100 多人，中国代表团的团长是钱伟长先生。我由于知道消息太晚，大会也没有安排我发言，所以没有准备论文和讲稿，只带了一些用原理性样机输出的报版样张和样书。

会议的主题是讨论汉字信息处理。大会开幕式上，会议程序委员会主席、IBM 公司的余嘉培博士作的主题演讲引起了我的注意，他说：“随着存储器及大规模和超大规模集成电路的日益发展，字形信息压缩的意义就变得不大了。”我在会下和他交换了我的不同意见，他很感兴趣，我就提出能不能让我在后面加一个报告。余嘉培先生说，有一些困难，因为场地租赁到下午 5 点多钟就截止了，他会尽量想办法。当时我想，只要登上讲台，哪怕只给我一刻钟的时间，我相信就能在全场引起比较强烈的反应。因为我们带来的东西比较过硬，一定能够在会上引起震动。所以我对自己的报告非常有自信。

余嘉培在 10 月 15 日大会最后一刻挤出 15 分钟时间，让王选作一个发言。大会发言必须用英文，王选虽然靠听英语广播练就了一口流利的英文，平时接待外宾时可以毫无障碍地与他们直接对话，但这毕竟是他第一次在大庭广众之下用英文作学术报告，时间又是如此局促。不过，在听了三天几十位中外学者的发言后，王选心中有了底：自己的技术绝对是领先的。他快步登上讲台，用洪亮的声音开始发言：

“女士们，先生们，大家好。今天我介绍的是北京大学研究的高倍率信息压缩技术和高速复原技术，以及以此技术为核心的汉字激光照排系统。”

话音刚落，王选发现，全场代表的目光一下子集中到他身上，大家显然对王选的话产生了浓厚兴趣。这使王选信心倍增，他用标准的发音、准确的词句，深入浅出地介绍起来。

1980 年 10 月，王选在香港国际中文信息年会上作报告

时间很快过去了，报告结束时，王选略带歉意地说：“我的英语讲得不太好，请原谅，谢谢大家！”场上响起了长时间的掌声。王选快步走下台，由于心情激动，他在下台阶时不小心滑了一下。刚刚站稳，王选就被专家们团团围住，大家纷纷索要样报、样书，仔细端详，然后对王选竖起大拇指，有的说：“很激动人心！”“印象很深！”有的说：“这是会议中最好的一篇报告！”还有的说：“我在美国看到过对你们成果的报道，现在知道是很好的结果，希望能保持联系。”有人用中文大声说：“你的报告太精彩了，为会议唱了一出压轴大戏！”

1980 年 10 月 18 日，香港《明报》刊登了一篇题为《中国将在一年半后使用电脑排书版》的报道，对王选轰动性的发言和汉字激光照排系统进行了详尽报道，并配发了一张王选的照片，在业界引起了广泛关注。

会议结束时，余嘉培在总结发言中改变了最初的看法，他信服地说："看来，对于汉字，高质量的信息压缩技术还是大有发展前途的。"余嘉培会后对王选说："你不必为你的英语担忧，你的发音字正腔圆。"他很想找王选好好聊聊，但未能找到机会。余嘉培对王选的报告始终不能忘怀，11月4日，他提笔给王选写了一封信。

中國將在一年半後用中文電腦排書版

專家正在改良「計算機激光編輯排版系統」

北京大學教授王選

電腦校對及刪改三秒內設計版面

圖片輸入問題尚未解決

1980年10月18日，香港《明报》在华文报纸上首次报道了王选研制汉字激光照排系统的消息

不久，王选收到了余嘉培充满关切之情的来信：

王选先生：

十分荣幸能在香港国际电算机学术会议上见到你，更对你的研究发展工作极感兴趣。……首先为会议中未能给你充分时间发表（演讲）而感到过意不去，说实话，我对你的演讲内容十分有兴趣，愿花几天时间一听细节。那天你下讲台时不慎摔了一下，是否有不舒服或擦伤之处？甚为记挂。……我对你们的汉字压缩500∶1的方法技巧等十分有兴趣，如果可能是否可以寄些参考资料？还有你们突破的方法，如果事关机密，当然就不必了。……

看到你们的成就，十分为你们高兴，希望不久的将来，可以亲眼参观你们的机器操作。

敬祝

一切顺利

余嘉培上

一九八〇年十一月四日

王选为余嘉培真诚的学者风度所感动，他提笔回信，并寄去了一些可以公开的资料。从此，两人时有书信往来，春节互寄贺卡，成为交往多年的好友。

王选报告引起的轰动，被团长钱伟长看在眼里，他在欣喜的同时想，保护好这项了不起的技术已迫在眉睫，应该立即着手申请专利。

王选：钱伟长先生就申请专利的事征求我的意见，我说早有此愿，1979年原理性样机输出报版样张后，不少领导就开始关心北大成果的知识产权保护问题。当时中国还没有实行专利制度，周培源校长曾想请杨振宁、李政道先生帮忙，以美籍华人身份在美国申请专利。这时恰巧李凡教授给方毅副总理写了那封愿意帮忙的信，于是，周培源专程带我找到国家科委的外事局和成果局，了解相关政策。接待的同志表示，他们非常关心和支持这件事，但中国成果申请外国专利还存在法律问题，于是此事暂时搁置下来了。钱伟长先生说，他来帮助想想办法。

1981年7月，中文信息学会在天津召开成立大会，钱伟长是发起人之一并任理事长。在他的推荐下，王选在大会作了报告，引起了参会的香港星光传呼集团公司董事长黄金富的浓厚兴趣。在钱伟长先生的热情介绍下，黄金富表示愿意出钱帮助王选申请欧洲专利。会后不久，王选收到了钱伟长的来信，信中说，他已经通过黄金富先生打通了申请外国专利的渠道，由黄金富成立了专门的公司“中文信息研究（香港）有限公司”，作为“中国中文信息研究会”在香港的一个附属机构，利用香港居民可以在香港申请欧洲各国专利的有利条件，帮助在香港申请外国专利，并享有专利所有权；并说黄金富先生是个热心的人，并不指望将来有什么回报。信中让王选尽快与黄金富联系，通过他申请欧洲专利。

王选高兴极了，他与黄金富顺利取得了联系，并着手准备专利申请书。正在这时，晴空响起了一声霹雳——陈堃銶得了癌症！

二、共度生死关

其实，病魔在半年前甚至更早就开始侵蚀陈堃銶的身体，损害她的健康。由于工作劳累，生活缺乏规律，加上照顾体弱多病的王选，陈堃銶每年都要病几次，感冒、头晕、胃疼、血压低……但她无暇顾及，更没有时间休息。1981年年初，陈堃銶开始便血，但当时她既要进行原理性样机的紧张调试，又要抽空准备换代工作：增强排版功能，修订命令系统，并配合硬件换代进行必要的修改，所以顾不得去医院仔细检查，以为是痔疮，只是胡乱用了些外用药。7月去开鉴定会那天，坐在校长张龙翔的车里，陈堃銶忽然觉得阵阵恶心，最终忍不住呕吐起来，从那以后便常常腹泻。

鉴定会后，从日本购买的NOVA计算机到了，NOVA机与130机的指令系统相同，所以程序的主要部分不需要重写，稳定性也好得多，并有8英寸软盘输入，使大家从此告别了麻烦的纸带输入，提高了效率。陈堃銶整个暑假都忙着熟悉机器，写使用说明，培训同事学会使用，并讨论落实换代方案。虽然时常感到疲乏，陈堃銶却一直咬牙坚持着。

转眼到了10月，软件换代工作终于按计划安排就绪，陈堃銶利用国庆节调休时间，来到北大校医院。

陈堃銶：一位女医生检查后，立刻叫一位中年大夫过来检查，之后神情严肃地问我爱人在不在家，我说在啊，她说明天让你爱人陪着立刻去北医三院检查。我意识到我患了什么重病，但不敢相信，就开玩笑地问："是不是癌啊？"她们也不吱声。我说，不会的，过去我胃疼，大夫也曾经怀疑过是癌，过后也没事。回家我跟王选一讲，他就有点着急，夜里也没睡好。10月6日去北医三院，大夫们检查后一阵交头接耳，然后神色严肃地对王选说，你爱人得的是直肠癌，怎么不早来看。我说我以为是痔疮，大夫一听就给我训了一顿，你以为是痔疮就痔疮了，耽误到现在，长得都不小了，都用不着肛门镜，一看就很清楚了。

我知道自己是因为忙，忽视了身体的变化。1980年夏天王选的妈妈在侃侃等陪同下来京，除了夏天一起去了一次颐和园，直到她第二年3月份回去，我们都没有陪她出过蔚秀园的大门。平时每天都是急急匆匆做饭、吃饭，甚至上厕所都是急急忙忙的，也许就是这样把毒素留在了身体里。但是一切后悔都已枉然，心想人生总会有尽头，只有等待命运的安排，只是工作会受不少影响。倒是王选非常焦急。

王选：我听到这个消息，不啻晴天霹雳。大夫一直在责备我们，癌症的位置很低，很容易确诊，为什么便血这么久不做检查？现在，癌细胞转移的可能性已经是50%了，必须立即住院手术。一番话使我忧心忡忡，悔恨不已。

当时癌症在中国是很难医治的少见病，一旦得了，就如同被判了死刑，同事们都感到十分震惊，毛德行一边安慰王选，一边大声说："现在是有力出力、有血出血的时候了！"研究室着手安排女同事排班，轮流到医院陪护陈堃銶，男同事则随时准备出力。

10月7日，陈堃銶平静地来到办公室，向软件组的同事们落实了一些换代工作尚未确定的接口问题，与杨孔泉、顾小凤和新华社的王增抗一起讨论决定显示报版排版结果的方案。同事们围过来，纷纷安慰她。陈堃銶笑着说："放心吧，我想没事的！"一个同事难过地说："还说没事，王老师急得见人就叨叨：哎呀都怪我，是我没照顾好她！都快成祥林嫂了……"

工作安排妥当，陈堃銶回家收拾东西，准备住院。晚上，她对王选开玩笑："我得把这几年的睡眠补回来，养足精神准备挨刀。"

王选听了陈堃銶的话，心中五味杂陈，千言万语，却只说出一句："这些年你受苦了，是我不好，没照顾好你……"陈堃銶看出了丈夫心头涌动的悲情，笑着轻声打断王选："别说了，同事们说你快成祥林嫂了。都说体质弱的人什么都长得慢，我历来体质差，命不该绝，还有50%的希望呢，不用担心！"

陈堃銶超常的镇静和乐观感染了王选，他默默祈祷，希望癌细胞千万不要扩散。

住院后进行检查、等待手术的那几天，陈堃銶和同房病友谈笑风生，还唱起20世纪50年代的苏联歌曲《喀秋莎》：

正当梨花开遍了天涯，河上飘着柔曼的轻纱。喀秋莎站在峻峭的岸上，歌声好像明媚的春光……

病友的丈夫感动地对王选说："像你爱人这样坚强的女同志真是不多见！"

医院决定10月26日为陈堃銶实施手术。手术的前一天晚上，王选从医院回到家，担心加上愧疚，让他辗转反侧，难以入眠。

王选：自从搞激光照排以后，陈堃銶就和我一样，没有休息过一天。工作上，她不但负责整个软件的设计，还要带着软件组的同事们去实现，工作量很大。在赶进度上，她和我一样着急，开始几年组里人员紧张，"文革"留下的散漫风气尚存，有时看到纸带没穿完，可机器在等着，她就自己上机穿；字模没点好，她拿回家去做，却被人埋怨：你这么积极做什么。在单位累了一天，回到家，做饭、做家务也全是她的，我看她许多时候都是硬撑着在挣扎。在生活上她和我一样都容易满足，在名和利方面都不计较；在帮助人这一点上更是非常一致。1978 年，有一次研究所有 2% 的名额可以涨工资，大家讨论以后决定给我，我知道后就觉得不合适，因为还有比我困难得多的业务骨干，于是建议给了他，陈堃銶完全赞同。后来一位同事家中遭遇不幸，陈堃銶拿出积攒的 100 块钱给了她，在当时是数量很大的一笔钱，尽管我们也不富裕……这些年我老这样想，假如我找了一个爱人，在生活、金钱上处处攀比，在名和利上斤斤计较，那么不但会影响我的工作，甚至我们这个单位也搞不好。

王选和陈堃銶在家中工作（1983 年）

更久远的往事涌上心头，王选想起多年来陈堃銶陪自己走过的风风雨雨：ALGOL 60 手册的淡淡墨香，健斋窗外的劳碌身影，昌平分校的凄风苦雨，火车站前的寒夜厮守……在自己身体和精神遭受双重折磨时，她是自己生命的坚强支撑；在研制激光照排的艰难岁月，她又是自己事业上最得力的伙伴。而自己给了妻子什么呢？好像只有劳累、担忧、困顿和紧张。总想着哪一天抽出时间，一定陪妻子去商场买件新衣，不曾想等来的却是……想到这里，王选再也控制不住感情的闸门，泪水顺着脸颊滚滚落下。这个坚强的男人，在自己遭遇厄运和磨难时从不曾流泪，却无法承受失去爱妻的痛苦，在深深的黑夜独自一人黯然神伤……

1981年10月26日上午，陈堃銶被推进手术室。为了方便照顾，王选的姐姐王儁从无锡赶来帮忙。王选的妈妈已经80多岁了，所以陈堃銶患病的事未敢惊动老人，怕她承受不了。王选和姐姐在手术室外守候着，王儁见弟弟“像热锅上的蚂蚁一样”来回踱步，喃喃自语：“不知转移了没有？不知转移了没有？”来北京的几天，王儁惊讶地发现，小时候爱美的弟弟一点也不懂得修饰，经常错穿两只不一样的袜子，甚至将陈堃銶的袜子硬往自己脚上套，有一次衣服还穿反了，出门也常常丢三落四。她早从堃銶那里得知，弟弟平时忙得一点时间都没有，不过这两天却没见他伏案工作。王选对姐姐说：“现在我必须把工作放到第二位，堃銶性命攸关，保住她的生命是第一位的，我必须照顾好她！”

手术终于结束了，也许上天给予这对夫妻的使命还没有完成，大夫们惊奇地发现，癌细胞既未扩散，更未转移，连附近的淋巴结也没有一个受到感染。但他们不得不给陈堃銶做了直肠切除和肛门改道手术，这给陈堃銶之后的生活带来了常人难以想象的不便。陈堃銶从手术室被推出来，虚弱的她冲王选一笑，王选一下子感觉云开雾散，紧紧握住了妻子的手。

王选把妻子交给姐姐，一溜烟赶回学校，安排了几项重要工作，顺便向大家报告了这个好消息。等王选回到医院已是傍晚，他让姐姐回去休息，自己守了妻子一整夜，晚上就和衣睡在病房里向邻居借的一把躺椅上。王选悄悄对陈堃銶说：“以后我会好好照顾你，将来老了，也是我先送你走，不让你一个人孤单，一个人的日子太难过了！”一番话，说得陈堃銶眼眶湿润了，她看着丈夫消瘦的脸、充满血丝的眼睛和蓬乱的头发，心疼地说：“没有我，你怎么会照顾自己！”

陈堃銶：他说将来是他送我，我听了这句话以后觉得很凄凉，我担心他不会照顾自己。他生活上面特别马虎，我给他吃什么他都没有意见，穿什么用什么他都很不在乎。1980年我们俩都被提为副教授，也从佟府搬到了蔚秀园，有了一个稍宽敞的家。但生活仍然非常简单，因为离食堂远了，只能马马虎虎地吃了。中午回家时间很紧张，跟打仗一样，经常是下点面条凑合。有一次人家送了一点酱，我们午饭就吃了好长一段时间酱拌面。晚上才做点菜，因为时间少，买菜尽量买方便的菜，像菠菜之类洗着费事的根本不敢买，好容易做一个排骨什么的，那就得吃好几天。

他说他送我，可我却觉得他很不会照顾自己，最起码家里的衣服放在哪里都找不到，万一我真有什么事，他可怎么办。他就说，那以后的事情不想了，能够过一天咱们就好好地过一天。

回到家，王选拿出开鉴定会发的奖金上了街。他买了一本菜谱，又去菜场转了一圈。他要把激光照排暂时放下，专心给妻子做几样好菜。

王选：这一个多月是我一生中做家务最卖力的时期，每天起床后考虑的不再是工作，而是应该买什么菜、烧什么菜，按菜谱“理论指导实践”地设计好一周食谱，尽量做到不重复。听说甲鱼对于手术恢复很有好处，就买了来。我知道杀甲鱼要先去头，可是甲鱼很狡猾，总爱把头缩进壳里。最后我自己发明了一招，用扁嘴钳一下夹住甲鱼头，它就无论如何缩不回去了。

王选很得意自己的这招发明，多年来热心地向许多人介绍。1997 年在北京电视台“荧屏连着我和你”节目中，他特意向北京乃至全国的电视观众“传授”了这一绝招。

陈堃銶：我住院后，王选除了对付不得不做的工作，拿出几乎全部精力伺候我。他随身带着一个小本，上面记着家里衣物的存放位置、医生的嘱咐、要备的物品以及一周的菜谱等。不善家务的他每天还要为我准备营养饭菜，看着菜谱变着口味地为我做菜。听说黑鱼、甲鱼、鳝鱼这些都是补的，对癌症病人的恢复也有好处，他就学着做，还发明了怎么样杀甲鱼的办法。他做的甲鱼确实是好，他知道怎么把壳上的一层衣给刮掉，里边的油给弄掉，所以一点都不腥。后来有同志得了癌症，他还专门做了拿去。

他平时生活上面不大会料理的，这时候却爱琢磨，开头用大茶缸装菜，装的多了会泼出来，少了又容易凉，后来就找了好多瓶子，反正我吃得不多，每天炒完菜就一瓶一瓶装好了，骑自行车从北大送到北医三院，幸亏他的身体已大有好转，有时候一天跑三趟。护士长说：“你把你们家的小瓶都拿来了！”我手术那一天他是整夜地陪着我。他这么一个书生，外人看来基本上不会干的事情他都学着做了，那段时间除了参加一些重要的会议、活动以外，心思全都在我的身上，住院四十多天我几乎没吃过医院的饭。周围的人看了都很感动，也很羡慕。同病房有一个北大校医院的护士，后来校医院的人也都传开了，说有一个人对他的爱人特别好，说的就是王选。

我出院以后，因为肛门改道，我的消化也不好，开始不知道到底吃什么东西会出问题，什么东西不出问题，稍微一吃不好，就要闹肚子，弄得非常狼狈，很脏，有时候一天要换几次衣服，都是王选给洗，他一点都不嫌脏，总说不要紧不要紧，没事没事。有些同事就说，你们两个人，从前是你伺候他，现在是他服侍你，真是不容易！我也没想到他还是很细心的，一个男同志能够这样做的确是很不容易的事情，这一点我觉得我是永远不会忘记的。

不过，紧张的工作使王选努力做家务的局面只维持了一两个月，就又恢复了原状。他歉意地笑着对陈堃銶说："看来我只能派急用。"

陈堃銶手术后休息了一年，虽然这期间仍不时过问工作，但毕竟是她最轻松的一段时光。自 1975 年以来，陈堃銶一直盼望安静地休一段假，完全脱离工作，哪怕只有一个星期也好，癌症术后她得到了这种休息，得到了多年来没有过的良好睡眠。1982 年秋，陈堃銶又投入了工作，继续负责软件的研制，紧张程度和承受的压力丝毫不亚于手术前。她的身体还十分虚弱，饮食稍有不慎就会引起腹泻，同事们劝她多休息，但她一进机房就忘了一切。1983 年，陈堃銶被评为"全国三八红旗手"。

凭着超凡的镇静乐观、不错的运气，加上王选细心的照料，陈堃銶终于闯过了这道"鬼门关"。

三、欧洲专利和印刷专项

转眼进入 1982 年，春节期间，王选抽出半天时间，专程到钱伟长先生家拜年。一进门，钱先生就关切地问："你申报欧洲专利的说明书写得怎样了？"王选把陈堃銶生病的前前后后说了一遍，歉意地说，前一段实在没时间，说明书会加紧写。

王选：当时国内还没有专利律师，我只能参考国外专利说明书，自己琢磨。钱先生就教我：写时注意既要写出实质内容，又不要让别人仿制出来，另外要尽量把权项（claim）搞得范围大大的。的确，专利说明书中权项最重要，这是用严格的法律语言确定被保护的发明的内容和范围。权项往往不是一句英文句子，而是英文的一个字（word），然后下面是几行、十几行甚至几十行的句子来描述和限制这一个字。我写的主要权项包括“用参数描述来控制字形变倍时的横宽和竖宽”、“用标记点阵作为轮廓转换成点阵的中间形式”、“逐段生成汉字和逐段形成版面点阵”等。写这份欧洲专利说明书，我颇费了些心思，专利的英文申请书也是我自己写的。到 1985 年 4 月申请首批中国专利时，就轻车熟路了。

1982 年 5 月底，电子工业部张淞芝和王选一起赴香港，由黄金富出资，登记了欧洲专利 EP0095536 “The representation of character images in a compact form for computer storage”（字形在计算机中的压缩表示），发明人王选，专利申请人黄金富、张淞芝、王选。由于第一申请人必须是香港居民，所以黄金富排在第一位，但他只是热心帮忙，并未想得到利益。王选流利的英语表述使申请工作异常顺利，张淞芝后来在“赴港申请技术专利的工作汇报”中写道：“这次申请工作，进程比较顺利，王选同志的英语会话能力很好，没有用翻译和英国律师交谈，语言上无隔阂，对整个工作提供了许多方便。”

王选于 1976 年设计完成的技术，终于在 1982 年申请了专利，这也是我国第一个欧洲专利，王选成为第一个获得欧洲专利的具有中国国籍的大陆人。在改革开放刚刚开始的年代，这一专利是以香港居民的身份“曲线救国”诞生的，因此具有格外特殊的意义。5 年后的 1987 年，欧洲专利局于 2 月 5 日发出专利批准通知，这一天正是王选 50 岁的生日。3 月 18 日公布了批准文本。1998 年 10 月，中国革命博物馆将王选手写的厚厚的欧洲专利申请书中、英文稿作为文物，永久性收藏。

虽然欧洲专利的申请工作进展顺利，但王选一直有一种担忧，“748 工程”是由国家计委安排的“五五”科技攻关项目，经费来源比较稳定。但 1980 年“五五”计划结束，原理性样机通过鉴定后，作为科研计划已经完成，1981 年

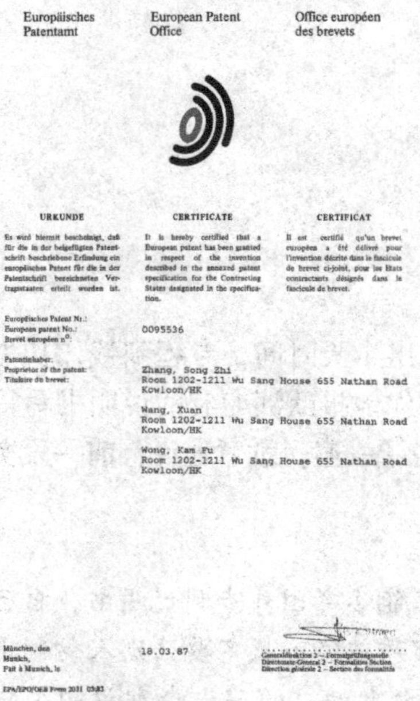
Europäisches Patentamt | European Patent Office | Office européen des brevets

URKUNDE

Es wird hiermit bescheinigt, daß für die in der beigefügten Patentschrift beschriebene Erfindung ein europäisches Patent für die in der Patentschrift bezeichneten Vertragsstaaten erteilt worden ist.

CERTIFICATE

It is hereby certified that a European patent has been granted in respect of the invention described in the annexed patent specification for the Contracting States designated in the specification.

CERTIFICAT

Il est certifié qu'un brevet européen a été délivré pour l'invention décrite dans le fascicule de brevet ci-joint, pour les Etats contractants désignés dans le fascicule de brevet.

Europäisches Patent Nr.:
European patent No.:
Brevet européen n°: 0095536

Patentinhaber:
Proprietor of the patent:
Titulaire du brevet:

Zhang, Song Zhi
Room 1202-1211 Wu Sang House 655 Nathan Road
Kowloon/HK

Wang, Xuan
Room 1202-1211 Wu Sang House 655 Nathan Road
Kowloon/HK

Wong, Kam Fu
Room 1202-1211 Wu Sang House 655 Nathan Road
Kowloon/HK

München, den
Munich,
Fait à Munich, le 18.03.87

Generaldirektion 2 – Formalprüfungsstelle
Directorate-General 2 – Formalities Section
Direction générale 2 – Section des formalités

EPA/EPO/OEB Form 2031 03.83

王选的欧洲专利证书

开始的“六五”计划并没有对这项研究再做考虑，虽然Ⅱ型系统的研制工作在继续，但经费已没有着落。1981 年 10 月 27 日早晨，在陈堃銶手术后的第二天，王选从北医三院回来的路上，遇到原北大图书馆馆长、中宣部新闻局的洪一龙，得知中宣部正准备召开支持北大激光照排成果的座谈会，请电子工业部、新闻出版局、《人民日报》社、北大等单位参加，然后把会议精神向中央报告。这让王选预感到背后将有大动作，国家可能很快会对激光照排项目加大支持力度。

1982 年 8 月，王选终于等来了好消息，国家准备组织有关部门制定全国印刷技术装备“六五”、“七五”发展规划，我国的印刷技术改造工作全面启动，“748 工程”也迎来了一个重大转折点。

20 世纪 80 年代，我国进入改革开放的崭新阶段，随着国民经济水平的提高，文化教育事业蓬勃发展与印刷出版技术落后的矛盾变得格外突出，人民出版社出书周期为 366 天，科学出版社的科技图书出书周期更长达 500 天。全国大多数城市看不到当天的中央报纸，出书慢、买书难、周期长、质量差成为文化部门和出版印刷界反映最强烈的问题。然而，整个印刷行业的技术改造涉及印刷、机械、电子、化工乃至冶金等多个行业和部门，是一项十分庞大复杂的系统工程，必须由国家出面进行全面规划和组织实施。

曾担任印刷技术装备协调小组副组长兼办公室主任的沈忠康，在所著《创新历程——中国印刷新型工业化道路的探索与实践》一书中记载，1982 年 8 月召开了中宣部和国家经委组织的工作会议，文化部、国家机械委、电子工业部、国家计委等十多个部委的负责人参加。会议商定，在国家经委设立一个印刷技术装备协调小组，不久，确定由时任机械委副主任、经委机械工业调整办公室主任的范慕韩担任协调小组组长，沈忠康任副组长兼办公室主任。

为了拟订发展规划，协调小组决定立即展开具体调查工作，挑选了两个重点单位：《人民日报》印刷厂和新华印刷厂。《人民日报》印刷厂当时花费 80 万美元进口了一套日本写研公司的三代机，用于编排《人民日报》海外版，这套系统沿用的还是贴毛条、人工拼版和照相制版的传统手法。而在新华印刷厂，赫然摆设着 1980 年引进的那套英国蒙纳激光照排系统，整整两年过去了，这套系统还没能投入正常运行，正在由中国印刷科研所的一个班子进行“消化吸收”。

调查之后，协调小组一起讨论制定规划。大家认为，抓印刷技术改造，关键是抓照排技术的开发。参加规划工作的电子工业部代表张淞芝拿出了样书《伍豪之剑》，向大家详细介绍了北大“748 项目”的成果。听说这是用北大研制的汉字激光照排系统排印的，众人的目光立即被吸引住了。张淞芝说，目前北大的系统还只是原理性样机，只是“可用”，但离“实用”还有很大距离，需要继续开发，电子工业部建议将其纳入印刷技术装备“六五”、“七五”规划，使“748 工程”继续下去。

针对这一建议，协调小组决定对北大和新华社进行一次实地调查。

沈忠康：1982 年 11 月，我们在范慕韩同志带领下来到北大“748”实验室，看到机房比较简陋，设备很拥挤，有的还放在走廊上。张淞芝向我们介绍了开发总负责人王选。那时王选 45 岁，很清瘦，穿着当时流行的灰色涤卡中山装，领着我们参观他们的研究成果，详细演示讲解汉字信息压缩、还原、放大等过程，之后又送给我们人手一册《伍豪之剑》。由于我们第一次接触汉字激光照排，对汉字信息处理还很陌生，所以一方面感到新奇，另一方面感到实验室的条件有点简陋，王选说这比原来的条件好多了。

我们没有看到王选的夫人陈堃銶，听北大同志说她患直肠癌动了手术在家休养，许多人都说她是累病的，她与王选一起从 1975 年开始从事“748 工程”之后没有白天黑夜，没有节假日，全部精力都投入了这项事业，他们是一对“拼命三郎”。

随后我们又一起到新华社“748 工程”中间试验基地参观，在那里我们看到了原理性样机的整套设备，显得既笨重又粗糙。王选特别向我们介绍了两个关键的输出设备：激光打样机和激光照排机。他说，再好的汉字信息压缩软件技术没有打样机和照排机还是形不成书面文字，而这两种输出设备国外只有很少厂家生产，在当时情况下很难进口，我们必须自己研究解决。

考察过后，大家对北大的系统有了全面深刻的认识，但在讨论中也存在疑虑，意见不够一致。为此，范慕韩与王选进行了推心置腹的谈话。范老是一位老革命，20 世纪 60 年代初就担任国家计委副主任，后来任机械委副主任，长期主管机械和国防工业，1982 年范老抓印刷技术装备协调小组工作时已经 65 岁。他给王选的第一印象就是一位平易近人、和蔼可亲的老人，没有官话和套话，了解工作十分深入，以前王选很少接触到这样的部级领导，这使他们后来结下了长久的友谊。

1989 年 10 月，王选夫妇与范慕韩（右二）和郭平欣（右一）

王选：范慕韩同志告诉我，在是否将北大“748”纳入全国印刷规划的问题上，有些部门很有疑虑，认为当时我们的原理性样机离产品还有很大距离，能否继续改进、投入实用值得怀疑。另外许多科研成果，特别是高校的科研成果都是为了“献礼”“评奖”“评职称”，而经委抓这个规划是要把科研成果实用化、商品化，改造传统印刷产业，这是个艰苦的过程，问我们有没有准备。我坚定地表示，我们一开始定的目标就是要使中国甩掉铅字，实现激光照排。如果仅仅为了报专利、评职称，目的早就达到了，不用再费这么大力气搞第二代。范慕韩同志听后非常高兴，他说，解决汉字激光照排要依靠我们中国人自己的力量，你与某些知识分子不一样，很有战略眼光，我们支持你。后来范老在听取周培源校长意见时，周老也表示，应全力支持王选这样思路敏捷、勇于创新的年轻人。于是协调小组在反复研究后，决定将激光照排纳入印刷技术装备“六五”“七五”计划。

1982 年 12 月，我国印刷技术装备发展规划确定了“自动照排、电子分色、多色胶印、装订联动”的 16 字方针，1983 年由国家经委、国家计委正式下达，将此方案作为专项补充列入国家“六五”计划。目标要求从科研攻关转为技术改造，要使成果形成生产能力。此后，激光照排项目逐步过渡到由协调小组总管，沈忠康负责具体协调，形成了各参加单位相互协作攻关、力争早日实用的局面。

激光照排项目终于得到国家更为有力的支持，王选信心更足了，他后来感慨地说：

这是“748工程”的一个重大转折点，由于有了一笔可观的研制费、中间试验费和技术改造费，大大提高了协作单位和第一用户的积极性。可以说，没有印刷专项就不会有后来激光照排系统的迅速发展，所以对有前途的、技术创新含量高的幼苗予以扶持是很重要的，这也说明风险投资的必要性。印刷专项起了今天风险投资的作用。1975～1995年的20年内，北大因激光照排项目共得到国家各种名义拨款累计达1000万元，占印刷专项中很小的比例，但没有这1000万元，恐怕也就没有后来北大方正用自主创新技术进军国际市场的壮举。

不过，协调小组在规划中留了一些余地：16字方针写的是“自动照排”，1985年修改“七五”规划时，Ⅱ型机已研制成功并通过国家验收，“自动照排”才正式改为“激光照排”。另外，还采取了两项补充措施——继续开展对蒙纳系统的消化吸收工作，允许《人民日报》在国产激光照排系统未达到要求前引进一套国外系统。

1982年，王选成为硕士生导师，从计算机系招来第一批硕士研究生郑民、任书亮，分别研究数学公式、化学式的规范排版。为了设计好微程序，王选趁去香港的机会购买了一批软件设计的参考书，从10月起，为研究生用英语开设了“软件设计的现代方法”一课，并一直讲到1990年。王选还担负着许多对外工作，如接待来访、与协作单位商谈、向上级汇报，等等，他还是学校学术委员会成员，参加的校内外会议也多起来，十分忙碌。奇怪的是，自从陈堃銶患病后，王选的身体开始逐步好转，虽然容易感冒，但每年秋冬之际的胸闷、憋气现象却逐渐减少了。

四、决战市场

1983年1月6日，北京大学成立了计算机科学技术研究所，由汉字信息处理技术研究室、图书馆情报自动化研究室和计算中心组成，王选被任命为副所长。1985年2月计算中心独立，后来图书馆情报自动化研究室并入电教，研究所成为专门从事汉字信息处理技术领域研究的单位。

Ⅱ型机系统到1983年基本完成。它采用大规模集成电路和微处理器作照排控制器，体积缩小，输出速度加快，在各方面都比原理性样机前进了一大步。

王选从1979年年底起开始设计Ⅱ型机照排控制器TC83，1982年由潍坊生产后开始调试，到1983年秋调通，除DRAM存储板外，共用了200多块芯片，比原理性样机的元件减少了一个数量级。这一方案在20世纪80年代初PC机、门阵列专用芯片等还处于萌芽状态时是极有竞争力的创新设计。1985年，王选到德国Hell公司和日本NIC公司参观时，看到他们刚刚在研制采用Am 2900位片的照排控制器。王选询问日本陪同人员他们的微指令字长，对方回答说："这是技术诀窍，保密。"其实，王选研制的Ⅱ型机方案中48位和56位微指令字长早已公开在杂志上了。这一次，他又走在了世界同行前面。

Ⅱ型机还有一个特别的先进之处，扩充后的TC83成了世界上第一台照排机和大样印字机共享的字形发生器和控制器，它使得系统配备了世界上第一台在普通纸上快速输出完全逼真大样的激光打印机，代替了昂贵的相纸输出大样。1983年7月，杭州研制的大样机运到，8月27日调试成功，用户有了用作校对的大样。这是用户梦寐以求的功能。

王选：1979年10月我开始设计Ⅱ型机TC83时，国内的激光打印机研制尚无眉目，国外的激光打印机则很昂贵，IBM的产品高达30多万美元，所以TC83设计时并未考虑与激光打印机相连。1981年底，杭州通信设备厂研制的激光打印机已能输出样张，清晰度也达到可接受的水平。1982年春节我设计完成了在TC83上增加杭州激光打印机的接口和相应的微程序。为了适合已经完成的TC83，我们把杭州的激光打印机分辨率定为371DPI（Dots Per Inch的缩写，每英寸所打印的点数或线数），正好是该厂照排机分辨率的一半，使两者可以共享绝大部分设备和微程序，因而代价很低。1984年初给新华社Ⅱ型机配套的这套激光打印机系统是世界上第一台普通纸输出的中文大样机，领先于西文和日文同类系统。

1983年夏，Ⅱ型机初步调试成功，排出了红、绿两种封面的简介小册子，准备参加这年10月在北京展览馆举办的电子工业新产品展览会。6月9日，印刷技术装备协调小组在新华社主持召开协调会，作出决定，在新华社设立Ⅱ型机系统中间试验车间，以考验系统工艺流程合理性、设备性能可靠性、试排16开书刊和8开报纸的适用性，为正式定型生产打下基础。主抓这项工作的是协调小组副组长兼办公室主任沈忠康。

王选：沈忠康同志一开始就给我留下了“务实”的印象。在协调会上，我们面临10月参加展览会和年底在新华社印厂安装系统的两大任务，我问与会领导：“我们应该首先保证哪项任务？”沈忠康斩钉截铁地说：“首先保证新华社。”沈忠康开始时担心北大的老师是搞科研的，只关心成果、论文、鉴定，从后来的接触中他知道我们不是这样的人，彼此逐步建立了相互信任。他在1983年至1988年间对照排项目倾注了大量心血，在组织协调方面起了重要作用。

新华社中试车间的建设很费周折，虽然国家划拨了220万元作为启动经费，但旧通信大楼当时十分拥挤，为了抢时间，只好先在地下室搭架子。北大、潍坊计算机厂、无锡计算机厂和杭州通信设备厂都派出技术人员，与新华社的中试人员一起，对设备进行安装调试。地下室阴冷潮湿，即使是三伏天也要穿上绒衣绒裤。经过半年的努力，克服了种种困难，终于在1984年2月安装完毕。系统测试刚一开始，就发现各部分都存在不少毛病，要做到实用，还有许多填平补齐的工作要做。王选和同事们针对不断出现的问题，紧张地忙碌着，十分辛苦。

1986年5月，王选和沈忠康（左一）在杭州滚筒照排机验收会上

就在这时，第二次引进高潮洪水般袭来，而且来势更为凶猛。1984年10月底，由国家经委、中国贸促会举办的国际印刷机械展览会在北京农展

馆开幕，美、英、日等国家的照排机厂商看中了国内印刷领域的巨大市场，纷纷来华抢夺这块诱人的蛋糕。他们各显神通，英国蒙纳公司和另一家公司合作，展示了他们的整页拼版设备，采用分辨率很高的大屏幕显示，而且有中文处理功能，尽管软件功能差，但相当吸引人。日本的写研公司在日本国内占领了 70% 的市场，它的中文字库质量非常高，其老板每年来中国两次，与中国用户十分熟悉，以至于中国的印刷界“言必称写研”，北京、上海的几家大报和印刷厂都先后成了写研的用户。日本森泽公司和一个叫“二毛”的日本公司，还热情招待潜在的中国用户去日本考察。此外，美国 IPX、王安等公司都先后来京展示产品，美国 IPX 公司把产品介绍到了新华社，而新华社的工作人员正在地下室机房里夜以继日地调试Ⅱ型机软件，有人不客气地对新华社工程师王增抗说：“人家都有现成产品了，你们还搞什么？”噎得他吃不下饭。更为重要的是，与 1979 年相比，1984 年的改革开放又前进了一大步，政府已不大可能去干预地方上和各部门的引进。

还在试验阶段的国产系统一下子面临众多著名国际厂商成熟的照排产品的竞争，再次陷入困境。在展览会上，有的参观者当面指责这一系统只有展品，没有产品，急得血气方刚的参展人员当场与之争辩起来。个别协作单位也表现出信心不足，他们生怕“748 工程”是个泥潭，一旦沾边就会身陷绝境，因此提出希望撤走协作人员，他们说：“王选为了他一个人的荣誉，害了一批人！”甚至放话说：“今秋北京印刷展开幕之时，就是‘748 工程’垮台之日。”甚至要全盘否定王选的技术方案，提出：“要我们参加，必须对总体方案有决定权，在磁盘容量很大的今天，应该放弃北大的轮廓加参数的字形描述方案，用磁盘直接存储点阵，这样实现才简单。”

用户和业内人士更对国产系统疑虑重重。1984 年的一个秋天，《人民日报》社组织专家论证会，讨论决定是否引进外国系统，王选也接到邀请参加。与会人员几乎一边倒地主张引进，认为“北大拖了印刷进步的后腿”，“北大的工作干扰了先进设备的引进”，“北大设计的系统即使搞出来也是落后的”。这一切，都没有动摇王选的决心，只是让他感到苦涩不堪。这一年 5 月，王选被评为 1983 年度北京市教育系统先进工作者，8 月又从副教授特批晋升为教授。他的科研精神和成果得到了政府和学校的承认，却不被用户采纳。

秦振山：那次论证会是我陪王老师去的，回来到动物园时天已经晚了，王老师身体不好，却提议步行一站，到白石桥上车。路上他解释说，在这里上车，到北大西门要一毛五，而在白石桥站上车只要一毛，还是节省点好。由于没座位，我们一直站着，快下车时，发现手是黑的，原来是抓金属杆把手久了蹭的灰，王老师和我对笑了一下，我心里觉得难受极了。

多年后，当年在“748”工作过的秦振山回忆起这段往事，委屈、感动甚至悲壮的情绪交织在一起，仍使他忍不住泪流满面……

这真是生死存亡的考验，历史已经把你推到了最残酷的竞争面前，是临阵退缩？还是决战市场？在严峻的形势面前，王选选择了后者，这是一个九死一生的历程，但他义无反顾，也可以说，已经没有退路。在 1984 年年底印刷技术装备协调小组和电子工业部主持的一次制定“七五”规划讨论会上，当着各协作单位的面，王选底气十足地大声宣布：“如果 1985 年上半年Ⅱ型机不能达到实际使用的目的，印刷专项的经费北大全部退回，一分钱也不要！”

五、艰难的新华社中间试验

1984 年 8 月，新华社激光照排中间试验车间在新华社印刷厂正式建成，Ⅱ型系统终于从阴暗潮湿的地下室搬进了宽敞明亮的大机房。经过几个月的安装调试，决定从 1985 年 2 月 1 日到 4 月 30 日，进行为期 3 个月的正式中间试验，用激光照排进行模拟正式作业。

试验本想试排《参考消息》，但考虑到风险，改为试排新华社内部每旬一期的 8 开小报《前进报》和日刊《新华社新闻稿》。《新华社新闻稿》每天出版一期，每期多达 64 页，14 万字，上百个文件，要求在比较短的时间里能同时有 4 个组版终端进行修改、编辑和校对，一天要出三遍大样，所以速度要求非常高。第二天一早邮局的车子就等在那里，误点的话问题是很大的。这是考验系统能否真正实用的关键一战，是对系统的实效性和稳定性进行的真枪实弹的演练。为了做好中间试验的充分准备，决定先进行一个月模拟演练。1 月 5 日试排出《前进报》，这是用我国第一个排报刊的排版软件排版、电脑整页输出的 8 开中文报纸，10 日排出日刊《新华社新闻稿》。2 月 1 日，中间试验正式开始，铅排停止，没有了退路，因为这是系统首次提供用户使用，各协作单位都派出人员集中到北京，呈现出一派会战的气象。

1985 年，王选和技术人员在新华社查看用汉字激光照排系统排印出来的《新华社新闻稿》

随着中试的开始，问题也接踵而至。

王选：中试一开始，问题立即此起彼伏地显现出来。操作系统、排版软件和终端软件都时有故障，有时大样校改后，出现宋体变黑体、大段遗漏甚至错字变字，让人胆战心惊，哭笑不得，照排控制器 TC83 的微程序在处理横、竖、折等规则笔画时有一处编码疏漏，引起了随机故障：大样机输出一个版面时总有大批宋体字出现填充不封闭、字后面拖出一条尾巴的现象，十分难看。令人犯难的是，这一故障是随机的，只在输出大样时才出现，精密照排时看不到，而且无法再现；很难查出原因，引得校对人员连连抱怨。

最困扰大家的问题是变字：输入和校改大样时明明是正确的，印出来却变得面目全非，而且是随机的、没有规律的变化。一次不慎出错的新闻稿送到读者手里，读者纷纷来信询问。一位老人激动地给新华社穆青社长写信，责问为何历来文风严谨的新华社会出现这么多错字。后来才发现变字的原因是终端存字的缓冲区太小，后进来的字把前面的字给顶了出去。

硬件故障也十分频繁，一天正在紧张编排时，系统突然停顿，文件丢失。机房技术人员全部出动检修，忙到半夜仍无济于事，眼看就要耽搁第二天的出刊，傅宗英急得想打电话找王选、陈堃銶，但王选家还没安电话，联系不上，傅宗英只好驱车赶到北大。陈堃銶一听，马上说，赶紧把新闻稿送到北大来编排。全体人员奋战到第二天上午，总算赶出了新闻稿。很多人已是30多个小时没能合眼了。

出现问题最多的是激光照排机，根据王选的笔记记录，有一台照排机一天就出现了8次故障，包括自动上下胶片故障、同步有问题、漏光、胶片卷角等种种问题。

沈忠康：有一次我们去检查中试进展情况，排版进行得很顺利，而到输出时，软片就是出不来，急得现场人员用脚踹机器，结果软片反而出来了。针对这些问题，协调小组在1984年中决定每月召开一次协调会议，研讨解决中试的问题。王选等同志几乎每次都参加，杭州通信设备厂传真分厂厂长孔照元压力最大，因为会上反映照排机、大样机问题最多，意见也比较激烈，孔照元说每次来参加协调会就像来“挨批斗”。但是实际上意见越多，大家越协助分析原因，研究解决办法，对杭州厂帮助也越大。所以孔照元虽然遭埋怨最多，但是他每次协调会都亲自参加，从不缺席。在中试过程中我也很为“748工程”集体这种坦诚相见、团结拼搏的精神所感动。

由于问题层出不穷，有人开始打退堂鼓，主张停止中试；有人冷嘲热讽说：什么“748”，不如叫“气死吧”！王选带领大家紧急分析，逐一应对；陈堃銶则和软件人员针对一个个问题改进设计，大家一直忙碌到2月19日大年夜。大年初一，王选在单位值了一天班，年初二他就赶到新华社了解情况。整个春节都在忐忑不安、提心吊胆中度过。

沈忠康深知一项新技术发展过程中必然会出现各种困难，越是困难的时候，越应该给大家鼓励。于是他在一次协调会上坚定地说：“近20天来，虽然出现很多问题，但我们每天都有进步，发现问题并不可怕，发现问题才能解决问题，我们才能不断进步。经过试排，看来我们自主开发的系统是可用的，我对此很有信心！”一席话说得大家重新恢复了信心。王选因又急又累，患了重感冒，没能出席这次协调会。陈堃銶回来感慨地对王选说：“我本来也准备挨批的，没想到沈忠康不但没有指责，反而说系统试用以来成绩很大，还帮我们逐一分析遇到的问题，讨论解决方案。”王选听了感动之余，连连检讨自己“出现问题时往往过于急躁和沉不住气”。

在协调小组和新华社领导的支持鼓励下，王选和科研人员夜以继日地不懈努力，Ⅱ型系统终于得以正常运转。经过三个月连续运行，共排印《新华社新闻稿》88 期，《前进报》12 期，约 1200 万字，而且从未耽误出刊出报。同时，系统已生产 8 套，有一套专门用于日本筑波万国科技博览会展出。

1985 年 4 月，万国科技博览会在日本筑波举办，代表中国参展的项目经过严格挑选，计算机—激光汉字编辑排版系统被电子工业部选为我国少数几个电子产品的代表，参加了博览会。在剪纸、瓷器等中国古老的传统文化项目以外，展示着中国的自主科技力量，引起了各方关注。

1985 年 5 月 6～8 日，Ⅱ型系统在专家们严格的审查下通过了国家级鉴定，同时，新华社激光照排中间试验工程通过了国家验收。此前，为准备鉴定与验收，除了实用化考验外，还准备了一批复杂格式的样张，如年历、复杂表格等，令鉴定专家们大开眼界。

5 月 7 日，胡乔木同志来到新华社参观系统运行情况，会见了王选、陈堃銶、李新章、向阳等主要研制人员。

1985 年，王选在国家经委主持的华光Ⅱ型计算机—激光汉字编排系统鉴定会上作技术报告。左起：卢嘉锡、胡愈之、周培源、王选、黄辛白

5 月 8 日，一个春光明媚的日子，由国家经委主持的国家级鉴定和验收大会在新华社隆重召开，全国人大常委会副委员长胡愈之、全国政协副

主席周培源、中国科学院院长卢嘉锡等领导同志参加了大会。大会由郭平欣主持，王选在会上作了技术报告，鉴定验收委员会主任、国家经委副主任林宗棠宣读了鉴定和验收结论，对系统给予了高度评价："认为系统的性能比较稳定，主要技术指标达到国际先进水平"，"同意系统可以投产，并尽快推广应用"。当林宗棠宣读到"系统设计先进，高倍率字模信息压缩和高速还原等核心技术具有我国特色，处于领先地位"时，自豪之情溢于言表，将"处于领先地位"几个字念得特别洪亮，王选对此印象格外深刻，事后他很高兴地向陈堃銶学着林宗棠的腔调大声道："处于领先地位！"逗得陈堃銶开心地笑个不停。

担任过多年北大校长的周培源，看着王选他们的激光照排系统从无到有，从实验室走向实用，难掩心中的激动，发表了充满激情的讲话：

这项科研成果是我们国家和人民的骄傲，把我国数千年来的传统文化和现代技术紧密结合在一起，使古老的汉字获得了生命，这对我国现代化建设的影响是多么深远……总体方案的设计者王选同志在设计前就借鉴了许多国外的技术资料，系统地进行了分析。尤其不平凡的是在形成总体方案的关键时刻，我们正处在"十年动乱"的年代，他们坚决排除一切干扰，努力克服各种困难，埋头于科学技术的探索，这需要有多么坚强的意志！它体现了我国科技工作者艰苦奋斗、百折不挠、奋发向上的高贵品质，为国家和人民争得了荣誉。

周培源一席话，道出了王选的技术发明给汉字带来的更为深远的意义，也饱含着对"748"科研集体的充分理解和赞誉，引起与会者热烈鼓掌。

大会上，国家经委表彰了在系统研制工作中做出突出贡献的个人和集体，北大的王选、陈堃銶、李新章和潍坊计算机厂的向阳被授予先进个人，北大计算机研究所汉字信息处理技术研究室、潍坊计算机厂、新华社试验车间、杭州通信设备厂、无锡计算机厂5家相关研制单位被评为先进集体。大会还奖励了100名有功人员，向所有获奖者颁发了荣誉证书和奖金。

第二天，计算机—激光汉字编排系统通过鉴定的消息在中央电视台"新闻联播"播出，并出现在各大报纸的头版，当时中国女排正以拼搏精神在国人心目中树立起光辉的榜样，10月26日，《北京日报》头版沿用鉴定会上代表的发言，以《科研战线的中国女排》为题，对以王选为代表的北大科研集体进行了长篇报道，文中提出："这套系统的研制成功，使手工编排为自动化手段所代替，标志着我国的印刷术将从铅与火的时代，开始进入电与光的新纪元”，产生了极大的轰动。Ⅱ型机系统被命名为“华光”，意味着依靠中国人的力量，一定会点亮印刷技术革命的中华之光。

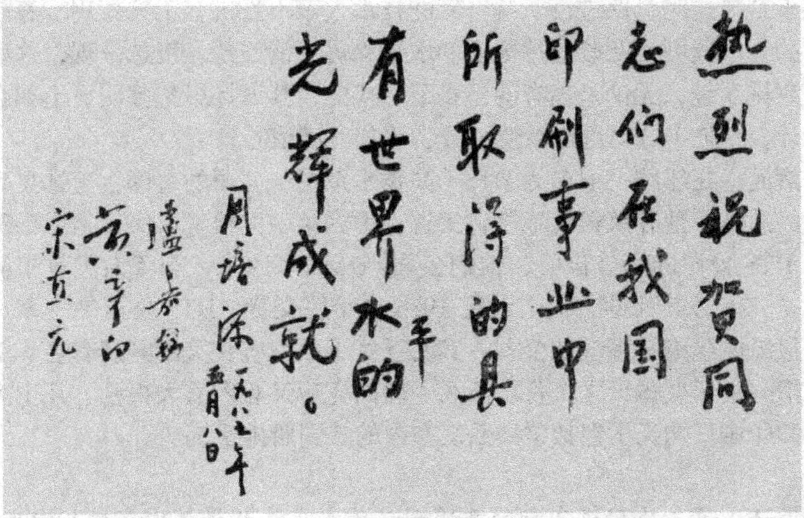

1985 年 5 月 8 日，周培源、卢嘉锡等同志欣然题词，祝贺王选和同事们取得的成就

王选：华光Ⅱ型机是我国第一个实用照排系统，有五家用户购买了这一系统。1985 年初在新华社投入生产性使用的那套系统生命周期还挺长，新华社一直用到 1993 年，本来还会用下去，因为主机的电源坏了才停用。

华光Ⅱ型机也是在内外交困的情况下团结合作的产物。北京大学、潍坊计算机厂、邮电部杭州通信设备厂、长春光机所、无锡计算机厂和新华社等 6 个单位通力合作，前后历时 5 年才完成这一项目。一批中年教师和技术骨干为此付出了艰辛的努力，没有他们，很难有激光照排的成功。

然而，成功的喜悦很快就被一个坏消息冲淡了。时间像是总在跟王选赛跑，让他一刻也不能停下来歇息。

六、“只结了一个小果”

Ⅱ型系统鉴定会开过两个月后的 1985 年 7 月，王选随电子工业部组织的代表团出访西德、美国、日本，先后参观了西德 Hell、美国 HTS、施乐、王安以及日本佳能、写研等众多与照排相关的公司及其用户。王选第一次到国外考察，他感到这是一个摸清国外照排领域技术水平的宝贵机会，于是抓住时机便进行了解，有的技术人家不肯讲，王选就用“答是非题”的方式提问，巧妙地把他们的水平弄得一清二楚。王选发现，这些国家的照排系统，无论是现有的还是下一代的，其设计思想都明显不如自己的设计，这使王选对国产系统的成功更加充满信心。

然而，在纽约一家名为 HTS（高技术系统）公司的总部，王选见到了 HTS 的总裁，他春风得意地告诉王选，中国第一大报《人民日报》已决定购买 HTS 公司的照排设备，他们公司刚从北京回来，与《人民日报》社签署了 425 万美元的合同，约定 1986 年年底交货。HTS 公司是一家从事新闻报纸电脑编排系统的公司，其交互式组版系统在美国赫赫有名。王选的心情一下子变得异常沉重。不久，国内先后又有六家大报社、几十家出版社和印刷厂购买了包括蒙纳系统在内的外国照排系统。

王选：第二次引进高潮的严峻形势已在我的预料之中，考察回来后，我向范慕韩同志汇报时就口出狂言，说我相信三到五年内，我们会把国外的系统全部赶出中国！后来差不多四年就实现了，真的一个都不剩。在一次协调会上我也郑重承诺：我们研制的新一代照排系统价格只是《人民日报》进口系统的 1/8，并且一定会比他们先出报！此言一出，语惊四座。后来的事实也被我“不幸而言中”。

王选之所以敢这样说，是因为早在 1984 年 2 月，当Ⅱ型机还在新华社紧张地安装调试时，他就开始考虑全新的下一代系统，因为王选清楚，由于条件所限，华光Ⅱ型绝对担当不起改造印刷行业的重任，TC83 是 1979 年开始设计的，没能采用 80 年代中期国外最新硬件技术，终端、主机、硬盘和软件也都未达到高度可靠。华光Ⅱ型还有一个“致命伤”——在字形压缩信息复原方面，仍旧采用逐段生成和逐段缓冲，而无法采用整版点阵缓冲，从而带来了无法补救的缺憾：碰到一些复杂表格的版面，当小字很多时会出现点阵迟到；无法做到文字与图片、照片的合一输出，也无法输出带有底纹的版面，而英国蒙纳系统是可以做到的。另外，排版软件在排科技书籍方面的功能还不强。所有这些，都促使王选一边完善Ⅱ型系统，一边马不停蹄地开始研制新一代照排控制器，使其具有图形图像处理功能，成为名副其实的栅格图像处理器（RIP），这就是在 PC 机上实现的Ⅳ型系统，王选将控制器命名为 TC86，预期在 1986 年研制成功。

1985年，王选发现完成TC86的设计要推到1987年以后，为了争取时间加强竞争，他决定在Ⅱ型机通过鉴定后不久，先推出小型化的、具有科技排版功能和大报排版系统的华光Ⅲ型系统。当时，我国科技图书的出版难问题已经相当严重，由于这些书刊涉及形形色色复杂的数理化公式和符号，要铸造专用铅字字模耗时又费力。据统计，我国1984年应出版但到1986年还没能出版的科技图书就多达3826种。传统铅排技术正严重限制着我国科教事业的发展。鉴于这种情况，陈堃銶带领研究生郑民、任书亮以及软件组的同志加紧了科技排版软件的开发。

1985年11月，距离Ⅱ型机通过鉴定仅半年时间，华光Ⅲ型系统正式面世，科技排版软件完成，交中国铁道出版社、国防工业出版社等用户使用。1986年12月，国防工业出版社出版了用这一系统排印的我国第一本科技图书《矢量与张量分析》，共18万字，数学公式等排得十分规范美观。中国铁道出版社也排出两本20多万字的科技书，解决了积压已久的书籍出版问题。

1986年12月22～23日，电子工业部主持通过了“华光Ⅲ型系统设计生产定型及科技版软件鉴定”。周培源任鉴定委员会名誉主任，并专程到会祝贺。鉴定结论肯定了整个系统的小型化和照排控制器的外设适配能力，认为Ⅲ型系统的主要技术指标达到国际先进水平，而系统的价格仅为国外系统的1/2～1/3。鉴定会最大的亮点是科技版软件。这是我国第一个自行设计的科技书刊排版软件，包括数学公式排版程序、化学公式排版程序和高性能书版排版程序，能够方便而规范地排印复杂的数学、化学公式、符号和表格。鉴定结论认为：“与国外同类软件相比，该软件在功能、灵活性、方便程度等主要方面都处于领先地位，其中汉字化学式排版软件国外尚无商品出售，是一项重要成果。”

鉴定会后举行了新闻发布会，电子工业部的发言人激动地说：“过去两三百个工人的工作量，现在由二三十人便可完成。”“我国有一大批具有高技术水平并怀着为国争光的历史责任感的科技工作者，是我们能在短时间内，完成这一任务的根本！”

华光Ⅲ型系统面世后好评如潮，连获大奖。

1986年1月1日，《中国科技报》（即后来的《科技日报》）首次评选1985年度中国十大科技成就，“计算机—激光汉字编辑排版系统”当选；4月18日早上，王选从新闻广播中听到了华光Ⅲ型获日内瓦国际发明展览金牌的消息，另外，北京地区电子和信息应用系统一等奖、全国计算机应用展览会一等奖、北大首届科技成果一等奖等奖项接踵而至……汉字激光照排系统一下子蜚声中外。这对于王选和同事们来说，真是极大的荣誉。

1986年10月，在劳动人民文化宫举行了首届全国发明展览会，经过一番曲折，王选的两项专利“高分辨率汉字字形发生器”、“照排机和印字机共享的字形发生器和控制器”和华光Ⅲ型系统一起参展，最终获得了中国发明协会颁发的展览会发明奖第一名。参加展会的秦振山多年后仍难忘当时的情景。

秦振山：当年计算机—激光汉字编辑排版系统还没有普及，加上整个排版系统应用了多学科的知识，一些评委虽然听了我们的讲解，还是搞不明白。所以两天下来，几乎没有评委给排版系统一个好的评价分数。眼瞅着离评审结束只剩下两三个小时，国家科委副主任朱丽兰同志听了我们的系统介绍，作出了一个特殊的决定：让所有评委都来进行现场评定。一下子，照排系统的展板前集中了十七八位专家，在听取了我们详细的介绍后，终于了解了系统的功能和价值，一位专家惊叹地说：好悬呀，我们差点把这么一个最好的专利给放过去。另一位评委说，假如王选的专利没有评上金奖，那我们这次展览会就算是白开了。经过专家评委讨论，在离召开颁奖大会不到一个小时的时候，终于宣布了评奖结果：王选老师的两项发明专利被评为首届全国发明展览会发明奖第一名。

1986年4月24日，国家科委在首都机场举行仪式，欢迎参加第十四届日内瓦国际发明与新技术展览会的我国代表团回到北京。前排左一为王选

然而，面对这些成绩，沈忠康却在一次小会上说：“‘748 工程’开了花，但只结了一个小果。”这句话使王选一直牢记在心。他想，在自己准备挨批的时候，杨家祥、沈忠康给予的是温暖的鼓励；而系统开始赢得赞扬和荣誉时，沈忠康却提醒大家“只结了一个小果”，还要继续拼搏，结出更丰硕的果实，王选对此深有同感。他对大家说：“我们得了这么多奖，如果将来市场都被外国产品占领了，我们的成绩只等于零！”边说边用手画了一个大大的圈。

早在 1984 年，王选就开始考虑大报排版的应用，尽管台湾仓颉码发明人朱邦复曾警告王选：“千万不能搞报纸排版，因为一旦有一天影响出报，他们就会声明是电脑的毛病，从此你就会声誉扫地。”但王选明白，要使系统达到最高水平，最关键的是必须能顺利排印大报、日报。因为这类报纸时效性强，字体要求多，版面变化多，是对照排系统最严格的考验。如果这一关过去，大规模推广普及便指日可待。因此，把系统提供给大报使用，是王选坚定不移的目标。可是，有哪家报社有勇气抛开已有百年历史的铅字排版，来冒这个险呢？让王选欣喜的是，《经济日报》印刷厂厂长夏天俊站出来主动请缨了。

《经济日报》位于寸土寸金的王府井，厂房面积只有 6 000 平方米，全部采用铅排铅印，日排字量 10 万字左右，不但印刷生产能力越来越不适应新闻出版形势发展的需要，而且污染严重，对周围居民和城市环境造成极大影响。夏天俊被这些问题苦苦困扰，要改变报社印刷厂的现状，最稳当的办法是扩大厂房，增加人力和设备，可这是在北京最繁华的中心地带，绝对没有可能。夏天俊也参观过其他报社引进的日本三代照排系统，不但价格高达 80 万美元，而且还停留在贴“毛条”阶段，无法满足报纸排版要求。夏天俊是一位老报人，虽然年近花甲，但精力充沛，有胆有识，所以当他得知新华社试用华光汉字激光照排系统取得很好的效果，就作出一个大胆决定：干脆跳出铅排铅印的传统工艺，结合树脂版和胶印新工艺，在全国报社中第一个勇尝激光照排这只“螃蟹”。后来夏天俊说，这一决定在很大程度上是形势所迫，被“逼上梁山”。

于是，《经济日报》正式向国家经委提交报告并获得批准，从新华社手上接过接力棒，开始了激光照排系统实用化进程中的关键冲刺。

七、《经济日报》背水一战

1985年年中，《经济日报》印刷厂订购了两套华光Ⅲ型大报版系统，夏天俊与王选等共同商定以一年为期限，确定了解决软件、硬件及字体的具体实施方案和日程表。

1986年春节前夕，正在各方紧张准备之际，传来了潍坊厂某些领导因系统长期未见效益，想打退堂鼓的消息，王选一听顿时焦急万分。这已经是潍坊厂第二次想下马了，第一次是1982年，当时该厂个别领导对系统什么时候能投产和赢利缺乏信心，决定下马。潍坊的汤玉海听到消息后立刻打长途向王选“告密”，王选马上找到正在山东开会的电子工业部副部长李瑞，通过山东省和潍坊市电子局的领导做工作，才扭转了局面。这一次，也许是年关将至，本该由领导出面调解的工作，有关方面希望王选前去，强烈的责任心促使王选不顾春节将近，天寒地冻，只身赶赴潍坊。潍坊的技术人员们正为此事苦闷，他们在王选的房间里商量对策，不断抽烟，时值冬季，无法开窗透气，浓烈的烟味让王选感到非常难受，从此十分怕闻烟味。由于劳累过度，路上又受了风寒，王选回京后便得了肺炎，高烧39℃，大年三十住进了医院，整个春节都在医院度过。陈堃銶每天白天在医院陪床，晚上回家，一路爆竹不断，感觉仿佛“炮火连天，硝烟弥漫”。

经过努力，潍坊厂总算没有下马。在《经济日报》印刷厂，夏天俊也在机房建设、人员培训、印刷设备等方面积极为上激光照排做着各项准备。

1986年9月30日，第一套华光Ⅲ型激光照排系统运进《经济日报》社印刷厂。从10月初开始进入实战阶段。要抛掉铅字，很有点铤而走险的意思，报社方面十分慎重，决定先用每周出版三期的《中国机械报》做试验，而且采取铅排和照排同时进行的方式，一版一版地上照排。10月28日上第一版，到12月才把该报的四个版全部改为照排，可以说，《中国机械报》是第一份正式用上国产激光照排的报纸。

像在新华社中间试验时一样，问题不断涌现。首先遇到的问题是《经济日报》使用的液体感光树脂版，将照排出来的软片制成凸版，使印刷出来的字体质量受到了极大影响。

王选：树脂版是凸版，字都是突出来的，但是我们的字模笔画偏细，印刷时受外力压迫，细的笔画容易压断，印刷结果常常面貌全非，较细的直线压成翘起的曲线，特别是句号，一压就没有了，有时候整版报纸句号几乎全部丢失。如果重做字模，工作量非常大，起码得半年到一年，时间来不及，形势逼着我琢磨出来一个设计加粗字模的微程序，从硬件生成的角度能够让笔画自动加粗，陈堃銶配合用软件来做模拟实验，她只花了两周时间就把这个软件做了出来，经过反复修改完善，我们只花了大约一个半月，就把全部字模都加粗了。后来到华光Ⅳ型时，把这一算法用硬件来实现，从而使得每种字体都能够随意加粗。可以说，这一新想法完全是《经济日报》社逼出来的。

1986年12月30日，《中国机械报》发表了主编朱石川写的《别了，铅排》一文，激动地庆祝这一时刻。其中写道："为了这可喜的一跃，经历一番阵痛，忍受一点牺牲，是值得的。"

王选知道这其中的深意，他翻看着工作笔记，截止到1986年年底，Ⅱ、Ⅲ型系统共有30余家用户，这些用户都是燎原的星星之火，但仍以印刷厂居多，王选感到时不我待，只有上了日报，系统才算真正经受住考验，才能具备熊熊的燎原之势。

1987年年初，《经济日报》社决定再用几个月试排5种非日报的报纸，争取4月在《经济日报》上照排。这时，系统遇到了一个棘手的困难，潍坊开发的大报排版软件，组一版大约要1小时，最严重的是要修改必须重排，这对时效要求很高的报纸排版是不允许的。报社要求限期解决，王选心急如焚，回到家与陈堃銶商量。尽管在此前的设计过程中，陈堃銶经常与大报排版软件的设计人员讨论，但他们毕竟常在潍坊，鞭长莫及；加之经委文印处要求Ⅳ型系统在年内提供，陈堃銶当时忙于设计软件、检查字库，无暇顾及。不过，陈堃銶对改进大报软件的毛病是有把握的，她对王选说："我知道解决办法。"王选一听，大喜过望，让陈堃銶立刻去帮助解决。但他没有想到，平日里任劳任怨的妻子这次却不肯马上去，两人激烈地争吵了起来，这是他们一生中唯一的一次吵架。

陈堃銶：听说我有办法解决，王选立刻要我去教，但我有抵触情绪，不肯马上去，因为对方某些领导出于本单位利益的考虑，常常把整个系统的功劳归他们自己，不但不提北大，连北京两个字都没有。其实我不是真的不肯去教，只是想"憋"他们几天再去。王选一听就急了，冲我嚷起来：你这不是在"憋"他们，你是在"憋"整个系统！我也火了，觉得他在上纲上线，后来冷静下来，自然是按他的意见马上去了。我明白，他根本就不考虑成绩归哪个单位，只要做出来，算谁做的都行。

第二天，陈堃銶就赶到《经济日报》社，与技术人员展开讨论，大报排版软件的难关很快攻破了，几方最终研究认定，系统可以应对大报出版任务，正式在《经济日报》上激光照排。

《经济日报》改为激光照排，意味着凌晨1点左右截稿后，要在两三个小时内完成排版，5点左右必须印刷出报。这么短的时间，对系统的稳定性和时效性是一场严峻的考验。大家都感到如履薄冰，因此采取了小心谨慎、循序渐进的方式。1987年4月19日，先将三、四版由铅排改为照排，5月16日二版上照排，因为这些版面时效性要求不是非常高，可以提前两三天预排。直到5月21日，《经济日报》的四个版面全部用上了激光照排，大家紧张得连大气都不敢喘，经过一夜“决战”，1987年5月22日，世界上第一张用计算机屏幕组版、用激光照排系统输出的整张中文日报诞生了！

经濟日報
ECONOMIC DAILY
22
金日成主席抵京对我国进行正式友好访问
赵紫阳李先念在人民大会堂举行盛大宴会
承包经营责任制
应当在利改税基础上进行
今日论坛
改革开放，使上海步入生机盎然的发展时期
美国总统里根会见杨尚昆副主席
昨日大兴安岭火情
西部林火卷向内蒙古林区
还我耕地 保我良田
一笔触目惊心的土地帐：
刹歪风必须抓干部
湖北应城吞噬耕地851亩
“引进”与责任制

1985年5月22日的《经济日报》，是世界上第一张用计算机屏幕组版、用激光照排系统整版输出的中文日报

然而，一上日报，新系统的毛病全给逼出来了，一时间故障重重，错误百出。

王选：在接下来的十来天里，每天都手忙脚乱，胆战心惊。系统软件和硬件的潜在问题都暴露出来了。重字、重行、丢字、丢行、标题移动困难，有时明明改过的错字又重新出现；照排机、激光印字机在运行过程中出现电源设计不合理、抗干扰性能差、扫描抖动、暗盒不严、走纸不匀、上下胶片定位有问题甚至螺丝松动、钢丝绳断等一系列问题。5月27日我和沈忠康值了一夜班回家，陈堃銶关切地问我，怎么样？我说了两个字：“狼狈。”

不断地出现错误，不断地登报致歉，有几天甚至延误出报两三个小时。不明就里的读者纷纷来信指责说，具有全国影响的《经济日报》出现这样的失误实在不能容忍。迫于巨大的舆论压力，报社领导不得不在5月底向夏天俊发出了最后通牒：必须在10天内排除故障，顺利出报，否则，退回到铅排作业！

这真是生死攸关的时刻，大家心情都很沉重，因为一旦退回到铅排，就意味着宣布系统失败，十年为之奋斗的心血将付之流水，可以说中国报业技术改造的成败在此一举！

王选、夏天俊和沈忠康等一起仔细分析，认定系统是先进的，在实际应用过程中出现一些问题是正常现象，完全有能力解决，于是决定“背水一战”，一面建议报社向读者解释，这是采用激光照排新技术试点过程中出现的问题，正在改进；一面调集北大、潍坊、杭州等各方技术骨干跟班作业，随时解决出现的“火情”。

夏天俊：这最后通牒给我们的打击非常大，我当时都要哭了，但我想不管怎样系统坚决不能下，真要是下了，后果不堪设想。好在有王选，他观察指导着每一个环节的运行，不论大小问题，他最终都能迎刃而解。我最钦佩的就是他对事业的认真、执着，不辞辛苦的高度责任感，还有他作为科学家的聪明才智。

沈忠康：范慕韩这时也多次到《经济日报》鼓励大家，并与编辑部耐心交换意见，希望允许新技术有个改进完善的过程。《经济日报》秘书长舒野同志全力协调印刷厂和编辑部之间的联系，他深知试排之艰辛，常常在大家疲惫或者遇到技术困难的时候以他爽朗的笑声给大家打气鼓劲。

经过日夜紧张奋战，系统终于基本达到了正常运行的要求。一天凌晨，当报纸顺利排版印刷后，王选揉揉熬得通红的双眼环顾四周，发现年近60岁的夏天俊两腿垂地半躺在旧沙发上，香甜地睡着了。

1987年下半年，华光Ⅲ型系统的运行越来越顺利：照排机、大样机基本稳定；补做了魏碑、隶书字模，保证了标题字的使用；软件方面虽然在改版、组版、标题字的改动等方面还存在一些问题，但已不影响使用，效益也大大提高。这年10月，党的十三次代表大会召开，大会工作报告全文3.4万多字，《经济日报》在收到新华社电讯稿之后，立即上华光系统进行计算机排版，整个过程仅用20分钟。而其他大报则召集一批最熟练的铅字排版工人，苦战三四个小时才完成了排版任务。激光照排的威力充分显示出来。

截至 1987 年年底，全国共运行系统 48 套，排印书、刊、报等各类出版物近千种，累计字数近 40 亿。

1987 年 12 月 2 日，王府井 277 号大院像过节一样热闹，国家有关部门和科研单位的领导和专家聚集一堂，华光Ⅲ型计算机激光报纸编排系统顺利通过国家级验收，鉴定书的结论是："该系统各项主要指标达到了世界先进水平，与铅排工艺相比，提高劳动效率五倍以上，大大缩短了出版周期，改善了工人劳动条件，消除了铅污染，甩掉了铅作业，这是报纸印刷工艺向现代化迈进的一项重大改革。""《经济日报》是世界上第一家采用计算机激光屏幕组版、整版输出的中文日报。"目睹激光照排系统一步步走向成熟的周培源在会上激动地说："计算机能处理汉字，能排版了，意味着中华文化能够长久而深远地弘扬下去，其意义不亚于原子弹爆炸！"

当天，《人民日报》刊登新华社记者李安定的文章，热情地称赞这是一个"报业奇迹"，"如果说活字印刷是一次印刷业革命的话，这个系统的诞生，将是一场新的革命的开端"。

1987 年，华光Ⅲ型荣获国家科技进步一等奖，这一年，我国设立印刷领域最高奖"毕昇奖"，王选作为第一人选获得这一荣誉。

八、信息产业中的 Number One

1987 年，世界银行决定向我国 20 多所高校发放数百万美元贷款，协助高校印刷厂购置照排系统，以彻底改善生产面貌，缩短高等院校教材的出版周期。为了使贷款发挥最佳效益，世界银行决定以国际招标的方式选购照排系统。

这不仅是一笔巨额收益，更是一个进军中国市场的绝佳的机会。包括英国蒙纳系统、日本写研、森泽公司在内的十多家国际公司纷纷购买标书，磨刀霍霍。国内有几家公司也在积极准备参与投标。

在王选看来，华光系统当然要参加招标，而且志在必得。虽然华光Ⅲ型系统连获殊荣，王选却总忘不了沈忠康的那句"只结了一个小果"，一种"负债心理"始终萦绕在心头，华光Ⅲ型系统只不过是过渡机型，离推广还有距离，国内几家经济实力雄厚的大报社和几十家出版社用的仍是美、英、日的系统。“国家前后给我们1000万元拨款，研究出的产品最后却在市场上被别人打倒，我们到底有功还是有过？”王选对同事们说：“新技术为国民经济服务，这是我们十多年来一贯追求的头等大事。科研工作要为国民经济服务，要变成商品，变成生产力，为国家创造财富。这比10个权威赞扬100次都要实际得多。”

让王选充满自信的是从1984年2月就开始构思的Ⅳ型机照排控制器TC86，几年来，王选时刻关注并及时利用最新的设备和元器件，根据系统试用过程中得到的需求刺激，别出心裁地进行构思和设计，使Ⅳ型机发生了脱胎换骨的飞跃。

王选：Ⅳ型机最显著的特点，是采取双极型微机与门阵列相结合的方式，使得激光照排控制器成为真正意义的栅格图像处理器（RIP）。

1984年，16位的双极型微机Am29116已经宣布，尽管当时还没出产品，但性能和集成度明显提高。与此同时，5000门以下的门阵列芯片开始推广，价格下降，开发工具也逐步成熟。这种情况下，我利用上述先进技术设计了WA、WI两块门阵列芯片，和一片Am29116、一片Am2910相结合，组成了Ⅳ型机的激光照排控制器，从而使芯片数量大幅度下降，而微程序地址空间却增加了几倍。

WA、WI两块芯片是TC86的关键，当时门阵列的设计和验证工具远不如今天，设计错误引起的投片返工代价很大，因此，王选在设计一开始就给自己定了目标：努力做到一次成功。为此王选在设计时先用逻辑表达式表示，表达式检查正确后再画出逻辑图。1985年4月，王选完成了芯片设计，5月通过香港某公司拿到英国Ferranti公司制作芯片，6月与吕之敏设计完成整个TC86的逻辑图，之后又为TC86编写微程序，以增加文字变化和图形处理功能，年终开始调试。由于工作严谨，整个设计错误很少。1986年5月拿到样片，调试证明芯片研制一次成功。同事们都表示惊讶和叹服，王选说：

这要感谢我刚刚参加工作时练就的扎实的基本功。被誉为“结构程序设计之父”的Dijkstra曾说过：“测试只能证明故障的存在，而不能证明故障的不存在，最好的办法是一开始就尽可能地不让故障引入。”这句话对我影响很大，促使我养成严谨的习惯。

当时存储器DRAM的集成度已较高，王选和吕之敏又决定实现整版点阵缓冲。上述设计在1987年基本完成样机调试，1988年成为可靠的商品，所以TC86后来也改称TC88。其创新设计使系统产生了两个质的飞跃：一是大大加速了字形复原速度，每秒可复原710个汉字，位居当时世界第一，从而使系统输出底片和大样的速度遥遥领先，而且达到了高度稳定；二是实现了使人眼花缭乱的功能，提供了倾斜字、立体字、空心字、反白字、网纹字、加粗字、半阴半阳字、勾边字和任意角度的旋转字等多种艺术字体，有上百种花边和网纹，更重要的是，实现了文字和图形、黑白照片的合一处理，甚至整个版面做90°、180°、270°的旋转时速度也基本不受影响。这些功能当时即使在国外的中文、日文照排系统中也闻所未闻，属于世界首创。由于TC86支持图形、图像，所以已经属于真正意义上的RIP了。

考虑到我国很多中小印刷厂可能一下子买不起激光照排系统，王选在研制TC86时，进一步发展了TC83中照排机和大样印字机共享字形发生器和控制器的功能，把相关逻辑设计放在专用芯片WA和WI中，从而大大降低成本，组成廉价的轻印刷系统。这种轻印刷系统用400DPI的激光打印机输出配上胶印，质量有时不亚于铅印，而效率比铅印高得多，还可以现场升级成激光照排系统。这一巧妙的做法为中国广大中小印刷厂提供了一种过渡方案，使他们在购买能力有限的情况下，先购买轻印刷系统，日后再升级成激光照排。这又是国外系统不具备的创新功能。

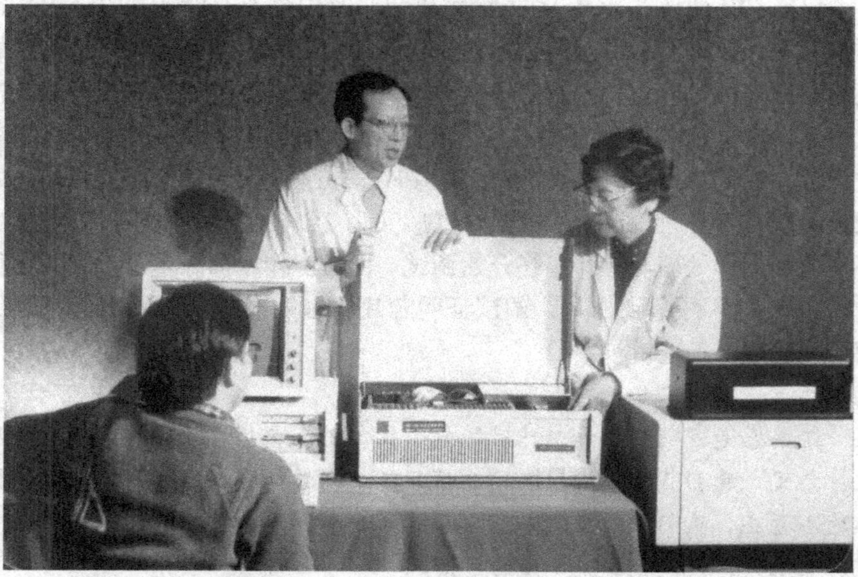

王选与吕之敏在讨论激光照排Ⅳ型系统技术问题（摄于1988年11月）

TC86的先进功能使Ⅳ型机的核心技术达到了世界领先水平，加上前端和主机均采用PC机，可靠性大大提高。这使系统中配备的国产激光打印机、照排机等设备的落后问题进一步凸显出来，到了非解决不可的程度。此时此刻，王选虽然对与之艰苦奋斗十来年的合作单位和国产设备充满感情，却不得不选择了引进进口设备这条途径。他请日本友人购买了两台佳能打印机芯，在照排控制器上设计了佳能机的接口和对应的微程序，供Ⅲ型系统和Ⅳ型系统使用，结果输出汉字的质量超过了其他轻印刷系统。佳能激光打印机从1987年起随北大的RIP销售了3万多台。

系统连接佳能激光打印机，意味着杭州通信设备厂的激光打印机将无人问津，这自然使杭州方面忧心忡忡。王选对杭州通信设备厂的同志说："假如不连佳能打印机，国产激光照排系统整体水平上不去，肯定垮台，这样杭州的照排机也卖不出去了。"无奈之下，杭州通信设备厂接受了这一现实。

另外，杭州通信设备厂和长春光机所生产的照排机一直存在可靠性问题，这几乎成了王选的一个"心病"。王选心里非常明白，要彻底改变照排机的问题，最好的选择是连接进口照排机，但这样做同样会打击多年的同事和协作单位的积极性。王选想，他们都是共同度过最困难时期的战友，当年没有他们的艰苦奋战，就没有1979年输出的漂亮样张，也就无法得到印刷专项的大量经费，自己怎么能忍心撇下他们呢？

然而，这次准备投标的是世界银行贷款项目，教委特别强调为争取中标，系统一定要过硬，一定要站在国际市场的高度，不要百分之百国产化。这使王选痛下决心，于1988年年初购买了美国ECRM照排机并很快连通。让王选稍感欣慰的是，国产照排机仍然可以和进口机同时投放市场，用户可以根据自己的情况选择国产机或进口机，这减轻了王选的内疚感。他后来感慨道："在推行市场经济的今天，人们主要关注企业的整体商业利益，大概不大会像我当年那样，过多地考虑关系方面的问题，这也许是个进步。"

Ⅳ型机在硬件方面达到完善的同时，还推出了"大屏幕交互式报纸组版软件"，"批处理书刊排版软件"也有不小进展。

为了报版将来的发展，王选安排肖建国、王列重新设计报纸排版软件。王选有一次在深圳出差时了解到美国有一种名为VIKING的竖式大屏幕显示器，十分适合显示报纸版面，立即用最快的速度托人购买，交给肖建国等人开发。配备上这一竖式显示的报纸排版系统（取名NPM），因为竖式屏幕与报纸版面非常匹配，且系统能逼真显示多种字体和字号的大样，用户可以直接操作和修改屏幕上的报纸清样，这些特点在中文报业中均属首创，所以十分风光。肖建国当时是研究生，不久即留校。

PC 微机上的批处理书刊排版软件重新进行了设计，增加了一批独特功能，如形成目录、排字典时能自动抽取词条形成书眉等，其中长表格自动拆页，且能在拆页时自动保留表头的功能等尤为独特。

为了充分实现 TC86 的功能，陈堃銶还将排版结果数据结构扩充与完善，设计成页面描述语言 BDPDL。有了这一语言，可以很方便地将不同软件的排版结果汇集于同一版面，顺利插入用交互方式排出的表格；插入交互方式生成的电路图、框图、化学结构式；插入交互方式排出的乐谱、棋牌图，等等，弥补了批处理软件的不足。

1987 年，华光Ⅳ型排版软件获北京地区优秀软件一等奖。1989 年，在一次排版软件的评测会上，华光Ⅳ型的独特功能使在场的同行们大开眼界。评委们说："你们北大的软件给一块金牌不够。"评测结果是，北大华光Ⅳ型系统得分遥遥领先，独得 14 枚金牌，是第二名的两倍。

1985 ～ 1988 年，Ⅳ型机成了王选的精神支柱，他相信Ⅳ型机的诞生和面世将会在中国印刷出版领域掀起一场风暴。

1989 年 11 月 1 日，在北京人民大会堂隆重召开的"21 世纪国际专利制度世界讨论会"上，王选的专利发明"高分辨率字形发生器"获世界知识产权组织和中国国家专利局联合颁发的"中国首届专利发明创造金奖"。这项殊荣是从 3 万多项专利中评审出来的，是我国专利制度诞生以来为发明者颁发的最高奖励，王选的专利位居全国 10 个金奖之首，也是唯一的信息产业类获奖专利。当时的国家科委主任宋健在参观北大华光Ⅳ型系统后，对中国专利局高卢麟局长说："这一系统在信息产业中是 Number One（第一）！"

九、决胜

1988 年，华光Ⅳ型系统投入批量生产，正式投放市场。王选自豪地宣布，与Ⅲ型系统相比，Ⅳ型系统有三大"杀手锏"：带有汉字字形快速复原专用芯片的 RIP、可插入多种交互式排版结果的批处理书刊排版软件和交互式报纸组版软件 NPM。它还有四大特点：安全——高度稳定可靠；

高速——排版和输出快速；美观——字体字号变化丰富，版面设计功能强大；舒服——文图合一，处理复杂版面得心应手，可以在屏幕上直接任意修改版样和文章。而华光Ⅳ型系统的价格只是国外系统的一半甚至1/3。

王选断定，1988年是翻身年，但这一年上半年的形势仍十分严峻：一方面，全国引进了几十套英国蒙纳系统及日本的三代机，又有几家大报购买了国外系统；另一方面，国内几家排版领域的竞争对手势头强劲。

王选：当时专业排版领域国内有三家竞争对手，这里隐去他们的名字称作A、B、C。公司A是最早在PC机上开发排版软件的，1988年初，有人在中关村一条街上走了一遭，发现几乎每家电脑公司都在销售A的排版软件，但没有一家销售我们的产品。1988年春公司B在其中关村门市部展销它的排版软件，人山人海，加上电视台每天引人入胜的广告宣传，致使我们的一位负责人晚上做了个噩梦：我们办出版系统的展览会时没有一个观众。公司C受到政府某部门的有力支持，该公司与香港某公司联名向潜在用户与业内人士发了几百封信，指名道姓地攻击北大的激光照排系统使中国拉大了与西方国家的差距，使中国至少落后了十年，是“先进的技术，落后的效益”，看来我们真是罪该万死。一位高校的代表在参观了公司C之后说，将来照排是公司C的天下。现在大概多数人连公司C的名字都没听说过，但当时C确实来势不小。

当时我们的压力是很大的，但始终充满信心。

正如王选预料的那样，华光Ⅳ型系统的威力很快显现，《经济日报》印刷厂1988年下半年换装了Ⅳ型系统，质量和效益大幅提高。1986年使用铅排铅印时，排印10种报纸、5种期刊，年排字8500万，利润60万元，人均利润约2900元。1988年采用激光照排后，承担了33种报纸、11种期刊的编排任务，年排字1.4亿，年利润达200万元，人均利润上升为约8700元。1989年的产值更高达670万元，年利润243万元，人均利润突破了万元大关。与同等任务的铅作业相比，减少厂房面积68%，用人减少60%，耗电量减少68.7%，成本下降17%。

1988年7月18日，《经济日报》印刷厂进行了一项中国印刷界从未有过的壮举——卖掉了占据整整一层楼、数十大架各种字号的铅字和字模，砸掉了黑糊糊的铅锅，搬走了字架等一切铅作业设备，撤销了铅作业机构和人员，印刷厂承印的所有报纸、书刊全部用上了激光照排。工人们经过培训，穿上了白大褂，坐在宽敞明亮的照排机房里工作，彻底得到了解放，他们欢呼着庆祝这一时刻的到来。1988 年 12 月 6 日，《经济日报》头版刊登了长篇通讯《告别铅与火的时代》，详细描述了该报使用汉字激光照排的情景，喜悦和自豪之情溢于言表。这是我国报业第一家“告别铅与火、迈入光与电”的报社，中国报业和出版印刷业技术革命的大幕正式拉开，这一时刻，足以载入中国印刷史册。

《经济日报》的巨大成功，消除了用户的担忧，也驱走了最后的阴霾。华光Ⅳ型系统开始在全国新闻出版、印刷业领域推广普及，成为国产激光照排系统诞生以来开始大规模推广的里程碑。1988 年一年与《科技日报》《解放军报》《工人日报》《辽宁日报》等众多报社签订了 200 多套合同，成交额近 8000 万元。1989 年的订货款额更上升到 1.2 亿元，所得利税已超过国家拨款的投资，共计为国家节约外汇 6500 多万元。北京地区的绝大多数日报、全国绝大部分省级报社及部分市报都订购了这一系统，中宣部提出的 1990 年省级报社要基本普及照排的规划提前一年完成。

华光Ⅳ型系统还在世界银行的国际招标中大显身手，连连中标：1988 年年初第一标揭晓，Ⅳ型系统中标 1 套；1989 年年初第二标揭晓，Ⅳ型系统中标 6 套；1989 年 8 月第三标揭晓，Ⅳ型系统中标 17 套，总价值 130 万美元，占全部贷款款项的 49%。

1989 年 12 月 26 日，华光Ⅳ型系统通过了部级设计生产定型鉴定，方毅副总理亲自出席了鉴定会。鉴定结果表明：“该系统采用超大规模集成电路技术，硬件、软件技术水平、排版软件的功能、版面质量、图形排版功能和图形质量以及系统的适应范围等主要方面均已达到国内外领先水平”，“是世界上第一个采用大屏幕组版并直接修改逼真大样的中文报纸组版系统”。已经担任中国印刷及设备器材工业协会会长的范慕韩，在向记者介绍这一成果时激动地说：“华光系统的研制成功，为世界上最浩繁的文字——汉字告别铅字印刷提供了通畅大道，将开创我国印刷术的新纪元！”

王选长舒一口气，他想起了自己 1985 年立下的诺言：一定会赶在《人民日报》社购买的美国 HTS 照排系统之前出报，而且价格是其 1/8。如今，这一诺言实现了，华光系统不但出了报，还开始大规模推广，而且价格比王选承诺的还便宜，只是 HTS 系统的 1/15！而美国的 HTS 照排系统因为无法解决汉字信息处理技术的难题，自 1985 年签订引进合同以来，交货期限一再延期，到 1989 年年初还存放在《人民日报》社的车间里，一直不能投入使用。

《人民日报》引进激光照排系统是我国报业“七五”技术改造中的一

个重点项目，目的是借鉴国外经验，与国产系统互相比较促进。1985 年 7 月 1 日，由中国进出口公司与美国 HTS 公司签订了合同，合同规定 1986 年年底交货，总金额 425 万美元，先支付一半。HTS 公司自恃拥有世界最优秀的新闻报纸电脑编排技术，表示中文也不在话下，一定能按期交货使用，否则愿意接受高额赔偿。

然而，随着时间的推移，HTS 公司发现自己完全低估了中文排版技术的复杂性和困难程度，工作进度一推再推，先后 3 次修改合同，直到 1987 年年底，美方仍一筹莫展，交货遥遥无期。报社只好派出秘书长前往美国谈判，明确 1988 年 6 月底为最后期限，并签订了违约赔偿协议。

半年过去，HTS 公司仍没能解决难题，不得不于 1988 年 7 月宣告失败，并扬言准备宣布破产。面对一堆庞大、崭新却如同废品的机器，大家都很心疼，协调小组建议报社找王选试试。

王选：《人民日报》社秘书长保育钧向我提出过能否改造 HTS 系统的请求，我答应了，带着几个骨干去"会诊"，结果发现 HTS 系统从总体设计、核心技术到排版软件都比我们的系统落后两年以上。我想，这套系统的许多硬件设备是先进的，是花国家的外汇买来的，应该尽量利用。所以当即表示，可以用我们的技术把系统改造好。

其实，《人民日报》起初没有要求改造，只是提出购买国产系统，所以王选完全可以不同意改造，而是让《人民日报》买国产系统，这样既没有风险，还能获得经济利益。不过，王选没有这么做，也不会这么做，这正是王选"好人观"的真实呈现：心地像赤子般善良，不会落井下石；心胸如海洋般宽阔，善于为别人考虑。从深层意义上看，这更是王选"爱国奉献"这一价值观的充分体现。

1989 年 3 月 31 日，电子工业部在《人民日报》社召开了"改造《人民日报》进出口设备技术论证和协议签订会"，印刷装备协调小组、国务院重大装备办公室、《人民日报》和北大的领导、专家参加了会议。国务院重大办主任李守仁说："做一件漂亮的新衣服自然是难的，但要把一件差的旧衣服改造成一件好衣服则更难，技师得有更高的水平。"王选在会上坚定地表示："我们经过分析研究认为，HTS 公司由于系统设计和软件方面的弱点，不能满足报社出报要求，北大有着多年激光照排系统的研制经验，有一批有才能、具有献身精神的中青年技术骨干；同时《人民日报》也有良好的硬件条件和较强的技术力量，通过双方的共同努力，我们有决心、有信心把《人民日报》的事情办好，并逐步把《人民日报》系统建设成世界一流的新闻综合处理系统！”

1989 年 3 月 31 日，电子工业部在人民日报社召开“改造《人民日报》进出口设备技术论证和协议签订会”。图为王选（右二）、沈忠康（右三）、陈佳洱（右四）、范慕韩（右五）在会上

仅仅用了四个多月的时间，1989 年 8 月，《人民日报》设备改造成功，顺利投入使用，工作效率提高了 20 倍，使国家的 200 多万美元外汇没有付之东流。

HTS 公司的总裁被彻底折服，颓然叹道：“我回国后就辞职，今后世界上再也不会有 HTS 公司了。”不久，HTS 公司因无力偿还银行贷款，声誉扫地，不得不宣布破产，永远从地球上消失了。

HTS 公司的溃败像是骤然推倒了多米诺骨牌，1989 年年底，来华研制和销售照排系统的外国公司全部退出中国市场，国产汉字激光照排系统在与国外产品激烈的“肉搏战”中大获全胜。

从 1975 年投入照排项目的研究以来，王选和同事们一直都在怀疑、讽刺声中顶着压力拼命奋战，王选曾多次感叹，“我们是在骂声中成长的”，“最大的苦恼是大多数人不相信中国的系统能超过外国产品，不相信淘汰铅字的历史变革能由中国人独立完成”。到 1989 年，骂声终于被一片赞扬声所取代，事实雄辩地证明了王选的技术和胆识。多年后，在提到《人民日报》进口美国系统的往事时，王选一方面陈述自己和同事们战胜外国系统的决心和自豪，一方面客观宽容地评价道：“当时的政策是既支持国产照排系统的用户，也支持进口照排系统的用户，《人民日报》进口也是国家支持的。”对于当年反对“748”、赞成引进国外照排系统的人，王选也表现出宽容的胸怀。

王选：当时断定我们1984年要垮台或者不愿意与这一项目沾边的同志，都是本单位的重要骨干，是一些很有能力的计算机专家，有的后来继续在计算机领域内做出了贡献。他们当时就预见到了在计算机和电子领域内外国货即将对中国产品带来的巨大冲击，后来的事实也证明确实如此。他们唯一的错误在于低估了我们方案的技术优势和北大不竭的创造潜力，也低估了“748工程”一批骨干锲而不舍的奋斗精神。无论是当时，还是今天，我们都不应责怪那些在一个时期内对国产照排系统产生动摇，或主张引进和购买国外照排系统的同志。

十、“产学研结合”的先声

就在国产照排系统以摧枯拉朽之势在整个中国的报业和出版印刷业波澜壮阔地推进之时，作为系统的技术研发和生产销售力量的代表，北大和潍坊计算机公司之间，正在经历一场异常痛苦却势在必行的裂变。

20世纪80年代，随着改革开放的到来，中国传统的计划经济体制开始被市场经济所替代。1980年12月，中国科学院的教授陈春先用从北京市科协借来的200元钱在银行开户，创办了中关村第一个民营科技实体，成为建设“中国硅谷”的第一位实践者。此后的几年间，中国科学院、清华大学的一批知识分子纷纷“下海经商”，“科海”、“京海”、“四通”、“信通”等科技公司先后诞生，带动了中关村电子一条街的兴起。

看着中关村竖起的一块块“新技术开发公司”的招牌，王选觉得，应用技术成果一定要在市场上接受考验，而成立开发公司是技术与市场结合的桥梁。北大科技力量雄厚，其成果要想在市场上得到推广，最应该迎头赶上，成立自己的开发公司。1984年6月，王选在校园里遇到了这一年3月刚担任北大校长的丁石孙，丁校长关心地问起激光照排系统的进展情况。王选告诉他正准备在新华社进行实用性试验，同时提出建议，北大应该建立自己的开发公司，这与丁石孙的想法不谋而合。

王选：6月11日，丁校长主持召开了校务委员会扩大会议，专门讨论这个问题。这是北大在新时期讨论校办产业的第一个会议，我作为计算机所的副所长，在会上作了一个比较长的发言，我建议说，北大的重点是培养一流人才，应该发展基础理论，也要发展计算机等新技术。六七十年代，北大曾因研制“红旗机”和150计算机等，兴旺过一个时期。“文革”后，硬件没有招生，软件情况也不乐观，可以运行的系统很少，许多教师没摸过计算机就讲课，教学水平严重受限。出于对北大计算机今后发展的考虑，我提出三条建议：①不废弃硬件，建议硬件方向招生；②抓住几个大项，形成拳头；③成立开发公司，实现硬件装配、软件开发。这样，可以形成试验基地，依次慢慢形成拳头，发现好的课题；可以吸收北大的一些散兵游勇，发扬一部分人的长处；可以打通与外面的窗口，还可以为学校挣钱。

成立开发公司的建议很快有了行动，1985年春，北大正式成立“北京大学科技开发总公司”，公司是建起来了，但是没有启动资金，更没找到合适的项目。1985年夏的一天，科技开发部副主任陆永基代表学校来找王选，他对王选说，学校的开发公司办起来了，看看能为你们的科研做点什么。王选知道他们毫无资金，寸步难行，想了想说：“这样吧，让开发公司给我们做繁体字字模，将来照排系统要打入港澳台市场，用得着，我先从科研经费里拿出10万元，给你们做开发经费。”就这样，北大科技开发总公司有了第一笔开发经费。

王选很快就投入设计华光系统的忙碌工作中去了，他没有想到，自己对北大成立科技开发公司的建议和扶持，为日后激光照排系统的发展壮大，甚至为方正集团的诞生奠定了基石。

到了20世纪80年代末，市场经济的大潮已经冲刷到每一块领地，国产激光照排系统的推广如火如荼，由潍坊独家生产和销售带来许多弊端，如何保证各方利益和发展，成为矛盾的主要集中点，日益暴露出来。

华光Ⅳ型的照排控制器虽然达到了很高水平，但1987年年底在国家经委文印处的轻印刷系统上试用时，发现轮廓信息在填充涂黑时不配对，输出来的字有时会拉出一道，经委的人称像是“长了胡子”，有时不得不在底片上“刮胡子”。一直找不到这个老毛病的原因，令王选十分苦恼。直到有一次王选参加一个展览会，才意识到可能是工艺问题。

王选：我到广州去展示Ⅳ型系统，福州大学、华南师范大学等国内同行很佩服我们系统的先进功能，但我们的照排控制器工艺太粗糙，简直不像一件工业品。我们也清楚，当时为了降低成本，用的是比较简易的双层板设计。是不是因为工艺上的缺陷，对系统可靠性带来了影响，才造成字“长胡子”呢？我回来后也跟潍坊提了出来。但潍坊方面说，是我在TC86的设计上有问题。我一直认为设计是严谨的，但想不出其他原因，对工艺又不熟悉，心理压力和负担非常大。

王选和其他协作单位意识到，独家生产将阻碍产品质量的提高和进一步发展，协作单位希望找第二家单位来生产照排控制器。看来北大是唯一合适的生产单位，因为激光照排技术是北大发明的。王选自然而然地想到了几年前成立的北大科技开发总公司（1986年更名为北京理科新技术公司）。但是，没有国家经委的同意，照排控制器的生产任务不可能给北大。

王选：1988年1月11日，沈忠康和经委以及照排系统的销售代理商昆仑公司的同志来到北大，重点谈了一家生产照排控制器的弊病，如在进度和质量方面满足不了要求、合作关系出现问题等，对此沈忠康深感忧虑。我提出，若要两家生产，可以让北大参加进来，北大完全有这个能力。沈忠康当时就同意了我的建议，后来看，沈忠康是做了一件大好事。

沈忠康的决断是大胆的，又是经过多方慎重考虑的，他说：“我表态同意，不仅是我一个人的意见，协调小组内多次讨论过，也与电子工业部有关负责同志一起研究过，而且当时中央就有扩大企业自主权的决定，我觉得我只是因势利导。”

历史的发展很快证明了沈忠康的远见卓识，不久，一个著名的品牌“方正”在竞争中被催生了。

十一、“方正”在竞争中胜出

当天晚上，王选兴奋地立即给丁校长打电话，把经委同意北大生产的好消息作了汇报。第二天，陈佳洱、谢青两位副校长又仔细听取了王选的介绍，王选对生产和销售前景进行了描述："1989 年销售额可以达到 2000 万元，1990 年提高到 5000 万，1991 年可能突破一个亿，这还是保守的估计。"大家情绪高涨。会后不久，就在 1988 年的春天，北京理科新技术公司改名为北大新技术公司，唐晓阳、王永达等一批骨干被抽调进来，开始了华光 IV 型照排系统的生产和销售。

王选：1988 年夏天，唐晓阳对潍坊激光照排机的整个工艺进行了全面分析，发现制版工艺质量问题很大，影响了系统的可靠性。北大新技术公司决定进行改进，把双层板改为四层板，体积缩小，外观也变得更加精良和美观，更为重要的是，困扰我们很久的"字长胡子"的现象一下就消失了，质量明显改善，可靠性大大提高。经过几个月的努力，1988 年 10 月，北大推出了北大华光Ⅳ型激光照排系统，可以说，汉字激光照排系统经过 13 年的研制，这时才真正达到了一个完善成熟的商品的地步。

北大生产出改进的华光Ⅳ型系统后，王选便请潍坊厂的厂长李宝明来北大，把工艺方面的经验详细告诉了他。当时王选的想法是，在关键的质量问题上两家要齐头并进。在两家生产的压力下，潍坊也想尽快解决工艺质量问题，所以 1989 年春节，潍坊一天假也没放，在很短的时间里改进了工艺，质量也得到了完善。

王选当时正在设计新一代芯片，对华光Ⅳ型又进行了局部改进：把两块芯片合成一块芯片，集成度提高；传送速度特别是图片传送速度也进一步提高；把轻印刷系统由一个机箱变成了一块插件板，成本降低，有利于产品销售。原准备 1989 年完成，但实际上到 1991 年 3 月才发货，所以称为 TC91，这是王选继原理性样机照排控制器、TC83、TC86 后设计的第四代照排控制器。

与此同时，潍坊也在秘密设计专用芯片，并请香港一家公司找制作方。恰好这家香港公司正是为北大委托英国生产芯片的那家公司，他们一看潍坊的图纸，觉得 90% 以上跟北大的图纸一样，所以立即转告北大。王选连忙向电子工业部主管部门作了汇报。1989 年 4 月 23 日，由电子工业部主持，潍坊和北大的代表以及双方律师坐在一起，讨论了一个初步协议，规定潍坊停止新一代芯片的生产，由北大生产和提供芯片以及有关逻辑设计给潍坊，潍坊向北大提交技术转让费。1989 年 8 月双方签订协议，并在公证处作了公证。双方的合作在表面上维持了下来，实际上已经貌合神离。

从1988年年底到1990年中，激光照排系统由潍坊计算机公司和北大新技术公司两家分别生产和销售，他们的产品都以王选的技术发明为核心，都叫“华光Ⅳ型系统”。然而，1990年9月16日，潍坊突然推出了自行研制的华光Ⅴ型系统，并在《人民日报》等大报上刊登了醒目的广告。潍坊的行动标志着统一局面已经打破。10月12日，范慕韩召集北大、潍坊等单位开会，希望阻止潍坊的分裂行动，继续统一，但大家感到已经没有可能。在会上潍坊提出，今后北大新技术公司不能再用华光商标，这样就造成了事实上的分裂。

研制了十几年的心血、无数次挂在嘴边的“华光”，正在全国大规模推广、已经家喻户晓的“华光”，如今却不属于自己了，这使王选感到无以名状的失落和痛楚，他一边催促香港方面加紧TC91芯片的生产，一边发动大家为北大的新系统起一个更加响亮的名字。

大家的积极性很高，郑民等人提出起名为“王选”，他说：“王选的名字正宗、响亮！”他的提议得到许多人的附和，但王选坚决反对，他说：“激光照排是许多人一起做出来的，怎么能用我的名字命名？”于是大家只好另想名字。

王选：1991年3月8日下午，我们开了个小会，专门讨论这个问题。北大新技术公司的楼滨龙和周喻采做了具体的征名工作，他们从上百个应征方案中，看中了北大党委宣传部赵为民老师取的“方正”这个名字。5点多钟的时候，他们拿给我一个做好的报纸广告样张，我一看，是琥珀体斜着排的“北大方正”四个字，当时就觉得非常好看，笔画简单、明快，繁简体又一样。另外，“方正”一词取自《汉书·晁错传》：“察身而不敢诬，奉法令不容私，尽心力不敢矜，遭患难不避死，见贤不居其上，受禄不过其量，不以亡能居尊显之位，自行若此，可谓方正之士矣。”寓意也很深刻，所以拍板决定，就用“方正”。我看了一下表，当时正好是6点钟。

1991年3月，北京大学计算机科学技术研究所和北京大学新技术公司联合推出新一代电子出版系统——“北大方正电子出版系统”（即方正91型系统）。15日，北大方正的第一个广告见报。3月21日，李铁映同志访问北大，参观了激光照排系统，中央电视台播放新闻时第一次提到了“北大方正”。

后来，北大新技术公司改名为北大方正公司。“方正”，这个叱咤中国出版印刷领域的著名品牌，在市场经济的浪潮中诞生了。

接下来的几年，王选又研制出第五、第六代照排控制器“方正 93”和“方正 PSP”，以此为核心的方正电子出版系统以无可比拟的技术领先优势占据了市场鳌头。位于中关村的北大方正公司销售部前，从各地报社和印刷厂来订货的人络绎不绝，为了早一点拿到货，有些厂家不得不找熟人走关系。北大南门外的长征食堂成了公司接待客户的专用食堂，为了节省时间，技术人员甚至把这里变成了临时培训场所，形成了一道独特的风景。

为了使报社和印刷厂及早用上激光照排系统，1988 年后的几年间，王选经常奔赴全国各地，办讲座，作报告，选择典型用户，以改进系统性能。因为王选认为，像激光照排这样的应用性技术，只有经得起市场的考验才能对社会有实际作用。羊城晚报报业集团总经理林志东还记得第一次与王选见面的情景：

与王选老师的结缘，始于他的亲自上门。王选老师说，北大的激光照排系统已经首先在《经济日报》取得了成功，但是他认为，《经济日报》的版面是典型的“人民体”，文章的条数少，版块较为正规，而《羊城晚报》的版面文章条数多，版块互为交错，版面安排丰富多样，排版技术必然比较复杂，因此，北大的汉字激光照排系统只要《羊城晚报》能用，其他的报纸就一定能用。他想用《羊城晚报》做“实验田”，并由此向全国各地的报社推广。他的言谈朴实、坦诚、亲切，令人信服，我们一见如故，于是双方一拍即合，并由此开始了以后长达多年的无数次合作。

那几年，王选每到一个城市，第一件事就是看报栏，王选看的并非报上的内容，而是“形式”，他能一眼看出，报栏中的报纸哪些是用国产激光照排系统排版印刷的，哪些还是铅排的产物。让王选高兴的是，使用激光照排系统的报纸一天天增多。直到 1991 年，王选在上海交大的报栏中，看到交大的校报都在用激光照排出报，从此王选不再在报栏前驻足浏览——他知道不用看，他们的激光照排系统已遍布全国。

截止到 1993 年，国内 99% 的报社和 90%以上的黑白书刊出版社和印刷厂采用了以王选技术为核心的国产激光照排系统，延续了上百年的中国传统出版印刷行业得到彻底改造，没有经历第二代、第三代照排机，从铅排直接跳到最先进的第四代激光照排；没有经历输出毛条、人工贴版的过程，直接跳到屏幕整页组版、整页输出，被公认为毕昇发明活字印刷术后中国印刷技术的第二次革命。

1996年，时任中国报业协会技术委员会主任的夏天俊在印机技术信息研讨会上说：

“从1988年开始报纸印刷的改造至1996年，从中央直到县报，百分之百实现了计算机排版。计算机在报业的应用，在这样短的时间，这样大的范围内普及，是国民经济中其他行业所没有的。整个报业的排版能力，增加了几百倍。”

在“印刷术的故乡”中国，近200年来印刷工业大大落后的历史一下子翻过去了。2000年前中国人首创雕版印刷、1200年前再创活字印刷的神灵智慧，终于又回来了。

1990年2月，《文汇报》刊登人物报道，把王选称为“当代毕昇”。

20世纪90年代初，王选在合肥《江淮晨报》对报社应用激光照排技术进行调研

1991年6月，《解放军报》称王选为“汉字电脑激光照排之父”。

王选成为著名的科学家，并于1991～1994年，当选中国科学院学部委员（院士）、中国工程院院士、第三世界科学院院士。

2002年6月27日，新华社全文播发了原国务委员、中顾委常委张劲夫同志的回顾文章《我国印刷技术的第二次革命》，文中写道：

1990年，我国中央和省市级报纸除《西藏日报》外，全部采用了国产激光照排系统，1992 年《西藏日报》用藏、汉两种文字编排的激光照排机也投入使用，1995 年全国 1500 多家报社全部采用了激光照排系统。……如果说从雕版印刷到活字印刷是我国第一次印刷技术革命的话，那么从铅排铅印到照排胶印就是我国第二次印刷技术革命。……当代计算机—汉字激光照排技术作为一项重大工程技术项目是一个庞大复杂的系统工程，需要跨地区、跨部门、跨学科、多个单位、众多技术人员和工人共同努力协作配合。王选是这个英雄集体的杰出代表，是“千里马”，周培源、范慕韩等同志积极支持他们、努力为他们做好后勤保障，是“伯乐”。这是我们党领导组织科技创新的又一次成功实践。

十二、献身科学就没有权利再像普通人那样生活

从 1975 年开始从事激光照排研究，到 1993 年整整 18 个春秋，王选几乎没有休息过一个整天，顶着巨大的压力，每天分上午、下午和晚上三段拼命工作，没有寒暑假，没有春节，更没有周末，换来的是激光照排系统的成功和推广应用，这使王选感到发自内心的欣慰和难以形容的享受。他看到法国作家莫泊桑有一句座右铭：“一个献身科学的人就没有权利再像普通人那样生活。”深有同感，但他略为思索，又在后面加了一句：“一个人要想在学术上有所成就，必然会失掉常人所能享受的不少乐趣，但也会得到常人享受不到的很多乐趣。”王选把这句综合后的话作为自己的座右铭，成为他最为推崇的格言。

这句话，也是王选这 18 年的真实写照。

王选：这十多年我只要有三天的休息就已十分满足了，但从未得到这种机会，特别是前十年，根本看不见名和利，是项目的难度和价值强烈地吸引了我，尤其是我找到了一条外国人没有走过的或日本人没有走通的技术途径，尽管国内大多数人并不相信，但这一创新方案的价值使我觉得只有一鼓作气，把创新的成果变成产业才算大功告成。永远把社会发展的需要放在第一位，才能逆潮流而上，我坚信“告别铅与火”是一场革命，是社会需要的，于是不满足已有结果，追求精益求精、锲而不舍的精神，再艰苦再吃力也要干下去。

陈堃銶：我们在研制激光照排的过程中经常是一喜伴随着一忧，某一件工作完成了，我们很高兴，但是马上就想到后面还有什么事情必须要快点做，总觉得心上像压了石头一样，好像后面有一条鞭子在不断地抽我们，赶我们。朋友亲戚都劝我：你不要命啦，想想你的身体，怎么能这样玩命呢？我说也不是我的觉悟有多高，而是形势逼着我，必须要这样干，要把激光照排实用化、产业化，否则对不起国家的投资，也对不起天天加班加点努力工作的这个集体。我们没有退路。我经常开玩笑，用一句土话来说，我们是苦出身，就是“苦力地干活”，干惯了，没有浮在上面的习惯。

科研和其他事务性工作几乎成为王选生活的全部。在单位自不必说，出去开会，公交车上是他想问题的好时机；到外地出差，一上飞机就打开小桌板构思设计；回到家中，他的脑子里想的仍然是工作，根据王选的工作记录，设计 TC 的时间大部分是晚上和周末。

除了科研工作外，王选还要参加各种各样的会议，处理各种各样的杂事。激光照排系统小有名气后，参观者络绎不绝，包括一些外宾，往往都由王选出面接待。过去王选总穿有补丁的衣服，陈堃銶说还是要注意一下形象，才给他添了两套西装。王选担任副所长后，找他的人更多了，鉴定会、论证会、审稿会、报告会，接待和访问报社、出版社等用户，约稿也多起来。联系购买国外组件等杂事也要他处理。最让王选头疼的是每月给大家评奖、发奖金，十分费时间，还招来许多意见，后来王选提出奖金保密，有的人就给他上纲上线，说：“王选把资本主义的一套都搬来了！”此外，从有工作记录起，王选每年春节年夜或大年初一都到单位值班，有时连值两天，直到 1989 年搬到印刷大楼，有了大楼门卫为止。那些年，王选虽然胸闷、憋气已不常发作，但身体弱，很容易感冒，这样的身体承担这么重的工作，陈堃銶心疼地形容王选是：“写不完的材料，填不完的表，开不完的会，作不完的报告。”

1988 年，王选他们搬进了承泽园，但附近没有食堂，生活很紧张，吃饭常常凑合，最常吃的是面条。有时候家里连一滴油或一粒米都没有了，却顾不上去买。有一年除夕，冰箱里只剩下一块豆腐。陈堃銶在忙工作的同时，承担了几乎所有家务，为了让王选高度紧张的神经放松一下，陈堃銶有时故意让他干些家务活，以分散他的注意力。

陈堃銶：我看他实在是太忙，就让他帮着做些家务，比如洗碗，吃饭的时候说些闲话，这样他可以喘口气。但他很少能搭腔，有时做着做着家务，或者吃着吃着饭，就跑到屋里写起来了，我知道他总是在想问题。有时让他顺便买个东西，要说好几遍，不是记不得，就是买回来的东西又贵又不好，甚至是坏的，经常是花些冤枉钱，买了一些根本不能用的东西。有一次快过年了，我让王选去买贺卡，好寄给朋友。买回来一看，里面的话根本不适合寄，我问王选，你怎么不仔细看看呢。他说："哎呀，我只看见外面的皮，里头的字可是没看。"他哪里知道，除了贺年片还有什么生日卡、情人卡，名堂多着呢。当时上海王选的父母都 80 多岁了，我们家也没电话，主要通过写信问候一下老人。每次都是我催他写，后来他实在没时间，信就都是我来写了。

与对科研的痴迷相反，王选对物质生活和个人名利看得十分淡然，他很推崇北大研究生中流行的一句话："不要急于满口袋，先要满脑袋，满脑袋的人最终也会满口袋。"十多年里，他几次放弃了本来可以得到的长期出国机会，即使短期出国，他也把带电器等大件的稀有指标让给了别人。1982 年，王选到香港出席会议，一位港商在听了他的报告后，以月薪 6 万港币的待遇要他留港工作，他毫不犹豫地谢绝了。1985 年，王选家中还只有一台 9 英寸的黑白电视机，有一次他在香港看到一些人在高级商场中买高档首饰，而当时王选工资很低，无力为妻子买件礼物，但他忽发奇想："将来会证明，这些买高档物品的人对人类的贡献可能都不如我王选。"他一下子感到一种强烈的自豪感。后来王选自称这是"精神胜利法"，但与阿 Q 完全不同，是对知识价值的高度自信。

王选说："一个人如果一味追求虚名的话肯定成不了大事业，因为追求名利要拉各种关系，是很花时间和精力的，而有急功近利的思想就不可能专心致志、如痴如醉、锲而不舍地攻克科学技术上的难关。"1985 年，王选撰写了三项发明专利申请，即"高分辨率汉字字形发生器"、"照排机和印字机共享的字形发生器和控制器"、"高分辨率字形高速旋转的方法"。尽管这些专利都是王选一人发明的，但他都将发明人写为王选、吕之敏、汤玉海、向阳 4 人，专利权人不仅署了北大，还署了潍坊计算机厂。

王选：1984 年评选第一批国家级中青年有突出贡献的专家，北大报了 7 个人，我排在第七，后来批下来 6 个，把我刷掉了。有的同事为我抱不平，但我听到这个消息很高兴，因为我觉得确实不如他们，当时激光照排系统虽然也得了一些奖，但是新华社还没有正式投入实用。1987 年第二次评审有突出贡献的国家级专家，北大报上去6个，批下来3个，其中有我，这次我挺心安理得的，因为当时激光照排系统已在《经济日报》等用户推广，也得了国家科技进步一等奖。我的原则是这样，不该得到的东西你不应该千方百计去得到，而应该心平气和，更加鼓励自己奋发努力。

虽然丈夫买不起首饰给自己，但陈堃銶并不在意，在名利方面，她和王选同样淡然。1981年，为了体现原理性样机的成果，也为了大家评职称的需要，研究室组织撰写了一批论文，在《计算机学报》刊登。作为系统的主要技术发明人，王选和陈堃銶只在两篇文章上署了名，其他文章则由研究室和协作单位的近30名技术人员署了名。陈堃銶是1980年提的副教授，按规定1985年可以申请提教授，王选却对陈堃銶说："你再等两年，等 ××× 条件够了，同他一起提吧！"所以陈堃銶到1987年才提教授。到评博士生导师时，王选又对妻子说："你年纪大了，就不要当博士生导师了！"陈堃銶欣然同意，上报了比自己年轻的同事，讨论时大家都表示反对，认为陈堃銶的水平和贡献完全应该当博导，这才改了回来。1988年，王选和陈堃銶一道赴香港开会，这是陈堃銶第一次到香港，她没有去逛商场，而是一头扎进书店，翻看报刊书籍，了解海外华文排版格式。王选后来由衷地感叹："幸亏陈堃銶在名利方面不追求享受，假如她比较庸俗地追求这个，一定要去搞高档的东西，要跟别人攀比的话，可能会逼着我在经济收入上去争斗，或者去占更多的利益，可能会对我的事业产生很大的危害。这一点是她对我的又一个帮助。"

虽然献身科研让王选失去了许多常人的生活乐趣，但王选享受到了独特的快乐。他说："科学研究本身就是一种美，给人带来的愉快是最大的报酬，是一种高级享受。""好奇心、研究中难题和挑战带来的吸引力、取得突破后对科学或工业可能产生的深远影响，是科学研究的真正动力。只有这种动力才能使人痴迷、执着、甘愿放弃常人能享受的乐趣，充满激情地持续奋斗十几年。"十多年的攻关过程中，有三件事让王选兴奋不已："一是在攻克一个个技术难关时，冥思苦想，几周睡不好觉，忽然一天半夜灵机一动，想出绝招，使问题迎刃而解，这种愉快和享受是难以形容的。二是苦苦开发的产品实现了产业化，被用户大规模地使用：这种成就感千金难买。三是发现了年轻的帅才、将才并委之以重任。"最后一条成为王选后半生孜孜追求的目标。

在家里，王选和陈堃銶的最大乐趣也是共同攻克科研难题、一起分享科研成功带来的喜悦。除此之外，他俩脾气相投，性格互补，观点契合，目标一致。

王选和陈堃銶在家中讨论技术问题，一起分享科研成功带来的喜悦

陈堃銶：我跟王选都有各自的爱好，他喜欢听京剧，我喜欢听西洋音乐，王选有好多京剧录音带，我后来也有了全套的贝多芬交响乐录音带，不过我们平时工作忙，根本没有心思，也没有时间听。我和王选平时对许多问题的观点相似，所以常常很少几句话彼此就都理解。我有时说话偏激，他会指出哪几句不应该讲，他写的文章有不合适的地方，我向他指出，彼此都会接受，所以很少发生矛盾。不过，我脾气急躁，有时候累狠了，心情烦躁，真是一触即发；好在王选性格温和，是个打不还手、骂不还口的人，平时他总是让着我，我有时候话说多了，他最多说一声，你这话什么意思啊！所以我们很少吵得起来。1986 年为《经济日报》排版软件的事争吵，是我们一生唯一一次吵架。

王选虽然无暇顾及生活，但他并不是两耳不闻窗外事的书呆子，相反，他关注时事，幽默俏皮，性情烂漫。

陈堃銶：我跟王选在家里讲上海话，觉得有些意思用家乡话才好表达。我们之间政治观点一致，对社会现象的看法也大多相同，比如改革开放以后有些人比较崇洋，有篇文章就写道："尽管现在时兴说'哇'，但是我还是要说'啊'！"我们看了哈哈大笑，后来碰到有些事，王选在家就经常说这句话："尽管现在时兴说'哇'，但是我还是要说'啊'！"感觉非常痛快。

王选喜欢学人说话，他学广东话挺像，学毛泽东的湖南话"我们的事业是正义的……"也很传神。他爱给人起外号，邻居耳背，别人跟他说话总要重复几次才听清，王选就叫他"Again（再一次）"。毛德行的外号"毛大"也是他起的。

王选和陈堃銶长年体弱多病，从研制激光照排开始，38岁的王选身体才慢慢好起来。两人一直坚持早起锻炼，王选打太极拳、跑步，陈堃銶做郭林气功，风雨无阻，两人的抵抗力都增强了。

王选的侄女王侃于1977年恢复高考后考取上海复旦大学生物系，1982年成为著名科学家谈家桢的研究生。1983年王侃被教育部派往比利时根特大学攻读植物分子生物学，后成为美国爱荷华（Iowa）州立大学终身教授。对于这个像女儿似的出色的侄女，王选和陈堃銶一直十分关心和疼爱。

王侃：我的童年和少年有很大部分时间是同叔叔和婶婶在一起度过的。我父母亲因看王选、陈堃銶体弱无儿，曾非正式地将我过继于他们。我一直庆幸自己有两双父母亲。尤其在"文革"中祖父母无法顾及我时，许多心理方面的成长教育都是从叔叔、婶婶那里得来的。几十年来，他们除了给我以父母之爱外，给予我更多的是师长和挚友之情。在生活和学业上的每一个关键步骤，他们总是先倾听我的情况，再询问我的想法，最后提出他们的建议。当我未按他们的初衷行事时，小叔叔总会说一句："我相信侃侃对自己最了解，会做出她认为最合适的选择的。"

1983年，在王侃和丈夫秦岑出国前，王选提笔给侄女写下这样一封充满深意的家信：

侃侃、秦岑：

接到侃侃信，知道秦岑马上去美国。这次恐怕要若干年后才能见面了，临别总觉得有些话要说。

这次你们两人出去读学位，当然希望都能得到博士学位，我相信也不

1980 年，王选、陈堃銶与王侃（左一）、秦岑（左二）陪王选母亲游颐和园

难做到这点，免不了会有些拼搏，人的一生能有几次拼搏，这大概也算得上一次了。大学毕业到博士、副教授这段时间是干活最多、出活最多的时间。话又说回来，得不到博士也没有关系，不要为此有任何思想负担以致影响身体和精神，也有一些人在 MIT 始终得不到学位，到了期限被赶出，但后来做出了杰出的贡献。

有两类人，一类人才华外露，似乎很易出成就；另一类人则依靠坚持不懈的奋斗，长年累月下来最后获得成功。我比较欣赏第二类人。尽管很多科学家是在 30 岁出头就有成果的，但也有不少人 40 以上才出成果。四年大学、几年研究生读到的东西是很有限的，还得靠以后的努力，为此更不必为得不到学位而发愁。

在向导师学习时，除了学习知识外，更多地要学习解决问题的方法，特别是有名的导师取得成绩的途径。

选择研究方向方面尽可能选国内比较需要、又有广阔发展前景的方向。一定要有发展前景，因为选择的方向也许是毕生研究的内容。所以尽可能选新兴学科。研究课题我建议不要选纯理论的和太实际、太偏重当前应用的题目，两个极端的项目不要选，前者会在国内得不到支持，后者意思不大，储备太少，搞新的领域困难。

身体是第一位的，出国后仍要坚持锻炼身体，宁可不得学位，也不要把身体搞坏，不要开夜车，生活要有规律。

要学会交际，搞现代科研，组织管理极为重要，要学会张罗。侃侃这点占有优势，不能成为书呆子，书呆子办不成大事。

要保持东方美德，以个人为中心、金钱至上、一切东西商业化，这些西方缺点不能沾染。西方科学家中也有一些品德高尚的，但也会有一些品质不好的人，要保持警惕。

王选写到这里，陈堃銶补充写道：

要力求掌握真才实学，不图虚名，要真正做到这点不大容易，特别是由于周围环境的压力，我们常在为此努力。

注意身体，除了锻炼外，吃也很重要，一定要注意营养。有些人省钱去买什么大件，弄坏了身体，真是因小失大。我想你们是不会的。

不多谈了，祝秦岑一路平安。

小叔叔

小婶婶

1983 年 6 月 1 日

殷殷教诲，用平实关切的语句娓娓道来，达观透彻，微言大义。既体现了王选和陈堃銶对人生跋涉和事业成功的看法，也蕴含着长辈对下一辈的殷切希望。而贯穿这封家信始终的是这样的理念：拒绝急功近利，“依靠坚持不懈的奋斗，长年累月下来最后获得成功”。这是王选和陈堃銶对待人生的精神状态，更是一种精神境界。

第九章 技术创新

一、“自己创新，振兴中华”

1988～1991 年，淘汰铅字的革命在中国如火如荼地展开，势头之猛，速度之快，甚至超出了王选的预料。然而，1991 年下半年，社会上开始出现一种舆论和担心：取代了“铅与火”的激光照排系统一旦市场饱和，将迅速萎缩。

不过，王选完全不这样认为。十几年的科研和市场磨炼，培养了王选敏锐的洞察力和对新技术发展的预见能力，他总是在一代产品方兴未艾时，开始设计下一代，甚至构想更远的未来。

王选：当时我完全不这样看，因为 1986 年初北大计算机研究所已组织队伍，并招了一批研究生，专门从事网络、数据库和资料检索方面的工作，当时已预见到报社，尤其是编辑部全面应用计算机网络的前景；1987 年又预见到开放式桌面彩色出版系统的巨大优势，必将取代电子分色机，并于 1990 年购买刚问世的 Sharp 600 扫描仪，开始分色和挂网的研究；1985 年我们设计了页面描述语言，两年后发现在远程传版方面可以发挥明显优势；1976 年美国《洛杉矶时报》用传真方式往外地传版并用 EOCOM 公司直接制版设备制版，此系统用二氧化碳激光器，技术方向不对，未能推广，但激光能直接制版是促使我选择激光照排方案的原因之一，可以说，计算机直接制版 CTP 是我 1979 年开始的梦想。

之所以会有如此前瞻的眼光，是因为王选一直坚持一个信念，那就是要根据市场需求持续不断地进行技术创新，再用创新的技术引领新的技术改造。

创新是流淌在王选血液中的灵魂，早在 1981 年，他就提出“自己创新，振兴中华”，他的朋友、比他早一届毕业的北大教授盛森芝，在那一年 3 月 21 日早上晨练时，听到了王选的这番话。

盛森芝：20 世纪 80 年代初，“四人帮”的极“左”思潮尚未清除，百废待兴，空气沉闷，思想迷茫，人们对国家前途缺乏信心。1981年3月20日晚是一个例外。这一天深夜，北大校园里十一幢宿舍内4000多名北大学子涌出楼门，欢呼雀跃，高唱国歌，原来是中国男排先输后赢，实现大逆转，战胜了韩国，取得了参加世界杯赛的资格。北大学子情不自禁地喊出了“团结起来，振兴中华”的口号。第二天人们还是沉浸在高昂的爱国热潮之中，王选本人当然也是十分激动，高度赞赏北大学生的创造。赞赏之余，又十分冷静地讲了他的心里话。我有幸听到了他的这番表白。他说：“振兴中华首先就得振兴科技，而振兴科技，关键还得靠自己，发达国家不可能把核心技术转让给你，只能自己解放自己……”所以他提出了“自己创新，振兴中华”的口号，用现在的话来说，就叫“自主创新，振兴中华”。

1988年，在一次技术讨论汇报会上，王选提交了一份《华光型电子出版系统的技术汇报》，进一步阐述了“只有依靠自主技术持续创新，才能建立中国自己的产业”这一观点。

王选：我国照排系统的发展有三种不同道路，一是硬件全部进口，软件全部进口，《人民日报》就是这样的例子，实践已证明不成功。二是硬件全部进口，重要部分的软件自己开发。这显然比第一种好，也有可能出口软件，但这样做有以下缺点：价格昂贵，用户负担重；外国厂商赚大头；中国自己的工业建不起来。因此，我们要走这样的道路：①核心设备、关键硬件坚持自主研究开发，自主生产；②关键技术上必须有完全创新的思想，必须具有绝对领先的技术，在软件方面中国有优势，华光系统有优势；③按国际标准生产，使工艺水平达到出口标准；④坚持大联合，搞好开发、经营，尤其是售后服务；⑤坚持“生产一代、研制一代”，保持国产系统的技术优势，但也要吸收国外先进技术，最终打入国际市场。我们觉得只有这样，才能建立中国自己有特色的电子出版产业。这条道路现在看来是一条光明大道，具有很强的生命力。

按照上述思想，王选带领一批年轻的干将，从20世纪90年代起，先后推出了报纸远程传版、彩色桌面出版系统、新闻采编系统、直接制版系统以及符合国际开放潮流的新一代软、硬件系统，推动中国的报业和出版印刷业在刚刚“告别铅与火”不久，又经历了四次重大的技术革新：“告别报纸传真机”“告别传统的电子分色机”“告别纸和笔”“告别胶片”，这些电子出版技术的应用，使我国书刊平均出版周期由300天缩短到100天左右，出版品种大大增加；报纸信息量加大，新闻时效性加强，内容丰富多彩，形式赏心悦目，整个新闻出版行业呈现欣欣向荣的景象。日本、西方市场的大门应声打开，一些新的技术领域也蓬勃发展起来。

首先实现的一个伟大变革，是应用卫星远程传版技术，“告别报纸传真机”，实现了全国报社的异地同步印刷出版。

不能异地同步出版，是困扰报社多年的问题。1989年，全国只有三四家中央级大报在外地代印点印刷，绝大多数报社对外地传版的手段主要有两种：一靠航空，用飞机送版型，在时间上要慢半天甚至一天，外地的读者几乎看不到当天的《人民日报》；二靠传真，传真版则因为经过几次翻版，已出现失真，又因为传送的是点阵信息，当接收方与发送方的分辨率不一致时，失真就更为严重，速度也很慢，传到外地印刷出来的报纸，质量明显下降。怎样使外地读者看上当天的高质量印刷的报纸呢？王选想到了北大自行研究制定的页面描述语言，20世纪80年代末，他提议，跨过报纸传真机，开发用页面描述语言传送报纸版面的创新技术。因为有陈堃銶设计的BDPDL页面描述语言作基础，这一技术很快水到渠成。

陈堃銶：页面描述语言是指用于描述版面上的各种元素，包括文字、几何图形、点阵形式的图片以及灰度码形式的黑白和彩色照片等的一种计算机语言。1975年，我开始设计BD排版语言，在考虑语言实现方案中就感到需要有一个表示版面排版结果的标志语言，而不宜直接控制激光照排机输出，为此我在1976年制定了一个简单的页面描述语言的格式，在原理性样机中使用。1986年系统移植到PC机上时，我又对上面这种相对简单的语言做了很大扩充和改进，重新定义了全部数据结构，成为专用的北大页面描述语言，在华光和方正系统中应用。它的好处是使我们不同研制小组开发的软件排版结果能够合在同一个版面上输出。

于是，在此基础上开发了一种新的传版方式，传送的不是版面，而是页面描述语言，把版面上的文字、图形、图片、照片等各种元素转换成数据，其信息量只有用传真机传送的几十分之一，远传速度也大大加快。传送到代印点后，由于当地报社大多采用的也是方正系统，所以能够很容易地解释页面信息，恢复成的版面和原版一模一样，从而可以毫无失真地输出制版。

第一个应用这一技术的是国务院秘书局，他们采用北大页面描述语言

BDPDL，实现了向各省政府机关的远距离文件传输。在报社方面，这一次《人民日报》走在了前列。1990 年 8 月 29 日，《人民日报》社与北大合作，在北京和湖北日报之间首次成功地进行了报纸卫星实地远传试验，由于传输的信息量只是以往传真方式的 1/50，因此传送一个版面的时间只用了 5 分钟，传输后的效果与原版完全一样，毫无失真。9 月 1 日，《人民日报》在头版进行了报道，标题十分醒目——《我国报业发展中一件大事——本报版面卫星实地远传试验成功》。到 1992 年年底，《人民日报》已通过卫星向全国 22 个城市传送版面，传输速度缩短到平均两分钟传送一版。从此，全国大多数地区都在同一天看上了《人民日报》。规模如此大的、基于页面描述语言的远程传版在中文报业中属第一家，在西文报业当时也很少见。

人民日報

RENMIN RIBAO

第15393期 （代号1—1）

1990年9月 1 星期六

北京地区天气预报

人民日报社出版

我国报业发展中一件大事

本报版面卫星实地远传试验成功

本报讯 8月29日，北京大学与人民日报社报纸卫星实地远传试验在北京和湖北日报之间获成功。试验工作的传输信道采用了邮电部引进的 PES 卫星系统，并得到了邮电部门的大力支持。

本次试验是在地面线路试验和大量卫星本地传输试验后进行的，从北京向武汉发送当日出版的正式报纸版面（包括图片、照片、刊头），新闻照片清晰，灰度层次清楚，传输后的版面效果与原版完全一样。传送一个版面的时间在不压缩情况下，每版约为5分钟，压缩情况下约为40—50秒。

采用高速数字卫星信道向外地传送版面描述信息的方法形成外地代印版面，在国内尚属首次，这种传输方式对我国报业的发展，是一件具有历史意义的事情。

试验工作将继续分阶段进行，并争取今年年底在部分印点运行。 （北 华）

发明远程传版新技术，告别报纸传真机。

1990 年 9 月 1 日，《人民日报》关于卫星远程传版试验成功的报道

基于页面描述语言的远程传版代价低，电话线传版速度也能接受，再加上只需增添照排控制器和远程传版设备，物美价廉，所以很快在国内推广开来。到 1994 年，有大约 100 家报纸实现了远程传版。我国大多数中央级报纸都采用这种方式将报纸版面远传到外地，省报和一些市报也在省内传版，极大地提高了报纸质量，缩短了出报周期，降低了成本，扩大了发行量。

王选：这在 90 年代是“世界之最”。卫星传版在西方并不稀奇，*USA Today*（《今日美国》）早就用卫星向世界各地远传版面，其代印点数量与《人民日报》接近。但是当美国报业人士听我介绍说传送的是页面描述语言形式的版面时，他们大为吃惊，他们明白这意味着所有代印点的 RIP 均能解释这一语言，这在当时是很先进的。*USA Today* 90 年代一直用高速传真机传版，价格贵，明显比《人民日报》落后。

1994 年 3 月，王选到台湾省访问，在参观报社时，看到他们仍在用 Crosfield 公司的高速、高精度传真机 PageFax 传送版面，这种传真机价值高达 30 万美元一台，代价比《人民日报》系统要高得多，效率却要低得多。王选决策跳过高速传真机方式的报纸传版作业，直接推出以页面描述语言为基础的远程传版新技术，用新技术使报社技术水平上了一个新台阶。

此前王选正因另外一件喜事激动着。1994 年元旦，南方传来好消息，由宋再生主持研制的新闻采编流程计算机管理系统被《深圳晚报》首家采用，记者和编辑们抛开了纸和笔，从采访、写稿、编辑修改、传送、审订、签发直到组版、发排，全部实现了电脑化管理。“告别纸和笔”，这是王选 1975 年刚接触精密照排项目时就憧憬的几近幻想的情景，现在终于实现了。

王选：1975 年的时候，有些计算机同行对我选择照排项目不以为然，觉得照排系统是与印刷业打交道的并不“高级”的领域，也有的认为照排属于精密机械和自动控制课题，不符合北大的长处。这时我偶尔读了刚刚完成的《纽约时报》信息库（Information Bank）系统的说明书和用户资料，非常兴奋，它使我看到了用照排系统取代铅字后下一步的报业发展前景。我断定未来的报社一定是建立在计算机网络基础上的，通过建立基于数据库的信息存储和检索系统，使新闻采访、编辑和印刷出版实现一体化。当时我就认准，照排是信息处理领域的课题，不仅淘汰铅字，还会带来信息利用方面的革命。记得我 1978 年在一家报社谈到了上面的设想，由于离现实实在太远——人们连近期内能否淘汰铅字都很难相信，所以会后有人很冷淡地评论说：“北大王选老师今天奏了一首畅想曲。”可 20 年过去之后的今天，这些幻想终于变成了现实。

1994年1月大 11 星期二

深圳晚报

第11期

纸与笔将进历史
铅与火已成记忆

北大方正集团今天上午宣告

本报成为全国首家由采编人员完成全部出版流程的中文报纸

引发汉字革命的当代毕昇

今晚嘉宾

中国科学院学部委员 北京大学计算机研究所所长

王选

研制新闻采编流程计算机管理系统，告别纸和笔。

1994 年 1 月，《深圳晚报》关于“告别纸和笔”的报道

《深圳晚报》由《深圳商报》主办，于 1994 年 1 月 1 日刚刚创刊，招聘的编辑均为年轻人，

要求编辑必须自己操作电脑，用方正“维思”软件组版，他们破釜沉舟，决定首家采用方正新闻采编系统，成为我国第一个“告别纸与笔”的报社。

20年为之奋斗的美景就在眼前，王选不能不为之激动。1994年1月16日，当《深圳商报》提出采访要求时，王选笑着对记者说：“你们的报纸很有眼光，一下子创造了两个第一：一是天天都出彩色版，这是全国第一；二是由你们主办的《深圳晚报》在国内外中文报纸中首次实现由编辑、记者亲自完成采编、组版全部流程，这是中文报业的世界第一。我想用不了多久，电脑就会全面进入报社，实现全部工作的流程管理。”

正像王选预料的那样，几年后，互联网时代到来，有近200家报社用上了方正最新的报社整体解决方案，把采编、组版、广告制作、检索和网上发送紧密地结合在一起，实现了全球任意地点的协同工作。这是许多外国报商做不到的，美国报业协会的负责人邀请《广州日报》老总去作报告，当看到《广州日报》老总在美国用笔记本电脑就可以通过这一系统监控《广州日报》的整个作业流程，并发出监控指令时，美国同行十分惊讶，纷纷赞叹中国报业的整体水平位于世界最前列。经历了近20年的不断创新和完善，这一系统已发展为由赵东岩、熊开宏、肖建国等研发的“报业数字资产管理系统”，获2006年度国家科技进步二等奖。

“告别软片、直接制版”则是王选在1976年就悄然萌生的又一个美好梦想。当时他偶然看到一则报道：美国EOCOM公司研制成功了激光直接制版机，被《洛杉矶时报》采用，作为版面远程传版的接收设备。这是王选看过的“最激动人心的”报道，他意识到，今后激光直接制版机一旦与计算机连接，将是一项重大突破。传统的制版方法是用紫外线照射经过激光照排机感光的底片，把底片上的图像转到预涂感光版（Pre-Sensitized Plate，PS）上，这是一个模拟过程，必然会造成图像质量方面的一些损失。计算机直接制版（Computer To Plate，CTP）系统，则是采用数字化工作流程，把版面的文字和图像信息直接输出到版材上，版材经自动处理后，可以直接上胶印机印刷，从而免除了输出底片、人工晒PS版等一整套工序，不但能提高印刷质量，而且可以大大提高生产率，降低成本。这无疑是印刷技术的一个重大发展方向，但在20世纪70年代的中国，这只能是一个遥远的梦，因为铅字还未被计算机代替，计算机直接制版用的版材价格更是昂贵得令人咋舌。

此后的多年间，王选一直关注着计算机直接制版技术的发展，20世纪90年代中期，条件已经成熟，是该着手把这个梦想变为现实的时候了，王选立即组织人员开始了开发工作。

1999年，方正直接制版系统研制成功，在《羊城晚报》正式投入生产性使用，这一系统以Optronic公司的直接制版机Aurora作为配套输出设备，在方正纯软件RIP驱动下，输出速度达到每版1.5分钟（1000DPI）和每版6分钟（4000DPI）。这意味着“告别软片”的技术革新已经开始。王选感到欣慰，他相信，随着直接制版所用版材价格的逐渐下降，直接制版机代替激光照排机的潮流将在不远的将来在中国迅速推广。

王选在介绍用方正直接制版系统出版的《羊城晚报》旗下的《新快报》

而研制成功彩色出版系统，“告别电子分色机”，则是王选和他的团队在全国乃至海外华文报业掀起的一场轰轰烈烈的革命。

二、彩色革命

研制彩色出版系统，告别昂贵的电子分色机，使我国的报刊出版物从暗无生机的灰白世界到达绚丽斑斓的彩色天地，是王选20世纪80年代就怀揣的梦想。

还记得1983年我国制定的“自动照排、电子分色、多色胶印、装订联动”的16字方针吗？其中“电子分色”指的就是使用电子分色机制作彩色出版物。当时我国只有几家大报能够在逢年过节出几天彩报，使用的全部是价值数百万元的进口电子分色机。报纸出一页彩版，要先用分色机把彩色图片制成黄、蓝、红、黑四张色片，再通过复杂的拼贴工艺，把图片与文字合在一起，即使是一段细细的彩色花边也需要这样拼贴，所以制一个版面需2～3个小时。人工定位受到工人技术水平和精神状态的影响，精确度较低。我国从1973年就着手仿制国外的电子分色机，但一直停留在出样机、开鉴定会的层面，仿制成一代，马上被国外新的一代所淘汰，始终不能进入市场。

其实王选对彩色印刷技术并不熟悉，但他有一种预感，随着激光输出设备和彩色扫描输入设备精度的提高，电子分色机迟早会被开放式的桌面彩色出版系统所取代。1987年，在经委和电子工业部主持的一次科研规划会议上，王选发表了这一看法，他对在座的专家学者们恳切地说：“照排机的分辨率和重复定位精度会越来越高，绝不会亚于电分机输出部分的质量；电荷耦合器件CCD的集成度也越来越高，而且已出现了把多个CCD拼接在一起的技术，这意味着未来的彩色分色扫描仪将提高精度和大幅度降价。随着这些硬件先进性的提高，研制彩色出版系统是完全有条件的。我们不能再走仿造电子分色机的老路了，应该抓紧研制彩色出版系统。”然而，当时电子分色机正风靡一时，国内已经进口了几百台电子分色机，王选的提议自然又被搁浅。

然而，多年来形成的超前意识使王选相信自己的判断，他又要进行一次跨越了。这一次，他要充分调动年轻人的创造力。1989年6月的一天，在北大旧图书馆前的树荫下，王选对肖建国说：“大屏幕组版软件搞得差不多了，再搞下去虽然还会有发展，但大局已定，应该转转方向了，搞图像技术，特别是彩色图像。我的想法是不去仿制电子分色机，直接研究文图合一的彩色出版系统。”

肖建国：王选老师提出让我研制图像出版技术，先解决黑白图像的图文合一问题，完成后再考虑彩色出版技术。他说：你应该去考虑更大的发展。

我当时有些犹豫，报纸排版的文字处理技术和彩色图像处理技术之间毫无相似之处，而我在这方面也没有什么经验。更重要的一点是，这个题目在当时的技术条件下是非常高的要求，近乎异想天开，因为国际上连研发这项技术的试验设备都还很少，只能根据揣摩和替代设备来研究。我对王老师说了我的顾虑，王老师鼓励说，虽然现在还没有成熟的设备条件，但我们要早下手，先解决技术问题。没有经验可以学习，当初我们搞激光照排，又有谁有经验？你尽管大胆去做，我给你们当后盾。他的鼓励给了我信心，让我敢于想前人所不敢想、做前人所不敢做的事。

肖建国想起了世界上第一个大屏幕中文组版软件从自己手中诞生时的感觉，激动、兴奋都不足以形容，实际上那是一种创造历史的自豪感。现在，导师把又一个创造历史的机会摆在了面前，肖建国的创造欲望再次被激发，他很快和鲁志武、王会民几个青年骨干，摸索着开始了挂网、校色等关键技术的开发工作。

与此同时，王选一直关注着国际上最新计算机设备的发展动向，期待着合适的扫描仪和照排机的出现。1990 年他看到一则报道，日本夏普公司推出了 Sharp 600 扫描仪，精度基本能满足彩色报纸的印刷要求。王选当机立断，马上派人买了一台交给肖建国，正式开始了彩色出版系统的研制工作。1991 年 3 月 21 日，输出了第一张彩色样张，但质量仍存在很大差距。

要使系统进一步改进和完善，必须找到第一家用户。当时，中国的彩色报纸少得可怜，只有解放军报社等少量报纸出彩色版，肖建国等来到解放军报社，在这家报社办的《中国乡镇企业报》上边试用边改进系统。经过几个月的艰苦努力，1991 年 8 月 8 日，第一张用彩色出版系统排印的《中国乡镇企业报》诞生了。

王选立即与公司的销售负责人开会，兴奋地介绍彩色出版系统的新成果和销售前景，不料大家反应冷淡。一个销售人员说，王老师，现在中国还没有出彩报的习惯，市场需求很少。几家大报印刷厂可能有需求，但他们已经进口了电分机，怎么可能放弃几百万元的机器不用，再来买咱们的彩色系统？

王选：这年秋天，我又在西安、北京大力宣传这一方向，听众大多是各省出版局局长或报社、大印刷厂的负责人。每次我都斩钉截铁地说："开放式桌面彩色出版系统的输出质量一定能与电分机媲美。"每次也都赢得了热烈的掌声。但后来一些听众告诉我，当时鼓掌的人中很少有人相信这一结论。

1990 年，王选与《澳门日报》技术负责人温锦明在澳门合影

看来，建立样板用户、推广彩色出版系统困难很大，王选把眼光投向了澳门。《澳门日报》曾购买了第一套繁体版的汉字激光照排系统，但由于没有电分机，每天不得不把彩色照片拿到香港制作分色片，然后人工贴成整版，价格比一般报社更贵，效率更低，因而对彩色出版系统的需求也就更迫切。1991 年下半年，《澳门日报》技术负责人温锦明有机会听王选详细介绍了图文合一的彩色照排系统，立即同意建立合作关系。

然而，不久《澳门日报》就传来坏消息：报社使用的照排机重复定位精度很差，各种颜色的版面很难对准，根本不能满足彩报要求。正当王选一筹莫展的时候，戏剧化的一幕出现了。

王选：1991 年 8 月 30 日晚上，美国著名的照排机厂商 ECRM 公司驻香港的负责人请我吃饭，席间听我谈起此事，他立即说，公司新推出了 ECRM 1545 照排机，改善了走片机构，其重复定位精度能满足彩报要求。我听后真是大喜过望，当场拍板，让 ECRM 以最快速度运一台到中国。9 月 1 日我火速赶到澳门，说服《澳门日报》也购买一台 ECRM 1545，并决定派肖建国等三个技术骨干来澳门现场安装试验。由于时间太紧，来不及通过正常渠道办理签证，我又当场把新华社驻澳门分社主管签证的负责人请来，走了个后门，他答应用最快速度办理三人的签证。9 月 3 日我回到北京后，立刻让汪岳林增大了方正 91 的存储器容量，很快顺利接通 ECRM 1545。

这真是应了那句古话“踏破铁鞋无觅处，得来全不费工夫”，也体现了王选的大胆果断和雷厉风行。不过，事后王选意识到，当时他在方正公司并无职务，情急之下在购买机器和用人方面未及时与公司沟通，做法欠妥，为此曾专门做过两次检讨。

有了高性能的扫描仪和照排机，加上肖建国他们研发的 RIP 中的挂网技术和 PC 上的校色技术这两个杀手锏，系统在与照排机的连接、数字加网、色彩校正、文字加色等方面的技术已达到甚至超过国外同类技术水平。1991 年 12 月，肖建国、王会民、鲁志武等几员干将入驻《澳门日报》，开始了紧张的工作。

1992 年 1 月 21 日是个值得纪念的日子，这一天，北大方正彩色出版系统在《澳门日报》投入生产性使用，排出了几版娱乐版，在世界上第一次实现了彩色照片和中文的合一处理和输出。1 月 27 日，《澳门日报》用整版彩色篇幅，做了题为《新闻出版业静静地起革命——澳门创中文图文合一彩色照排世界第一》的大型报道，在配发的图片上，肖建国、鲁志武、王会民几个年轻人看着日夜奋斗的成果，笑得格外开心。2 月 14 日，正逢邓小平同志视察珠海，各报报道这一消息时发的都是黑白照片，唯独《澳门日报》用一整版刊登了 12 幅小平同志的彩色照片，引起极大轰动。

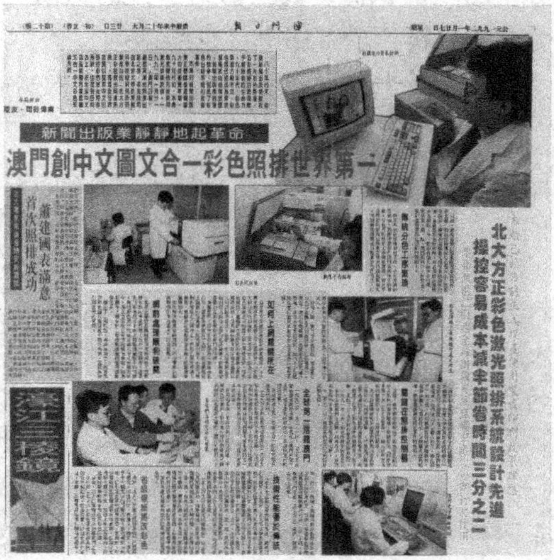
新聞出版業靜靜地起革命
澳門創中文圖文合一彩色照排世界第一
蕭建國表滿意 首次照排成功
北大方正彩色激光照排系統設計先進
操控容易成本減半節省時間三分之二

1992 年 1 月 27 日，《澳门日报》用整版篇幅，报道该报采用北大方正彩色出版系统情况

这是世界上第一套文图合一的中文彩色激光照排系统。它采用普通平面彩色扫描仪输入彩色照片，并能进行放大缩小、细微层次强调、层次色彩校正等处理；采用电子挂网方法，在彩色显示器上用交互方式设定文字、花边、网纹的颜色，形象直观，颜色变化达千余种；最终实现文字、网纹、图片各种方式的叠加，文图合一，整页输出。成本比传统工艺节省 3/4 以上，减少拼版时间一半以上，输出一页彩版仅需 20 多分钟，后来经过不断改进，时间更缩短为 2 分钟。《澳门日报》使用后节省出报时间 2/3 以上，极大地提高了效率和质量，仅一年节省下来的到香港进行分色的费用就收回了投资。

看到《澳门日报》应用方正彩色出版系统取得成功，《大公报》作为香港第一家用户也购买了这一系统，并于 1992 年 3 月安装完毕。但他们不敢一下全部上彩色照排，而是先在副刊试用，再在新闻版试用，最后用每周的“摄影园地”来考验。这个版面专门刊登一些优秀的彩色摄影照片，对系统是一个更为严格的考验，所以在试用过程中，每次都用电分和照排同时处理，请行家们把二者的结果仔细对比。终于有一天，行家们也分不出孰高孰低，甚至认为照排的结果优于电分，《大公报》才下定决心舍弃电分机，全部用上彩色照排。

关于《大公报》应用彩色系统过程的曲折，肖建国有一段回忆：

《澳门日报》的成功导致了《大公报》的订货，这件事我在澳门就听说了，但《大公报》要求以1524线的设备输出120目的网点，虽然与《澳门日报》只有10目之差，可在技术上我们一点儿把握也没有，而签约的人并不知道这一点。香港这一市场与澳门不一样，在香港的成功意味着巨大的发展前景；反之，在香港如果失败了，后果无法想象。随着交货日期的临近，我还是一筹莫展。

计划日程已经安排好，我们先去香港做调试，5月，王老师去参加《大公报》成功应用方正彩色系统的新闻发布会。临走之前，我突然想到了一种方法，于是找到了王老师的学生、我的师弟杨斌，他也是我领导的开发小组成员。我跟他讲了我的技术方案，对他说，你在这个基础上做，一定能成功，我能不能回来就全看你了。

在香港的设备验收是要在铜板纸上打样，我……在那里一遍遍地试，一会儿这样试，一会儿反过来那样试，为的是等家里的消息。

新闻发布会的日子终于要到了，王老师也从北京飞抵香港。他并不知道我在玩什么把戏，见到我的第一面就说，杨斌让我给你带了一张软盘来。我马上把盘插进机器里，屏幕上却显示：磁道已坏，无法读写。

我马上给杨斌打电话让他以最快的速度给我再寄一个拷贝来。磁盘寄到的那天，正好是《大公报》召开新闻发布会的日子。所以只有发布会当天出来的报纸才真正符合要求。

紧接着，《新晚报》也采用了方正彩色照排系统。《大公报》和《新晚报》一向以彩色质量享誉亚太地区华文报界，它们的试用成功，起到了典型示范作用，一批华文报社纷至沓来，打算采用方正彩色照排系统。

1993年，当时颇有分量的报道中关村科技企业的报纸《科技之光》报，刊登记者黄春秀的报道《中文报业纷至沓来，方正彩版系统风靡海外》，描述了这样的生动场面。

方正彩色系统在两报的成功，吸引了香港以外的报社纷纷闻讯前来参观。台湾“中国时报”资讯公司的负责人来了。在《大公报》社拍彩照留影，并即兴口授通讯稿，随即扫描照片，录入文稿后组版。在时报诸人乘快艇来到《澳门日报》时，《大公报》组好的版面已通过电话线传至澳门，并在《澳门日报》的方正系统上输出四张分色片。在看到这个结果时，他们连连赞叹北大的科技水平确实远在台湾之上。

远在东马沙巴地区的《亚洲时报》的张社长来了。他有胆有识，热情豪放，看完了《大公报》的生产过程，他二话没说就和方正签了约。一个多月后，《亚洲时报》出了第一份电脑排版的彩报。

美国旧金山《星岛日报》的刘社长来了。他有谋有略，循序渐进。先订轻印刷，再来照排机，然后是彩色系统。今年3月，该报成了北美地区第一家图文合一的彩色中文报纸。

由孙中山先生在马来西亚创建的《光华日报》的温社长在久觅不得之际，找到了北大方正彩色系统，这正是他寻找多时的系统，在第一次考察访问之后不久，亲自来北京签约。他说：“在我负责购买的许多大设备中，方正系统是我花时间最少而又满意的系统。”

1993年2月16日，《大公报》在一篇题为《王选发明外国公司难与匹敌，彩色激光照排系统海外百家报纸采用》的报道中自豪地写道：

中文彩色激光照排系统问世一年来，国外许多电脑公司已先后宣布：“在汉字电子激光照排领域，我们放弃与中国人竞争。”近年来，松下电器、奔驰汽车、IBM电脑大量涌入中国市场，可是在激光汉字排版系统这个巨大的市场内，几乎所有的外国公司都被王选教授的发明挤出了中国。国际科学界同行说：“汉字印刷术在发生第二次革命。”

1992年6月，《科技日报》成为大陆首家采用方正彩色出版系统的报社，该报在6月1日头版刊登《告读者》：“本报今日采用彩色激光照排出版彩色版，改变了使用电子分色机出彩版的传统工艺，是大陆应用北大方正彩色激光照排系统出版的第一张彩报。”在第四版，刊登了六幅硕大的彩色图片，色彩绚丽，生动逼真。6月2日，《科技日报》和北京大学在京举办新闻发布会，严济慈、朱丽兰、高潮、范慕韩等领导到会祝贺。不久前被增选为中科院学部委员（院士）的王选隆重介绍了肖建国等年轻人研制彩色系统的精彩过程。这一天的《科技日报》在第一版发表了王选的文章，题目是《创新的研究是高技术产业的灵魂》。

王选：当时的国家科委负责人在大力赞扬这一成果后，私下询问我，《科技日报》出彩版没有经济效益，怎么办？我回答说，我们的技术使出彩报效率大大提高，价格也便宜，将来彩色广告多了，一定会有效益。后来的事实证明了这一点。1992 年底方正的经营部门告诉我："彩色出版系统市场形势简直好得不得了。"

1994 年，北大计算所又研制成更为精细的高档彩色桌面出版系统，质量可与电子分色机媲美，从而进入了画刊、彩色杂志领域。同时，还将已经进口的几百台电分机改造成了高档彩色照排系统。1995 年，方正和新华彩印厂合作，用高档彩色照排系统印制了厚厚一套黄胄画册，收录了我国著名画家黄胄先生的大量精品。黄胄先生也非常高兴，惊叹道："居然有一种技术能把我的画一模一样复制出来，这是科学家、印刷专家和国画家结合的杰作！" 从此王选和黄胄成为要好的朋友。

一场告别电子分色机的技术革新在全国掀起，中国印刷业又一次实现了彩色出版的技术跨越。

王选在介绍方正彩色出版系统的技术和应用前景（20 世纪 90 年代中期）

王选：就在《澳门日报》取得成功的同时，我在国外杂志上看到了 Color Revolution（彩色革命）的提法，预言桌面彩色出版系统将大量普及，彩色出版将越来越容易。事实也如此，1992 年底后彩报风暴席卷全国，由于我们在彩色技术上比其他厂商领先约一年半，所以彩色革命使方正照排在报业市场的占有率迅速提升到 70%以上，而 1991 年 3 月北大华光出版系统改名为北大方正出版系统时，方正约占报业市场的 55%，潍坊华光则占 45%。

人的一生会有很多机遇，企业也会遇到在某个领域领导新潮流的机会，一旦发现这种机遇时就要充满激情、分秒必争地冲上去，实现创造历史的欲望。

三、“让苗头变拳头”

20 世纪 80 年代末，世界计算机技术开始突飞猛进地发展。微软推出 MS Windows 操作系统，与英特尔高性能芯片相结合，把 PC 功能提升到一个新境界，各种新的国际工业标准诞生，计算机应用技术把它神奇的触角延伸到世界每个角落。

针对这一形势，王选经常对自己的学生说这样一句话：“当某个新技术潮流露出苗头，开始显示生命力时，就要立即启动研发工作，因为一旦技术潮流成为市场潮流时，再开始研发就为时已晚。”所以，当王选的“大弟子”郑民 1988 年提出，应当开发基于 MS Windows 的中文专业排版软件时，王选欣然支持。

王选：郑民是我带的第一个硕士和博士，他具有敏锐的判断力和很强的开发能力，从 1982 年就开始做批处理软件，对排版有很丰富的经验，也是较早熟悉 PC 机的。当时他看了英文的 PageMaker，是在 PC 机的 Windows 1.04 上开发的。仔细看完后他就对我说，Windows 的界面比 DOS 有明显改善，而且提供了非常好的集成软件环境，应该开发基于 Windows 的中文专业组版软件。当时 Windows 1.04 还很不成熟，功能远不如 Macintosh（苹果公司生产的个人电脑），但郑民那时就把 Windows 看作是集成的环境，这个观点非常重要，使我们预感到 Windows 未来发展前景很大。

当时王选正在构思第六代产品“方正 93”，从华光Ⅱ型开始，他总是想方设法瞄准和利用国外最先进的设备和元器件，为自己的设计所用。但激光照排系统的关键技术，无论是照排控制器 RIP，还是页面描述语言和排版软件，都还是一个相对封闭的系统。它的优点是自成体系，技术自主，但存在不兼容、不开放的问题。进入海外市场后，这一问题更加突出，因为海外的大多数中文报社都在往西方开放潮流靠拢，如果不及时顺应这一潮流，不但难以进一步拓展海外市场，就连已经占领的国内市场，也有可能被竞争对手蚕食掉。

于是王选同意了郑民的建议，1988 年 1 月，计算所抽调了一批骨干，由郑民带领，开始从事基于 Windows 的交互式中文专业组版软件的开发。当时肖建国带领研发的大屏幕交互式排版软件还在紧锣密鼓地调试，新一代软件的开发工作已经开始了。

王选与博士生郑民在长城上（20 世纪 80 年代末）

王选：这是继 NPM 报版组版软件、批处理书版软件和 BD 语言之后又一个突破性的进展。比我们晚一些时候，国内一些公司也开始在搞交互式 OA 排版，但他们都没有认识到 Windows 是个集成环境这个最本质的优点，只把它当成图形用户界面。另外觉得 Windows 对机器要求太高，就都在 DOS 下做了一个仿 Windows 的用户图形界面，因为DOS对机器要求比较低。但我们觉得没有生命力，因为计算机发展是非常快的，后来事实证明果然如此。这些公司研制的产品没有一家成功。

1989年年底，郑民等年轻人在MS Windows上开发的组版软件“维思”（WITS）通过了电子工业部鉴定。1992年，Windows 3.0问世时，已吸引大批开发商在其上开发软件。就在这一年，北大计算所适时推出维思1.0，成为世界上最早的基于Windows的中文专业排版软件，也是国内Windows上的第一个大型应用软件。几年后，维思又出了2.0版和3.0版，功能大大增强，销售了几万套，成功进军海外市场。

与此同时，王选预见到，随着页面描述语言的国际工业标准PostScript Level 2的出现，汉字将不再成为阻碍西方的“天然屏障”，这又是一个技术新潮流的苗头，必须牢牢抓住。这一次，他的抉择十分大胆，因而也格外谨慎，因为这是一次面向国际潮流的开放，也是一次对自己以往成果的超越。王选在多方调查分析后才作出了一个重要决定。

王选：PostScript是美国Adobe Systems公司1985年推出的页面描述语言，它采用三次曲线的轮廓描述方法，以描述图形和图像为主，把文字字形也看作图形，具有丰富的图形功能、高效率地描述极为复杂版面的能力以及设备无关性等优点，吸引了众多出版系统的开发商，一批流行的西文排版和图形软件纷纷支持PostScript。但在1989年以前，PostScript速度十分缓慢，一个西文PostScript作业在运行时，工作人员往往睡一觉后，发现还在做，中文PostScript则速度更慢。1989年底有一家公司展示他们汉化的PostScript实验系统，用300 DPI的激光打印机输出含汉字的A4版面，20分钟才能出一页，而当时我们的系统（非PostScript）一分钟就能输出7页。所以国外不少厂商在支持PostScript的同时，继续使用自己的页面描述语言。我们也是在这种情况下制定了北大专有的页面描述语言。

1990年，Adobe Systems公司宣布了PostScript的新版本，即PostScript Level 2，由于器件速度，尤其是CPU芯片速度有了大幅度提高，西文PostScript解释器的速度大大加快，很快成为事实上的国际工业标准。

由于PostScript描述的不再是文字，而是图形和图像，因此它的问世使汉字的“天然屏障”不复存在，特别是海外用户，开始使用Freehand、CorelDraw等西方著名的图形软件，所以强烈要求我们的系统支持PostScript。

开放的潮流势不可挡，如果再不向国际工业标准靠拢，就无法进入港澳台及国际市场。于是，王选于1990年毅然作出技术决策：“支持国际工业标准的页面描述语言PostScript，跳过RISC硬件RIP方案，采取软件RIP加高度并行的协处理器芯片，着手研制PostScript Level 2的中文解释器。”

这将是我国研制的第一个PostScript Level 2解释器。

这也是国际上第一个中文PostScript Level 2解释器。

更重要的是，如果研制成功，将是对王选前五代RIP的改写和超越。王选决定把超越自己的机会给阳振坤、贾文华、张力等年轻一代。要具有怎样的胸襟和胆识才能作出这样的决定？

王选：作为一个学术带头人或课题负责人，不仅要把握选题的正确性，还要把握技术途径的先进性，后者常常是最费精力和脑筋的。1990年我作这个决定之前，做了大量调查研究，对已有的和可能的方案反复作了比较，判断各种方案的优缺点，特别是它们的发展前景。创造性的研究需要全身心的投入，需要整天琢磨，才能触机生灵，冒出思想火花，取得突破；而一旦选定正确的方向后，就要快马加鞭、全力以赴和不失时机地变成商品。

当几个年轻人明白了这一任务的重大意义和艰巨性时，他们意识到肩上的担子是多么的沉重。阳振坤他们开始“快马加鞭”地研制PostScript Level 2的解释程序。王选则设计了一个协处理器芯片，大大提高了三次曲线轮廓转换成点阵的速度，解决了彩色图像调频挂网的处理瓶颈问题。这一芯片还使用了当时最先进的0.7微米线宽技术，复杂程度是方正91的10倍，显著地提高了中文PostScript的解释速度。

1993年秋天，基于Windows 3.1的中文PostScript Level 2解释器PSP（PostScript Processor）研制成功。它可以处理国际上丰富多彩的图形软件的结果和高质量的西文字体，可以产生令人叹为观止的艺术效果，使报纸杂志的版面更为绚丽，王选惊喜地宣布：“我的欧洲专利技术已被更新了一半！”

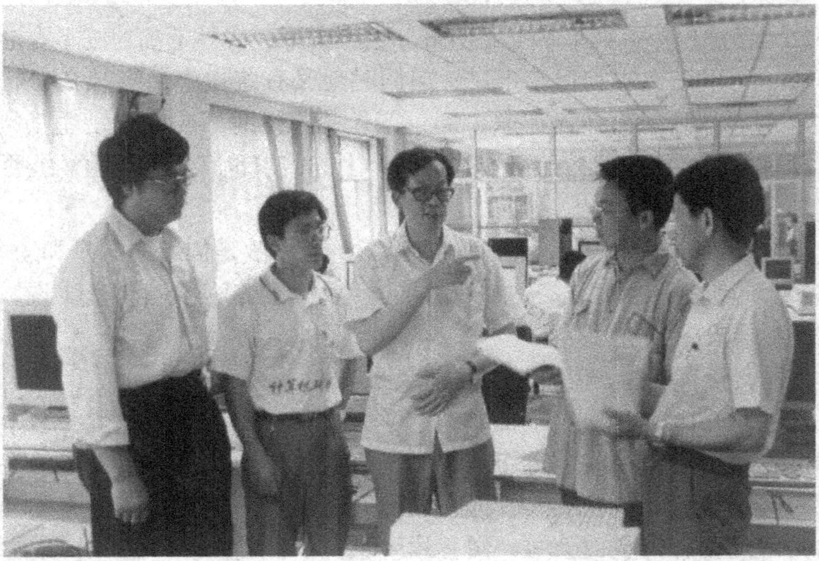

20 世纪 90 年代，王选与北大计算机所骨干刘秋云（右一）、肖建国（右二）、汤帜（左二）、阳振坤（左一）在一起

1992 年年底到 1993 年年初，正像王选预料的那样，开放潮流冲击到了中文排版领域，一大批厂商在制作 Type 1 汉字字模，任何一家厂商只要买一个 RIP、一个前端软件和一套字模，就可以凑成一个出版系统对外销售，而且一定程度上还能使用。这种开放潮流使原来占有一席之地的厂商纷纷掉队，逐步萎缩。而王选于此时推出了支持国际标准的方正 93 系统，及时赶上了开放潮流，从而使方正照排系统在中国大陆报业市场的占有率直线上升，从 1992 年的 70%达到了 1999 年的 90%。

与此同时，基于调频网技术的高档彩色出版系统、支持国际标准 PostScript 以及基于 Windows 3.0 的组版软件维思 2.0 组成了强劲有力的组合拳，共同出击，拿下了香港《明报》大单，香港华文市场的大门也应声彻底敞开了。

四、山河一片红

1993 年，香港最大的报业集团《明报》宣布，采取国际招标方式，花上千万美元采购高档彩色出版系统，引起业内极大关注，先后有 5 家海内外公司参加投标。如果拿下《明报》这份大单，就等于拿到进军香港的敲门砖，所以王选感到振奋不已；但同时他又有些担心，当时 PostScript Level 2 解释器还没有研制出来，彩色图像“调频网”技术的处理瓶颈问题也没有解决，维思软件与《明报》清单上的需求也有很大差距。能否胜出，并无十分把握。

不过，王选一直认为，最前沿的市场需求刺激是创新的源泉和动力，依靠多年的研制经验和正在拼搏奋发的青年劲旅，相信会有奇迹出现。他决定，参加投标。

具体负责投标的，是香港方正总裁张旋龙。

张旋龙，1956 年出生于福建，中学毕业没有上大学，做了一名中学老师。1973 年随父亲在香港定居，学的是旅游专业，是香港最早的一批导游，这使他一开口总给人一种春风拂面的感觉。1980 年，张旋龙开始协助父亲经营香港金山公司，做芯片生意，艰苦创业。1984 年，成为第一个来中关村做生意的香港商人，1991 年，张旋龙和方正合资成立方正 Super 汉卡部，1993 年年初方正集团成立后不久，投资 500 万美元，与张旋龙的金山公司合资成立了香港方正。《明报》的项目也就自然由张旋龙负责具体操作。

张旋龙对结识王选印象深刻，他曾多次对媒体回忆起那段往事。

张旋龙：1985 年，我应邀参观在日本筑波举办的世界博览会，看到世界各国参展的都是机器人、微型汽车等高科技产品，而中国馆里却都是些陶瓷、剪纸之类的工艺品，因为身边有日企职员陪同，我觉得“很没面子”。突然眼前有一样东西把我的视线揪住了，那是一个用玻璃箱装着的激光照排系统。我是做电脑生意的，见到我们中国的电脑技术达到这种水平，心中实在惊喜，不禁感叹：“这才是中国的高科技啊！”

听说这是北京大学王选发明的，第二年，我专程回大陆，通过当时的北大校长去拜访王选。我至今记得当时见到王选的样子：他穿着短裤，一双貌似拖鞋的凉鞋，短袖白衬衣，土土的，对我这个香港来的油嘴滑舌的生意人非常冷淡，以为我是来“坑蒙拐骗”的。当听我自我介绍是香港金山公司的总裁时，王选很直爽地说“没听说过”。我也觉得这个老头呆气得很，与我想象中的激光照排系统的发明家相差太远。后来，随着生意上的合作，王老师才逐步认识到，我不是来“坑蒙拐骗”的，是来干活的，才开始对我另眼相看。

《明报》为了考察各投标公司的产品，进行了公开评测。不出王选所料，第一轮评测下来，方正系统速度最慢，排在最后一名。另一家香港照排系统公司由于较早介入海外市场，总体功能更接近《明报》的要求。

张旋龙跟《明报》关系很熟，《明报》的技术负责人私下对他说，这次实在用不了你们的系统了，给你们留点面子，主动撤标吧。张旋龙一听，急忙说："这样吧，你给我一个机会，我明天回趟北京，回来如果不行就算了。"

张旋龙：当时王老师正在生病住院，由陈老师主持开会，一直开到深夜。虽然王老师没在，但陈老师和肖建国、阳振坤他们都在积极地想办法。我虽然听不懂技术上的事，但我最羡慕北京这些人了，出了问题，有一大帮优秀的人跟你商量，不像我在香港，孤军作战，不知找谁。

王选了解情况后，在医院也待不住了，他很快出院，火速赶往深圳。

王选：我赶到深圳，见到了《明报》的高层领导，我们因为早就有了接触，关系十分友好。他无奈地对我说："我怎么能说服大家非要用你们慢的系统，而不用快的系统呢？"我当即回答："我 guarantee（保证）北大 RIP 一定是最快的，再做一次评测就会见分晓。"我之所以敢下这样的保证，是因为阳振坤已经想出了改进速度的算法；汪岳林负责的多 RIP 硬件即将完成。多 RIP 是我 1993 年受 *Seybold* 杂志的启发，当即决定启动的。所以只要加紧，系统的运行速度会飞快地赶上去。

《明报》同意再给方正一次机会。王选亲自点将，紧急抽调 20 多名开发人员组成"救火队"。大家连人带机器开赴深圳，在罗湖桥北岸"安营扎寨"。由张旋龙当"传递大使"，把《明报》的意见和要求传过来，再把改好的结果传回去。这时正值盛夏，时间只有一个多月，却要解决那么多难题。王选坐镇北京，时刻根据进展情况下达指令。深圳不断传来好消息：维思的排版功能大大增强，不但能排书报，也能排杂志和广告，基本可以满足《明报》的需求；PostScript 的速度一天一个样，过去从网络服务器上读文件开始到输出四张 1524DPI 的底片这一系列程序，要 10 多个小时才能完成，两周后缩短到 190 分钟，不久又缩短到 30 分钟，最后只要 7～9 分钟就完成了。短短一个月时间，解决了十大难题。王选的那句"最前沿的需求刺激是创新的源泉"，此时得到了最充分的体现。

经过艰苦拼搏，1993 年 10 月，金秋送爽之际，方正电子出版系统终于技压群芳，赢得了《明报》的大单。香港明报集团与方正集团在北京大学举行了再次合作的签约仪式，共买进 1400 万美元的彩色出版系统。《明报》总经理称："我们不但买下了方正的今天，也买下了方正的明天！"

的确，从此方正系统在海外风光无限，所向披靡，最终拿下了中国港澳、东南亚和北美 80% 的华文报业市场。

王选和张旋龙也彼此加深了了解，王选发现，张旋龙"最可贵的地方，是虽然不懂技术，但他重视技术，相信技术专家，更有雄心壮志要把我们的高科技产品推向海外"。除此之外，他还"有出众的攻关能力，大度快乐，能承担各种压力"，与自己互为补充，相辅相成。

1995 年 12 月 21 日，方正（香港）有限公司在香港联合交易所挂牌上市，王选和张旋龙在挂牌仪式上

《明报》采用方正高档彩色出版系统后，中国台湾最大的晚报以《眼见为凭》为标题，用显著篇幅盛赞这一系统的快速高效，在台湾省报界引起极大轰动，也引起了台湾省"中华印刷科技学会"理事长陈政雄的关注。

1989 年，陈政雄应中国印刷技术协会邀请，第一次赴大陆访问，在

《经济日报》社看到了文图合一输出的激光照排系统，大为赞赏，并记住了王选的名字。回台后，陈政雄得知，同为“中华印刷科技学会”理事的赵仁蓉教授，已将王选的系统引进台湾省，但主要销售对象为学校、印刷公司和个别报社。现在，王选的团队已研制出先进的高档彩色电子出版系统，台湾资讯界、出版界希望进一步了解大陆的电子出版现状，促进两岸共同发展。于是，陈政雄与赵仁蓉等人商议决定，举办“海峡两岸中文电脑排版技术研讨会”，邀请王选、陈堃銶夫妇来台作技术报告并参观访问。1993 年 12 月 3 日，以“中华印刷科技学会”理事长陈政雄先生名义签发的邀请函飞往大陆。

王选和陈堃銶接到邀请函后十分欣喜，在两岸关系的特殊形势下，这是一个非常难得的交流机会，更是进军台湾出版印刷市场的大好时机。

1994 年 3 月 12 日，王选和陈堃銶在张旋龙等人的陪同下飞抵台北桃园机场，赵仁蓉女士早已在机场等候多时。3月中旬的台湾已是暖意融融，王选身着一身藏蓝色西服，风度儒雅；平日无暇顾及衣着打扮的陈堃銶，特地购置了一套紫色西服套裙，大方典雅，别具风采。

抵达台湾的当天晚上，王选夫妇便来到国民党的机关报“中央日报”社，在副主编魏翰的陪同下，参观了报社的电子排版系统。王选仔细一看，禁不住乐了。

王选：堂堂的国民党党报，用的竟然还是曾经大举“进攻”大陆而败北的英国蒙纳系统：用落后的黑白段方式描述字形，不支持国际流行的页面描述语言 PostScript；用进口电子分色机制彩版，文字和图片分开制作，然后人工“贴毛条”；用 30 万美元一台的进口传真机远程传版……我问他们用电子分色机出一版多长时间，他们回答说要“一个半小时到两个小时”。

参观过后是座谈会。王选介绍说：“如果贵报采用我们的彩色系统，输出一个版面的时间可以缩短到 10 分钟以内；用我们的远程传版技术，传到美国洛杉矶的‘中央日报’，第二天一早就能上市。”“中央日报”社社长石永贵附和道：“王选教授及夫人在计算机科学方面都有了不起的成就，中国文字有繁体与简体的困扰，繁体字有些也应简化一点，而简体字则应该要更美好些。我身为文字工作者，希望未来能达到‘文字统一’。”

1994 年 3 月，王选和陈堃銶参观台湾省“中央日报”电脑中心

第二天，王选一行来到台湾省最大的报业集团《联合报》。接待他们的是联经资讯公司顾问那福忠先生等人。王选早就闻知那福忠的大名，从事电子出版工作十余年，开发完成了中文报业计算机编排系统，于 1982 年在《联合报》正式启用，而王选发明的激光照排系统 1985 年才在新华社投入实用，所以从时间上说，那福忠的系统是世界上第一个投入实用的中文报业计算机编排系统。因此，王选对那福忠非常尊敬，在参观他主持研制的系统时格外认真仔细。事实上，那福忠已了解到，王选的系统远比自己的要先进，这让他更加敬佩王选的为人。两人惺惺相惜，日后成了交往多年的朋友。

那福忠：王老师为人温恭谦和，传统的中国人文素养，每从其热忱的言谈，潺潺流露。无论在台湾还是后来在大陆，无论是对内还是对外，他向别人介绍我的时候，总是把我摆在前面，说我的系统比他的系统发展得早，让我愧疚。论时间，我的系统的确比王老师的运作得早，但层次不能与王老师相提并论。王老师的谦让美德，让我永不忘怀。

接下来的几天，王选一行又先后到“中国时报”、《自立晚报》、兴台印刷厂以及被称为“台湾硅谷”的新竹科技园区参观座谈，台湾同仁纷纷总结多年使用电脑排版的经验，向王选他们建议排版系统应具备的性能，并希望争取两岸有相同的标准。

1994年3月，王选、陈堃銶、张旋龙（右二）在台湾省与“中央日报”社负责人及那福忠（左二）、赵仁蓉（左三）等在一起

3月17日，由“中华印刷科技学会”主办的“电脑排版技术研讨会”隆重召开。平时在台湾省，电脑和印刷界的学术会议很少超过150人，这一次却来了180多人，不得不临时更换会场。许多人是冲着“当代毕昇”来的。会上，王选作了题为《中国大陆出版系统的发展历程以及桌面彩色出版系统将取代传统的电子分色机》和《PostScript Level 2和RIP》两个报告，陈堃銶作了题为《中文排版软件的功能、界面和发展趋势》的报告，博得了与会者的交口称赞与好评。

王选他们在台湾省停留两周后踏上了归程。台湾同人的热情好客，给王选尤其是陈堃銶留下了难忘的记忆。

陈堃銶：此次访问印象最深的是台湾同行对我们的真诚友谊，尤其是与印刷工业同业公会的朋友们相聚，尽管我们过去从未谋面，但彼此仿佛是多年故旧，大家在一起，既谈技术、谈合作，也谈两岸的风土人情、历史典故，我们之间有说不完的话题，交流不完的经验，这些情景虽然时隔多年，至今仍历历在目。我们与许多朋友从此建立了深厚的友情，常在年节有贺卡、贺信相赠。与台湾同胞之间的这种血浓于水的情谊，我永远铭刻在心。

王选的台湾之行，在台湾报业引起了强烈反响，自立报系、《联合报》“中央日报”等都表示出欲采用方正系统的意愿。张旋龙的香港身份，使他方便地往返于大陆与台湾之间，进行沟通协调。由于他每次都带许多报纸上飞机，被空姐打趣为“卖报纸的”。

1995 年 3 月，台湾发行量非常大的报社之一、已有 50 年历史的自立报系与北大签订定购方正彩色出版系统合约，首期合同金额即达 1 亿元新台币，约合人民币 3000 万元，成为台湾省第一家可以彩色图文合一输出的报社。5 月 1 日，台湾省《自立报》以《全电脑编报今天起步走》为题，宣布“自今日起，正式采用北大方正电脑排版系统，迈向编采全面电脑化作业”。

《联合报》顾问那福忠毅然决定用方正系统代替自己发明的排版系统，联合报系的海内外报业最终全部用上了方正电子出版系统。

王选：作为国民党党报的“中央日报”则颇费周折。“中央日报”社要升级设备，在所有竞标设备里面，北大方正的设备最快最好，但却难住了“中央日报”社。一些人说，国民党的“中央日报”怎么能进口大陆的技术？最后拍板时，“中央日报”一位主笔说话了，他很幽默地说：“所有竞标者里，只有北大方正的技术最先进，最有竞争力……”

1995 年 5 月，“中央日报”与方正签署了合作协议，一次购买了两套高档方正彩色系统，这让王选十分兴奋。张旋龙还记得：“拿到台湾‘中央日报’的单子那次，王老师真是高兴得不得了，一直对我说‘我要敬你酒’”。

几年间，港澳台的多数报纸都用上了方正系统，真正实现了“祖国山河一片红”。

1996 年元旦过后不久，王选再次访问台湾省，“中央日报”的负责人一见到王选就说：“采用方正系统传到洛杉矶的‘中央日报’，印出来比台湾的还清楚！”的确，王选曾在飞机上买过一份洛杉矶出的“中央日报”，由于洛杉矶方面使用的印刷设备更先进，印刷出来的报纸比台湾这边还要好。

这一次台湾之行，还让王选经历了难以忘怀的“丧父之痛”。在王选到达台湾省的当天晚上，陈堃銶打来电话，告诉王选父亲去世了。王选的心一下沉了下去，父亲辛苦一生，“文革”中吃尽苦头，王选真想回去见父亲最后一面。王选与父母感情深厚，母亲是1990年8月8日过世的，当时王选正在开会，等他赶回上海，老人已经走了。王选抱着母亲的相片，在房间的楼梯拐角一个人颤抖着哭了半天，很伤心。这次父亲离世，王选又没能守在身边，他真想回去送父亲最后一程。但王选知道，台湾日程早已安排好，如果取消，会带来多方不利影响。于是，王选强忍心中悲痛，给上海家里打了电话，说明原委，请哥哥姐姐帮助料理后事，家人都表示理解。

张旋龙：当时我们劝王老师尽快回上海，王老师却拒绝了，他说：“我来台湾的机会很不容易，既然来了，就抓紧机会，不能半途而废！”我再次提议找上海方正的人帮忙料理后事，他更坚决地拒绝说：“这是私事，别麻烦公司，我的姐姐可以处理。”就这样，王老师忍着丧父之痛，在台湾展开了一个多星期的会议及演讲，取得了空前的成功与轰动。

接下来的一周，王选在台湾南北的不同场合出现，媒体在报道中特别提到他“温谦儒雅的神态，如浴春风的言谈”，唯有张旋龙和赵仁蓉心情异样，充满感激和敬重。

五、“748工程”是一个里程碑

20世纪90年代中期，在汉字计算机信息处理和激光照排技术应用推广的高潮中，“748工程”已整整走过了20年。为了回顾历史，总结经验，1994年8月26日，盛大的“748工程20周年纪念大会”在中央电视台梅地亚宾馆隆重召开。这是一次真正的庆功会，《人民日报》发表评论：“用计算机改造我国传统印刷业的汉字信息处理系统工程基本完成。”1994年8月22日，江泽民主席为大会亲笔题词：拼搏奉献，为中华争光。

在这样一个重要的历史时刻，梅地亚宾馆洋溢着亲切热烈的气氛，来自国家经贸委、电子工业部、国务院重大技术装备领导小组、北京大学、新华社、《经济日报》社以及潍坊、杭州、长春等合作单位的与会人员济济一堂。王选和陈堃銶见到了多年的老领导、老同事，20 年弹指一挥间，许多人当年风华正茂，如今早生华发；许多人当年已过花甲，如今更是白发苍苍，有的甚至已告别人世，包括曾不遗余力全力支持王选和“748 工程”的北大老校长周培源，在这个特殊日子，更引起人们无限的怀念。抚今追昔，百感交集，许多人禁不住泪湿衣襟。

大家深切地感受到，20 年间，在国家的大力支持下，王选和同事们以及一批协作单位呕心沥血，自主创新，研制成功原创性的汉字激光照排系统，成为“748 工程”的主体。不但掀起了印刷业的第二次技术革命，形成了全新的电子出版产业，而且带动了中文计算机信息技术的全面发展，具有重大的现实意义和深远的历史意义。

首先，“748 工程”实现了新闻出版和印刷行业的第二次技术革命，形成了全新的电子出版产业。

1994 年，王选、陈堃銶在纪念“748 工程”20 周年大会上

时任中国印刷工业协会会长的范慕韩同志在大会上总结了“748工程”对我国印刷工业的意义，他说：

综观今日中国印刷工业的成就，不能不使我们要回顾当年，是“748 工程”启动了中国印刷工业的第二次革命，没有“748”的成功进展，就没有以后的印刷技术改造，也就没有印刷工业今日的可喜现状，因此也可以说，中国印刷工业的现代化发轫于“748 工程”。

的确，20 年间，王选带领科研队伍持续创新，引领了中国传统印刷业的一次次告别：告别铅与火、告别报纸传真机、告别电子分色机、告别纸与笔、告别胶片……从而使我国的出版印刷技术不断实现跨越式发展，最终形成了全新的电子出版行业，创造了极大的经济效益和社会效益。更重要的是，在我国的大型科研项目中，像汉字激光照排系统项目那样，完整地走过科学研究、样机试制、中间试验、小批量生产、大面积推广各阶段，并在市场的推动下最终实现产业化的并不多见，汉字激光照排系统的自主创新过程，无疑成为我国自主创新和用高新技术改造传统行业的典范。

其次，“748 工程”更深一层的意义，在于带动了中文计算机信息技术的全面发展，为计算机信息技术在汉字文化背景下的普及应用奠定了重要基础，为我国实现信息化创造了必要条件。

年届八旬的原国务委员张劲夫同志以生动而充满感情的语言，回顾了他对汉字信息化的认识过程，他说：

我年轻时在上海搞地下工作的时候，曾经赞成搞汉字拉丁化、搞拼音，认为汉字、方块字太难学了，妨碍了人民群众学文化、学知识。当然那时是很幼稚的，后来在革命和工作实践中越来越感到汉字的博大精深。有人说汉字是中国对人类的又一大贡献，中国的四大发明应该加一个就是发明汉字，总之汉字不能废除。但是以后电子计算机技术迅速发展，人类进入信息化时代，汉字又面临数字化、信息化、智能化的问题，就是汉字怎么进入电脑、进入后怎么处理、又怎么输出，这个问题不解决，中国就难以进入信息化的时代。现在“748 工程”把这个问题解决了，这是了不起的事。

作为“748 工程”的组织者、开拓者，郭平欣在会上的一段精彩发言感人肺腑，引起与会者的深深共鸣。他说：

一个人一生中办不成几件大事，我认为 20 年来参与此项工程的同志们回顾往事，会感到并未虚度此生。我们经过 10 多年的探索，有现代信息理论作为指导，研究汉字的特征，我们研究的结论是：汉字是全球文字中最富于逻辑性、信息含量最高和具有科学性的文字，也是最具优势的文字，因此我们将以无比自豪的心情宣布汉字的新生。

最后，“748工程”造就了一大批科技人才。

时任电子工业部常务副部长的刘剑锋总结说：

“748工程”最初的系统总体负责单位并不是北京大学。电子工业部“748工程”办公室的同志经过认真的调查研究和深思熟虑，决定改由北京大学负责系统总体的研究开发，王选为系统技术总负责人，新华社和潍坊计算机公司等单位参加北京大学的联合攻关，“748工程”虽屡经困难和波折，而始终大旗不倒，取得胜利，与当时的这个决定是有重大关系的。

在实施“748工程”任务的过程中，造就和涌现了一大批优秀科技人才。其中最杰出的代表人物是获得中国科学院、中国工程院和第三世界科学院三个院士称号的北京大学王选教授。在他身上集中体现了参加“748工程”的科技群英们为国家的需要、为中国人自己解决汉字信息处理而拼搏的无私奉献精神。“748工程”在发展过程中也相应地形成一个庞大的科研开发、生产调试、市场开拓、维修培训的年轻的骨干队伍，这是事业兴旺发达的根本。

除了王选的脱颖而出外，北京大学在“748工程”会战组的基础上建立起了一个拥有硕士、博士招收点和博士后流动站的全球最大的中文电子出版系统研发基地——北大计算机科学技术研究所。在“748工程”启动后的20年里，研究所累计招收了100余名硕士、博士生，他们几乎都参与了汉字激光照排系统的实战演练，其中不少人后来成了电子出版和计算机领域的著名学者或企业家。

“748工程”还孵化培育出了一个在20世纪90年代年销售额就已达数十亿元的大型高新技术企业——北大方正集团公司，走出了一条产学研相结合的成功道路。

王选心情激动地在大会上发言，他总结了20年间作出的20个重要技术决策，并特别强调了汉字照排系统工程取得成功的五大原因和三点启迪。

王选：从一个构思发展成新兴产业是十分艰苦的，成功率是很低的。“748工程”产生的方正和华光系统已有约1.5万名用户，占我国报纸照排市场99%的份额，书刊照排市场90%以上的份额。港澳的大部分报纸，马来西亚的大多数华文报，中国台湾、新加坡、美国、加拿大等国家和地区的一些中文报纸，也采用了上述系统。这一项目能取得重大成就的原因，我认为有下列五个方面。

一、各方面领导长时间的大力支持。该项目1976～1982年期间得到国家计委、国家科委和电子工业部的经费支持，1983年后则由经委印刷专项支持，连续拨款达15年之久。没有这些支持，无法度过样机研制和商品化的艰难过程。除上述领导部门外，新闻出版署、国家教委、中国科学院和国务院进出口管委会等都给过大力支持。

二、用户的大力配合。在系统尚未成熟的时候，第一用户的选择是很重要的。新华社作为Ⅰ型机（原理性样机）和Ⅱ型机的第一用户和研制协作单位，付出了代价。我们（研制单位）和新华社均付出了学费（当然由国家支付），但总算付了学费后毕了业，形成了新兴产业。《经济日报》作为四开日报的第一用户，是要冒风险的。没有这些开明用户的促进和大力配合，国产照排系统的成熟周期还要长得多，就会丧失占领市场的时机。

三、协作单位的共同努力。创新的构思和设计是保证系统竞争能力的重要因素，而一个新方法的实现过程往往是很艰苦的。北京大学、潍坊计算机公司、杭州通信设备厂、长春光机所等单位的一大批科技人员为这一项目付出了辛勤的劳动，潍坊参与合作的一些主要骨干克服家庭和生活方面的困难，在北大工作长达七八年之久。没有协作单位的齐心合力，很难及时完成研制任务，而一个好的设计若不能及时变成商品，时间一长就会失去其价值，这种反面例子也是不少的。

四、良好的科研风气。不追求虚名，不满足于获奖，锲而不舍地把成果转化成有竞争能力的商品，并形成产业，这种观念十多年来在我们的研制队伍中是很强烈的。面临新的开放局面下的国际竞争，这种观念仍是重要的。从创新构思到建成产业是“九死一生”的，由于技术更新很快，要保持一个产业在今后十多年内在市场上的继续繁荣也是“九死一生”的。国外不少赫赫有名的公司在第一个“九死一生”中取得了辉煌的业绩，而在第二个“九死一生”中垮台，这种教训是应该引以为鉴的。

五、正确的技术决策。1976年我们跳过了当时日本流行的光机式第二代照排机、欧美流行的阴极射线管第三代照排机，直接研制当时尚无商品的第四代激光照排系统，而激光照排直到80年代中期才开始在美国流行。1975年，我们采用轮廓加参数的汉字字形描述方法，并提出了把折线轮廓转成点阵的新算法，其中保证字形缩小时质量的参数描述和某些转换算法，当时是首次提出，未见国外报道。1988 年，当 IBM PC 机上多窗口应用软件很不普遍时，我们决定在 MS Windows 下开发软件，并于 1991 年春推出商品，今天在 MS Windows 下开发应用软件已成为国内外几乎所有开发商的基本方针。1987 年，我们提出发展彩色桌面系统逐步取代传统的电分机，今天已成为事实。……20 年来高起点和创新始终是“748 工程”照排项目的灵魂，也是取得成功的重要原因。

20 年来艰苦卓绝的历程还有下面三点启迪：

1. 要发现和重用年轻的小人物。

2. 要相信中国人自己的科技力量，以我为主，同时吸收和直接利用国外一切好东西，参与国际竞争。

3. 需求刺激创造。

王选用朴实的、富有哲理的语言，深入浅出地道出了“748 工程”成功应用的启迪，他也正实践着自己从中悟出的道理。就在纪念大会召开前夕，王选对前来采访的《计算机世界》记者高丽华说：“‘748 工程’对于汉字信息处理与计算机的接轨这一世界性难题是个超越，新形势下要获得新的发展，必须实现对‘748’自身的超越，走向全方位竞争，我对此充满信心。”

在王选的心中，已经开始描绘“超越 748”的宏伟蓝图。

六、进军日本

1995 年，国产电子出版系统已经在海内外中文报业和出版印刷领域稳居霸主地位，王选开始把目光投向国门之外。

当时，一些报纸杂志把方正进入海外市场称为“走向国际”，王选不同意这样的说法，他对大家说：“华文报纸的出版系统就应该由中国人来提供，没有什么值得骄傲的，否则就是丢脸的事情。只有开发出非中文领域的出版系统打入发达国家，才算真正走向国际。”

此言一出，语惊四座。如果说研制中文出版系统，中国人还有自己的优势，而要开发非中文领域的出版系统，并打入发达国家，同国际先进技术同台竞技，却是难上加难。不过，王选认为应该有这个胆略，他对《人民日报》前来采访的记者说："现在中关村流行一句话：'洋人进村了！'我看只有将自己的产品打入国际市场，才能反过来保住国内大市场，这叫'以攻为守'。既然微软之类的外国公司能够开发出中文版的 Windows 来占领中国市场，我们为什么不能到外国去搞出版系统的'本地化'，在国际市场占一席之地呢？"

王选在反问记者，其实也是在反问自己。进入国际市场的突破口在哪里？从哪个国家和语系入手最为合适？这不是一般的技术决策，这是具有战略意义的重大抉择。就在 1995 年，一次去日本考察，让王选找到了突破口，他惊喜地发现，日本的印刷出版业商机无限。

王选：我发现了一个令人兴奋不已的现象：日本的彩色印刷业十分发达，丝毫不亚于美国，要领先中国 5 到 10 年；尽管我们在中文专业排版领域占主导地位，但这一领域的年营业额很难超过 15 亿元，而日本市场却大得多，大概是中国的 10 倍！

这么庞大的一个印刷市场，其印刷出版系统的软件却不先进。日本报业的电子排版相当落后，大量采用价格昂贵的苹果机，甚至计算机工作站，与世界报业纷纷采用开放平台的 PC 存在很大差距，开放性和先进性方面明显地落后，而且没有一个有效的能够处理图文合一的排版软件。与之相比，我们的技术至少领先 2 年左右。

王选禁不住想起一句流行歌词："外面的世界很精彩，外面的世界很无奈。"这个日本市场就像"外面的世界"，它的"精彩"和"无奈"给方正带来了难得机遇，王选决定开发日文出版系统，进军日本市场，这是他迈向国际化道路的重要决策。

张旋龙：1995 年，亚洲最大的印刷展在日本举行。我们一听觉得"机会来了"，兴冲冲地带了一拨人直奔日本。但一打听，参展费太高，吓得一拨人急忙掉转马头。费尽周折，我通过日本通产省的朋友，找到一个免费的、紧挨着厕所的狭窄的展位。谁知道，刚跟客户谈了一次，就被人指出一百多个错误，这才知道日文和中文看上去相似，实际上差别非常大。

日本人近乎苛刻的严谨让王选和张旋龙大为惊叹。就在这次展会上，还出了一个笑话。方正的参展人员拿报纸包着几万美元的 RIP 卡给日本人，令日本人惊愕不已，继而捧腹大笑。这使王选他们意识到，要实现“国际化”，除了有过硬的技术外，还必须有“国际化”的素质和形象，同时，一定要遵从本地化规则，这一点在日本尤其重要，因为日本是一个相对保守的、有排外倾向的国度。在日本成立分公司，需要进行可观的资金投入，也存在一定风险。这使得方正公司的一些人开始犹豫。不过，王选则信心坚定，他说，我们从中文排版过渡到日文排版固然要做不少新的开发，但这些附加投入是值得的，而且为日本市场开发的某些功能在国内也有用途，有可能事半功倍；更可贵的是，发达的日本市场有很多国内碰不到的需求，会促进已有技术的进一步发展。

王选物色了两个年轻人主持日文出版系统的软件开发：当时的文字信息处理研究室主任汤帜，32 岁，副教授；副主任李平立，28 岁，博士。这两个年轻人不孚重望，主持研制成功“采用面向对象技术”的“飞腾”日文排版软件，其特点是采用 PostScript Level 2 的标准，可以与其他符合国际标准的应用环境和软件实现“无缝链接”；创造性地提出并实现了软插件技术，使系统很容易扩展和升级。正是这一特点，使日本市场所需要的各种功能能够用软插件这一扩展技术方便地实现，做到了“韩信点兵，多多益善”。

同时在物色在日本设立方正分公司的合适人选时，一个叫管祥红的年轻人走入了大家的视野。

管祥红，1989 年从北大无线电系毕业后去了日本，是住友公司排版印刷业务团队的负责人，1995 年亚洲印刷展期间，曾为方正参展团担任日语翻译。经过交流，王选比较中意这个二十几岁的年轻人，认为他“对日本印刷业十分熟悉，有很强的技术背景，又有雄心壮志，能判断日本市场需求，并提出相应的技术方向”。于是决定请管祥红担任日本方正的负责人。1996 年 4 月，28 岁的管祥红离开了住友公司，成立方正株式会社，总投资 100 万美元。

管祥红：在日本，一个中国公司要得到承认是很难的。我发现，如果走大众软件的套路，阻碍太多；如果走专业化和高档化道路，则可以回避很多问题。在朋友介绍下，我找到了富士胶卷的总代理，对方手里有很多商业印刷大客户。我专门把王选老师请到东京拜访这家公司，终于与对方谈好，为其开发商业印刷软件。就这样，北京的研发团队与方正日本的团队通力合作，拿下了第一个项目。但质量实在不好，卖一回被客户骂一回。直到后来，才算有了一个稳定的版本。可以说，方正日本是在骂声中成长起来的。

进军日本市场是王选的一大梦想，但也一度遭到来自公司内部的不解和指责，一些人认为公司在开拓国际市场方面投资过大，却未见明显效益，存在“盲目性”。但是，王选坚信这是一个卧薪尝胆的过程，不但需要“准确判断、锲而不舍的长期奋斗精神”，更需要“雄心壮志和冒险精神”。为此，他一直惦记着这块业务，不遗余力地给予支持。最终，王选顶住了来自各方的巨大压力，取得了成功。

1997 年 5 月 23 日，方正集团与日本第二大杂志社——日本株式会社利库路特（Recruit）公司在人民大会堂举行了签约仪式。这是一家拥有 5000 余名员工的大型杂志集团，在多次考察后，他们决定选用中国的技术，花 400 万美元购买方正日文出版系统，用于出版旗下的大型杂志 *Car Sensor*。

1997 年 5 月 23 日，王选代表方正集团与日本第二大杂志社——日本株式会社利库路特（Recruit）公司在人民大会堂签署协议

会上有中国记者问日方：“你们出版日文杂志，为什么不用日本开发的排版软件，而要选择中国的系统？”日方技术人员回答说：“方正系统把文字、图形和图像处理功能集成在一起，使用方便，可以大大提高效

率。”的确，*Car Sensor* 杂志双周刊，每期多达1500页，含上万张照片和大量广告，使用方正排版系统后，与以前使用的美国系统相比，排版周期缩短了3天，生产效率一下提高近10倍，每年节约费用支出约10亿日元，被认为是日本同类系统中最先进的。《北京日报》对此自豪地报道称：“这是中国企业第一次较大规模地出口和销售拥有自己知识产权和自有产品品牌的高科技应用软件。”《日本经济新闻》在协议签署第二天，醒目地宣称：“这次的成交表明，日本企业已经承认中国正在迅速长进的开发排版软件的实力。日本的排版软件市场上，很可能刮起一股‘中国旋风’。”

1997年12月1日，《日刊京都新闻》采用方正日文排版系统出版了第一张报纸，标志着方正排版软件开始进入日本报业市场。到2001年，形势有了根本逆转。方正击败《日刊体育》原系统供应商NEC，开发出新的日刊报业整体解决方案，这成为日本方正划时代的重要项目。《日刊体育》是日本最大的全国性体育报纸，其技术人员介绍，NEC的系统开发从试运行到上线用了近一年的时间，而方正的系统仅用了两个月，价格只有同类系统的1/10，性能和效率却有超群之处，因而在日本报业领域引起了轰动。

2010年，专业化的大型报社生产管理系统在日刊体育印刷社和日刊体育新闻社全面部署；方正出版系统在日本情报出版、新闻出版等领域得到大量的应用，用方正系统发行的报纸约300种，杂志近百种；在日本出版领域，近几年方正每年的营业额都是20亿日元以上；包括日本方正在内的方正国际软件有限公司拥有员工4000余人，业务涉及出版报业、电子政务、金融、交通、公共安全等众多领域，被业界授予“2011年中国软件行业最具影响企业奖”、“2011中国IT创新企业奖”等荣誉。

王选把方正在日本的成功比喻为“开创了一个新的时代”。进军国际市场的经验，还使王选运用传统比喻，异常形象地总结出了国际化的最有效方式。

王选：国际化有三种方式：第一种方式是与国外合资引进技术，占领国内市场，也就是以市场换技术；第二种方式是引进技术，依靠良好的管理、高品质和低成本生产，然后出口海外；第三种方式是依靠自己的创新技术，把性能优异的中国品牌产品打入国际市场。一个国家在发展初期往往不得不采用第一种方式，以缩短产品和管理与国际先进水平的差距，人们常称之为“引‘狼’入室，与‘狼’共舞”。而我国有些企业在合资过程中被外方控股，丢掉了自己的品牌，丧失了进一步技术开发的权力，市场并未换来技术，反而造成“引‘狼’入室，与‘狼’共舞，被‘狼’吃掉”的结局。当然我并不赞成都把“狼”赶走，因为国际合作中应该双方得利、共同发展；但是被“狼”吃掉总是可悲的，不利于民族产业的发展。北大方正由于拥有世界一流的技术和产品，因此选择了依靠自主创新技术走向国际的道路。

七、开辟广电领域

开拓数字媒体这一全新的研究方向，进军广播电视领域，是20世纪90年代王选的又一个重要决策，体现了他非同一般的雄心和冒险精神。

王选：进入90年代后，我一直在思考一个问题，即使我们的出版系统主流产品不断升级换代，也总有饱和的一天，要发展，就必须开辟能够成为第二大支柱的新领域。我们在文字、彩色图形和图像处理领域积累了20多年的技术和经验，应该充分利用这些财富，进行活动图像处理技术的研究开发，启动数字媒体技术这个新方向。于是，1991年，我给了我的博士生一个课题，研制多媒体制作软件。

几年后，一个名叫“奥思”的多媒体创作工具软件问世，推向市场后累计销售了40多万套，在国内同类软件中的知名度和市场占有率高居首位。同时，为进入广电领域积累了技术实力。

1994年，王选来到位于纽约附近的IBM Watson研究中心访问，中心主任、IBM高级副总裁麦高地的一席话，给王选留下了深刻印象。

王选：麦高地用“呼吸和吃饭”作了一个非常生动的比喻，他说，不考虑适合当前市场需要的开发，好比一个人不呼吸；不作未来市场需要的研究，好比一个人不吃饭。不呼吸，几分钟就会死去；不吃饭，两三个星期也会丧命。这个比喻生动地说明了研究开发中近期和远期的关系。IBM、英特尔和微软等国际有名的大公司为了领导世界潮流，必须要考虑和研究10年以后的技术和市场需要，但这需要一大笔资金投入，我们国家的高新技术企业目前还没有这个实力，但可以考虑5年以内的事情。我们的原则是：先呼吸，再吃饭。

此后，王选一直在琢磨，除了保障出版领域的“呼吸畅通”外，“未来再做什么领域的饭吃”。

1995 年 9 月 8 日，王选接到来自中央电视台的消息，几天前，李岚清副总理接见中央电视台有关领导，在谈到应向孩子们提供更多、更好的国产动画片时，他建议中央电视台可以和北大方正合作，研制中国自己的计算机动画制作系统，以提高制作质量和效率，降低成本。李岚清副总理这一充满信任和期望的建议，源自他对王选带领的北大研发团队技术实力的了解和赞许。

王选：我得知这一消息，当时脑子里马上闪过两个念头。第一，这是一个非常难得的机遇，因为随着信息时代的来临，视频领域的数字化将是我国广电业在不久的将来必须面临的重大变革，中国有 3000 多家电视台和 1000 多家院校电教中心，而它们的总体经济实力要比报社、出版社更雄厚。所以这是一个比印刷业更巨大的市场。我们应该抓住这个机会，通过和中央电视台合作这样的高起点，正式进入广电领域。第二，我感觉会靠这个领域培养一批年轻人才。

王选感到无比兴奋，他立即决定，组织力量与中央电视台合作，以研制计算机动画制作系统为契机，进军广电业。

1996 年 5 月，方正与中央电视台签署合作协议，组织了由 33 岁的邹维副教授和 31 岁的郭宗明副教授为首的 7 人课题组。历时一年半，在 1997 年年底开发成功“点睛”动画制作软件，这是我国第一个自主开发、拥有自主版权的计算机辅助制作传统动画的软件系统，于 1998 年通过了国家广播电影电视总局主持的鉴定，在中央电视台成功应用。在与北大合作之前，中央电视台的动画机房使用的中低档动画制作系统是美国 AXA 公司的系统，这一系统在中国的市场占有率第一，价格昂贵，售后服务十分不便。“点睛”软件整体性能超过了 AXA 系统，被评为“1998 年中国高等学校十大科技进展”。

不过，在王选的心目中，“点睛”只是进入广电领域的入场券，不久的将来，电视传播将从模拟时代向数字时代转变，王选的真正目标是要进入这个庞大领域的最深处，研制出从节目的采、编、播到电视台管理的全套计算机系统。1997 年，在举国欢庆香港回归祖国的时刻，王选和香港亚洲电视台相遇了。

王选：我和香港亚视的老板共进晚餐，他告诉我，亚视现在和其他电视台一样，用的是模拟影像带，不但保存起来要占很大空间，时间一长音像效果容易损失，而且检索和剪辑也十分麻烦。国外采取的办法是用数字影像带取代模拟影像带，这样虽然减少了存储空间和信号减损，但毕竟没有从根本上解决问题。所以，亚视想跨过数字影像带，将音像资料直接存到计算机视频服务器的硬盘上，在上面编辑播出，这样电视台的人员可以减去一半，从而节省开支，减少亏损。

当时我一听，马上感到一种兴奋，就像当年想到跨过第二、三代照排系统，直接研制第四代激光照排时那样兴奋，虽然我不熟悉视频技术，但可以想象，越过数字影像带阶段，直接研制基于硬盘视频服务器的数字播控系统，同样是一个非凡的技术跨越。

这的确是一个与当年极其相似的跨越，它的意义不仅是一个香港电视台。1997年，我国80%以上的电视台仍然采用模拟影像带，技术和设备主要依靠从日本和欧美进口，不但产品本身价格昂贵，而且需要支付高额的材料消耗和维护费用；即使向数字带过渡，仍要进口国外产品。如果研制成功基于硬盘视频服务器的数字播控系统，其资金投入仅是数字影像带的一半，这是一个多么广阔而壮观的应用前景。

王选：我相信我们的技术力量，但我们缺乏的是电视台系统的硬件开发环境和先进的需求，而亚视恰恰能提供这两个条件，这正是一个大好机会。我立即给张旋龙打电话，让他与香港亚视加紧谈合作的事。我这一生有两次“独断专行”，一次是当年在香港订购美国ECRM彩色照排机，另外就是这一次。我估计到会有反对意见，但我对张旋龙说，任何人的意见你都不要听，一定要把亚视的项目接下来，我保证不会砸锅。

与香港亚视的合作很快确定下来，王选把这个项目交给了博士后吴中海。吴中海与邹维、郭宗明通力合作，于1998年开发出了我国第一个基于硬盘的播控系统，在亚视投入使用。有了亚视的成功经验，这一系统后来又在湖南经济台和河南电视台得到应用，并逐步推广。电视台的工作人员感叹，由于系统的智能和稳定，计算机高效、精确地按指令工作，值班人员坐在整洁的机房里值班，什么故障也没有，又不需要做什么操作，惬意轻松，甚至显得“很无聊”，与以往紧张、忙碌的状态形成了鲜明对比。

当然，在广电领域的推进绝非易事，既要有电视台信得过的过硬技术——而电视台往往比报社更加强调实效性和稳定性；又要与国际品牌的同行企业两军对垒。接下来的岁月里，年轻的团队遇到了风风雨雨、沟沟坎坎，甚至一度陷入困境。而王选则一直站在他们身后，坚定不移地予以支持和鼓励，使数字播控技术和系统不断完善，步步为营，逐渐入驻全国近百家电视台、300多个频道，取得了省级及省级以上电视台占有率超过70%的骄人战绩，推动了我国电视播出从模拟到数字的变革，最终获得国家科技进步二等奖。

八、技术创新论

20年的科研道路上，作为我国第一批把科研成果推向市场的先行者，王选一直身体力行，坚持自主创新。同时，也积累了丰富的创新经验，既有自身体会，也有对国内外研究机构和企业成败兴衰的总结。王选把它们付诸笔端，写成了十余万字的精彩文章，形成了一套精辟独特的创新理念。

首先，王选认为，创新是高技术产业的灵魂，高新技术的关键领域要有自己的、有创新的核心技术，这样才能不断提高国家的核心竞争力。

王选用京剧中的“一招鲜”来形象地作比喻：

戏曲界有一说法，叫“一招鲜，吃遍天”，每个名演员在保留剧目中常常有一些绝招以吸引观众，因而经久不衰。在科研中也应该发扬自身的长处，有自己的特色，也应该有“一招鲜”，甚至“几招鲜”。

王选常举一个例子，说明选定目标后既要锲而不舍地拼搏，同时又要适应飞速发展的环境，不断求变，不断创新，做到“执着而不僵化”。

王选：国家计委1974年支持的一个项目的技术负责人曾说，他决心拿出“愚公移山”的精神，自己做不完，让儿子做，儿子做不完，让孙子做。我一听心想完了，等他的儿孙做出来，恐怕早已过时，不符合世界科技发展的潮流了，后来这个项目不了了之。在知识经济时代，企业必须不断变化以适应技术和市场的发展才能生存，我赞赏这样一句话：企业的领导人除了太太不要变以外，其他都应该不断地变。

针对我国科研成果转化成商品的比例明显低于发达国家这一现象，王选认为其中一个重要原因是缺乏创新意识。他对此尖锐而不客气地指出：

有些成果基本上是仿制国外已经在市场上大量销售的产品，当费了很大力气做出样机时，国外新一代的产品已经问世；尽管鉴定会上可以得到诸如“80 年代末或 90 年代初国际水平”、“填补了国内空白”等好的评价，可以申报奖励，但大家都知道，即使再投资，再经历一段艰苦的过程把这一成果变成商品，也无法与国外新产品在市场上抗衡。填补国内空白的产品，假如性能和可靠性与国外同类产品差不多，而价格便宜，则即使创新成分不多，也是很有价值的和应该鼓励的；但若性能和可靠性均不如别人而价格又差不多，则这种“填补国内空白”很难在市场上站住脚，这类成果今后也不应该给予好的评价和奖励。

1991 年年底，王选访问美国，在参观了位于加利福尼亚州的施乐公司研究中心 PARC 后，受到了很大启发。

施乐希望把 PARC 建设成一个充满想象力和创造活力、在研究内容上不受限制的研究机构。这种开放态度，吸引了许多有才华的年轻人，做出了一系列计算机发展史上留下痕迹的开创性成果，比如鼠标的发明、图形用户界面、所见即所得、页面描述语言、以太网，等等。可惜的是，当时施乐并不努力促使这些创新成果转化成商品大量推广，致使人才纷纷流失，出现了“墙内开花墙外香”的结果。苹果公司利用其发明的鼠标和图形用户界面，开发了风靡一时、赚取了高额利润的 Macintosh；页面描述语言的发明人从 PARC 出来创建了 Adobe，使 PostScript 成为国际标准；以太网的发明人离开 PARC，创建了 3COM 公司，使以太网成为大量推广的商品。我去参观的时候，施乐公司由于不注意成果转化，无法形成良性循环，已经远不如 70 年代那样辉煌了。当时就听到施乐在总结经验教训，强调在体制上要加强研究开发与商品化的结合。

王选总结道，即使是一个创新的、甚至于技术上有所突破的成果，也必须经过市场的磨炼，否则很难改进和完善，也不可能取得效益，他称之为“叫好不叫座”。

今天的现实情况是：一方面我国计算机人才、尤其是软件人才缺乏，优秀人才外流，另一方面人才又严重浪费，不少年轻人、特别是研究生不断从事“既不叫好、更不叫座”的项目；一方面科研经费不足，另一方面国家经费又投入到不少不可能产生效益的项目中，回报率低。常常是政府拨款，投资方和承担方不需要承担经济责任，有点成果就可开个鉴定会，再宣传一番，从而皆大欢喜。

我国科技工作者应追求两种目标：文章或样机系统的发表被国内外大量引用并获得好评，即真正“叫好”；科研成果产业化后赚大钱，并进入国际市场，即真正“叫座”。

1999 年 5 月，王选在北京高新技术产业国际周论坛上作技术创新报告

其次，如何才能做到既叫好又叫座？王选提出了技术与市场紧密结合的模式，并将其形象而响亮地概括为：顶天立地。

高科技应做到“顶天立地”，“顶天”并不是指应用基础研究，更不是做基础研究，因为目前我们还没有足够的经济实力。“顶天”是指对未来技术或下一代技术作技术储备，进行预研和探索，以不断追求技术上的新突破。“立地”就是商品化和大量推广、服务。

“顶天”和“立地”应紧密结合，相辅相成，以此实现“技术与市场的正反馈”，即首先实现技术跨越，向用户提供最先进的技术；用户在使用这一技术的过程中，根据自身特点不断提出进一步需求，从而促使技术向更深、更精方向发展。

王选特别强调，“顶天”是为了更好地“立地”，他举了英国的例子进一步说明这一点。

过去有一种说法，叫“英国的发明，美国的样机，日本的商品”。50年代计算机的不少新技术是英国首创的，例如闭子程序、水银延迟线内存、微程序、虚拟存储器等，但70年代后英国在计算机方面的重大贡献就很少了。70年代末有一次我和英国计算机公司ICL的一位负责人谈话，我谈到英国50年代有很多发明，但最终计算机工业却不行，而发明创造也大大减少。该负责人难过地说：“ICL的研究开发经费只有IBM的百分之几，怎么可能竞争？”英国的教训是发人深省的，一个国家或单位若只有发明，而没有能力把发明变成大量推广的商品并形成产业，则发明单位最终将缺乏经费来支持进一步的发明，也无法吸引大批优秀人才，从而导致创新的源泉枯竭。

最后，王选总结出一套技术创新的方式方法，极富启迪意义。

第一，“跨越式发展是开辟高效益的捷径”。

采用最新成果，实现技术发展的跨越，有时意味着用创新的设计，绕过按常规方式发展会遇到的巨大困难，从而走出一条高效益的、事半功倍的捷径。我们决策跳过第二、三代照排机，直接研制第四代激光照排系统；跳过传统的电子分色机阶段，直接研制开放式彩色桌面出版系统等，都是跨越式地选择了最先进、最有前途的技术方向，从而产生应用和市场方面的飞跃，接踵而来的是巨大的经济效益。

第二，“需要”和“已有技术的不足”是创造的源泉。

索尼公司名誉董事长井深大的人生哲学是“独创，绝不模仿他人”，但绝不意味着闭门造车，而应该针对市场需要，大量吸收前人的好成果和分析已有系统的缺点。要做到这一点，第一必须学习国外的系统，因为国外的需求往往早于国内，代表国内未来的需求。同时，寻找和发现国外名牌产品的不足是一种乐趣，也是创新的源泉之一。第二要深入到用户中去，虚心向他们学习，了解该行业的业务。第三发挥创造力和想象力，设计出新奇的功能，然后到用户中去检验，判断这些功能是华而不实、锦上添花，还是雪中送炭。微软的研发工作有一条原则：把软件人员的才华聚焦到用户最愿意掏腰包的那些功能上，这也应该成为我们的准则。恩格斯说过："社会一旦有技术上的需要，则这种需要就会比十所大学更能把科学推向前进。"

第三，"寻求最前沿的需求刺激"。

接触两个"最前沿"，即技术发展的最前沿和需求（包括当前和未来市场的需求）的最前沿，创新的机会大大增加。汉字字形信息量大，迫使我们比西方国家更早使用字形轮廓描述方法，字形可以放大缩小，从而极大地减少总存储量。汉字笔画多的特点，迫使我们比美国人早十年获得了十分宝贵的需求刺激，因而比西方更早选择了后来广为流行的技术途径。只有把应用和市场推到最前沿，才能获得十分宝贵的最前沿的需求刺激，而这是创新的重要推动力。

第四，"新技术能创造出新市场"。

我们多年来研制的基于页面描述语言的远程传版技术、告别纸与笔的新闻采编系统、基于硬盘视频服务器的电视台播控系统等，都是新技术创造新市场的典型例子。每个领域内出现新技术和新潮流的苗头时，就是实现跨越式发展和超越外国产品、实现创造历史欲望的大好机遇。所谓"创造历史"，指的是在国内或在海外引领某个新潮流，并在这一领域取得高的市场占有率和明显的经济效益。这里的关键是要善于发现新潮流，并有合适的带头人带领团队充满激情地冲锋陷阵。

第五，找准市场的切入点。

一个企业在创业选择方向时总是面临国内外已有产品的竞争压力，如何选准和研发有竞争力的产品切入市场，从而积累继续发展的资金，成为首要问题。国外杂志上经常提到，在激烈的竞争中，找到薄弱环节切入，吃下一块市场，称为 niche market，我非常赞赏这种做法。

王选还总结出一些重要经验，例如，选择样板用户至关重要，样板用户应满足两个条件：一是对新技术的积极性很高，指望依靠新技术每天从事生产，而不是可有可无或只是锦上添花而已；二是有一定的技术力量，能提供研发所需的宝贵的最前沿需求等。

王选最终强调，坚持长期的技术积累，是一切技术创新的基础。要有一种“十年甚至十五年磨一剑”的精神，这是实现所有创新理念的基础。

做成一件大事常常要十多年时间的埋头苦干，而不理会外面的评价。过去说“十年磨一剑”，我们的经验是十年不够，往往需要“十五年磨一剑”。激光照排从 1975 年开始研制，1989 年前非议很多很多，直到 1991 年我们把外国厂商赶出了中国，99% 的报社、90% 的出版社和印刷厂采用了北大负责研制的系统，这项成果最终得到了一致的评价。因此是“十五年磨一剑”。

看准方向和目标并有了正确的技术路线和方案后，就要坚持、再坚持。在这艰难的过程中，需要忍受各种不适当的、急功近利的评估方法的干扰而始终坚定自己的决心和信心，锲而不舍地奋斗下去。

多年的实践更使王选体会到，实现技术创新的关键是培养年轻人才，实现技术与市场相辅相成的保障是产学研结合的体制。这也是他在 20 世纪 90 年代中后期孜孜以求的又一番宏伟事业。

第十章 甘为人梯

一、"伏枥老骥"新说

曾经有记者问王选，什么是你最高兴和最痛心的事？王选答：

看到年轻人"出彩"是最高兴的事，方向错误或管理不善而浪费优秀人才的青春年华则是最痛心的事。我的学生会在很多方面超过我，但是唯有爱才如命方面，恐怕难以超过我。

记者又问：为什么如此热心地提携年轻人？王选回答得很谦虚，也很坦率：

其实并不是因为我高风亮节，毫不利己，而是我懂得一些社会发展规律，计算机这类新兴学科，技术发展和知识更新太快，年轻人具有明显的优势。假如不这么做，单位就要垮台，我的名气也就没有了，所以扶持年轻人是一种社会需要，也是我的一个"自私"想法。

1993年春节，王选像往年一样，除了抽出半天时间到周培源先生家拜年外，其余时间把家门一关，专心搞设计。春节对于王选来说，是可以聚精会神搞科研的一大段宝贵时间，他的许多设计都是春节期间完成的。更何况，这次遇到的是加快芯片处理速度的技术难题，他必须争分夺秒地解决。学生们来王选家拜年，看到的是满桌的设计草稿。

两个星期以后，王选完成了这个加快方正93芯片速度的补充设计。上班第一天，他把方案拿到单位，不料他的学生刘志红看后一句话就否定了这个方案。

刘志红：那年春节前，王老师带着我们设计方正93芯片时遇到了技术困难，在处理文字、图形速度时比较慢。春节后上班的第一天，王老师就拿来一摞资料，大概有好几十页，是他春节期间手写的一套方案，其中专门设计了一个缓冲功能，以解决速度慢的难题。当时他已经是院士了，工作起来还是身体力行，特别辛苦，常常头天晚上我们提到一个技术方案，他第二天早上就会拿来十几页的手稿，我们就知道，王老师肯定又工作到了深夜。因此，我们对于王老师的做法既钦佩，也有些习惯了。所以当我看了王老师的新方案后，也没多想他的设计有多么辛苦，就说：王老师，不用专门设计缓冲功能，还有一个更简便的方法，您可以用检测 PC 机总线 BUSY 上的信号的方式来实现，这个功能是现成的，效果和您的方案一样。王老师当时特别高兴，说我这个主意非常好，立刻就把他的方案 cancel（取消）掉了。

刘志红不经意的一句话，使王选猛然意识到，自己花了两个星期做出的却是一个笨拙的设计，现在的计算机技术发展迅速，自己在掌握重要的技术细节方面已不如年轻人了，这也意味着一个春节的辛苦付之东流。不过，王选还是为学生灵巧的方案而高兴，在高兴之余，王选批评刘志红："你这好主意为什么自己出不来，非要我用一个馊主意才能逼出来呢？"

王选是问学生，也是在反问自己。他想起了两年前的一件事。1991 年年初，方正 91 即将上市，王选忽然发现自己设计的芯片在处理图形时有漏洞。他一时想不出解决办法，十分焦虑，便把这一问题告诉了 RIP 组的三个年轻人。当时王选并没有指望他们能想出对策，因为他们都没有参加这一芯片的设计工作。不料只过了几天，硕士生刘志红就想出一个妙招，回避了这一失误。王选在大喜过望的同时，已经隐隐感觉到了危机，这一次，又是刘志红给王选提了一个醒，这绝非偶然，难道自己真的已经老了？

1997 年 10 月计算机所秋游时，王选、陈堃銶与刘志红合影

这一年王选56岁，就在1991年54岁时，王选当选中国科学院学部委员（院士），正是年富力强、大展宏图的年龄。多年来他坚持晨练，身体已彻底摆脱了当年的虚弱，变得十分硬朗，健步如飞，思维敏锐，反应敏捷，无论从哪个角度去评判，都谈不上“老”。王选一直觉得，自己还可以和年轻人一起多干几年。

王选开始查阅文献资料，认真地研究着计算机领域的规律。他发现，图灵奖、Hopper奖、Eckert Mauchly奖和ACM软件系统奖的70多位获奖人都有一个显著特点：他们所取得的第一个杰出成就往往都在20多岁和30多岁时，很少有超过40岁的。

同时，王选也看到了三个典型例子，说明在计算机这一新兴领域，人过中年、步入老年时往往会跟不上形势，固执已见，发生技术决策或市场策略方面的重大失误，导致严重损失：

华裔电脑巨头王安，一生获40多项发明专利，被里根总统授予全美杰出人士荣誉奖，但是这一杰出的科学家在年过花甲时还是犯了错误，如坚持跟IBM对着干，不生产和IBM兼容的计算机，搞自己的硬件和操作系统，连网络都是Wang.net。这是一个决策上的重大错误。另外他没有摆脱封建意识，相信虎父焉有犬子，不顾董事会的强烈反对，把自己不争气的儿子提拔到总裁的位置上，结果股民联名告状，说王安把中国的裙带关系搞到美国上市公司里去了。最后王安不得不把儿子弄下来，结果元气大伤。王安去世前公司已经出现了严重的滑坡趋势，最终破产了。

美国“巨型计算机之父”克雷、世界第二大计算机公司DEC的总裁奥尔森，都曾是叱咤计算机界的风云人物，但因为晚年跟不上技术发展的潮流，决策失误而导致下台甚至公司破产。

王选还看到，当时30多岁的风云人物比尔·盖茨评论说，他本人绝不会像奥尔森，贪恋到60多岁这样的年龄才离开总裁职位。这句话也使王选感到震撼，他回想着自己多年的科研经历，自我剖析道：

我的两次创造高峰——1964年从事软硬件研究和1975年研制激光照排项目，分别是27岁和38岁，可以说是无名小卒，常常会受到一些表面上比我更“权威”、却对实际技术细节了解甚少的人的干扰。幸运的是我常常能说服别人，有时也不得不采取阳奉阴违的办法来绕过这种干扰。现在我已经56岁，却似乎成了计算机某个领域的所谓“权威”，获得了众多奖项，1991 年又当选为中科院学部委员，各种事务性工作和社会活动日益增加。事实上我看的技术资料和文献已不如年轻人多，第一线的实践更不如年轻人，对于计算机这种新兴学科领域，不掌握或不熟悉重要的技术细节是容易犯“瞎指挥”的错误。看来从事电脑研究开发的最佳年龄是 20 岁到 40 岁，我的创造高峰已过，那些有才华、有潜力、尚未成名的小人物才是最需要大力支持的。我该从科研第一线彻底退下来了。

经过深思熟虑，王选向计算机所提出，正式退出科研第一线，全力支持和培养年轻一代。他同时提议，任命 36 岁的肖建国、28 岁的阳振坤和汤帜，分别担任彩色系统、栅格图像和文字处理三个研究室的主任。

从连续 18 年没有休息过一天的科研第一线上退下来，离开自己最钟爱的设计工作，需要非同寻常的勇气和智慧，这是王选一生中又一个重要抉择，一个最难能可贵的自我跨越。

1993 年 3 月，王选静下心来，开始把多年从事计算机研究的感想写成一篇篇系列体会，这是他一直想做而没有时间做的事情。他在一篇题为《“伏枥老骥”与“甘当人梯”》的体会中，对“伏枥老骥”如何实现“千里之志”进行了新鲜的阐述：

“老骥伏枥，志在千里；烈士暮年，壮心不已”是三国时代曹操的《龟虽寿》一诗中的两行，当时曹操五十多岁。长时期来这首诗激励了人过中年、进入老年的各行业的专家学者，发扬老当益壮，活到老、学到老的精神，继续在各自的岗位上做出贡献。

在计算机和信息技术这类新兴学科领域内情况有所不同，技术发展和知识更新太快，年轻人具有明显的优势。所以我们应该重点支持尚未成名的、有才华、有潜力的小人物。伏枥的老骥一般都有很强的事业心，总想在晚年继续做出重要贡献，这种心态是好的，是可以理解的，但应该把这种雄心更多地落实到扶植新一代的年轻学术带头人上去。所以我认为，伏枥老骥最好用“扶植新秀，甘做人梯”的精神实现自己志在千里的雄心壮志。

王选为自己的决定感到高兴，也轻松了许多，至少，周末可以和陈堃銶去颐和园散散步了。他在此后的多种场合讲述学生刘志红让他“觉醒”的故事，并未觉得丢了面子，反而承认自己创造高峰已过。他接着宣布：

今后衡量王选贡献大小的一个重要标志，就是发现了多少年轻才俊，是否做到“爱才如命”、“人尽其才”和“才尽其用”。

刘志红也为导师的所为深深感动，他对大家说：“要不是亲身经历，我真不相信有这样的导师！”

多年后的2000年6月，王选看到一部介绍邓稼先的专题片，里面讲了一段往事：20世纪60年代初，在研究原子弹原理时，50多岁的王淦昌推导一个公式，花了很长时间，怎么也推不出来，后来他把这一任务交给了30多岁的邓稼先。邓稼先开始时没把握，但只用了一个晚上就推出来了。第二天给王淦昌看，王淦昌说：“这正是我想要的结果，但我怎么也推不出。”

看到这里，王选心生感触，他想，电视片丝毫没有贬低王淦昌的意思，他是杰出的核物理学家，除了对原子弹、氢弹做出重要贡献外，一生曾作出过三个重大的预言和发现。这一事例正好说明：在机敏和创造活力方面，年长者往往不如年轻人。

王选说：“这再次印证了一个事实，我的退出是十分明智的。”

二、你们在创造历史

“爱才”首先要“识才”。

王选有一种“求贤若渴”的劲头，为了寻觅中意人才，他不放过每个机会，用敏锐的目光，判断眼前的年轻人是不是一匹“千里马”。王选曾总结他识别人才的标准：

我判断年轻人将来是否会有所建树时，要考察其品德、能力、团队精神和是否认真负责、踏实肯干。此外，很重要的一点是看面临吸引人的挑战时是否充满激情，是否有力争第一的勇气和韧性。

王选从1982年开始招收硕士研究生，1986年开始招收博士生，到2002年为止，他的名下共招收硕士56名，博士39名。通过招收学生发现和培养人才，成为他选英莳苗的重要来源和途径。每年招生、招工王选都非常认真，为了招到那些有才华的学生，王选有时甚至亲自给学生的导师打电话了解情况。他用这种途径招来了多名技术骨干，日后成为在不同领域挑起大梁的干将。

肖建国，“文革”结束恢复高考时首批考入大学，毕业工作三年后考上北大计算机系研究生，毕业时已30岁。王选发现肖建国动手能力强，踏实肯干，便向北大主管教师聘任工作的校领导推荐，将肖建国留了下来。

阳振坤，北大数学系的尖子生，考上张恭庆院士的硕士研究生，只用一年半时间就修完了全部课程，在当时数学系主任邓东皋教授的引荐下，阳振坤见到了王选。王选一直强调，数学基础对从事计算机研究有十分重要的作用，所以，王选决定让阳振坤来研究所，先从学习计算机课程开始，再参加课题开发，阳振坤后来考取了研究所的博士生。从数学专业转向计算机专业，与王选的短暂会面决定了阳振坤此后的人生轨迹。

汤帜，北大无线电系毕业考硕士生时，政治成绩不合格，没有被无线电系录取，一时没有着落。一天，他陪同学到王选家打听招研究生的情况，不想引起了王选的注意。王选发现汤帜的数学和计算机考得非常理想，是难得的人才，便向汤帜提出破格录取他做自己的研究生，并让汤帜几个小时内答复。最终，汤帜成了王选的硕士，后来又读了王选的博士。

王选在指导肖建国（右三）、阳振坤（右一）、汤帜（左三）等技术骨干

郭宗明和杨斌对被导师王选“相中”的经历也是念念不忘：

郭宗明：第一次面见王老师是1987年4月，我到王老师那里做研究生的面试。王老师和蔼亲切，非常随和，那天王老师谈了许多，给我印象最深刻的是关于应用研究的一席话。我本科是在北大数学系上的，王老师深知数学系学生的弱点，所以特别强调做应用研究一定要在原理研究以后，把研究成果应用到实践中，经受实践的考验，接受用户的评价。王老师的这番话使我受用终身，影响了我以后的科研方向和科研方式。

杨斌：我 1990 年在北大计算机系上四年级，选了王老师的课“软件设计的现代方法”。这是王老师用英语教授的一门课程，那时非常佩服王老师的英语，还不知道王老师并没有国外留学经验，主要是靠自己学成的。有一次下课后，我找到王老师，说想报考他的研究生。王老师仔细询问了我的学习情况、奖学金经历等，然后说等几天给我答复。后来我才知道，王老师这几天从其他老师那里对我进行了侧面了解。过了几天，王老师就让我去计算机研究所做本科毕业论文。就这样我在计算机研究所完成了自己关于图像调频挂网的学士论文，并如愿以偿考上了王老师的硕士生，继续从事图像挂网方面的研究。

著名的新浪网创始人之一王志东，早年被方正公司推荐给王选。虽然后来王志东离开了，但他说，王选永远是他的恩师。

王志东：我从北大本科毕业后一直在中关村“打游击”，后来王老师专门找我谈话，给了我极大的信念和支持。王老师还说，如果我不习惯坐班的话可以不坐班，独立安排时间和宿舍。我听到王老师这样信任我，很快就决定放弃在中关村做的事，来到了王老师这里。进来以后，安排我做的项目是 Windows 的中文化项目，当时王老师安排我一个人做，而且时间紧迫，仅两个月的时间。我非常感谢王老师对我的信任和支持。后来做出的中文之星、RichWin 等都是在这个基础上开发的，如果没有王老师的大力支持，甚至可能连新浪都不会出现。

我之前的软件设计基本上都是自学，到了王老师这里以后，软件开发从此转向正规化设计，为我后来的专业性软件设计打下了基础，从做新天地、四通利方、新浪网以及点击科技，王老师都给了我莫大的帮助和支持。

截止到 20 世纪 90 年代末，研究所从事研究开发工作的人员已有数百人，平均年龄不到 27 岁，绝大多数研究室主任小于 36 岁。

人才招来了，怎样吸引和留住他们，让他们充分发挥自己，展现自己，这是一个更关键的问题。知人才能善用，为了了解年轻人的情况和特点，王选让人事部门准备了一份花名册，上面贴满新学生和员工的照片，每张照片下标着姓名和毕业院校。看着这一张张年轻的、朝气蓬勃的面孔，王选心中透着喜欢。一有时间，他便到各个机房“串门”，和这些年轻人聊天，了解他们的兴趣爱好和特长，回来提笔把了解到的情况写下来：

××，班长，动手很强，有见解；

×××，市优秀毕业生，家住附近外婆家；

××，（班里）40人中排前10名，直、倔、冲；

××，电脑大赛获奖，很聪明，能力强，爱玩……

没多久，王选就能说出上百个年轻人的名字。他还专门准备了一个紫红色封皮的笔记本，找年轻人谈话时，他一边仔细地听，一边快速在本子上记着，上面密密麻麻记满了各种资料，大家都知道这是王老师随身携带的一件“宝贝”，也都愿意和平易谦逊的王老师谈自己的想法。

同样是博士生导师的陈堃銶对年轻人也是爱护备至，王选忙的时候，陈堃銶就帮着王选带学生，所以许多学生在谈到自己的导师时经常说：“我们是王老师的学生，也是陈老师的学生。”

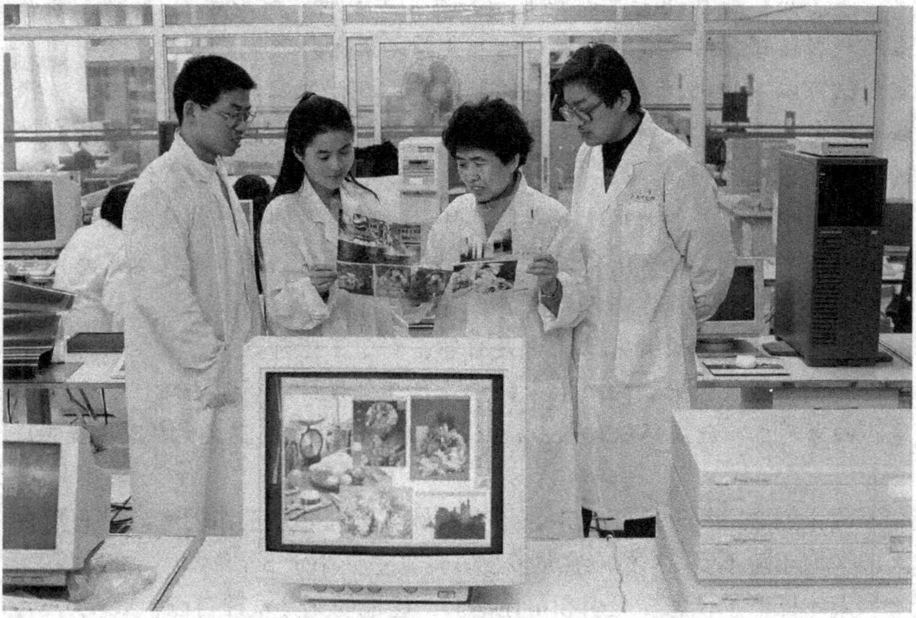

陈堃銶与年轻人讨论排版技术问题

陈堃銶：我和王选平时经常琢磨，这个年轻人适合干什么，那个人适合干什么。特别是那些有才华的年轻人，得让他们从事感兴趣的工作，才可能发挥才能。就好比吃鱼，要让他们吃到鱼中段的好肉，你只让他们吃边边角角，他们会没有兴趣，干着当然没有劲头。

王选很同意陈堃銶的观点。他认为，要吸引和留住人才，最重要的不是物质条件，而是制定具有挑战性的目标，达到这一目标就能取得巨大的经济和社会效益，或者具有科学上的重大价值，从而使年轻人获得创造历史的主人翁感、成就感和荣誉感。

王选经常讲下面的例子：

在韩国一家钢铁企业所办的大学校园内，竖着六座人头像，前四座分别是著名科学家牛顿、爱因斯坦、麦克斯韦、爱迪生，另两个只有底座，没有头像，底座上面写着：韩国科学家？（年代？—？）。这种鼓励韩国年轻一代成为世界一流科学家的做法，使我感到非常震撼。

美国硅谷集中了一大批中国工程师，人们说，硅谷的公司中没有美国人并不稀奇，没有中国人则是罕见的。一大批优秀的中国人把黄金年华贡献给了美国企业，而他们中的不少人去美国后的确做出了创造性的贡献。我想，除了待遇方面的差别外，确实在美国能接触到最前沿的研究开发课题，容易得到长进。我们也应该创造条件，使在国内工作的年轻人能进入某个领域研究开发的最前沿，把他们放在需求刺激的风口浪尖上，千方百计地让优秀的年轻人“出彩”。

王选赞许郑民抓住计算机技术的发展潮流，支持他研究基于 Windows 的中文排版软件，推出“维思”系统，创造了两个第一：不但是世界上最早的基于 Windows 的中文专业排版软件，也是国内 Windows 上的第一个大型应用软件。

王选给肖建国压重担，让他研究第一个大屏幕报纸组版系统和彩色出版系统，鼓励肖建国披荆斩棘，实现了看似“异想天开”的目标：

肖建国：当年我进入北大计算机研究所时，王选老师交给我一个任务，让我和另一位同事开发大屏幕报纸排版软件。当时提出了几个要求：一是开发出来的软件，要在全国范围内普遍应用；二是软件运行要高度可靠，不能有半点差错，因为哪一天某张报纸出不来，那是无法想象的事；

三是对软件关键技术有要求，要在计算机屏幕上修改逼真大样，提高排版效率。这些要求是相当高的，接下来的几年时间里，我几乎忘记了周围的一切，潜心于这一软件的研发。功夫不负有心人，在王选老师和其他老师的指导下，我们终于研制成功世界上第一个投入实用的大屏幕整页组版、在屏幕上直接修改逼真清样的中文报纸排版系统，在国内推广得最好的时候，达到了70%～80%的市场占有率。王选老师提出的高标准要求，我们全部实现了。后来，王老师又提出让我研制图像出版技术，先解决黑白图像的图文合一问题，完成后再考虑彩色出版技术。这个题目，在当时的技术条件下也是非常高的要求，近乎异想天开。因为国际上连研发这项技术的试验设备都还很少，只能根据揣摩和替代设备来研究。经过近两年时间，世界上第一个实现彩色图片与中文合一编排并输出的彩色出版系统终于研制成功。在这期间，王选老师给了我很多鼓励和指导，让我敢于想前人所不敢想、做前人所不敢做的事。他的鼓励，伴随我走过了道道难关，将研究成果转化为生产力，让社会承认自己的价值，在奋斗中享受成功的快乐，我很高兴，也很自豪！我感觉终于找到了一个可以终身干事业的地方。

王选让24岁的博士阳振坤研究国际上第一个中文PostScript Level 2解释器，并大力支持他研制纯软件RIP，放手让学生超越自己。

阳振坤：我成为王老师的博士研究生后，王老师把研制第六代栅格图像处理器RIP的课题交给了我，要知道，作为激光照排系统的核心，前五代RIP都是王老师主持研制的，许多关键代码是他亲自设计、编写和调试的。正是他的信任和激励，我的潜能才得到充分发挥，研究成功基于国际上第一个中文PostScript Level 2的第六代RIP。王老师高兴地到处宣布："我的欧洲专利已被阳振坤更新了一半！"

1995年第七代RIP开始研制，我觉得用软件算法代替原有的硬件芯片实现汉字还原将成为可能，并且可以使得RIP的性能随着个人计算机性能的提高而提高。这会导致整个RIP体系架构的重大变化，因为前面几代都是王老师软件和硬件相结合的设计。在算法都没有的情况下，我跟王老师谈了这个想法，我甚至无法证明自己的想法，只是感觉，但我很快得到了王老师的肯定和坚决支持，他还停止了新一代汉字还原芯片的研制。事实证明他的决策是非常准确和及时的，这个关键的决定拉开了我们与竞争对手的差距，确保了方正激光照排系统在国内市场的领先地位，并奠定了日后进军日本、欧洲和北美等海外的基础。

王选把开发日文出版系统的任务交给了汤帜、李平立。他知道，一个优秀的棋手通过与世界一流的高手对弈才能迅速提高水平，出口发达国家市场，满足外商提出的苛刻要求和完成平日难以想象的困难任务，对年轻的优秀研发人员是一个很大的激励，能促使他们充分发挥聪明才智，同时引发他们的自豪感。当系统成功进入日本市场后，日本 NHK 电视台采访李平立，询问他，作为一名奥数金牌得主，完全可以到国外找一份收入更丰厚的工作，为什么会留在国内？李平立回答："在这里更能实现我的理想，过去都是日本把技术拿到中国来，现在我们让日本也用中国的技术，这种自豪感、成就感是任何东西也代替不了的。"

王选与李平立在机房中交谈

研究所研发新闻采编流程计算机管理系统的技术骨干熊开宏，对王选的鼓励充满感慨：

我们开始做新闻采编系统时，大规模的网络应用还很少，有很多技术问题需要我们去研究和解决。为了尽快推出产品，项目组经常加班，王老师和我们一起开会时很多次都对我们说："你们正在创造历史。"正是在这种事业成就感的感染下，同事们在遇到困难时从不言退，一起辛苦工作了近十年，使新闻采编系统一次次谱写新章、改写历史。

来自最前沿的需求刺激，恩师的敢于用人和大力提擢，激发了这些年轻人的创造才能，使他们产生"人生能有几回搏"的冲动，带领团队充满激情地冲锋陷阵，最终享受领导技术新潮流的自豪感和创造历史的成就感，这是任何高额奖金也买不到的。

三、不拘一格降人才

在如何更好地吸引和留住人才的问题上，除了让年轻人获得创造历史的成就感外，王选还总结出了一套独特有效的思想和方法。

1992 年 4 月 24 日，江泽民同志邀请出席中国科学院第六次学部委员（院士）大会的部分学部委员（院士）来到中南海怀仁堂座谈。白发皓首中，55 岁的王选显得十分年轻。

王选：我被指定为六名发言人之一。我讲到了人才问题，江泽民同志问我的工资是多少，又问那天在座的苏步青先生，他年轻时从日本回国任教工资是多少大洋，苏先生回答月工资大体相当于现在的 5000 元。当时的一般教授工资加奖金不会超过 400 元，所以当时流传一句话："脑外科专家不如剃头的，搞导弹的不如卖茶叶蛋的。"江泽民同志听完大家发言后，感慨道："中国知识分子真是价廉物美啊！"并说中央尽管在提高知识分子待遇方面做了不少努力，但还是杯水车薪。

听到这样的评价，我一方面感到自豪，这是对中国知识分子爱国献身精神的高度评价；另一方面也担心：长期"价廉"，可能会不再"物美"，尤其对年轻一代。假如价值得不到体现，人才就会外流。

于是，王选在会上提出了吸引优秀年轻人才的四要素：

1. 让年轻的优秀人才有一定的自主权，使他们有主人翁感、成就感和荣誉感。中老年知识分子应为他们的脱颖而出创造一切条件。

2. "学者有其房"。对于"洋博士"和"土博士"以及同等水平的年轻人才，应保证起码一居室一套住房。

3. 提供良好的工作环境和适当的生活条件。

4. 简化出国审批手续，真正做到来去自由。

1999 年，王选对上述要素加以改进，提出了吸引年轻人才的四个条件：

一是成就感，要使年轻人有创造历史的感觉。

二是创造团结和谐的环境。

三是创造条件不断使年轻人的业务得到成长提高。

四是提供较好的生活条件。

王选在实际工作中一直在努力践行着上述做法。

王选深知，创造平等和谐的环境，对于人才的成长极为重要。他经常列举几个事例：

丹麦物理学家玻尔之所以有七个学生获诺贝尔奖，最重要原因是不怕在年轻人面前承认自己的不足，不怕承认自己是傻瓜。

钱学森的导师是国际著名的学术权威，有一次钱学森跟他争得面红耳赤，导师非常生气，但稍后想想钱学森的看法是对的，第二天便爬上三楼向钱学森赔礼。

我参观过美国施乐公司PARC研究中心一间供讨论用的房间，没有椅子和沙发，地上铺着很高的像席梦思一样柔软的无规则的填料，有趣的是，人一坐下去就随之变形，这象征一种不拘一格自由探讨的精神。

计算机研究所的科研环境是宽松的，一些刚来的年轻人，因为岗位不适合，会径直来找王选，想换个部门，王选在了解情况后就立即找来相关部门的负责人，当场协调解决。研究生任健还记得："我上研究生时，希望把我的研究方向定在和'748工程'关系不大的计算机图形学上，心中有些顾虑。没想到王选老师很尊重我的选择，说：'你搞图形有兴趣，我推荐我的好朋友董士海指导你。'"

如果有重要骨干想跳槽，王选会亲自出马，弄清楚他要走的意图，找出解决办法，真心实意地挽留他。实在留不住，他也会鼓励和化解。研究所的硕士生、后来担任美国Adobe公司中国区总经理的皮卓丁说："当年我去Adobe之前，怕产生不好的影响，特意去征询王选老师的意见。王老师不但没有反对，还说：'我们一直想和Adobe合作，你去了我们以后合作起来可能更简单。'"

在出国问题上，王选主张，从长远来看，年轻人还是留在国内对事业发展更有利，但他并不反对年轻人出国深造或进修，只是不主张在上学期间把主要精力放在准备出国上。他为不少学生出国写过推荐信，把许多学生派到国外学习，研究生麻世雄就是其中一个。王选对在国外的学生很关心，麻世雄在读书期间，每年都会收到王选夫妇的新年贺卡；在麻世雄读书的最后一年，王选还特意询问他对未来的打算。

王选主张给优秀的年轻人更多的发展空间，除了让他们担任重大项目的总体设计或总管外，还鼓励他们在熟悉的领域内提出有前景的新方向，因为对于新技术，年轻人有时了解得更深入具体。

王选经常给大家讲英国著名的卡文迪什实验室的故事：

英国著名的卡文迪什实验室出了25个诺贝尔奖获得者，是全世界出诺贝尔奖获得者最多的实验室。其历任主任都很重视扶持年轻人。第一任主任是马克斯韦，电磁波的发明者。第二任主任是瑞利，英国皇家学会的主席，诺贝尔奖获得者，他年轻时曾发过誓，60岁以后不对任何新思想发表意见。第三任主任是汤姆逊，“电子之父”，他28岁做了实验室主任，培养了7个诺贝尔奖获得者。第四任主任是核物理学家卢瑟福，他培养了12位诺贝尔奖获得者，他的学生、著名丹麦物理学家玻尔对量子力学做出出色贡献，也培养了7个人得到诺贝尔奖。第五任主任是布拉格，他做了一件“背叛恩师”的事情，关掉了卢瑟福开创的、在国际上极有威望的基本粒子研究方向，开辟了新方向，重用两位怪才，一位叫帕茹茨，用X光谱研究血红蛋白，开辟了分子物理学的新领域；再一位是马丁赖尔，用射电望远镜发现脉冲星获得诺贝尔奖，开辟了射电天文学；布拉格还支持克里克研究发现了基因大分子DNA双螺旋结构。20年后，当年大骂布拉格背叛恩师、愤而离开卡文迪什实验室的人，纷纷写文章赞扬布拉格的远见卓识。这种传统延续到第七位实验室主任皮帕德，他支持了他的学生发现超导体效应，由于是学生提出的想法，导师在重要的论文上没有署名，结果失去了一次诺贝尔奖的提名，他的学生却获诺贝尔奖。

因此，肖建国、邹维等提出跨媒体出版、E-book以及信息安全等新技术研究时，都得到了王选的大力支持，很快组织队伍实施，最终成为具有竞争力的拳头产品。

计算机应用领域的重大成果一般都是集体攻关、协同作战的结果，所以王选特别强调团队精神，注意培育一个团结和谐、奋发拼搏的科研集体和氛围。为了说明团队精神的重要性，王选列举了两个相反的例子：

我们的一位学生，大家公认他能力出众，干活麻利而可靠，但情商差，任性自傲，与合作者搞不好关系。后来他到了一家公司主持开发某个软件，当他发现下级编的程序有错误并指出后，那个下级改正了他指出的错，却又故意制造了另一个错，这是因为他与同事关系不好的缘故。该软件后来很快就在市场上消失了。

我的一位大学同班同学成绩一般，智商并不突出，但情商很好，大度、坦诚，对人友爱，大家乐于和他交往。大一时我睡在他上铺，半夜解手时我常常迷迷糊糊地把脚踩在他的头上，他总是一笑了之。后来他在核武器领域奋斗了四十余载，花甲之年当上了工程院院士。

王选语重心长地强调：

在今天的科技发展中，一个人单枪匹马很难有大作为，特别是软件开发，大多都是集体作业，更应该提倡团队精神，这是一个和谐环境不可缺少的氛围。“宁为鸡首、不做牛后”和“窝里斗”只能小打小闹，成不了大事。就拿编写计算机程序而言，绝大多数好的软件都是集体成果的结晶。著名的美国微软公司开发的视窗 Windows 操作系统，由数千万行源代码组成，是成百上千个程序员共同开发完成的；北大方正的电子出版系统发展到今天，除了大量研发人员的努力外，还灌注了生产、销售、维护人员的心血，更是集体齐心协力的结果。在这种团队精神下，一个课题组依靠别的课题组的支持和配合，能使自己的成果大放光彩、身价百倍；同时也反过来支持别的课题组，使别人的成果很快冒尖。

作为一名计算机应用专业的硕士和博士生导师，王选认为最重要的是鼓励和帮助学生选择具有挑战性且未来应用前景光明的研究方向和课题，然后千方百计创造条件使学生取得成功，并使科研成果实现商品化。

王选：研究生大多希望自己的研究工作有好的结果：从事基础理论或应用基础研究的，追求文章发表在权威刊物上，并得到别人引用；从事应用方向的，则渴望最终得到广泛推广，真正在国民经济中发挥作用。达不到上述目标的，被人们称为“不上不下”：也即发表一些小文章，引不起别人注意，过几年自己也忘了；应用成果缺乏创新，不可能转化成有竞争能力的商品。研究生导师和学术带头人最要避免的，就是这种“不上不下”的结果。因为耗费优秀年轻人的青春年华而没有结果是一种最大的浪费。

一个“不上不下”的项目很难吸引研究生全力以赴地投入。造成“不上不下”的原因很多，但其中最重要的原因之一是研究方向或技术路线不正确，而这是研究生导师最最需要关注的地方。导师的作用是指明方向，绝不是知识比学生更高明，而是要能保证do what（做什么），至于how to do（怎么做），则由学生来完成。

如何才能选择正确的、有发展前景的科研方向？王选认为，需要了解国外的最新技术进展，密切关注学术方向上的新动向、新成果。除通过国际互联网获取信息外，他还利用北大与欧美各国校际交流的制度以及其他可利用的渠道，经常选派优秀人员出国访问进修、出席各种国际会议和展览，使年轻人及时接触国外研究工作的前沿。

王选还发现，由于计算机技术发展太快，很多新技术来不及反映在书本中，往往首先在国外软件新产品中体现出来。所以，他注意搜集国际大企业的产品最新进展情况，及时交给学生去研究；他还专门订了一本名为*Seybold*的出版印刷技术专业杂志，每来一期，都认真阅读，然后把其中的重要文献让人复印下来，转交给相关研究领域的学生或技术带头人。他发现，“把同样的资料拿给年轻人看，有些优秀的年轻人一看就能够找到启发，产生灵感，有些人就没有什么灵感产生”。这也是王选观察年轻人水平高低的一个方法，是他培养年轻人研究能力的一种途径。

了解了最新技术潮流，制定方向时不能跟在人家后面追，而是要把目光放得更加长远。王选经常对年轻人说：“要赶是永远赶不上的，你看着别人在你前头比你好一点的，你必须要定一个目标，比他还要高一块，你到了完成的时候，大概也就比它好一点。假如你现在只是按它的目标赶，赶到的时候它又往前走了。”

王选特别反对“仅仅为了商业上的需要而临时开发某一产品去卖”，而应该做到以下几个结合：

第一，要能学到东西；第二，既是市场需要（现在或未来），又能代表学科方向，把市场竞争和人才培养结合起来。这样用财去培养人才，再用人才去创造财，形成一种良性循环。但不能为了钱去做一些短平快的东西，这样做的结果是学术上得不到提高，学科也得不到发展。把研究生当成劳动力来使是不对的。

取得成果后，或写论文，或报奖，都有一个署名问题。对此，王选的观点非常鲜明：

有些科研领导人对项目并无实质性贡献，既未提出创新思想，也未参加具体研究，只是在申请经费和组织、张罗方面做了工作，但项目报奖时总要排名第一。曾经有一位在读的博士研究生在毕业前私下对人说，他只把已取得成果的少部分写成文章发表，因为导师一定要署第一名，尽管并无贡献；他不敢不从，否则影响取得学位，毕业离开导师后再把其余大部分成果写成文章，署自己的名发表。这种学术作风不好的领导人或研究生导师当然只是极少数，但影响很坏，在这种领导人手下，优秀人才是绝对留不住的。

因此，在成果署名问题上，王选一直提倡，如果研究方向是导师提出或导师与学生讨论后共同提出，而总体技术方案、系统设计与实现是学生负责的，那么成果的第一署名者当然是学生；导师做的工作不如学生，排名放在后面；假如没做什么工作，想法都是学生提出来的，就不署名，"不要霸占学生的成果当作自己的成绩，只有这样才能够使年轻人出头"。

肖建国主持研制的彩色出版系统在申报科研成果时，曾想过署上导师王选的名字，因为没有他的指导和帮助是无法完成的，不料王选坚决反对。1996年，阳振坤等年轻人研发的"支持中文PostScript Level 2和BDPDL的栅格图像处理器"这一成果获北京市科技进步一等奖，虽然是在王选的技术基础上取得的成果，但在报奖时，王选坚持把阳振坤的名字排在第一，自己排在了阳振坤的后面。

当然，在创造良好环境的同时，王选也主张要对年轻人严格要求，这是促使人才成长的又一重要手段。

王选：当今的年轻人思想活跃，善于吸收新事物。但是古人说"玉不琢不成器"，"响鼓也需重锤"。我们也见过一些年轻人很有才华，但不肯脚踏实地地进行艰苦的工作，有些则为物质世界所诱惑，不能集中精力从事研究工作。所以在为年轻人创造条件的同时，也应对他们提出严格要求，要强调献身精神和爱国心，反对一味追求金钱；要培养年轻人懂得尊重别人、善于团结人，听得进不同意见。麻省理工学院对参加MAC项目的人员的要求是：有才华的（talented）、专心致志的（dedicated）和忠于该项目的（loyal to the project）。这三点要求也成为我在组织队伍时努力追求的标准。

在王选门下或在研究所读硕士或博士，要想顺利毕业非要下苦工夫不可。王选对他们提出了严格要求，丝毫不讲情面。

王选：博士研究生从事理论研究的，必须有若干篇有见地的为国内外重要杂志录用的文章；从事应用研究的必须有先进水平的成果，如果达不到则不能答辩，不能授予博士学位。有些硕士研究生，上完一年级课程后，即准备考 TOEFL、GRE，联系出国，上研究生如同来“串门”，不但自己不努力完成导师布置的论文课题，还影响其他同学，造成不良风气。我们对这种情况予以批评教育，个别的予以警告，如不集中精力，将予退学。这样使大多数研究生都能以饱满的情绪对待学业，也培养了青年人勤奋的习惯。

四、关爱润泽无声

除了在事业上激励和支持优秀的年轻人才外，王选还想方设法为他们提供良好的生活条件，解决其后顾之忧，在待遇上留住他们。

早些年，研发条件艰苦，王选夫妇没有子女，对学生细心关爱，视同己出。为了保证加班的开发人员的营养，王选经常从自己的工资中拿出一些钱，给大家买食品和营养品。炎热的夏天，遇上周末加班，王选便骑上自行车去买个大西瓜，带到研究所给年轻人解渴，陪他们一起加班。过节研究所会给员工分一些水果、副食品等，王选和陈堃銶就只领一份，匀出一份分给不是正式员工的研究生。王选还常请所里的年轻人来家里吃饭，由陈堃銶掌勺，改善伙食。一次，王选买了一块黄油，便请学生到家里品尝。

冯坚：我记得第一次吃黄油是在王老师家吃的。那天讨论完技术问题后，王老师请我们几个学生到家里吃饭，王老师从冰箱里拿出一块纸包着的、散发着奶香味的东西请我们吃。我吃了一块，说：“真好吃！这是什么？”王老师笑眯眯地说：“是黄油，你比较瘦，多吃点这个。”我顿时感到了慈父般的温暖。

唐英敏刚结婚时住在一间集体宿舍，有一次王选问他怎么做饭，唐英敏说，主要在食堂买饭，食堂离得很近，而且煤油炉火太弱，做饭比较麻烦。过了几天，唐英敏在路上碰到王选，王选叫住他说：“有一个同事买了一种喷雾式的煤气炉，火很旺的，你也可以买一个用。”唐英敏没想到，王老师如此细心地记着他的煤油炉。

1987 年，王选、陈堃銶和学生们在位于北京大学旧图书馆的计算机研究所楼前

进入 20 世纪 90 年代，随着汉字激光照排系统的大规模推广销售，研究所有了较好的经济收入，从 1991 年开始担任研究所所长的王选，开始考虑加大改善年轻人才待遇的力度。1993 年 4 月，王选写下《给年轻人提供良好的环境和提倡团队精神》一文，文中提出的“价廉物可能不美”的说法，在当时的社会环境下颇为“振聋发聩”：

事业心强的优秀年轻人才在有了很好的住房和工作、生活条件后，便不大会无限制地追求物质待遇，而会投身于他们看得更重的事业上去，这说明“金钱不是万能的”；但过低的收入，没有安身的住房，则很难使年轻人去“献身”，因为一大堆后顾之忧分散了精力，这也说明“没有钱是万万不能的”。我们应该用高新技术产业的收入来改善年轻人才的工作和生活条件，要做到“爱才如命”、“人尽其才”和“才尽其用”，实现“才”与“财”之间的良性循环。

王选痛感年轻人居住条件的简陋，呼吁“安居才能乐业”，他曾三番五次地向校方反映这一问题，并为结了婚的年轻教师租房和报销房租。1993 年，北大在燕北园实行集资建房，王选决定动大手笔，从计算机研究所的技术转让费中拿出近300万元，在学校集资购买了60多套房子的住房权，分配给一批成绩突出的年轻业务骨干，无论年龄大小，职称高低，结婚与否，只要取得重要成果，都可以分到一套。其中有的刚来单位不久，有的还没有成家，但也都分到了房子。

杨斌：在我读硕士期间，王老师已经名声在外了，但依然骑个旧自行车上班。有一天下班了，王老师对我说，到你租房的地方去看看。于是我们俩就骑着车来到北大小东门外成府小区我租的一间平房中。王老师鼓励说："没关系，现在条件艰苦一点，但我们正在从事的工作是很有前途的，只要把我们的工作做好，很快就会改善的。"王老师说到做到，在我毕业留校后不到半年，就分给了我一套两居室，这在北大是非常难得的。

刘志红：当时按北大的规定，单身职工是不能参与分房的，但王老师专门给北大领导写报告，由于集资建房与福利分房不同，使我和其他几位单身的同事也住上了新房子。

熊开宏：我当时负责新闻采编系统的开发，是方正软件部的员工，编制不在北大，不能享受计算机研究所的集资建房。为了解决我的住房问题，王老师做了很多工作，把我这个只有大学学历的普通员工转为北大事业编制，提前住上了当时只有副教授才能分到的两居室住房。

王选的指导思想，是争取做到"取得重大成果后，使参加的人员，尤其是主要人员得到荣誉和物质方面应有的回报"。1995年，他在《"对内下围棋、对外打桥牌"是市场竞争之道》一文中如数家珍地写道：

阳振坤博士，现年29岁，由于发明了三次曲线轮廓转换成点阵的新算法和国际标准页面描述语言解释器的研制工作，于1993年破格提为副教授，即将从两室一厅的住房迁入三室一厅的新居。肖建国教授，现年38岁，由于他在彩色出版系统方面的重要贡献，于1993年破格提为教授，从获得硕士学位到提升为正教授只经历了四年时间。负责研制照片挂网超大规模集成专用芯片的刘志红，现年27岁，由于他在芯片设计方面的贡献，于1993年破格提为讲师，他和主要合作者陈峰（26岁）尽管都未结婚，但均已得到两室一厅的住房。负责栅格图像处理器硬件研制的汪岳林，现年32岁，于去年破格提为高工，并得到了三室一厅的住房。与这一项目有关的技术骨干贾文华（26岁）、杨斌（25岁）等，硕士研究生毕业后立刻就得到两室一厅的住房。对于优秀的年轻学者，需要安居才能乐业。我们不把住房看作一种单纯的福利待遇，而是按照贡献大小分配。上面提到的这几位年轻人都是全力投入研究工作并做出了好的贡献后才得到应有的回报的。

1998年，因为各种因素，技术队伍产生了动荡，其中有相当一部分原因也是因为住房。这时研究所账上还有部分技术转让费，王选便决定再次拿出300多万元，对几十个业务骨干给予购房补贴，为稳定队伍起到了重要作用。

通过提高工资、给予认股权等方式，大大增加优秀骨干的收入待遇，是另一条重要途径。王选曾大胆呼吁，要在高科技领域造就一批年轻的百万富翁和院士。他在1998年11月16日发表在《电脑报》的《中国高新技术企业应该造就一批百万富翁和院士》一文中说：

我们要树立一种未来百万富翁是高科技年轻人才、是民族英雄的观念。微软靠认股权，培养了3000名百万富翁，我们中国要体现知识的价值，就要通过他们辛勤的劳动，造就这种百万富翁，靠他们的辛勤劳动，真正成为中国高科技的脊梁和民族英雄。

2004年，王选与肖建国（右三）、杨斌（右二）、贾文华（左一）、刘志红（右一）讨论如何指导学生取得成绩

在中国1000多名两院院士中，来自企业的少得可怜，我相信，随着

企业成为技术创新的主体，20年后，将会出现一批来自企业的院士，尤其是工程院院士。中国的大型企业尤其是大型高新技术企业应该把培养和造就杰出的技术专家甚至院士作为奋斗目标，因为只有不断的“技术顶天”，才能有效、持续地“市场立地”。

为了使年轻人能全身心地投入工作，王选心细如发，考虑周到，尽力了解他们的困难并帮助解决。他对许多年轻人的家庭情况都很熟悉，只要听说过一次，就能记住他们爱人或孩子的名字。杨斌和周秉锋的爱人都是王选下大力气帮助调动工作，以便更方便地照顾家庭。对此，他们没齿难忘。

杨斌：90年代初，我回老家结婚，我爱人在外地任教。临走前，我找到王老师、陈老师，想请老师联系看北京有没有什么中学需要教师，因为当时有一项政策，硕士毕业可以把配偶调进京。没过多久，就在我们举办婚礼的期间，收到王老师、陈老师的来信，说已经帮我们联系好了，一开学就可以过去。那时我们还很年轻，对未来既充满渴望，又忐忑不安。这封来信一下就让我们心里踏实了，感觉生活有了保障，感觉未来充满希望。

周秉锋：1990年我进入研究所后的一段时间里，我爱人在朝阳区的和平里上班，每天上下班需要3个多小时，非常不便，希望调到北大附近的单位工作。到了1995年，我爱人终于如愿以偿地调入了北大计算中心。多年之后在一次与中心同事闲聊时才得知，为了她调入的事，王老师专门到中心推荐联系。令人感动的是，我们在此之前几乎没有向王老师提到过我爱人正在调动工作的事，而王老师在事后也从来没有向我们提起过是他帮助促成了此事。

王选和陈堃銶还十分关心年轻人及其家人的身体健康。赵东岩的家人久病不愈，王选热心地为其介绍医生和治疗方法；周秉锋身体有些不好，王选关切地建议他去看中医，并把报纸上看到的治疗偏方剪下来转交给周秉锋。94级博士生杨文川要回家养病，为了减少旅途劳累，以免加重病情，陈堃銶拿出3000元塞给杨文川，让他坐飞机回去，这是这个博士生第一次坐飞机。

为了帮助年轻人保持良好的精力，王选经常督促他们锻炼身体，单位组织春游、秋游，他都尽量挤出时间，兴致勃勃地参加。学校的运动会王选更是带头参与，他还在周末到北大“五四”操场与学生一起打排球。1998年，王选专门给研究所全体员工和学生发了一封邮件，以自己的亲身体会从正反两方面说明锻炼身体的重要性，并提出了具体措施。

1996 年，王选与年轻人一起春游

注意体育锻炼

一些员工感到疲劳和体质下降，有些项目由于市场压力，进度很紧，始终喘不过气来。我发现，凡经常体育锻炼、生活有规律、坚持吃早饭的，体质没有下降，能胜任紧张工作，即使一段时期超负荷工作感到疲劳，也很易恢复。我本人 26 年来（每天）坚持晨练一小时，风雨无阻，因此 1976 ～ 1993 年这 17 年中经受得住长期劳累和难以想象的压力。

对于能力强、努力奋斗的员工而言，安居问题不大，购股权和住房奖励这两项工资外收入，将解决优秀员工购房款中的大部分，况且工资还会提高。但若不注意体育锻炼，身体承受不了长期比较紧张的工作，则业绩会下降，本人业务能力也不能很快提高，收入也会受到影响。

我们将努力给大家创造体育锻炼的环境，已决定筹建健身房。除每两周的星期五晚上组织舞会外，各部门可利用秋季和初冬的好时机，周六上午组织爬山，应给参加爬山者一点点奖励，以示鼓励。

王　选

1998 年 9 月 21 日

1993 年，王选兴致勃勃地参加北大教工运动会

除了生活上的关心外，王选还特别善于在精神上鼓舞年轻人。尤其是对那些废寝忘食拼命工作的技术带头人，他都把其一举一动看在眼里，记在心中，并在公开场合大力宣传，为年轻人树立榜样。肖建国就是王选经常列举的一个突出人物，在几次不同规模的研究所会议上，王选都说过下面这番话：

技术带头人除了要把握正确方向外，还应身先士卒，以身作则，才能使团队朝气蓬勃。肖建国 1987 年初开始研制 NPM，曾长期在《经济日报》《解放军报》蹲点，在《解放军报》沙发上睡了 3 个月，使 NPM 成为第一个直接修改屏幕逼真清样的中文组版系统。1988 年底曾有人建议赶紧在 NPM 中增加表格排版功能，但肖建国没有动手，而是集中精力解决死机问题，为此他常常站在操作员身后，以发现怎样操作会引起死机。事后证明这是很正确的，稳定的 NPM 很快得到推广，成为方正历史上利润很高的产品。

此后的两年内，除周三、周六下午和星期日外，他每天早晨 7 点多进实验室，晚 11 点后出实验室，中午不休息，晚饭后散步一会儿，在未名湖边只走半圈就接着上机。肖建国 1989 年获得硕士学位，1990 年破格提为副教授，这大概是北大历史上的第一次，他从获得硕士学位到晋升教授也只用了四年半，后来又获得了国家科技进步一等奖等奖励，这些荣誉来源于长期的艰苦奋斗和创造性的工作成果。

对于王选的表扬，肖建国时常感到惊讶，因为有些事他自己都没注意到，没想到导师会知道得这么详细。惊讶之后就是从心底生出的感动。

肖建国：计算机研究所每年年底都举办新年联欢会，我到研究所工作以后，前四年的联欢会都没有参加。到第五年我第一次参加时，王选老师见我到会了，说道，我知道你前四年没有参加的原因：某年新年你是在哪里出差，某年新年你是在哪个客户那里……我很吃惊！我都记不得了，他却清清楚楚。

有一次王老师在给研究所全体教员的讲话中，鼓励大家刻苦学习，勤奋工作，积极进取，并以我为例说："肖建国从1989年获得硕士学位到提升为正教授，速度之快，在北大少见！"我仔细回忆一下，我从未和王老师提出过我该晋升职称了，都是他主动安排的，而且每次提职后，他从未和我提及他是如何帮助我不断破格提职的，也从来没在我面前暗示过他的关照。他对人的关心是润泽无声的。

谆谆教诲铭记在心，2005年，王选与肖建国在促膝交谈。肖建国在王选逝世后继任北大计算机研究所所长

正如肖建国所说，王选对杰出人才一贯推崇备至，丝毫不掩饰对他们的喜爱，在提职称的问题上，只要觉得符合条件，不用当事人自己提出，

王选就会主动安排他们提出申请，并不遗余力地去奔波争取。1990年，在讨论郑民、肖建国破格提副教授的北大理科分会上，王选力陈这两个爱徒应破格提职的理由，并发表了一通如何提拔重用年轻人才的精彩言论。郑民、肖建国最终通过表决，其中郑民得的更是唯一的全票。会后，参加讨论的学术委员们有的对王选说："应该把你的发言录音，放给教委听听。"有的叹道："为了今天的发言，应该给王选发一块金牌！"

王选常说：往往有一个很不好的现象，一个单位有一位领导名气很大后，常常在很长一段时间内出不了新的"名人"，这是很值得警惕的。所以，他特别注意在各种公开场合把优秀的年轻人才推上前台。在一些成果发布会上，面对众多媒体，王选经常这样介绍："这一成果是在我们年轻的技术骨干带领下研发出来的。"然后他一指在座的年轻骨干，大声说："×××，你站起来，让大家认识一下！"报刊记者来采访，王选只要一谈到那些有才华的学生，就会眉飞色舞，语调轻快急促，恨不得把所有有成绩的人挨个称赞一番。如果是电视台采访，王选便找机会把年轻人叫来谈话，或径直走到机房和他们一起讨论问题，让年轻人多"露脸"，以提高他们的公众知名度。

1993年，王选在接受电视台采访时来到机房，让汤帜介绍新一代排版软件研发情况

不过，王选对青年人发自内心的爱护，常常在言谈中尽情流露，有人担心会有副作用，曾劝告他"表扬人时不要带感情色彩"，但王选改不

掉。的确个别人因此自恃过高，容易翘尾巴；偶尔也出现过王选对个别年轻人过分信任，为其提供了很好的工作条件，结果却不尽如人意的情况。但是，王选深知，“尚未成名的、有才华、有潜力的小人物”最需要支持，爱惜人才是他的本能，不会轻易动摇。所以王选不仅关爱身边单位里的年轻人，还关心和支持他知道的社会上的青年才俊。

2004年11月，王选在获得“2004中国十大杰出青年”的名单中，看到了在量子通信研究方面取得突出成绩的中国科学技术大学教授潘建伟的名字。尽管与潘建伟素不相识，但王选还是高兴地给潘建伟写信表示祝贺，并语重心长地说：

此信谈了不少院士和获奖这类不重要的话题（对一个杰出科学家而言），一方面表明我愿意推荐，另一方面我更加关注得多的是你们如何出更大的成果，毕竟你们这样的团队在中国并不多见……院士和获奖不能成为科研的动力，你正处在创造的高峰，抓紧时间扎扎实实出更大的成绩无疑是头等大事。

34岁的潘建伟收到王选的亲笔信后“感到荣幸和深受鼓舞”，他连忙回复邮件，感谢之余表示，“自己太年轻，还必须取得更大的成就才能配得上（院士）这一崇高的荣誉”。几天后，潘建伟又收到了王选发来的长长的邮件，详细提出六条建议，在邮件最后，王选还体贴地嘱咐潘建伟：“此信不必回，免得耗费时间。”

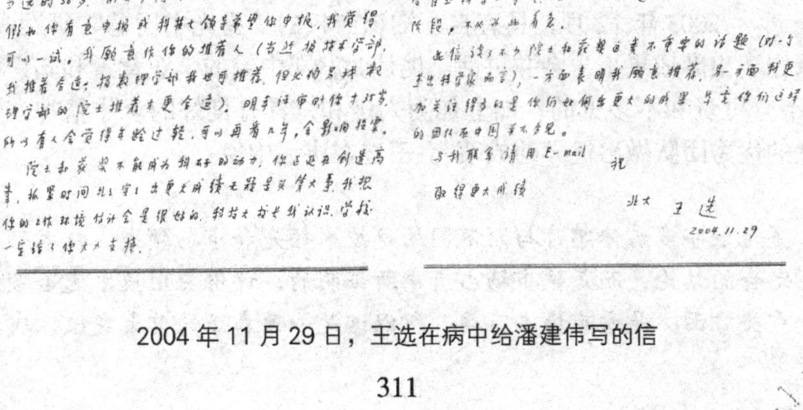
中国人民政治协商会议全国委员会

建伟同志

近年来在报上几次看到关于你的成果报道，最近又在十大杰出青年候选人的名单中看到你的名字，我预计肯定当选，后来果然不出我所料，特此祝贺。

按你的成就，申报院士是可以的。1955年黄昆先生当选时36岁，前年卢柯申报时是37岁，批准时38岁。假如你有意申报，科技大领导希望你申报，我觉得可以一试，我愿意作你的推荐人（当然，按技术学部，我推荐合适；按数理学部我也可推荐，但以物理学部的院士推荐人更合适）。明年评审时你才35岁，所以有人会觉得年龄过轻，可以再看几年，会影响投票。

院士和获奖不能成为科研的动力，你正处在创造高峰，抓紧时间扎扎实实出更大成绩无疑是头等大事。我想你的工作环境估计会是很好的，科技大校长我认识，学校一定给了你大力支持。

中国人民政治协商会议全国委员会

你的成就可申报自然科学奖，得一个国家自然科学二等奖对评选院士有利。但我认为你不如把成果积累得更多后，报国家自然科学一等奖更合适。院士好当，自然科学一等奖难得。我主持的激光照排1985年评为国家科技进步二等奖，我拒绝接受；1987年评为一等奖时得分很高，1995年得分更高。所以我建议你不要报自然科学二等奖，因为你们团队还处在迅猛上升的阶段，不必为此着急。

此信谈了不少院士和获奖这类不重要的话题（对一个杰出科学家而言），一方面表明我愿意推荐，另一方面我更加关注得多的是你们如何出更大的成果，毕竟你们这样的团队在中国并不多见。

与我联系请用E-mail

祝

取得更大成绩

北大 王选

2004.11.29

2004年11月29日，王选在病中给潘建伟写的信

20世纪60年代初MIT（麻省理工学院）MAC项目对我影响很大，他们要求团队成员talented（有才能），dedicated（有奉献精神），loyal to the project（对项目忠诚）。你们工作涉及理论和实践，所以团队的活力、凝聚力十分重要，你既要看方向，领导团队；又要直接从事第一线的研究，否则就无法进行学术上的真正领导。我56岁前一直是这样做的。

5～10年内最好只领导你的小组，集中精力出成果，尽可能不去做更大的官。我直到55岁才当研究所所长，而该所的主要任务就是继续研制出版系统。

尽可能拒绝一切与项目无关的活动。我50岁前不接受采访，经常在媒体上露面的人表明他的学术生涯快结束了。

假如你校要你报院士，我觉得不必拒绝，也不必花很多气力写材料，选得上、选不上无所谓。……这在一个人的人生中只是一件微不足道的事，更重要的是一生对社会的贡献。

2005年5月，潘建伟当选《科技日报》社主办的"中国十大科技新闻人物"，王选被邀请前去颁奖，但当时他病情严重，已无法出席。他遗憾地说："我还想见见这些年轻人，见见那个潘建伟，和他讨论一下量子纠缠。"遗憾的是直到王选去世，他和潘建伟也从未谋面……

王选还特别推崇海归创业、研制成功"星光数字多媒体芯片"的青年科学家邓中翰。

邓中翰于1992年去美国加州伯克利分校读书，后来成为伯克利130年历史中第一位拿到三个跨理、工、商学位的人。留学回国后，邓中翰带领中星微电子有限公司承担了"星光中国芯工程"。王选提醒他："不要受国内浮躁的学术风气影响，静下心气，坚持硅谷的技术创新理念，一年年积累。"2003年12月，具有自主知识产权的"星光中国芯"研发成功，王选抱病出席成果报告会并讲话。他认为，邓中翰的学业背景和知识积累"是十分可贵和不多见的，加上他为人谦和，具有良好的合作精神，使中星微的优秀团队做出优异的成绩"。王选在讲话中说：

星光数字多媒体芯片与众不同的是技术领先和市场领先。技术领先不是鉴定会的结论，而是被市场占有率所证明的，评价应用技术是否领先的一个重要方面，是看市场占有率。所以这是一项真正的重大突破。我非常赞赏 niche market，也就是在激烈的国际竞争中找到自己优势后咬下一大块市场蛋糕。技术优势变成市场优势后，比尔·盖茨所说的“正反馈”(我们叫“良性循环”)就开始了，市场反馈回来的需求刺激推动技术进一步发展，从而保持市场的不断领先。

2005 年 3 月，邓中翰获得国家科技进步一等奖，在奖励大会上领奖时，他看到坐在主席台上的王选，正微笑着向他打招呼。

邓中翰：当时他（王选）坐在主席台最边上，我从胡锦涛主席手中接过奖项后随队列从他面前经过，我们同时向对方打招呼，为这，我破坏了队形，我至今记得当时他眼神中的那种欣慰、喜悦……

约一年后，王选不幸辞世。2009 年和 2011 年，邓中翰和潘建伟分别当选中国工程院院士和中国科学院院士。假如王选天上有知，看到国家在科技领域不断取得像“星光中国芯”这样的先进成果，不断涌现出一批像邓中翰、潘建伟这样的杰出青年人才，他定会感到无比欣慰。

第十一章 山高水长

一、参政议政

进入20世纪90年代，王选的人生轨迹中，增添了一条璀璨的参政议政之路。

长期从事科学研究，并致力于科研成果产业化和提携后学等实践，使得王选对科技进步与创新、我国高科技企业的发展、科技教育体制的改革以及如何培养年轻人才等问题进行了积极探索，积累了丰富的经验，并为在这些领域内在较高层面上建言献策打下了坚实的基础。他认真履行职责，敢说真话实话，提出的建议和意见紧扣时代脉搏，富有真知灼见和可操作性，为高层决策提供了重要参考依据。

从1993年起，王选先后当选第八届全国政协委员（1993年）、九三学社中央副主席（1995年）、中国科协副主席（1996年）、第九届全国人大常委会委员、全国人大教科文卫委员会副主任（1998年）等职务。他的人生也由此翻开了崭新的一页。

第一次作为政协委员，来到庄严的人民大会堂参加全国政协八届一次会议，所见所闻给王选留下了深刻印象。2004年6月，王选在一篇题为《政协委员建言立论的影响越来越大》的文章中，回忆了当时的情景：

我当时一看报上公布的委员名单，就深感政协真是人才济济，集中了各方面的专家，有些还是某个领域的权威。我分配在科技界这一界别，后来得国家最高科技奖的吴文俊、黄昆先生当时也在其中，吴文俊以很高票被选为常委。政协分组会上的发言非常热烈，听到不少尖锐的意见，常常觉得时间不够。1993年时还流传一句顺口溜，说政协委员的发言、建议和提案是“不说白不说，说了也白说，白说还要说”。有一位女委员经过充分调查研究，发现我国当时实行的“夏令时”弊端很多，写了一个提案，建议取消“夏令时”，并列出了一系列的充分理由。但不久收到的有关部门对此提案的处理意见，逐条驳斥了这些理由，并坚持“夏令时”的好处。具有讽刺意义的是，在收到提案处理意见后大概三个多月，国务院就下令在全国范围取消“夏令时”，该委员觉得啼笑皆非，在小组会上说，对写提案再也没有积极性了。不过，我当时的发言引起大家的共鸣，也最终见到了实效，并没有“说了也白说”的感觉。

王选所说的发言，是他在3月19日作的题为《大力支持以高校和科学院为依托的高新技术产业》的大会发言。王选围绕高新技术产业发展和吸引人才的问题进行了阐述，他把1992年在怀仁堂座谈时向江泽民同志提出的“吸引年轻人才的四要素”进行了重点说明，强调中国知识分子如果“长期价廉，就会不再物美”；“知识分子创造的价值要与其切身利益挂钩，国家要尽快提高他们的生活待遇，要增大知识分子的含金量”。王选更进一步指出：“对于优秀的年轻人才，应设法保证月收600元以上，最好达到1000元。”

在1993年，中国脑体收入倒挂的现象仍很严重，这样的收入标准已经是一个相当高的水平。王选的发言立即引起了各方关注。“长期价廉，就会不再物美”被作为标题登在报上，在接受《科技日报》《人民政协报》《瞭望周刊》等媒体的采访时，王选的观点更加鲜明和具体：

现在有一种观点：提高知识分子待遇，群众会有意见，这纯粹是一种左的偏见。从整体上说，知识分子创造的巨大价值，与现在他们的待遇相比，是不近情理的。为了改善生活条件，搞“炸油饼”式的创收，搞所谓“第二职业”，我不赞成。这实际是对人才和知识的浪费，是一种可悲的现象。

要给洋博士、土博士和同等水平的人起码一套住房。再穷，也要拿钱，这是应该的。陈毅老总说，把裤子当了也要搞原子弹。我说，把裤子当了也要盖房，给优秀人才一套房子。到今年底，我们将有近50套房子，可解决80%的青年人的住房，明年会全部解决。

为什么大量人才往外资企业跑？在那里，虽是雇工，可拿的钱多呀！如果我们的国有企业与外资企业在待遇上不相上下，这时再强调献身精神与理想，那么我们自己的人才多半会转回国有企业，尝尝做主人的感受。

王选的观点也得到了许多委员的支持，这使他感到欣慰。后来知识分子待遇的提高速度比王选预料的要快得多。从1995年开始，我国脑体收入倒挂的现象已基本改变，所以王选“并没有说了也白说”的感觉。

1995年5月，全国科技大会即将召开，这次大会被认为是继1956年知识分子问题会议上周总理发出“向现代科学进军”号召、1978年全国科学大会上邓小平同志提出“科学技术是第一生产力”以来，我国科技事业发展的“第三座里程碑”。会前，中共中央和国务院专门召集科技界人士，就即将在大会上宣布的《中共中央、国务院关于加速科学技术进步的决定（修改稿）》征求意见。王选被邀请参加座谈，在此前召开的八届政协二次会议上，王选曾作书面发言，提出了扶持民族高技术产业的一些措施，得到了20多位委员的签名支持。他深知，这次全国科技大会将全面落实邓小平同志“科学技术是第一生产力”的思想和“科教兴国”战略，明确今后科技工作的大政方案和战略部署，十分重要。他认真准备了一份发言，在座谈会上提出了自己的观点：

我很赞成“科教兴国”的提法，这意味着把科学技术和教育的作用提高到了一个前所未有的新高度。我也希望这次科技大会能大大促进科研成果的转化和高新技术产业的发展。

我国每年都有大量科研成果，鉴定会和报纸上经常有很多国际先进水平、甚至领先水平的提法。有人说，若完全相信这些，中国早已是科技大国了；但实际情况是，国内市场上充满了外国高科技产品。一方面我国研究开发费用在国民生产总值中的比例很低，另一方面有限的经费又得不到充分的利用。国内山头林立、缺乏统一规划协调以及产业政策不配套和对市场扶持不够，使科研成果不易转化成商品，更不易占领市场。

韩国的经验值得我们学习，韩国人的自力更生、民族精神很强，政府对民族工业的投资和扶持又很得力，这样韩国的汽车、电子、造船等工业在国际上都有一定的地位。而我国高新技术产业还处在起步阶段，相当一部分企业主要精力放在“倒卖”外国人的产品上。外国公司用回扣和出国考察等诱饵，有时就能使其性能不见得好的高价产品在中国市场上畅通无阻，而他们的雄厚资金和巨额贷款对我国高新技术产业带来严重威胁。我不赞成单纯的保护，因为不恰当的保护会导致高枕无忧和缺乏危机感，过度的保护与“复关”目标也是矛盾的。但是，国家对民族高科技产业的扶持是绝对必要的，应在政策上鼓励企业的科研开发投入，因为他们才是我国技术创新的主力。

王选的这些观点在今天已成为共识，但在十几年前，却有着独特的前瞻意识。不久，全国科技大会召开，王选被指定作了大会发言，他的上述观点赢得了热烈的掌声。

1996年3月，在参加全国政协八届四次会议期间，王选又在提案中进一步建议制定下述采购政策：

对于政府部门的采购项目、国家拨款或银行低息贷款的企业技改项目和其他依靠银行贷款支持的采购项目，当国产设备在性能、质量和价格方面与进口产品相当时，必须优先考虑购买国产设备，否则不予拨款和贷款。这条措施将大大促进我国高技术产业的壮大，因为扶持市场比什么都重要。

1996 年 10 月，我国公布了《国务院关于九五期间深化科技体制改革的决定》，其中明确规定："为扶持高新技术产业的发展，鼓励各级政府部门和由政府财政支持的事业单位优先采购具有中国知识产权的高技术产品。"王选和其他委员、专家的建议得到了落实和体现。

1997 年 2 月 27 日，全国政协八届五次会议在北京开幕。此次"两会"的召开正值邓小平逝世不久和香港即将回归祖国之际，因此引起了海内外新闻媒体的普遍关注。王选再次作了大会发言，主题是《扶持高科技民族产业进入国内国际市场》。对于当时我国科技投入和产出比例失调的问题，王选痛心地指出：

1997 年 3 月 4 日，王选在全国政协八届五次会议联组讨论会上畅谈"扶持高科技民族产业进入国内国际市场"问题

每年"人大"、"政协"两会的科技界代表和委员总要呼吁增加科技投入，政府也已下决心设法加大投入。现在的问题是，投入要讲产出，要讲效益。国家用于科技的有限资金往往未能产生应有的经济效益，很多项目得不到丝毫回报。目前的评估标准、体系和机构还不能较准确地计算项目的经济价值，也没有制度监督和检查国家科技投入的效果。在缺乏有效机制的情况下，投资部门对是否有回报并无压力和责任；而科研承担者根据历来的经验已摸索出一套如何争取经费的办法，一

旦国拨款项到手，是很容易“交账”的：只要鉴定会上得到“国际先进水平”等好的评价，就能申报奖励、提职称和得各种荣誉，至于投入产出比则无人来检查。

王选希望国家进一步采取措施，提高科技投入的产出和效益，并提出了“抓大放小促高，参与国际竞争”的建议：

美国联邦政府研究开发拨款中，50%以上直接资助企业，而我国政府科技拨款中，企业所得的比例少得多。“抓大放小”是企业改革的一个突破性思路，但从更积极的意义上，似乎应加上“促高”，即促进高技术大公司的发展。“抓大放小促高”，抓住了中国企业改革与发展的主要关键。要加大对大企业技术中心的支持力度，鼓励技术中心逐步从事超前的研究开发，以保持产品的长期竞争能力。

进入国际市场，尤其是发达国家的市场，是高新技术企业上一个大台阶的关键，政府应特别鼓励我国自主创新的高技术产品进入国际市场，要在税收、科技开发投入、简化出国手续、引进人才的户口指标等方面给予优惠。

连续五年全国政协会议召开期间，王选的发言或提案围绕如何促进高新技术产业的发展这一主题，层层深入，切中时弊，是报刊媒体关注的焦点，为决策层提供了参考依据。

1998年3月，王选当选第九届全国人大常委、人大教科文卫委员会副主任。从政协来到人大，并担任了领导职务，王选感到了肩上的责任。他在接受媒体采访时坦率地说：“这次的大会我是第一次全程参加，以前从来没开过这么长时间的会，因为科研或其他事情太多，以前开会我都要请一些假。人大代表不是个人问题了，我感到了身上的责任，以后的会也不宜请假了。”

在这次大会上，王选当选北京代表团副团长。3月6日，李鹏总理参加北京代表团讨论，高新技术发展仍然是王选关注的焦点，他针对当时国内和国际高新技术发展趋势，进一步提出了“加快高新技术产业发展的几个关键问题”：

一是加大风险投资力度。20年前如果没有国家“748工程”投资1000万元，我们是发展不到这样的规模的。当然，风险投资不能完全由国家承担，但国家应制定相应的政策，鼓励集体和个人进行风险投资，应强调风险投资渠道的多元化。美国硅谷就是靠风险投资壮大起来的。

二是国家在政策上应对有前景的高科技企业股票上市给予优惠政策，只有这样，才能搞活风险投资。职工认股权是激励职工十分重要的措施，我国迫切需要在法律中进一步明确上市公司的职工认股权。要让创业者、主要的经营者、技术骨干成为企业真正的老板，持有股份。有了这样一些条件后，人才就能留住。

三是急需一大批有较强技术背景的管理人才。我国高新技术产业的发展最需要两类人才：有市场眼光的科学家和有科学头脑的企业家。

四是加大保护知识产权的力度，严厉打击盗版软件，以促进国内、国际软件市场的发展。

全国人大平均每两个月召开一次常委会，除非是出国之类不易变更行程的活动，王选很少请假，而是按时出席，认真履行职责。作为全国人大教科文卫委员会副主任，王选也经常以组长的身份带领人大代表到各地进行考察调研。他接触的层面从科技创新、高新技术产业化等方面扩展开来，关注的问题更为广泛和深入，并提出了许多积极的意见和建议。

1998年6月，王选（左四）和张序三（左三）等全国人大教科文卫委员会考察组成员赴青海考察民营科技企业状况

20世纪90年代，王选还先后担任全国人大中国—菲律宾友好小组主席，外交部中俄友好、和平与发展委员会委员，中国国际交流协会副会长，马来西亚政府多媒体超级走廊国际顾问组成员等职务，利用自己的特殊影响广泛结交各国朋友，为促进世界和平、发展中国与世界各国的科技文化交流和友好合作，做出了有益的贡献。

在王选担任的众多职务中，九三学社中央副主席一职是他格外重视的。他的内心深处，有着不同寻常的九三情怀。

二、九三情怀

王选加入九三学社的过程颇费了些“周折”。

九三学社是我国八个民主党派之一，成员以科学技术界高、中级知识分子为主。抗日战争后期，许德珩等一批进步学者发扬“五四运动”的反帝爱国精神，以民主、科学为宗旨，在重庆发起组织“民主科学座谈会”，后为纪念1945年9月3日抗日战争和世界反法西斯战争胜利，改建为“九三学社”，并于1946年5月4日正式成立。半个多世纪以来，九三学社弘扬民主与科学精神，形成了坚持爱国主义、社会主义，坚持接受中国共产党领导、同中国共产党亲密合作，坚持加强自身建设、不断进步的优良传统。

20世纪90年代初，担任九三学社中央主席的吴阶平同志年事已高，他和有关方面开始物色新一代副主席人选，为新老班子的交替做准备。

1993年11月9～14日，中共中央统战部邀请各民主党派中央、全国工商联领导人和无党派人士组团，考察长江三峡库区和三峡工程的准备工作，王选也在被邀请之列。在船上，王选与76岁高龄的九三学社中央主席吴阶平一见如故，倾心交谈起来。从王选的科研经历到营造科研人员自主创新的良好环境，从科技体制的改革到“科教兴国”战略的实施……在谈到民族振兴的关键时，王选情真意切地说：“经济要发展，国家要强大，‘核心技术’和‘自主创新能力’是最强大的推动力。在世界科技迅猛发展的今天，因为没有太多这样的‘核心技术’，我们的计算机不得不采用人家的CPU和Windows，中国满大街的汽车几乎全是外国品牌。提高自主创新能力，创造出一批领先世界的核心技术，对中国来说十分紧迫，

1993年11月，王选与吴阶平在三峡考察途中

确实关系到中华民族的复兴。”王选的一席话使吴阶平感受到，王选不但是一位已经取得突出成就的科学家，同时也是一位中国传统意义上的优秀知识分子，他睿智豁达，有胆有识，具有强烈的历史责任感和民族忧患意识，是九三学社领导人的极佳人选。吴阶平也向王选介绍了九三学社近年来在实施科教兴国战略和在国家政治经济生活中所发挥的作用，使王选对九三学社有了进一步了解。

1995年3月，全国人大和政协“两会”在北京召开。3月7日那天，吴阶平不顾春寒料峭，亲自来到位于北京大观园酒店的政协委员驻地，找到王选，郑重提出，希望王选加入九三学社并在合适的时候担任领导职务。王选一听，本能地马上谢绝。他直率地表示，十分感谢吴老及九三学社的信任，但自己单位的担子已很重了，如果再身兼数职，必然缺乏精力，最终科研和参政哪一样也不容易做好。谁知吴阶平比王选还要坚决，晓之以理、动之以情地与王选交谈了两个多小时，反复说明请王选加入九三学社是国家的需要，有关方面对王选寄予厚望，期望他以自身的影响团结带动更多的人，在国家政治生活和社会生活的更大层面上做出新的贡献。最后，王选实在不忍反驳德高望重的吴老，答应再考虑考虑。

回到家，王选向陈堃銶说了自己推辞的想法，陈堃銶一听，也十分支持，认为应该一心一意搞科研成果化和产业化，把现在的事业做得更好。怎么办才好？王选想到了时任中央统战部副部长的刘延东同志，在考察长江时，刘延东是率领考察团的领导，一路上与王选相谈融洽。王选想，吴老找自己的事，刘延东一定知道，不如找她说说情。当天晚上，王选拨通了刘延东的电话，委婉地说，如果自己加入九三学社，可能会影响科研工作，从而招致不同意见。没想到，刘延东听后笑着回答：“谁有不同意见，报上来，我们逐一做工作。”

在第二天的大会上，王选看到主席台上坐着原北大校长、全国人大常委会副委员长丁石孙同志。他想，应该征求一下这位多年的恩师和朋友的意见。会议休息间歇，王选走到主席台前，一位警卫礼貌地拦住了他。王选知道上面坐着的都是领导人，自己上不去，便冲着台上的丁石孙喊：“丁石孙先生！丁先生！”丁石孙见王选急切地叫着自己，不知出了什么事情，赶忙来到台下。王选把吴老找自己加入九三学社的事，以及自己的顾虑一一讲给丁石孙听。丁石孙一边认真地听，一边思索，等王选讲完，丁石孙对王选说：“我觉得你应该加入九三学社，这样接触面扩大，视野开阔，对你目前从事的工作有好处，会更加促进你事业的发展。”

丁石孙的一番话，使王选的态度松动了。一方面，他是一个视工作为第一要务的人，只要对工作有益的事，他都愿意考虑；另一方面，经过几方谈话，王选已经明白，看来参政议政是自己义不容辞的责任，尽管非己所愿，也必须深明大义，以国家大局为重。

1995 年 3 月 23 日，王选正式加入了九三学社。

入社后，王选花一个月时间参加了培训，认真学习统战政策和民主党派工作经验。通过学习，王选对九三学社的光荣传统有了进一步的了解和认识：

早在 50 年代，我就知道九三学社中有不少知名科学家，例如茅以升、严济慈、周培源、吴阶平、黄昆等。跟我同龄和比我年龄更大的一代知识分子很多受到了 20 世纪五六十年代政治运动的冲击，我在“文革”中受到了批判，被列入“另册”，但与九三中央五位副主席所经历的磨难相比就显得微不足道了。洪绂曾、金开诚、谢丽娟、安振东四同志在 20 多岁时被错划成“右派”，谢丽娟同志当时才 21 岁；安振东同志更从“右派”升级为“反革命分子”，关入监狱；黄其兴同志“文革”中被打成“特务”和“反动学术权威”，受尽折磨。这五位副主席在人生最艰难的时刻，仍抱着拳拳爱国之心，尽最大努力做出了贡献。他们的非凡经历深深打动了我，我觉得用季羡林先生的一句话来形容是很恰当的：这叫“爱国没商量”（这句话并非季羡林原创，季先生只是把“爱你没商量”改成“爱国没商量”）。我认为，除“民主与科学”外，爱国精神也是九三的光荣传统。

这种“民主、科学与爱国”精神，正是王选一生所崇尚和追求的，这使他更加坚定了自己的选择。

1995 年 12 月，在九三学社九届四中全会上，王选当选为九三学社中央委员会副主席。1996 年 3 月 7 日，“两会”新闻中心在人民大会堂举行首场记者招待会，王选和另外三位新当选民主党派领导人的“两会”代表——中国民主同盟中央副主席厉以宁、中国民主建国会中央副主席成思危、中国民主促进会中央副主席张怀西一起，接受了记者的采访。

1996年3月7日，“两会”新闻中心在人民大会堂举行记者招待会，王选和厉以宁（左二）、成思危（左一）、张怀西（右二）作为新当选的民主党派领导人，接受记者采访

记者问王选，你是北大教授，三院院士，去年年底又出任方正（香港）有限公司董事局主席，现在又被选为九三学社副主席，你是如何分配时间的？你准备如何带领民主党派在参政议政中发挥更大作用？王选充满信心地作了回答，话音舒缓绕梁：

我明白你的意思，有人说我是否会去从政。我想，人的角色肯定会是多重的，我想我已经做好如何处理好这几种角色的心理准备。过去30多年我一直从事教学和科研工作，近十年又致力于科研成果转化和发展高新技术产业。现在我的主要精力仍放在扶植和培养年轻一代的科学家，以及如何依靠自主创新技术进入国际市场，尤其是日本市场方面。发展高科技、实现产业化是“科教兴国”的重要内容，我在这方面的实践和经验，对担任九三学社中央副主席和参政议政有很大好处。我会和九三学社的同仁们一起，继续探索我国高科技企业的发展方向，探索科技体制改革的新路，为民主党派面向经济建设主战场，为“科教兴国”战略的实施做出切实的贡献。

九三学社成员大多是科学技术领域中的中、高级知识分子，他们生活、工作中的实际问题，也将是我关注的焦点。我将利用一切机会，为他们呼吁，为他们创造条件，让他们发挥更大的作用。

走上九三学社中央领导岗位后，王选肩上的担子更重了，心中的责任也更多了，王选做事有一个信条，不干则已，干就要干到最好。尽管是兼职，尽管北大计算机研究所和方正的科研管理工作占据了他大部分精力，但王选还是想方设法抽出时间，积极为推进多党合作事业奉献智慧和心血。

1997 年，王选兼任了九三学社科技委员会主任。这个专门委员会是九三学社向党和政府建言献策的组织策划机构，王选很重视。从酝酿选题、谋划调研，到形成建言成果，他都认真审议和组织，力争抓出成效。对于那些由他主持或支持的成果，王选还是老规矩，从不用个人的名义。他说，这是集体的智慧，即使这里有个人主张，也要通过研讨座谈，反复修改，形成大家的共识，不能以个人的名望去影响这个成果。

王选还带着专委会的同志走出去，深入基层社员中，开展调查研究，宣传大政方针，普及科学知识，了解到很多九三社员在“科教兴国”方面做出突出贡献的事例，对九三学社人才荟萃的印象更加深刻。他看到，九三中央常委或中央委员大多由两类人组成：一类是有显著成就的专家学者；另一类是在本专业领域内已有成就，后推荐到政府部门任职，担任副部长、副省长或局级领导职务，他们在第一线工作，常常对我国一些热点问题提出很有价值的观点。王选认为，这种背景为九三学社参政议政工作打下了很好的基础，应该充分发挥这一优势。

王选在到各地考察或作报告时，十分注意自律，注意维护九三学社的形象。原九三学社中央常务副主席徐采栋在回忆中说：

1997 年社中央成立院士委员会，当时各个地方组织纷纷要求我们九三学社的院士们到下面作报告，宣传科学思想，介绍最新科技动态。王选同志非常热心，一有可能就加入报告团，不辞辛劳，欣然前往。北到哈尔滨，南到株洲，都留下了他的足迹。在外地，王选不辞辛苦地工作，却十分注意自律，他到地方作报告不收取报酬，即使当地有规矩或惯例也不行，他还拿出钱来捐给当地的贫困单位和贫困群众。

湖南九三学社的同志还记得这样一幕：1999 年 11 月，王选带队到长沙和株洲等地作科技报告，仅有几十万人的炎陵县城，住宿和会场条件比较简陋，为了不增加基层的接待负担，王选和大家在沿途找了个街边小店用午餐。临别时，王选又掏出2000元钱捐助给了县里。

虽然是九三中央领导，但王选更愿意和普通社员在一起交流沟通，了解情况。在许多人眼里，王选是一位和蔼可亲的长者和值得信赖的朋友。原九三中央社讯编辑李书在文章中回忆：

1995年12月王选老师当选副主席后，到九三学社中央机关参加主席办公会议。会前，秘书长带着他到各办公室视察，当时我正埋头于即将发排的稿件中，听见有人说，“这是社讯编辑部”。我抬起头，见到身穿夹克衫的王选老师已来到我们办公室，他边说着“你好”，边向我伸出手。“您好”，我慌忙站了起来。他微笑着，在我们握着手对视的瞬间，好像早就认识一般。他好奇地东看看、西看看，又探下身子看看我的办公桌上的一摞摞稿子，从那眼镜镜片后面流露出来的眼神儿充满灵气、睿智，又有些顽皮；透着坦诚、平和，又是那么朝气、热情。那么高的职务，却没有一丝官气；普通得就像一个来串门的近邻，一个好朋友。

1996年12月中旬，九三学社在香山饭店召开会议，会议内容之一是增选中委和中常委。我作为计票工作人员参加会议服务工作，负责给就座在主席台上的主席和副主席发选票，并引领他们走到票箱去投票。主席台桌子下横七竖八躺着交错纵横的电线，当我把选票发到王选老师那儿时，他轻轻地嘱咐我说：“小心脚下。”顿时，一股暖流沁入心脾。尽管我来不及说些什么，事情好像也很小，却让我体会到王选老师是如此善良、友爱，让我想把工作做得更好。

王选是九三学社北京大学委员会的社员，他定期参加北大九三的活动，按时交纳社费，并对北大九三的发展提出许多建设性意见。有一次活动组织包饺子，王选高兴地卷起袖子和大伙一起包起来，一边开心地拉着家常，一边畅谈学校的科技成果和发展蓝图。2000年春节前，新一届北大九三为了活跃社员生活，举办了一次大型活动。那天气温骤降，下起了大雪，王选当时非常忙碌，而且已经感觉肺部不适，但他很想见见大家，还是顶风冒雪地赶了去。听说王选要来，参加活动的会员比以往增加了不少，大家开玩笑说，“原来咱们北京九三的社员也都是追星一族”。在会上，王选抨击了社会上“一切向钱看”的不良风气，告诫大家，在改革的大潮中，一个优秀的科技工作者应该淡泊名利，不为金钱所动，要经受住历史的考验。在场的人听后很受触动，他们都知道，王选自己就是这方面的身体力行者。

就这样，王选用本身的榜样力量，在九三学社中发挥着无形的作用；而王选的加入，也给九三学社带来了无形的吸引力。九三学社中央主席韩启德在《像王选同志那样做人做事》一文中这样写道：

我知道，世纪之交，我社曾经开展过学习王选的活动。后来我到各地去考察，在地方组织召开的座谈会上，我多次听到我们的社员讲，通过学习王选同志的活动，更加了解了九三学社，更加体会到九三学社的政治责任和社会责任。我想这就是王选同志所发挥的无形作用。他本身就是一面旗帜，能够产生很强的凝聚力。据我所知，很多人就是看到九三学社有像王选、黄昆这样优秀的科学家才加入九三学社的，这种无形的力量是难以估价的。他的这种形象，他的这种吸引力，他的这种榜样力量，对九三学社来说，无论是过去还是将来，都会持续发挥作用。

三、独具魅力的演讲才华

王选不仅是一位科学家和领导者，还是一位出色的演说家。

中学和大学时代，王选长期担任团干部，经常要找人谈话、组织活动、开会发言，口头表达能力得到了很好的锻炼。工作后随着担任职务的日益增加，接触范围逐渐扩大，出于工作需要，王选经常讲话、座谈、作报告，渐渐练就了别具一格的演讲口才。王选平日并不是一个爱说话的人，在不熟悉他的人看来，甚至有些严肃和内敛。但作报告、致辞和接受媒体采访时，王选却像换了个人，侃侃而谈，精彩纷呈。

整个 20 世纪 90 年代，王选作了大量专场报告，仅 1995 ～ 2000 年患病前，有记录可查的就多达 250 余场，1998 年在哈尔滨曾创下一天连续做三场报告的纪录。最初多是给报社和印刷出版单位介绍电子出版技术的发展状况，偏重学术性；后来，各地政府纷纷慕名请王选给省（市）委、省（市）政府、人大、政协四套领导班子以及机关和企事业干部作报告，中央党校的干部培训班也定期邀请他举办讲座，内容扩展为“信息产业的发展和中国面临的问题与机遇”等，既有科普内容，又有建言献策。1999 年 4 月 26 日，王选被国务院办公厅邀请到中南海，给在座的中共中央政治局常委、国务院副总理李岚清，国务院副总理吴邦国以及国务院办公厅处级以上干部举办了一场科技知识讲座，这是他的报告中听众级别最高的一次。

不过，王选最愿意给高校的青年学生作报告，以自己的亲身经历给他们讲人生哲理和成功经验，鼓励青年刻苦钻研、勇于创新和培养团队精神，几乎场场爆满，场面热烈，笑声如潮涌，掌声如雷动。1996年，九三学社重庆市委和重庆大学邀请王选作了一场题为《高新技术产业与人才培养》的报告，主持报告会的原九三学社重庆市委副主委徐宗俊对当时的情景记忆犹新。

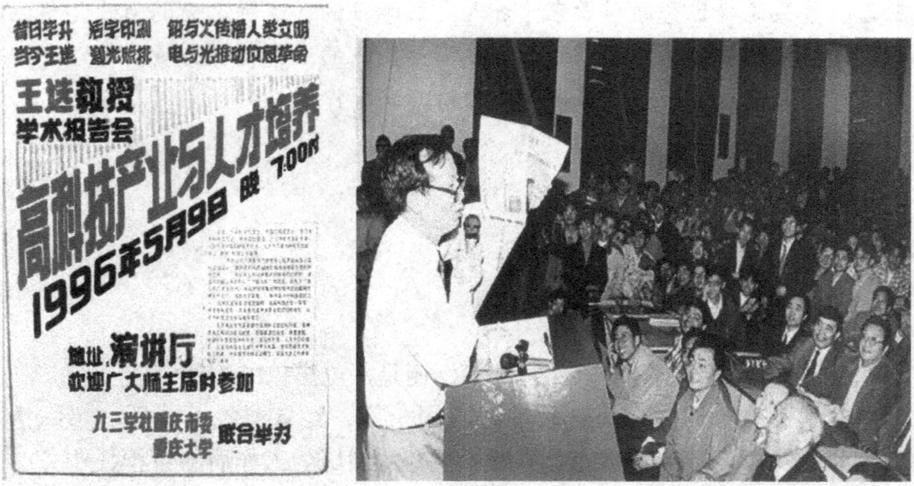

1996年5月，王选在重庆大学作报告的海报和现场的热烈场面

徐宗俊：1996年5月9日晚7时，重庆大学讲演厅里灯火辉煌，座无虚席，只有300多座位的讲演厅挤进了700多人，师生们见缝插针，把所有走道甚至讲台、窗台、大门都挤得水泄不通，真是盛况空前。王选以“我在校时绝不属于前10名，而属于前20名，一个并不很出类拔萃的人能取得今天的价值，就具有普遍意义”为开场白，使大家倍感亲切。他结合自己的亲身体验谈到如何做学问、如何做人。朴实无华的语言，谦谦的君子风度深深地吸引了听众。他语言幽默生动，旁征博引，见解独特。一个半小时的报告会秩序井然，不少人边听边记，不时发出会心的笑声，并多次报以长时间的、热烈的掌声。

王选作报告不用讲稿，但案头工作准备充分，根据报告内容的不同，他做了几个投影用的PPT文稿，多达几十页甚至上百页，并经常修改补充。内容丰富，信息量很大，而且紧扣时代主题。王选在作“信息产业的发展和中国面临的问题与机遇”这一主题报告时，先用鲜明的数据和表格进行对比，概述当时世界计算机和信息技术发展的情况，然后分别对计算机的组成部分进行科普介绍。这些信息从王选口中源源不断地涌出，在当时听着是那么新鲜，许多听众特别是领导干部感觉眼界开阔、耳目一新。

接着，王选话锋一转，开始讲述国际著名IT企业的创业史。王选喜欢《计算机世界》报，几乎每期必看，1996年他曾对《计算机世界》报总编辑刘九如说：“我可是保存着你们1980年创刊以来的所有报纸。”他把从上面看到的资料积累起来，总结成一个个小故事，作报告时信手拈来，使枯燥的信息技术报告变得栩栩如生、耐人寻味。他说：

小型机王国DEC的总裁奥尔森最终黯然下台，一是因为年龄太大，跟不上PC机开放性潮流，二是没有形成“民主和畅所欲言”的气氛；创办苹果公司的乔布斯，曾是美国最年轻的亿万富翁，被里根总统称为“美国人心目中的英雄”，却因过分狂妄，处理不好各方面关系而被赶出公司；Intel原董事长、总裁葛洛夫具有很强的技术背景，管理才能也很杰出，却被称为“学者型暴君”。而比尔·盖茨之所以使微软变得强大，一方面有天才的因素，另一方面却源自他的吃苦精神和危机意识，比尔·盖茨有两句名言：“要想在计算机领域取得成功，就要准备长期睡在地板上”、“微软距离破产永远只有18个月！”

最后，王选以研制激光照排和创办北大方正的经历为例，介绍自主创新和产学研结合的经验。艰苦卓绝的科研历程，九死一生的市场鏖战，扬眉吐气的印刷革命，独树一帜的高新技术企业发展之路，被王选讲述得跌宕起伏，发人深省。使听者忽而心弦紧扣，忽而精神振奋。

王选在大学作报告，则针对青年学生的特点，注重用实例和事实说话，深入浅出，避免说教。为了形象地说明人的一生关键只有几步路，在重要关头应该采取什么态度和方式去走，他把自己的人生经历概括为八个重大选择，引起莘莘学子的强烈共鸣。

第一次选择：1956年大学三年级，学了两年的基础课后要分专业，我选择了计算数学方向。

第二次选择：1961年，作出一生中最重要的决定：从事软、硬件相结合的研究，以探讨软件对未来计算机体系结构的影响。

第三次选择：1963年初，决定锻炼英语听力，以提高阅读英文文献的速度。

第四次选择：1976年夏，决定跳过第二、第三代照排机，直接研制当时尚无商品的第四代激光照排系统，选择了技术上的跨越。

第五次选择：80年代初，在内外交困中选择决战市场，坚持不懈地走科研成果商品化、产业化的道路。

第六次选择：1993年，退出科研第一线，全力扶持年轻人。

第七次选择：1995年，进军日本市场，依靠自主创新技术走向国际。

第八次选择：1995年，以研制计算机动画制作系统为契机，开发数字视频领域，进军广电业。

一位叫应冬儿的学生，在听了王选的报告后，在北大校刊上发表了这样的感想：

来北大听了这么多报告，只有在听了王选的报告后，我服。作为一位并非你导师的教授，他仅仅在一次报告中就能时刻给你真正的启示，这是令我折服之处。他说他的成就来自于跨领域（数学、无线电）的学习，建议我们跨出去——这与当今市场上所需要的人才模式多么吻合；他说英语帮了他很大的忙，要年轻人学好英语——这恰好适应了未来社会的国际化发展趋势。他提出的建议具有强烈的现实性与可操作性。在他的报告中，我不禁浮想联翩：我对哪些领域还有特殊的兴趣？我怎么拿下英语？我该自己干点什么？自己玩些什么？服王选，服他仅仅在一次报告中就能深刻地触动听众头脑中某些未被开发的想法。

王选的报告精彩纷呈，引人入胜

王选讲话略带上海口音，声音圆润，吐字清晰，抑扬顿挫，张弛有度，没有“嗯”“啊”之类的官腔，也不啰唆重复。他的记忆力惊人，几乎过目不忘，各种内容、数据烂熟于心，两个小时的报告，往往一以贯之，一气呵成。王选很有亲和力，面露微笑，目光透露着坦诚恳切的神采，即使坐在台上，也不让人有高高在上的距离感。他能很好地掌控报告的节奏，在娓娓道来之际，忽然抛出一个类似相声中的包袱，现场立即风生水起，笑声接着掌声。讲到高潮处，王选常常伸出右手，有力地做着各种手势，极富“煽动性”。曾有听报告者，挑最后一排坐下，准备听到无聊处方便瞌睡，却不料自始至终凝神屏气，完全被王选的魅力吸引和感染了。

王选的报告之所以令人信服，一个重要原因是他能犀利地认清事物本质，敢于说真话、实话。比如谈到成果鉴定会，王选说：

我不愿参加鉴定会，因为有些鉴定会就是庆功会，而我又未必熟悉其涉及的领域，我有点名气，又不太懂得，这就对被鉴定方特别有利。大家说些不丧失原则的话，评出一个“国际先进水平”，弄个皆大欢喜的结果。大家知道这些所谓的“国际先进水平”意义不大，否则中国早就是一个科技超级大国了。

他呼吁不要迷信权威，要重视有才华的“小人物”，并拿自己做剖析，常常博得满堂彩：

许多人被领导接见时都说“心情无比激动”，我见过的领导很多，并没有这种感觉。当年我研究激光照排时是一个无名小人物，所以就有人说我是“玩弄骗人的数学游戏”。年轻的时候我在第一线，看外国文献看得很多，干活干得很多。当时比我更“权威”的一些人，有时就来指挥我，说你这该怎么做，那该怎么做，其实他确实不太懂。好在我往往能说服别人，按照正确的方向做。有时碰到对方对我不太了解，我不便去说服，我就采取“阳奉阴违”的态度，一到具体的技术问题，他也不太懂，我还是按自己认为正确的想法做。

现在我过了60岁，从55岁开始，一年戴一个院士桂冠，一下子成了三院院士，这样一想，还真是一个权威了。我发现人们把时态搞错了，明明是过去时，搞成了现在时，甚至以为是能主导将来方向的将来时。这是很大的误会。其实人们不知道，在计算机领域里是没有60岁的权威的，60岁左右犯错误的倒是可以找出一堆。我这个年龄正是在高新技术领域容易犯错误的年龄，所以我告诫自己今后要多做好事，少做错事，不做坏事。像我这样年龄的人必然要下来，否则是个祸害，影响年轻人。

王选善于在报告中加一些幽默与风趣，并进行巧妙加工，形成鲜明的“王选式”的个性语言，广为流传。1998 年 11 月，北京市教育工委、市科委分别作出“开展学习王选活动”的决定，并请王选在中央警卫局礼堂为北京市各界代表作专场报告。一开场，王选就诙谐地说：

这两天北京市宣传王选，是为了宣传精神文明，树立典型，在强调发展高新技术产业和科技成果转化这样一个背景下就把我抬了出来，通过各种媒体进行包装以后上市。有一句话叫“好汉不提当年勇”，现在我创造高峰已过，已经没有太多“勇”的地方了。有一次在电视上，人家要我用一句话形容一下自己，我说：“我是一个曾经做出过贡献，今天创造高峰已过，跟不上新技术发展的过了时的计算机专家，就像下午四五点钟的太阳，快要下山了。”

王选去四川出差时看到一篇关于名人与凡人的报道，他稍作发挥，令人拍案叫绝：

中国有些人过分崇尚名人。名人用过的东西叫文物，凡人用过的东西就叫废物；名人喜欢喝酒，是豪饮，凡人就是贪杯；名人表示亲切，就是平易近人，凡人就是巴结人；名人强词夺理，没有道理也能说出道理来，就是雄辩，凡人就是狡辩；名人做些蠢事、很荒唐的事，就是名人轶事，凡人就是犯傻；名人发脾气是有个性，凡人就是劣根性；像我这样的名人年纪大了，就叫王老，凡人就只能叫老王；名人和名人之间互不服气，凡人和凡人之间倒是和和气气。其实，名人与凡人并没有截然的差别。

在谈到美国人、日本人和中国人有着不同的行事作风时，王选形象地用“打桥牌”、“下围棋”和“打麻将”作比喻，一语中的：

美国华人中流传一种比喻：用“下围棋”形容日本人的做事方式，用“打桥牌”形容美国人的风格，用“打麻将”形容某些中国人的作风。“下围棋”方式是从全局出发，为了整体的利益和最终胜利可以牺牲局部的某些棋子。日本的公司或个人在对外时常常表现出团结一致的劲头，日本人去海外旅游也要找日本人开的旅馆去住，尽管有时更贵或交通不便。“打桥牌”风格则是与对方紧密合作，针对另外两家组成的联盟激烈竞争。本来是竞争对手的IBM和苹果电脑两巨头联手，组成Taligent公司，并与摩托罗拉紧密合作，开发Power PC芯片和新一代的面向对象的操作系统，以对抗英特尔对PC芯片的垄断和微软对PC机操作系统的垄断，就是典型的例子。“打麻将”则是孤军作战，“看住上家，防住下家，自己和不了，也不让别人和”。这种作风显然是不好的，尤其是“自己出不了成绩，也不让别人出成绩”，更是严重影响发展。当然这类中国人是极少的，但既然有“打麻将”这类比喻，和“一个中国人很厉害，两个中国人在一起就不可怕，三个中国人在一起就更好对付”这类说法，总该值得我们反省吧！我们应学习美国的无拘无束、自由的研究气氛和开创精神，也应学习日本的团队精神。

王选的英文口语十分出色，无论是接待外宾，还是接受外国记者采访，他都应付自如，不需翻译。这也增加了他演讲的魅力。王选常用两句英文鼓励年轻人：

当人们对一个新的构思说“Can’t do”（做不成）时，最好的回答是“Do it yourself”（自己动手做）。

“I（我）+We（我们）=Fully（developed）I（完整的我）”，只有把个人融入集体，才能体现完整的自我价值。

王选曾于1987年、1991年两次出席在美国波士顿举行的文字处理国际会议并作主题发言，用准确流利的英文介绍中文电子出版技术的发展，引起与会代表的热烈反响；1999年，他以中国科协副主席身份前往匈牙利参加世界科学大会，就中国信息技术发展问题侃侃而谈，回顾历史，展望未来。最为精彩的是1999年9月王选在美国“财富全球论坛”上的发言，这次论坛虽然在王选的故乡上海举行，但规定必须用英语，而且每位嘉宾只有90秒钟的时间。王选在阐述了基本观点后，忽然风趣地说：“我们中国花了很多钱，培养了许多优秀人才，像清华大学毕业的70%搞计算机的博士都被美国硅谷挖走了，美国有关部门应对中国进行适当的补偿。”话音刚落，便博得了全场嘉宾的笑声和掌声，在场的信息产业部吴基传部长更是开怀大笑，沉闷的会场一下子焕发了生气。

2006年王选病逝后，曾听过王选报告的河北省委省直机关工委副书记苏文勋，在网上写下了《听王选先生演讲》一文，可以代表众多听众的心声：

听王选先生演讲，是1999年我在中央党校学习期间。

在众多的政要名家的演讲中，他是给人印象最为深刻的一个，是赢得掌声、笑声最多的一个，也是引发人联想思考最多的一个。他的演讲，风趣、幽默、生动；他的演讲，朴素、无华、深刻；他的演讲，坦诚、豁然、达观；他的演讲，诙谐中见智慧，调侃中见沧桑，平和中见情操，随意中见傲骨，朴实中见思想。现在，要把他当年演讲时的神韵风采一一记述，那是耗费许多笔墨也难穷其妙的。……

也许有人会说，王选先生的演讲有点玩世不恭，不能说没有，什么叫饱经沧桑，什么叫看破红尘，王选先生就是。不过，他没有沉沦，而是依然朝着自己的目标奋然前行，为了我们的国家。也正因为经历了那么多的曲折痛苦，他的语言才如此犀利、冷峻而富有个性，他的思想才如此精辟闪光，他的灵魂才如此纯净透明，他的敞开心扉的肺腑之言，才让人在会心一笑的掌声喝彩声中振奋深省。

那一次演讲，我感到了一颗高尚的灵魂，为事业、为祖国的兴旺发达而孜孜追求的灵魂。能聆听那一次也是我等能听到的最后一次演讲，今生之幸也。

四、中士立名

几十年风风雨雨，王选在经历了重重艰辛磨难之后，各种荣誉接踵而至，迎来了人生的高峰。

20世纪80年代中期开始到90年代末，王选几乎每年都获大奖，成为人们心目中的“知识英雄”。他主持研制的汉字激光照排系统和中文电子出版系统于1987年和1995年两次获得国家科技进步一等奖，1985年和1995年两次被评为“中国十大科技成就”，在当今中国科技界极为少见。王选本人也先后获得日内瓦国际发明与新技术展览会金牌（1986年）、国家级中青年有突出贡献专家称号（1986年）、首届毕昇奖和森泽信夫印刷奖（1987年）、中国专利发明创造金奖（1989年）、陈嘉庚技术科学奖（1990年）、国家重大技术装备成果特等奖（1991年）、国务院政府特殊津贴（1991年）、北京市科学技术进步特等奖（1993年）、美国中国工程师学会个人成就奖（1994年）、何梁何利科学与技术进步奖（1995年）、联合国教科文组织科学奖（1995年）、王丹萍科学奖（1996年）、台湾潘文渊研究杰出奖（1997 年）、香港蒋氏科技成就奖（1999 年）等大奖。王选还多次被评为北京市和全国劳动模范、先进工作者，并被授予“首都楷模”、“北京市精神文明建设奖”等荣誉。

1991 ～ 1994 年，王选先后当选为中国科学院学部委员（院士）、中国工程院院士、第三世界科学院院士，成为我国为数不多的“三院院士”；1995 年，方正在香港上市，出于上市的需要，王选担任了方正（香港）董事局主席，以及方正技术研究院院长；加上全国人大教科文卫委员会副主任、九三学社副主席、中国科协副主席等社会职务，王选成了令人瞩目的公众人物。

面对纷至沓来的荣誉和地位，王选始终保持着清醒的头脑，他看到我国南北朝时北齐文学家颜之推关于“士”与“名”的古训（见颜之推《颜氏家训·名实》），拿来自省，道出了对待“名利”的原则：

一个人难免要有名的，我的原则是不该我得的名利坚决不要，可要可不要的名利也不要。中国古代有句话，“上士忘名”，将名利彻底淡忘；“中士立名”，靠自己的成就把名立起来；“下士窃名”，自己不行就窃取人家的。我做不到上士，但是我不会为了立名而去窃名。

当记者问王选，如何看待获得的这些头衔和荣誉，王选出人意料地回答：“看破红尘。”他说：

做大事就必须要有一点“看破红尘”的精神，美学大师朱光潜说，“人要有出世的精神才可以做入世的事业，不斤斤计较于利害得失，才可以有一番真正的成就，伟大的事情都出于宏远的眼界和豁达的胸怀”。我一生之所以取得一些成功，也是因为我并没有斤斤计较于能得到多少报酬和名誉、地位，而是很看重事业，能为事业的价值去克服困难。一个人的乐趣并不在于成功以后得到的荣誉和地位，而在于克服困难和挑战的过程。

我很赞赏欧美科学界流行的一句话：“一心想得诺贝尔奖的，得不到诺贝尔奖。”1990 年 11 月我获得陈嘉庚技术科学奖，在厦门领奖时遇到颁奖嘉宾、诺贝尔化学奖得主李远哲，私下交谈时我问他，对获诺贝尔奖怎么看。李远哲说，他从来没想到能得诺贝尔奖，当获奖的消息宣布时，他正在作报告，大家上前祝贺他，李远哲以为是祝贺他作的学术报告很好。这件事情恰好证明了这句话。

最初评院士的时候，王选既没找人推荐，更没找人活动，后来报名快截止时，周培源打电话给王选，对他说："我别人都不推荐，只推荐你一个人。"但推荐人需要两位院士，仅周培源一人推荐是无效的。后来北大和教委把王选推荐上去，最终当选。戴上"三院院士"的桂冠后，王选却说了这样一番别有深意的话：

> 在高新技术领域千万不能迷信院士。一般来说，院士者，是他一生做了重要贡献，给他一种安慰、一种肯定而已，多数院士创造高峰已过。当然在医学、农业、考古、植物分类等知识更新不太快、又需要长期积累的领域里，年纪大的还是很有作用的。此外，少数年长院士还在创造高峰期，所以不能一概而论，但在计算机等新兴领域，很难有60岁的权威。

有人提醒王选，这样说可能会得罪一批人，还是少说为好。他一笑置之。

随着知名度的提高，王选成了新闻界孜孜以求的热点人物。开始时，王选很不愿意接受采访，记者一来就是半天，还常常提出要到家里去拍摄"生活场景"，这让王选觉得很耽误工作，低调的陈堃銶更是反对。但后来王选不得不妥协了，因为接受采访也是"工作需要"。

> 陈堃銶：王选出名后采访他的人很多，有时还到家里来，搬桌子，挪凳子，折腾半天，我很不赞成，记者一来我就躲开。开始王选也不愿意，但后来发现这个矛盾是很大的，很无奈。他对我说："采访是媒体的任务，不配合他们就完不成任务。再说经过他们的宣传，使更多人了解我们的工作，对推广、招聘都有利。"王选在给侄女王侃的信里也说过，因为他背后有个公司（指方正），公司希望他能够到前台说话，做宣传，推广我们的科研产品，所以他不得不"出场"，并非他本人想出风头、出镜。所以他说，他无法做到像钱钟书那样"忘名"的地步，他是没有办法。

王选的办公室经常有各大报社和电视台的记者进出，有时一上午就有四五批，实在太多了，王选就把几家媒体集中在一起，统一回答他们的问题。因为陈堃銶的反对，王选不得不对采访者约法三章：一不要到家里，二不问生活和家庭琐事，三陈堃銶不接受采访。实在要拍场景，王选有两个常用的办法，一是到机房，这样他可以趁机跟年轻人讨论问题；二是早晨到北大王选每天晨练的地方，拍他打太极拳。陈堃銶看着心疼，几次跟工作人员开玩笑说："王选的办公室都像个摄影棚啦！"

真正面对采访时，王选则显示出一个学者特有的认真，他尽量站在媒体的角度，为记者着想，耐心配合他们的工作。电视台来采访，王选会问："需要我讲多长时间？"因为他知道，有时讲十分钟，在新闻中可能也就出现一分钟，所以没有必要浪费时间。王选把握语言的能力很强，让他说五分钟，他略一沉吟，便侃侃而谈，当大家听得入神之际，他却戛然而止，刚好五分钟过去，而且切中主题，基本拍一遍就过，让记者们深感佩服。

文字记者来采访，王选会按照采访提纲上大大小小的问题，像老师解答学生遇到的难题一样，逐一回答。有时问题提得不太恰当，王选也详细解释其中的缘由，并尽量站在记者的立场上，理解他们原本的用意。一次接受《北京晚报》关于年轻人成长的采访，王选专门拿了一张纸，把他提到的年轻人的名字写下来交给记者，以防记者在写稿时把名字写错。成稿后，王选要求记者传真过来，逐字逐句地推敲，连文稿中的错字和标点错误也不放过，有时改得多了，他甚至让人重新打印一份，传给记者。王选最忌别人夸大自己的成就。有一篇采访文章，将汉字激光照排系统描述为"引发了全球范围和出版印刷业一场深刻的变革"，他看后把"全球范围"划掉，改为"中国"；有记者描述"方正电子出版系统占据了我国报业99%的市场"，他将百分比改为90%，并解释说，"虽然那9%也是根据我们的发明研制出的产品，但是华光的，不是方正的"。

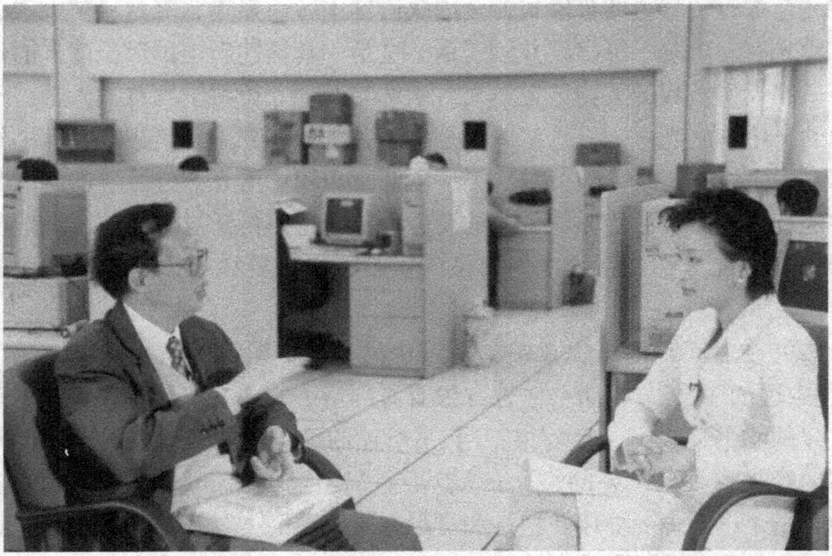

1999年，王选接受香港凤凰卫视采访，与杨澜畅谈

王选的形象频频在报刊和电视上出现，有人见到他便说，“前两天又在电视上看到你了”。对此，王选风趣地回答：

一个科研工作者如果老是在电视上抛头露面，就说明他的科技生涯快结束了，因为在第一线努力工作的，哪有时间接受采访呢？现在我脱离了科研第一线，为了工作需要，到处作报告、接受采访，其实就是讲讲过去的经验，卖卖“狗皮膏药”，做点“招摇撞骗”的事情。

一个人在家里的表现是比较放松的，也是最能体现人的本质的。陈堃銶说：

我从没见过王选获了奖回到家中洋洋得意过，相反，他表现得很平静，有时他同一些老科学家或有突出贡献者一起开会，回来后对我说：“我自惭形秽。”因为他清楚，自己所取得的成果是集体智慧的结晶。有人称王选为“当代毕昇”、“中国激光照排之父”，他很不同意，对我说，“当代毕昇”是一个集体！工作是大家一起做的，我已经得了不少荣誉，好处不能只归我们。

1991年1月，广西科技出版社出版了一套《当代中华科学英才丛书》，并在北京举行了隆重的首发式，全国政协副主席卢嘉锡，著名科学家钱三强、周光召、吴阶平等出席并讲了话。这是一套描述新中国成长起来的优秀科学家人生历程的人物传记丛书，王选与其他6位科学家首批入选，丛书中的《中华之光——王选传》也是关于王选的首部个人传记。在此书作者第一次采访王选时，他就提出了一项郑重声明：激光照排系统的问世是集体的智慧和力量，绝非他个人的功劳。王选还热情洋溢地向作者介绍了数十名有功人员和一系列协作单位的贡献，坚持要在著作中给予充分的评价。

该书在封面和内容提要中，把王选称为“中国汉字激光照排之父”、“现代中国的毕昇”，出版前王选并没有看到。后来他在给《科技日报》记者范建的赠书扉页上这样写道：“此书所述的经历是符合事实的……但封面和内容提要则是不妥的，‘……之父’、‘当代毕昇’等提法均把100多人功劳归于一人……群体的精神和贡献并未体现……”在给老朋友沈忠康赠书时，王选也写下了类似的话。

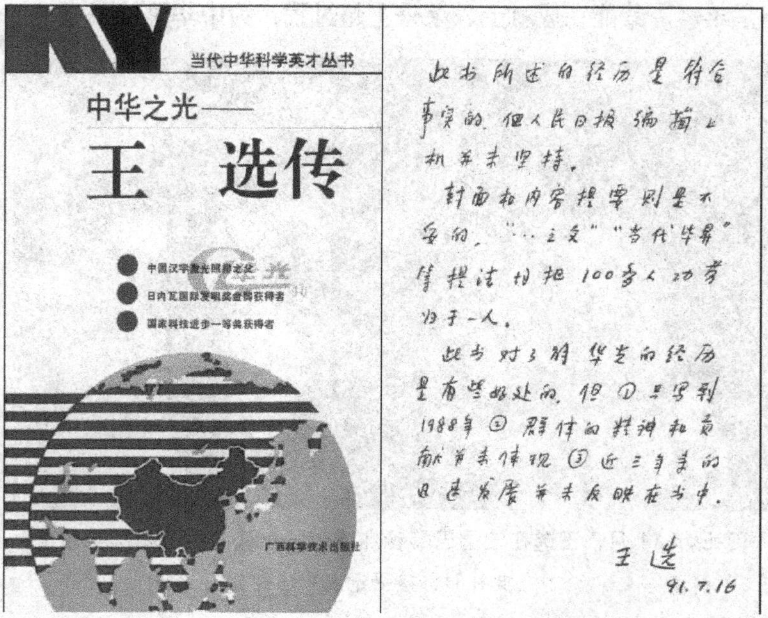

王选赠送给《科技日报》记者范建的《中华之光——王选传》一书和赠言

1992 年，这套丛书获中宣部首届精神文明建设“五个一工程”入选作品图书奖，在中国科学院和教育部举办的出版座谈会上，王选代表入选的科学家发言，他再次声明道：

这次我入选“当代中华科学英才”，感到不安。我能够得到今天的荣誉，是依靠了集体的贡献，是很多人共同努力的结果，这个我一直铭记在心，我想任何时刻我都不会犯糊涂，哪天如果我觉得“王选能耐真大，都是我一个人发明的”——当然我相信我不会犯这个糊涂，如果哪天我犯了，那我的科学生命也就快结束了。

1995 年，王选获得联合国教科文组织科学奖，是继袁隆平后第二位获得该奖的中国科学家。11 月 6 日，王选前往巴黎参加隆重的颁奖仪式，联合国教科文组织副总干事巴德兰在授奖前的致辞中，赞扬王选“为科学技术的应用与发展做出了卓越的贡献”。载誉归来，王选在首都机场受到热烈欢迎，在有关部门举行的新闻发布会上，王选诚恳地说：“我是作为北大计算机所这个研究集体的代表去领取这个奖的。我很清楚，我的创造高峰已经过去了，我将把主要的精力用来扶持年轻一代优秀人才。我最大的愿望是年轻一辈能在成就上、荣誉上超过我，为中华民族争光。”

1995 年 11 月，王选在法国巴黎参加联合国教科文组织科学奖颁奖典礼时，接受记者采访

1998 年，北京市开展学习王选活动，王选听说后想到的第一件事就是“不要学习 60 多岁的王选了，现在最需要推的是年轻人，他们更需要宣传和支持”。在报告会上，王选的结束语博得了听众热烈的笑声和掌声，他说：

实际上我可能有两个优点：一是有洞察力，二是觉得自己不如别人。我非常赞赏日本松下幸之助的成功秘诀，他说他有三个劣势，后来都转变成优势：因为穷，所以要拼命奋斗；因为没上过大学，所以努力自学；因为身体不好，所以懂得要依靠别人。这也是我的长处。至于成绩是在各级领导和很多同事的支持和配合下取得的，现在却都归到我头上，所以我是剥削大家最多的一个人，当然我主观上并不是要这样做，好在这点大家也都理解。

这不是王选在谦虚，而是他的真实想法，谈起自己多年的科研经历，特别是研制激光照排的历程，他能一口气说出六七位在某些方面比他强的技术骨干，其中包括他的学生。

王选：我一生从事过三个重大科研项目的研制：中型电子管计算机、

高级语言编译系统和激光照排。每个项目的研制中我都发现我的同事在某些方面比我更强。在照排系统研制中，除总体设计外，我实际负责的是RIP。在第一、二、三代RIP研制中，北大的吕之敏在电路和使用仪器方面明显比我强，所以她在第二、三代RIP的调试中比我作用大；潍坊计算机厂的汤玉海在挖空心思查找故障方面能力很强；潍坊的向阳则在组织生产和主持设备现场安装调试方面比我强。在第三代（Ⅳ型）RIP商品化过程中，北大的唐晓阳（当时任公司总工）和王永达在RIP工艺方面做出重要贡献，解决了可靠性问题，他们在电路和工艺方面的能力是我望尘莫及的；而汪岳林远比我熟悉RAM存储器技术。在第四代RIP（方正91）芯片设计中出现了一个漏洞，我苦思苦想解决不了，而当时的研究生、现在的副教授刘志红并未参加这一芯片设计，却想出了妙招；在第五代（方正93）RIP芯片设计中，刘志红又用一个灵巧的办法否定了我的一项笨拙设计。RIP是团队的产物，整个出版系统更是一大批人创造性劳动的结晶。

多年来，作为一个科研集体的领导者，这种“不如别人”的自我认识，使王选能够真诚地尊重他人，听取和容纳不同意见，树立了很高的威信。王选认为，一个好的领导者应该善于发扬团队精神，他特别推崇“两弹元勋”邓稼先，把他作为一生的榜样，因为邓稼先的“纯净”人格和王选十分相似，这是一种惺惺相惜的欣赏。

王选：杨振宁在一篇回忆文章中说：“邓稼先是一个最不要引人注目的人物。和他谈话几分钟就看出他是忠厚平实的人。他真诚坦白，从不骄人。他没有小心眼儿，一生喜欢‘纯’字所代表的品格。人们知道他没有私心，人们绝对相信他。”我和邓稼先并不认识，但我很佩服他。邓稼先之伟大在于，他不仅自己有才华，而且能够让手下比他更出众的人充分施展才华。

因此，王选对如何当好一个集体的领导，进行了深入思考和总结：

中国古代讲究“立大志者要修身”，提倡律己和宽容。“小不忍则乱大谋”“宰相肚里能撑船”“饶人不是痴汉、痴汉不会饶人”等古代名言今天仍有价值。在中国的国情下，一个集体能否形成团队精神，往往与该集体的领导人的品质有很大关系：领头人过分追求名声和地位，就很容易自觉或不自觉地把下属功劳归到自己账上，从而引起内部矛盾，狂妄自大、听不进不同意见，做错了事不承认，谋私，心胸狭窄、记仇，分亲疏，只想自己成功、不愿或不支持同事成功等，都会影响一个团体的凝聚力。古人提出“帅才三忌”，大意如下：

第一忌：陷入不该自己管的具体事务而不抓大事；

第二忌：分亲疏，即提拔和重用与自己意见相同、甚至于溜须拍马的人，打击反对过自己的人；

第三忌：不把下属的荣誉和成就看作自己的荣誉和成就。

孙子曰：“将者，智、仁、敬、信、勇、严也。”周光召同志根据科技战线的将才要求，做出如下解释和发挥：“智以择向，仁以服众，敬以招贤，言以必信，勇以夺魁，严于律己。”我认为这是一个领导者所应具备的风范。

为了加强自己的修养，从20世纪90年代中期开始，在繁忙的工作之余，王选抄录了许多名人名句和格言，一笔一画的执着认真中，流露着王选崇尚的人生观和价值观。下面是王选抄录的部分内容：

谁不属于自己的祖国，那么他也就不属于人类。——别林斯基

道德常常能增补智慧的缺陷，而智慧却永远填补不了道德的缺陷。——但丁

自认为聪明的人往往是没有好下场的。世界上最聪明的人是最老实的人，因为只有老实人才能经得起事实和历史的考验。——周恩来

能有伟大的胸襟，才可成伟大的事业。宽宏大量是一种美德。——罗曼·罗兰

一个人的价值是由他做成的事决定的，而不是由人们对他的议论。——爱迪生

静以修身，俭以善德，非淡泊无以明志，非宁静无以致远。——诸葛亮《诫子书》

何为大丈夫？在别人活不下去的环境中活着，但不失高尚的气节；能忍人之所不能忍，方能为人所不能为。——刘海粟

一个人光溜溜地到这个世界来，最后光溜溜地离开这个世界而去。彻底想起来，名利都是身外的，只有尽一个人的心力，使社会的人多得他工作的裨益，是人生最愉快的事情。——邹韬奋

宠辱不惊，看庭前花开花落；去留无意，望天上云卷云舒。——陈继儒

五、先生之风

有媒体这样描述王选："他是一位清而不激、和而不流、为而不恃、温文尔雅的科学家。"

1995 年 9 月，《中国科学报》(1999 ～ 2011 年曾更名为《科学时报》) 策划了一个"院士心迹"栏目，提出同样的问题，请不同的院士回答。以下是王选的答复：

最钦佩的人：周恩来。

最喜欢的娱乐方式：在丛林和山中散步……

最喜欢的体育锻炼活动：太极拳和爬山。

工作和生活中最大的困难：没有。

自己最大的优点：对科研方向有较好的判断力和对人比较宽容。

最大的弱点：有时会犯片面和轻率的错误。

常看的电视节目："新闻联播"和"动物世界"。

最常听的广播：早晨中央人民广播电台的"新闻与报纸摘要节目"。

常看的报纸：《北京晚报》《科技日报》《中国科学报》。

常看的杂志：*Seybold*。

这些答案的确在一定程度上反映了王选的"心迹"。

每天清晨 6 点，王选和陈堃銶都会来到北大办公楼后面一小片浓荫遮蔽的空地，开始晨练，王选一丝不苟地打太极拳，陈堃銶则认真地练气功。这一习惯两人已经坚持了十多年，风雨无阻。晨曦透过茂密的枝叶撒落在他们身上，勾画出一对静谧而和谐的身影。

清晨，王选在北大打太极拳

(20 世纪 90 年代)

多年的经历使王选意识到有个好身体十分重要，所以除了坚持锻炼外，他很少开夜车，晚上 11 点前睡觉，午间尽量挤时间休息一会儿，生活很有规律，身体也逐渐好起来。《羊城晚报》记者林丹曾是王选在佟府时的邻居，1990年再次见到王选时，她吃了一惊："十年不见，我都老了，王叔叔反倒年轻了，脸上泛着红光，五十多岁的人，都没几条皱纹，眼睛闪闪发亮，像气功大师。"

王选平时性情温和，待人敦厚，透着一股真诚、坦率和信任，跟他接触的人很容易被感染，大家都亲切随意地叫他"王老师"。的确，在一般人眼中，这位中等偏瘦、架副眼镜的学者只是一位普通的大学教授，他看上去貌不惊人，衣不出众，丝毫感觉不到名人架子，更没有任何官气。平日王选很少对谁发脾气，也从不会颐指气使。分配下属做事，都是客客气气，充分信任，做得好，他连说"谢谢"；出现纰漏，也不苛责。若交办的工作有难度，他会补充一句："我知道你会有办法。"让人平添信心和力量，想方设法把事情办好。

不过，与王选有过深入接触的人，知道王选性格中还有另一面。1991年王选担任计算机研究所所长，他请来行政管理经验丰富的刘秋云担任副所长和党支部书记，两人搭档十多年，精诚合作，配合默契。刘秋云把王选的性格概括为三个字：急、实、直。

"急"是指王选性子急，工作效率高。良好的生活习惯给了王选充沛的体力和精力，以应对众多的公务和社会活动。他每天的日程从早排到晚，好像总在赶时间，走起路来极快，常人很难跟上，开会上台发言，常常一个健步敏捷地跨上讲台；讲话语速很快，对数字天生敏感，记忆力惊人，能很快说出某件事情发生的时间、地点，良好的逻辑推理和分析判断能力使他能在短时间内作出决断。

王选与刘秋云是事业上的默契搭档

刘秋云：王选老师讲话、写文章、办事喜欢果断、干脆，从不拖泥带水，不讲套话。我在他身边工作十余载，每当要向他汇报工作、和他商量事情时，我首先得把思绪梳理清楚，抓住中心，概要汇报。处理事情，一定要有决定性意见，而且要"有……办法，还有……"供他选择。是同意，还是不同意；是立即实施，还是缓办，他会很快表态。参加会议回来向他汇报，必须把会议精神作简要综述，不必作传声筒式的汇报。反映员工和学生的情况必须有根有据，不能使用“大概”“普遍”等字眼，必须具体详细。我俩的碰头会从不超过十分钟。

肖建国也深知王选的急脾气，他喜欢“2”这个数字，布置任务时习惯伸出两个手指头，那两个指头还有些弯，然后问，“你能不能在两天内完成？”或者是两周、两个月。总之都是高要求，学生们要经过努力才能达到。

“实”是指王选为人实在，对待工作严谨求实。

张旋龙：王老师身为学者，最突出的特点就是严谨，每说一句话都很慎重，在没看清楚之前，绝不表态；而一旦表态，必然是极肯定的。我常问，王老师，你这样累不累啊。他说，没办法，习惯了。所以，我们很害怕给他写东西的，特别小心，怕挨骂，大家也因此很敬重他，几乎没人敢跟他开玩笑。其实他是个很风趣的人，知识面极广，什么话题都能谈。

1994 年，国家在北大计算机研究所建立了“电子出版新技术国家工程研究中心”，由王选担任主任。1999 年，教育部、科技部等领导和专家来到研究所，对工程中心进行验收，《光明日报》记者董山峰在《王选的忧虑》一文中讲述了当时发生的一个细节：

在按惯例由科研人员预先准备的验收报告讨论稿上，谈到工程研究中心开发的纯软件栅格图像处理器“多项技术居国际领先地位”。这一评语，使不熟悉该专业情况的人感到非常欣慰。轮到王选讲话了，王选说：“我们的技术不是世界领先水平。”接受验收者一上来就否定自己的工作，这在一般的鉴定会或成果验收会上可不多见，人们露出不解的神情。王选解释说：“纯软件栅格图像处理器是方正彩色激光照排系统的主要组成部分，我们开发的这一处理器，在技术上有突破，有几项具体技术和世界最高水平各有千秋，但就整体技术来说，我们只是接近世界最高水平，或者说是进入了世界先进行列。……高新技术的竞争是相当激烈的，稍有不慎就可能彻底失败，我们要清楚自己和世界最高水平的差距。”

大家听后，都被王选不夸大其辞的严谨作风感动，尊重王选的意见，在验收结论中把这句话进行了修改，但并不影响工程中心取得的突出成果，验收顺利通过了。

“直”是指王选为人单纯直率，说话、办事不会拐弯抹角。王选不喜欢参与交际场合，平时也很少见他与人闲聊。早年在饭桌上，除谈工作外，他多是埋头吃饭，吃完就走，他觉得与一些不熟悉的人说一些不咸不淡的话题是浪费时间。

张旋龙：早些年王老师是很不会顾及场面上那些讲究的人，他一直有一个奇怪的理论，“能吃才能干”。所以，他的饭量很大，而且吃饭时从不看人，只顾自己低头吃，吃完后就说：“好了，我先走了。”他也不喝酒，以前有人敬酒，他总是一只手挡在前面，一口回绝，“我不会喝”。那这种场面上的事我就替他应承，在这方面我是他的老师。后来，他也能喝一点了，比如一小杯花雕或者红酒。

虽然王选平时很少发脾气，但为了工作，他发起火来也给人印象深刻。

张旋龙：为了尽快打入日本市场，方正很想招聘一批开发日文的员工，但一直没有招到。王选老师很不高兴，跑去质问为什么，人事部告知说，招一个人要花5万块钱专门解决北京户口问题。王老师当时气得眼泪都快下来了，说我现在就拿钱出来给他们。那是我第一次看到他那么激动，平时他很温和的。

直率的性格导致王选容易得罪人，这一点妻子陈堃銶最了解。

陈堃銶：王选是个直性子，“一根肠子通到底”，他心里想什么，你一眼就能看出来，说话不会拐弯，有时在工作上就难免表现出一些急躁，说话不够慎重。有一次单位组织体检，工作人员没有通知几个博士生来，王选知道了立刻让他们把博士生叫了来，并让工作人员当着众人的面给博士生道歉，有点让人下不来台。这还是小问题，有些大问题他就更不会处理了。当然后来也吸取些教训，有所改进，但率直的秉性难改。他看见、听见不正确的做法或意见，常常会直接指出，不拐弯抹角，不怕得罪人。有同事好心地要我转告他：害人之心不可有，防人之心不可无；拿不准的不表态，即使拿得准的也不要急于表态。他听后哈哈大笑说：“我办不到！”他就是这么一个简单的人。

虽然王选性格耿直，但他并不固执己见、执迷不悟，对自己处理不当或判断有误的事情不会文过饰非，而是勇于自我批评，多次在公开场合表示“某件事上我是错的”。

尽管可能“得罪”人，但王选不会记仇，十分念旧，既不忘记帮助自己的人，也会善待反对过自己的人。他宽容大度，有时甚至到了过分的程度。

陈堃銶：近几年来，王选常常回忆过去的一些工作，觉得有时候与一些同事的关系处理过于急躁，包括过去跟自己闹别扭的一些同事，他也常常说起他们的优点，觉得自己如果当时不是太急躁的话，是不是有可能处理得更好一些，而不是耿耿于怀于别人的短处。他也经常劝导我：凡事应该大度一些，不要太放在心里。虽然与潍坊的合作关系中止了，但他和潍坊公司的汤玉海、傅国泰等技术人员一直保持着很好的友谊。

他的宽容大度既是优点，也是他明显的弱点和缺点。他相信别人说的都是真话，对人过于轻信，以致有时造成失误。所以有人就说：“骗王选很好骗！”

刘秋云：我到北大计算机研究所工作不久就有人提醒我，说你要注意呢，这些年王选把他的同事都挤走了。我将信将疑，我就对前些年从研究所调走的人一一作了分析，发现大部分调走的人与王老师无关，因为研究所从事汉字激光照排系统的研究开发，在早期是很艰苦的，待遇亦不高，出国的机会没有，又很难出论文。在这个过程中，有的老师因为有别的机会也就离开了，极少数老师因工作意见的不同而离开。我认为不是什么坏事，“道不同不相为谋”。

从后来的接触中，深感王选老师待人是真诚的，尤其对他有过帮助的人，总是念念不忘。例如对在研发中有过贡献、后来因家庭原因移居澳大利亚的吕之敏，王老师多次在内部讨论中肯定她的贡献。对以郭平欣局长为代表的老一代领导，王老师也从未忘怀，每逢春节将至，他和陈堃銶老师都要花费很多时间，写下一封封新年贺卡寄去。每到郭老生日，王老师或陈老师都要和我们去向郭老表示慰问，帮助郭老解决生活中遇到的困难。

1996年方正的出版系统销售情况不错，市场不断扩大，取得了很好的效益，王老师便提议，利用春节的机会，从研究所的技术转让费收入中拿出一笔款子，对曾经一起奋斗过、已离开研究所的老师和同事表示一下“有福同享”的心意。当时我怕引起不必要的矛盾，没有同意。后来过了很长一段时间，他一再坚持要做这件事，我理解他的用意，开出了三十几人的名单，由他定数目，然后由办事人员分头送达。

1998 年，王选和陈堃銶、张兆东（后排右一）、刘秋云（后排左一）、肖建国（后排左二）代表北大计算机研究所和方正集团，祝贺郭平欣先生 80 寿辰

王选对待他人关心体贴，却严于律己，廉洁奉公。他公私分明，不多花单位一分钱，不愿占公家便宜。他到外地出差，总是坐经济舱，住标准间。有一次，张旋龙陪王选去美国见一个客户，王选提出要住普通酒店。张旋龙说："王老师，您在美国见大客户，住这种地方，没戏的。"王选这才同意住进五星级酒店。那个项目谈得很成功，之后他对张旋龙感慨地说："还是你对。不过现在项目谈完了，我们可以搬出去了吧？"

1994 年，由于王选的突出贡献，北大奖励给他一辆小汽车。但他多次声明，汽车不是他个人的，是单位的，本单位职工因公需要都可以用这辆车。与王选同住在北大承泽园的研究所老教授顾小凤还记得当时的情景。

顾小凤：那些年我养成了每天早晨步行上班的习惯。王老师多次对我说，遇到刮风、下雨、下雪天不要步行，一定搭他的车上班，后来每当遇到坏天气，他就让司机通知我坐车，更多的时候是他亲自打电话。有几次我走得早，王老师来电话时我已走了，到办公室见到他时，他总流露出一些过意不去的表情，并一再嘱咐我，以后遇到坏天气要坐车。

一些人为了获得王选的推荐，会给他送礼。王选对付送礼的有一个绝招：“候选人和单位领导一起来家里，送来候选人材料和礼物。我对他们说，今天我只能收一样东西，你们看留下哪样好呢？结果他们只有老老实实把礼物拿走，把材料留下。”

2000 年，王选随院士代表团赴广西考察，被桂林市聘为市政府科技顾问，对广西的发展提出了许多有益的建议，接待方赠送给同行的陈堃銶一串珍珠项链，他们当时不好拒绝，回京后立即把钱汇给了对方。后来广西百色送来 2000 元顾问费，王选一分不少地退了回去，并附信给百色副市长说：“我 2000 年 5 月访问广西时，没有担任百色顾问，后来担任了桂林顾问，但当年 10 月就患病，没有做任何工作，因为无功不受禄，所以只得退回，请你予以谅解。”

2000 年，王选和陈堃銶在广西南宁

多年来，王选外出开会总会带回一些主办方赠送的奖品和纪念品，小到钢笔、笔记本，大到高级手表、照相机。王选把它们都捐给了单位，到年底开联欢会时抽奖用。有一次王选在联欢会上抽中了一对情侣表，按说这应该属于他了，但是第二年，他又把这对情侣表交上去继续作奖品用。

早些年研究所每月根据工作情况，计发一次奖金，王选立了一条规定：我只拿二等奖。刘秋云来后几次向他建议：“你不拿一等奖，别的同志拿一等，心里过意不去，这不像一个完备的激励制度。”王选听后觉得很有道理，便改掉了这一条。属于他的劳动所得，他都欣然接受，然后按照自己的一贯方式处理——捐赠出来。他和陈堃銶经常拿出自己的奖金，连同稿费和讲课费、顾问费，交到所里，给大家发奖金；老同事、老朋友或学生遇到困难或生病来求助，他们都慷慨相助；每逢北大号召捐助灾区和贫困地区，王选和陈堃銶都掏钱让司机买来崭新的棉被送去，或直接捐款；有时看到电视里播出某地发生灾害的新闻，他们急忙打听哪里可以捐赠款项或衣物。

后来，王选获的许多奖都有巨额奖金，担任的众多职务也使他身价不菲，社会上都以为王选是个亿万富翁，至少也有几千万元。但他身边的工作人员知道，实际情况并非如此。

刘秋云：王老师是拿了不少奖和奖金。可是他拿到的奖金几乎自己没有享用过，全部投入到“支持科学研究”中去了，有的奖是我去领回来的，有的是司机去取的。他只知道数目，拿回来后按照他的意见，有的捐送到有关单位去了，有的存在计算机研究所账上，根本就没经过他的手。

在王选家里，存放着几十张捐款收据，那是王选夫妇多年的捐款记录，包括捐给研究所“陈嘉庚奖”奖金 3 万元、“香港蒋氏科技成就奖”奖金 10 万美元；捐给北大数学学院近 30 万元，用作“周培源数学奖学金”；捐给九三学社 10 万元；还有给希望工程、抗洪赈灾、抗击非典等募捐活动的捐款……许多早期的收据已经发黄和破损了，有的只是一张简单的收条，只有经办人签名，连公章也免了。

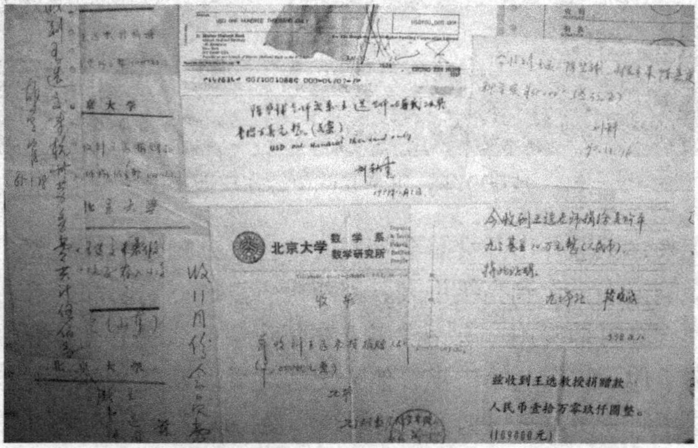

王选和陈堃銶多年来捐赠款物的部分收据（王选纪念陈列室陈列）

2002 年，王选荣获 2001 年度国家最高科学技术奖，奖金 500 万元，北京大学等额匹配奖励王选 500 万元。这 1000 万元中，按照规定有 900 万元是可供王选支配的科研经费，王选用其在北大计算机研究所设立了“王选科技创新基金”，支持和鼓励青年科技工作者从事具有基础性、前沿性的中长期科技创新技术研究；其余属于王选个人的 100 万元，他在交税后绝大部分也捐给了研究所。

2003 年王选担任全国政协副主席后，因为身份不便，许多捐款是以陈堃銶的名义捐赠的。

王选夫妇捐出的是巨款，过的却是极为简单俭朴的生活，他们怡然自得，对吃、穿、住几无所求。

20 世纪 80 年代后期，北大分配给王选和陈堃銶一套 74 平方米的住房，在北大西门外的承泽园，他们一住就是十多年。地上铺的是地板革，最主要的家具是书柜，王选和陈堃銶一人一张简易书桌，上面堆着高高的资料和书籍。屋内没有装饰和摆设，墙上也不挂什么字画。后来有机会分房，他们也拒绝了。一直到 2000 年王选生病，不能再爬楼，两人才搬出来。

王选在俭朴的家中工作（20 世纪 90 年代）

陈堃銶：王选不喝茶、不抽烟、不饮酒，是标准的谦谦君子，以至于大伙都开玩笑说："王老师从来就不会花钱。"生活中的王选很马虎，很不讲究，完全是个粗线条的人。他几乎不去商场，衣服、鞋帽都是我去买，他甚至连自己穿多大尺寸都搞不清楚，社会上流行什么更是不关心，有什么就穿戴什么。夏天白衬衫黑裤子，冬天一件羊毛衫外罩夹克，直到后来有媒体采访他，要出席一些重要的场合，他才不得不打扮一下，穿上西装。他不愿受领带的束缚，外出开会，上车后经常把领带拎在手里，等快到开会地点再扎上。王选办公室的抽屉里也放着一条深蓝碎花领带，要接待贵宾或见媒体，他才把领带拿出来扎上。

总之，工作以外的事情他很少关心，有时我问他，今天见了什么人，那人穿什么衣服？他只说"没看见"。

司机马光亚从1994年开始为王选开车，兼照顾王选的部分生活起居，对于王选生活上的俭朴十分感慨。

马光亚：与科研上不断追求创新相反，王老师在日常生活中是一个非常守旧的人。他的手表不知是什么年代的，经我的手已经换过三次表带了，后来表盘上的两个刻度掉了下来，在表盘里跟着表针转，王老师又说："小马，请你拿到表店修一下。"我说："别修了，换块新表吧！"他坚持说："不要！不要！"没办法，我只好拿到表店里去修。修表的师傅拿着表看着我说："你这块表还不值一块电池的钱，你还修它干吗？"在我的一再坚持下，师傅还是把表修好了。这块手表王老师一直戴到去世。王老师头上那顶鸭舌帽，曾在1958年"大跃进"时盛行一时，也叫"跃进帽"。可是时过40年，到了1998年王老师还戴着这顶过时的帽子，我们都劝他换顶样式新颖的，他还是说："不要！不要！"不过这倒给我带来了方便，每次外出开会散会时，老远就能看到那顶在众多人群中"耀眼夺目"的帽子。还有他那副眼镜，已经戴了十多年，不能细瞧，因为质地极差，镜框老化，磨损非常厉害。劝他换一副，他还是不肯。考虑到王老师经常上电视镜头，陈老师就瞒着他到外面配了一副新眼镜，虽然外表和旧眼镜很相似，但因为事先没有得到他的同意，他也嫌不舒服，始终没有戴过。

王选喜欢戴这顶“过时”的鸭舌帽（摄于 2002 年）

王选在办公室喝水用的是一只普通塑料杯，白底缀着红点，时间长了，红点磨掉，变成了白色。劝他换一只，他不同意，说轻便好用。后来得知这种塑料经开水一烫，会散发有毒物质，才勉强同意换了只青花瓷杯。每次下班前，他都不忘把杯里的水喝光，说“不能浪费”。

王选对纸张非常爱惜，早些年要复印资料时，王选总要习惯地看看最后一页，假如这一页只有半页文字，就把它扯下来，留着下次再用，并告诉工作人员，这半页请用复写纸复写，其余的去复印。以至于复印室的人很奇怪，为什么拿来复印的资料好像经常不完整？平时王选把阅后不需保存的文件攒起来，打印文件、写文章时反过来“废物利用”，他的手稿大多写在废纸背面。王选写起字来也可谓“顶天立地”——上下左右密密麻麻全写满，几乎不留空白，复印时要缩小 2% 才能印得下。就算使用单位信笺起草文章，他也常翻过来用，因为信笺正面上端有单位名称，下端有地址电话之类，用起来浪费，背面空白面积要比正面大，可以“充分利用”。寄来的信件，只要信封干净，王选也舍不得扔，留着传送内部文件用。受他的影响，许多同事养成了用废纸、废袋的习惯。

王选虽然生活简单，但他不是一个“苦行僧”，而是位热爱生活、富有情趣的人。除了听京戏外，他还保留着小时候的爱好——喜欢小动物，尤其是猫。由于工作繁忙，家里不可能养猫，承泽园有家人养了只雪白的波斯猫，早上王选从北大锻炼回来，总要故意绕一个弯，去逗一逗那只晒太阳的白猫。

王选很喜欢大自然，喜欢爬山。出差时如果接待方询问有什么要求，他会回答，只要住标准间就可以了，不过最好屋外有点绿地，可以锻炼。他去日本见客户，从一家公司到另一家公司，一路行程很紧。有一家公司楼下有片小树林，刚好还有点空闲时间，王选就站在那里打一会儿太极拳。出差的时候人家陪他看一些风景，他也很高兴，但他不愿意看人造的假景，喜欢看古建筑和天然风光。陈堃銶问王选："出差除了开会，还要作报告、走访用户，你累不累呀？"王选说："出差对我来说是一种休息。"的确，随着事业的发展，没有被激光照排技术难题难倒的王选，常常面临科研以外的各种矛盾和问题，使率直和书生气的他，经常陷入困惑和苦恼之中。只有在出差的时候，他才可以暂时置忙碌的工作于不顾，把现实中的一些矛盾和不快都抛之脑后，让紧张疲倦的身心得以放松……

六、方正的"精神领袖"

自从1991年3月8日"方正"这一品牌问世那天起，王选的名字就与"方正"连在了一起。1993年2月18日，北大方正集团公司正式成立，王选仿佛又成了方正集团的代名词，虽然他一天也没有当过方正集团的董事长或总裁，但一提到王选，人们自然就想起方正；要讲方正，也必然会讲王选。媒体把王选描述为"方正之父"、"方正的灵魂"乃至"方正的一面旗帜"。

对此，王选认为太过夸张，但有一点不可否认，王选和方正已成为不可分割的一个整体：方正是依靠王选的激光照排技术诞生并成长起来的；而王选的后半生，则为方正的发展壮大倾注了极大精力和心血。从这一意义上看，把王选称为方正的"精神领袖"也许更为合适。

王选是方正的创始人之一，并开创了一套"顶天立地一条龙的产学研结合模式"，即"方正模式"。

自从1988年北大参与激光照排系统的生产和销售后，北大新技术公司便和计算机研究所之间开始了紧密合作。三年下来，公司的销售收入直线上升，取得了十分可观的利润。然而，问题也随之而来，研究所和新技术公司之间在科研管理、人才使用、转让费支付等方面产生了许多分歧。公司一套激光照排系统卖100多万元，一套轻印刷系统也卖10多万元，给研究所不多的技术转让费还要求再度降低；研究所的事业编制十分紧张，而公司给研究所的企业编制又卡得很严，这使研究所在进人方面很受限制，研发力量很难及时补充扩大。更重要的是，公司不顾与研究所达成的协议，自行安排一部分人进行研发，想抛开研究所赚取更多利润。这样一来，所里的一些人沉不住气了，对王选提出，研究所干脆也办个公司，自己开发的产品自己卖，赚了钱都是自己的。王选承受着来自公司和研究所的双重压力，到底如何处理好两者之间的关系？闯过重重技术难关的王选，遇到了一个与以往完全不同的难题。

古有毕昇，今有方正

王选遭遇的，实际上是在我国特殊的经济体制下，科研院所与企业之间在进行技术合作时必然会遇到的矛盾。

王选想起多年前李凡教授曾邀请他到美国麻省理工学院，去实现自己的抱负。他查阅资料，发现这所学院的作风大可借鉴。

王选：德国《明镜》周刊描述说，“麻省理工学院是美国最富创造力的发明家大学，学院的师生走在现代科学的最前沿，他们在这里创造美国公司赖以占领全球未来市场的科学知识”。“和邻近的哈佛大学不同，麻省理工学院的研究人员和工业生产之间没有隔阂。几乎没有任何一所大学能像它那样把科研和市场营销、学术上的远大抱负和追求利润紧密地联系在一起”。“激励麻省理工学院师生不断向前的是由学术抱负、先锋精神和企业家欲望混合而成的校风”。“学术上的远大抱负”与“占领市场”这两者，在一定的条件下可以是高度一致和相互促进的。

王选进行了更深入的思索：如果研究所另起炉灶，需要重新开辟大规模的销售渠道，这方面科研人员不一定在行，而且会使科研开发受到干扰。而公司方面失去了来自研究所的核心技术支持，必然成为无源之水，也将遭受重创。所以，两者绝不能分道扬镳，而应该结合得更加紧密、更科学有效。

于是，王选提出了建立股份制的“联合经济实体”的想法：

过去由于种种原因，大量优秀人才集中在高校和科学院，而企业创新能力和吸收尚未成熟的科技成果的能力较差。为了加快科技成果的商品化进程，有一种很好的办法，就是建立高校、科学院与企业的联合经济实体。有人对高校与企业的合作做过一个统计，凡只有技术合作或转让合同而没有经济实体的，最后大多数都“离婚”，原因之一是知识和技术的价值未得到应有的体现；而有联合经济实体关系的，多数都坚持了紧密的合作关系。这种联合体的合适形式是股份制。

王选的建议得到了北大的认可和支持。股份制的“联合经济实体”开始一步步建立。

1993年2月18日，北大方正集团公司正式成立，从此，“方正”不但是一个著名的商标品牌，而且成为一家著名的高新技术企业的名字。而北大计算机研究所因同时拥有硕士点、博士点、博士后流动站、国家重点实验室和国家工程研究中心，加上与方正集团的合作，王选称其为“五星级”单位。

两个月后，王选结合自己“顶天立地”的技术创新理念，为方正的发展提出了“顶天立地一条龙的产学研结合模式”。

“顶天”就是不断追求技术上的新突破，“立地”就是商品化和大量推广、服务。“顶天”和“立地”应紧密结合，搞研究的人应使自己的创新研究和设计便于批量生产和大量推广，“顶天”是为了更好地“立地”。为此，应该建立起从中远期研究、开发、生产、系统测试、销售、培训和售后服务的一条龙体制。这一体制的上游是文字信息处理技术国家重点实验室，中游是电子出版技术国家工程研究中心，下游是方正集团公司。在这一体制中，研究开发、商品化和中试、推广和技术服务是由三部分人完成的，这三部分人可以有交叉，同时又紧密结合。这是一条盘旋的龙，龙头应从龙尾即市场获取灵感，以推动创新的研究。

1995年，方正集团开始进行股份制改造，计划在香港上市。7月1日，为了上市的需要，由学校决定，北大计算机研究所与方正集团的紧密结合发生了质的飞跃——双方联合成立方正技术研究院，实现了组织和管理体制的一体化，彻底从“两家人”变成了“一家人”。作为计算机研究所所长的王选同时担任方正技术研究院院长。

1995年12月21日，方正以红筹股的方式，在香港联交所挂牌上市。出于上市的需要，尽管王选始终只负责研发，大家还是推荐他担任方正（香港）有限公司董事局主席。这天上午，王选站在香港联交所交易大厅的红地毯上用英文发表演讲，描绘着未来的美好前景：

我们不把中文出版系统进入海外市场看作走向国际的标志，只有非中文领域的产品大量进入发达国家市场，才算真正的国际化。我们已经决定研发日文出版系统，不久的将来，我们就要打开日本市场！

王选的话在引起热烈掌声的同时，起到了更重要的作用。香港方正上市公司由于包含了方正技术研究院的“金字招牌”，如同系上了“安全带”，赢得了投资者的极大信心；而上市公司董事局主席由著名科学家王选教授担任，更受到股民和媒体的特别青睐。有媒体描述王选：这位挟“三院士、三主席”于一身的、有市场头脑的科学家，能用一口流利的英语向股民演讲，学者型的翩翩风度令人倾倒，被认为是“最没有铜臭味的上市公司主席”……

因此，在大陆到香港上市的公司股市普遍不景气的情况下，以每股发行价格1.98港元发行的16 250万股方正股票，全部获得超额认购，股价一路上扬，共筹集资金3.2亿港元，发行市盈率为9.17倍。在当时的香港股市掀起了一个小高潮。

方正在香港上市后，北京大学成为第一大股东，此外，由于北大计算机研究所在方正发展中的贡献和重要地位，也在北京大学中拥有了部分股份。至此，王选提出的股份制“联合经济实体”正式建成，这一产学研相结合的模式为科技成果转化为生产力探索出一条新的道路。整个20世纪90年代，方正成为中国高校中校办高新技术企业的典型，江泽民、李鹏、乔石、李瑞环、李岚清等党和国家领导人以及撒切尔夫人等十多位外国元首先后到这里视察，国内外众多宾客纷纷前来参观取经。国务委员兼国家科委主任宋健在视察后赞叹道："北大方正异军突起，这是一个奇迹，也是一个创造。"

1994 年，王选陪同李嘉诚参观北大方正集团

随着方正的日益壮大，王选成了新闻界追捧的热点人物。有些企业要花钱请媒体写报道，而方正不用，预约采访王选的媒体排成长队，许多约不上的记者只好到方正的产品发布会上"围追堵截"。好在王选领导的科研团队不断推出技术成果，方正也就经常召开产品发布会，这时候，王选就成了"新闻发言人"，他能把新产品的创新优势和应用前景描绘得十分清晰生动，记者们仿佛听了一堂精彩的科普课，并不觉得王老师在推销，实际上王选的话却起到了神奇的推广效果。方正集团在各种形象宣传上也总是把王选放在首位，所以，有记者开玩笑地把王选称为"方正第一公关先生"。

后来，王选又成为方正集团董事会成员，参与重大发展决策的定夺。对于方正，王选有自己的定位，有宏大的目标和梦想：

我目前的工作是为这个极具潜力的高科技企业积蓄力量，集中优秀人才，创造最佳环境。我心中的梦想是，通过与方正集团同仁们的共同努力，将其建成中国的“贝尔实验室”，使其涌现大批优秀科技人才和举世瞩目的科技成果。

为了这一梦想，王选一天也没有停止过关于方正乃至中国高新技术企业发展的思索。他认真研读了微软、苹果、英特尔、IBM等国际企业巨头的兴衰史，用敏锐的前瞻意识和市场眼光，及时发现问题，总结经验，策划未来，和同仁们一起把握着前进的航向。从这一意义上说，王选还是方正的技术掌舵人和战略思想家。

1996年，北大方正年产值达到40亿元，成为国内最大的校办企业。这一年王选分析了企业走向成功的因素和模式：

一些成功企业具有某些共同特点：①技术专家和企业家的完美结合；②以一个优势产品起家，找准市场的切入点；③把市场占有率作为首要目标，从而确立行业标准；④以已有市场为基础不断拓展新领域；⑤源源不断地涌现和吸引技术精英。

其中，王选认为“有市场眼光的科学家和有科学头脑的企业家的紧密结合”是关键：

高新技术企业往往靠科学家的一项或多项技术起家，能否成功，很大程度上取决于科学家是否具有市场头脑，是否能敏锐地预见当前或未来市场需要什么样的新技术，以及具有把科研成果转化成商品的决心和能力。

高新技术发展还需要一大批有科学头脑的企业家，既是技术专家出身，有很强的技术背景，又有卓越的管理才能，在决定发展方向上能够抓住机遇和领导潮流。因为企业的发展最终离不开经营专家，没有强有力的销售队伍，也就谈不上市场占有率，企业不会兴旺，技术也失去了进一步发展的动力。

当时社会上有一种说法：“王选已经从一个学者转为一名‘儒商’，正式下海。”对此，王选有不同看法，他多次强调，自己“只是一个有市场头脑的科学家”：

我一直致力于将科技成果商品化、产业化，但我可以说没下过海，因为我从来没有从事过直接的商务活动。我只是一个对市场有判断能力的技术专家，只是主管技术。我的长处是能够在前沿技术领域敏锐地捕捉信息，判断什么样的技术是有前景的，是受市场欢迎的，我和企业家一起讨论可以加深这种判断；一旦确定了方向就会锲而不舍地去追求。但我不懂经营，对财务一窍不通，也不擅长管理，我的基本素质与企业家差距甚远，所以即使年轻20岁，也不可能成为企业家和CEO，更不可能成为企业领袖。有的媒体说我是科学家加企业家，那是不对的。

的确，王选最初一心想的只是如何使技术更好地提高和推广，很少考虑到经济效益。一次在给用户作报告时，他如实地介绍说，相比国外的产品，我们的芯片价廉物美，“只有多少多少钱！”弄得在场的方正公司人员大惊。后来王选才慢慢领悟到“财”与“才”的良性循环，才知道“赚钱”的重要。他总结说：

中国高新技术企业应该学习微软，实行下述模式：靠创新技术进入市场，赚取大量的钱；注重技术与市场的紧密结合，使科研开发进入良性循环；依靠销售收入和认股权，吸引和稳定一批优秀人才；企业实力壮大到一定程度后，更多地关注和投入五年以后的未来技术的研究。

1998年6月30日，新华社“中国改革开放二十年风云人物”专题刊发此图片，配以如下文字：“作为第一批投身市场的科学家，王选因成功地把科技转化为生产力并创造出巨大的财富，是目前为止中国创造市场价值最多的科学家、‘科技是第一生产力’最成功的实践者。”

当时的方正名声显赫，如日中天，王选却有清醒的危机意识，他很清楚，方正是以技术发家的，同时也一直以技术为本，最大的风险是技术是否一直领先，这就是领先的脆弱性。他提醒，要警惕“成功是失败之母”：

小时候起，我们就受到“失败是成功之母”的教育，这是对个人而言，对于一个正处于兴旺时期的高新技术企业，则要警惕“成功是失败之母”：今天的巨大成功中常常隐藏着潜在危机，也即未来的“失败之母”。因为坚持过去形势下的成功做法有时会导致新形势下的失败，一两个重大决策错误就会导致企业的严重滑坡甚至破产；加上技术发展太快，机遇一旦失去就很难弥补。对于靠吃皇粮的单位，投资和决策错误往往可以用“付学费”之类的借口轻易搪塞过去，好像谁都没有责任。但对于高新技术企业和那些要靠市场生存的企业，尤其是实力还不够雄厚的企业而言，一次重大失败往往就没有财力东山再起，失败有时很难成为本企业的成功之母，最多只能供其他单位借鉴吸取教训而已。

永远保持危机感是极为重要的，英特尔总裁葛洛夫有句名言常常挂在嘴边：“唯具有忧患意识，才能永远长存。”既然占全球80% CPU芯片市场的英特尔还充满危机感，中国的企业难道还能高枕无忧吗？

1997～1998年，方正的业绩继续攀升，分别达到60亿元和75亿元，并被国家经贸委确定为六家技术创新企业之一。1998年恰逢北大建校100周年，王选分析了北大与方正的关系，强调北大精神对方正的起家和发展起了重要作用：

高校中有一种说法：“校办产业小了要赔（要学校贴钱），大了要跑（也即脱离学校以避免上缴）。”北大方正使学校资产升值1000多倍，累计上缴学校1.7亿元，但方正的领导成员和骨干中很少有脱离北大的倾向，其原因在于我们懂得：方正离不开北大浓厚的学术气氛和人才资源，北大

1998年5月4日，北大百年校庆晚会上，王选与甘子钊院士在一起

严谨的科学作风、喜欢标新立异的创新精神和兼容并包的传统直接影响了方正的发展。世界一流的高新技术产业群必须有世界一流大学作后盾，北京大学是方正起家和发展的不竭源泉。

与此同时，王选注意到，方正的利润已不像前些年那样丰厚。他写下两篇文章：《赚大钱难，难于上青天》《创业难，守业更难》。四个“难”字，提醒人们强烈关注企业的持续发展问题：

计算机行业内接些项目、赚点小钱并不难，难的是赚大钱，尤其是长期、持续地赚大钱，真可以说是“难于上青天”了。君不见很多赫赫有名的外国电脑公司近十年来均有过利润严重滑坡甚至出现亏损，几千家电脑公司中大概只有微软、英特尔和惠普是三棵常青树，始终保持兴旺。尽管北大方正在香港上市的股票势头很好，但中国的市场已经国际化了，我们稍一疏忽就会在国际大公司夹击下陷入灭顶之灾。我很赞赏比尔·盖茨的一句名言：微软距离破产永远只有 18 个月！

只有创新的、难度大、技术含量高的产品才容易在市场上赚大钱。一个技术含量不高的产品一旦在市场上走俏，马上会有一大批厂商蜂拥而上，很快就会使利润急剧下降，甚至无钱可赚，这在当今的中国尤为明显。前计算机局局长郭平欣曾作过一个比喻：中国人喜欢打橄榄球。意思是还没有看清楚球的所在，只看哪里人潮涌动，就往哪里扑去。

接着，王选分析了守业的困难之处。他说，企业创业是一个“九死一生”的过程，维持长期兴旺则是第二个“九死一生”。

守业阶段常常碰到比创业时期更为复杂的难题，比如，发家产品的市场萎缩、中国用户对维护收费缺乏足够的认同、开拓新领域的困难、开发代价升高、管理难度增大、进入发达国家市场需要很大投入、老员工的奋斗精神下降，等等。国外不少赫赫有名的公司在第一个“九死一生”中取得了辉煌的业绩，而在第二个“九死一生”中垮台，这种教训是应该引以为鉴的。

怎样解决这些难题？王选提出了企业的现代化管理这一问题，他强调，守业阶段，管理比技术更重要，但企业管理者必须了解技术，尊重技术。

卓越的管理才能是领导大企业的必备条件。高新技术企业的经营专家虽然不必精通技术，但应做到“一知半解”；对于用户的需要，应敏锐地把握其脉搏，从而不失时机地抢占市场。我国的高新技术企业需要既懂得技术、又了解市场的新型复合型人才。没有市场和用户观念，只懂“埋头开发”、闭门造车的技术专家取得成功的机会是不大的；而不懂技术又缺乏科学头脑和管理才能的“买卖人”则很难真正开拓市场和领导高新技术企业。

事实上，王选自己就非常重视用户的意见，对于重要的意见他还会亲自反馈。1997 年，人民邮电出版社的编辑项立刚在《南方周末》上发表了一篇题为《方正系统应转向新界面》的文章，批评方正的书版软件过于“专业而复杂”，提议应该与 WORD 软件相结合。项立刚没有想到，这篇文章很快引起了王选的关注，他专门召集高层和相关技术人员开会，对文章中提到的问题进行认真讨论。随后，王选提笔，给素昧平生的年轻的项立刚写信：

项立刚先生：

非常感谢你对我们软件的中肯批评……由于种种原因，我们的开发工作未能适应广大作者、编者的需求，尽管开发了 WITS、FIT 等交互式排版软件，但友好性、性能等并不理想，而书版移植到 MS Windows 的工作又很滞后，再加上销售措施不力，以致造成你所指出的局面。此外由于利益（利润）驱动，方正研究院的很大一部分精力放在高档彩色、报业告别纸和笔、广告管理、多媒体等领域，也是造成目前状况的一个原因。

所幸我们有一群奋发有为的年轻人，正在努力，文友套件已于本月发行，书版 8.0 也即将发行……今后还会有新的软件面世，欢迎你关注我们的工作，并继续批评指正。再一次表示衷心感谢。

问全家好。

王　选

1997.9.22

项立刚回忆，当他看到信上王选先生的名字时，“有很长一会，想不起王选是谁，因为不敢把他和名声显赫的王选先生挂起钩来，不相信我的一篇文章王选先生也会这么关注。本来这样一篇文章，能对方正有多少影响？当时我不过是一个完全名不见经传的普通作者，让下面和我交流一下，已经可以了，他绝不需要给我写这封信。他却用诚恳的来信，展示了他的平等谦和。我一直认为，几十年来，写了大量的文章，这是对我文章最高的奖赏。王选先生这种对人对事的态度也让我铭记于心，受益无穷”。

对于企业内部的管理，王选强调要“以人为本”，创造一个和谐宽松平等的环境，这在以研发人员为主的企业更为重要。他看到报上有一篇关于松下幸之助的文章《说给老板听：“经营之神”的成功诀窍》，觉得很受启发，特地转发给方正集团的干部们参考，其中很多诀窍是王选平日经常去做的工作：

让每个人了解自己的地位，定期和他们讨论他们的工作表现，给予与成就相当的奖赏；信任员工，了解他们的兴趣、习惯和敏感的事物，聆听下级的建议；万一你犯了错误，立刻承认，并且表示歉意；在责备某人之前，先指出他的优点，表示你只是想帮助他；把握住每个机会，表明你以员工为骄傲，这样能使他们发挥最大的潜力；假如有人发牢骚，要赶紧找出他不满的原因，尽最大可能安抚不满的情绪，否则所有的人都有可能受到波及。

这就是王选的方式，作为方正的“精神领袖”，他用自己的思想，更用自己的行动，启迪、教育和影响着方正的领导和员工。

七、人生第九次重大选择

陈堃銶对王选在方正任职一事有一段评说：

其实王选不合适在公司任职，他自己也说他完全没有企业家的素质。但是，一方面，他迫切希望科研成果能更好地得到应用，产学研能更为有机地结合，方正在发展高科技上能有更宏大的作为；另一方面，他为人率真善良，并没有想到有些人只是利用他提高公司的声望，耳根又软，经不住别人的劝说，才担任了没有实际控制权的董事局主席。尽管产学研相结合对科研成果转化起到了很大的推动作用，但随着事业的发展，各种复杂的矛盾和问题都摆在他的面前，这些都给王选个人带来巨大的压力和劳累，最终身心俱疲，被重病侵袭。可以说这是王选一生中最大的不幸！

事实的确如此，也许是太过理想化，也许是低估了现实社会的复杂性，王选提出的“顶天立地一条龙的产学研结合模式”以及“有市场头脑的科学家与有科学头脑的企业家紧密结合”等意见，对高技术企业的发展无疑是不错的，但这绝不像王选当年发明压缩信息那样，有了正确的原理经过努力就能实现，而是受到种种复杂因素的干扰和影响，因而在实践过程中遇到了很大的挫折。从不设防的王选，也遭到了意外的打击。

1999 年，是方正动荡波折的一年，也是王选极不平静的一年，他面临人生的又一次选择。

这一年年初，方正第一次出现亏损，利税总额从 1997 年的 3.2 亿元降至 1998 年的 2.4 亿元，方正（香港）更是亏损 1 亿多元。经过分析，发现原因是多方面的：亚洲金融风暴对海外市场的影响，使市场环境恶化；方正产品越来越成熟，价格显著下降，利润也随之下降；在报业以外的出版市场，国外商品大量进入，方正面临激烈竞争；主业不稳，副业遇险……于是，曾经被利润与增长掩盖的企业管理问题凸显出来。

王选在多个场合警示大家：“原来方正的利润就像湿漉漉的毛巾，不用拧水也会滴滴答答往下掉，现在却要使劲拧才出水，方正效益出现滑坡不是偶然的，是管理方面的问题。”他提醒领导层：“北大方正现在面临着两个问题：一个是改制，一个是管理。”王选先后写下《中国企业最缺少的是现代化的管理》《中国需要企业领袖》《中国企业需要管理专家》等文章，表达改革的决心和信心：

北大方正靠一项创新技术和 80 年代的机遇起家，1993 年完成了创业过程，但要持续发展，必须在管理方面狠下工夫。

中国高新技术企业最需要的是一批能成为企业领袖的管理专家。他们应有一定的技术背景，有很强的组织管理能力，对未来发展具有远见卓识和准确的判断力，也即有战略眼光，能抓住高新技术风云变幻中的重大机遇；同时还需要有坚强的毅力、对挫折的承受能力和能够长期吃苦耐劳。

王选决定身先士卒，辞去方正技术研究院院长职务，全力支持年轻人参与公司管理。改革总会遇到阻力和不测。1999 年 4 月 21 日，方正集团举行了一个小范围的记者通气会，宣布方正（香港）董事局进行重组等消息，当提到王选辞去方正技术研究院院长的职务，由肖建国接任时，立即引起了很大反响。虽然在此之前，王选曾多次表示，自己要“淡出方正领导层”，但如今选择在方正效益滑坡的时候淡出，使许多媒体开始臆测，王选的淡出一定不轻松。有记者甚至对王选进行了这样的描述："王选情绪显得十分激动，几次开口说话都声音哽咽，使劲地抽鼻子，眼中有泪花在闪动。"王选和陈堃銶看后觉得好笑，陈堃銶说："熟悉王选的人都知道，王选对花粉过敏，一到春天就犯，那几天王选的过敏性鼻炎正严重，在哪里都是这个样子！"

此后，王选在接受几家媒体采访时，详细解释了自己的想法：

我1993年脱离了技术第一线，1997年脱离管理第一线，只负责方正新方向的策划，研究院的真正管理由年轻一代负责，他们在保证项目进度方面比我强。我做管理很大程度上靠的是方向的正确和自己带头去做来激励别人，这种方法在人少时还行，但是作为一个企业还是要靠严格地要求，靠现代理念来管理，这一点年轻人比我做得好。我在很多场合都说过，让一个62岁的老者去领导一个高科技企业，无论哪方面说年龄都太大了，所以我必须退下来。

然而，王选的淡出却给了某些欲达一己之私利的人以可乘之机。1999年9月中旬，方正（香港）第二大股东向方正（香港）董事局提出，王选应辞去董事局主席职务，以对方正的亏损负责，更有媒体歪曲事实，历数王选的"罪状"。这就是引起轩然大波的"逼宫事件"。

9月20日，方正60多名中高层干部联名写信给北京大学党委，强烈要求王选留任。

此后的一个月里，国内和海外华文报纸出现了铺天盖地的关于"方正高层地震"的报道，许多内容严重失实，给王选和方正都带来了极大的负面影响。本想在安排好继任人选后逐步淡出领导层的王选，没想到形势会变得如此复杂甚至凶险。是退出？还是留下？王选面临人生又一次重大选择。在那些艰难的日子，王选反复思索着，严重失眠，有时一晚上只能睡一个小时……

10月，北大作出改组方正集团董事会和方正（香港）董事局的决定，要王选继续留任方正（香港）董事局主席职务。王选接受了这一决定，他说，"这是我人生第九次选择"：

尽管我提出要"淡出方正"，但是"方正的需要"仍是我的第一选择。方正60多名中高层干部联名写信要我留任，占到我们中高层队伍的90%以上，这令我非常感动，我深感只要一个人做的事情完全按照集体的利益，他就必然会得到绝大多数人的支持，所以我这个主席短时间内还不会退。我非常明白大家的意思，新班子要靠我的影响来领导，来排除干扰进行改革。我一定会按照大家的希望和要求，尽到我的责任。

这次调整，王选辞去了集团董事。2000年6月中旬，北京大学党委宣布再次对方正集团董事会进行调整，新的董事会由闵维方、王选、肖建国、张兆东、张旋龙、唐耀福、魏新组成，王选在离开一段时间后，又重新回到了集团董事会。在接受《经济日报》记者的采访时，王选感慨地说：

我今年已经63岁了，我的本意要淡出，又不能淡出，我就要考虑如何消除由于年龄过大可能带来的负面影响。柳传志讲过，作为领导，职责有三：建班子，定战略，带队伍。我对这九个字想过了，“定战略”，这个职责我已经不可能胜任了，今天这个时代，很多东西我都觉得跟不上，这事要交给年青一代去做。“带队伍”，这个职责我也不合适了，因为我已经脱离了科研第一线，也脱离了科研管理第一线，这个工作也应由新一代领导来做。

我要做的是致力于建立一个团结、奋斗、充满活力的领导班子，这就是领导职责九个字中的“建班子”，通过新老交替，建设一个能带领方正走向更大发展的班子。希望我可以帮助在任领导班子在集团内部树立一种正气，反对歪风邪气，排除干扰，将改革进行到底。

1999年10月1日，王选在天安门城楼上参加国庆50周年庆典

王选和方正的高层领导们决心下大力气推动企业的股份制改革和认股权的落实。企业的体制改革是激烈甚至残酷的，在这一过程中，王选痛切地认识到一个关键问题——选拔干部品德最重要。在2000年年初方正电子公司新千年员工大会上，王选援引例子，反复强调这一点。

宋任穷有一个选拔干部的名言："德才兼备、提拔重用；有德无才，难当重任；有才无德，以济（助长）其奸。"

惠普新CEO卡莉说得好："我们需要成为大胆、勇敢、有信心、现实而又乐观的人。新的领导需要灵活、沟通能力强、适应变化、可亲近、思维清晰，在我们前进的路上能瞄准目标的人。最重要的一点是要绝对的诚实。"

经过一年多的努力，方正终于逐步走上正轨。2000年9月，在方正举行的一次新闻发布会上，王选面色凝重但又意气风发地宣布：

经过一段时间的调整和改革，方正已从根本上解决了过去一年多来高层不断的动荡，需要告慰大家的是，尽管公司出现亏损，我们的主业仍然兴旺，去年出版业的利润依然较高，日本市场也已盈利。此外，方正电子公司的目标更加清晰，结构更趋合理，开发和市场结合更加紧密，管理日趋规范。一个奋发的、高效率的、融洽的领导班子正在形成。经过大家的努力，必将重铸辉煌！

伴随着方正风风雨雨的成长和壮大，王选在中国经济界拥有了举足轻重的地位。他被美国《商业周刊》（*Business Week*）评选为50位"亚洲之星"（The Stars of Asia）（1998年6月），被评为"98中国知识经济十大人物"、"99中国IT十大风云人物"……2000年3月，王选在"99中国IT十大风云人物"评选揭晓仪式上，发表了这样一段肺腑之言：

IT这样的行业，是会给予很多创业者极大的机会，同时我也告诫创业者，创业是极端不容易的，要付出极大的代价，要有一种心理承受能力和身体承受能力。所以我很欣赏这样一句话：创业有时是需要拿命来拼的。

我希望中国有更多的人，不要满足于写一篇论文，评一个职称，当一个院士。我希望他们真正把中国的高科技打到全世界各地，使得中国能在欧洲、在美国人的印象里，不再是点头哈腰的中国餐馆老板，而是高科技的形象，这是中国靠年青一代才能完成的伟大事业！

1999 年，王选荣获香港蒋氏科技成就奖，中国科协主席周光召（左三）为其颁奖

在座的人都为王选充满拼搏精神和爱国豪情的话语而深深打动。有媒体以《创业有时是需要拿命来拼的》为题，刊登了王选的讲话，大家相信，这是王选的切身体会。不过，谁也没有料到，这句话就像是命运的一种暗示，癌细胞此时已在侵袭着王选的肌体，他的生命，即将面临最严峻的考验。而面对这一生死考验，王选正是用“拿命来拼”的精神，以超出常人的意志和毅力，谱写出一曲人生最后的、也是最为华彩的乐章……

第十二章 鞠躬尽瘁

一、泰然立遗嘱

随着2000年元旦钟声的响起，21世纪大踏步地来临了。

在经历了1999年的风波后，王选应该放松一下紧张疲惫的身心了。春节前夕，他对《南方周末》的记者说：“退休之后，要把家中有关电脑、技术方面的书清掉一部分，换上历史书。”记者问，今年春节打算怎样过？王选轻松地笑答：“我有个愿望，上次去香山还是1998年，今年想去香山看看雪景，‘西山晴雪’是燕京八景之一，几十年从未看过。”

然而，王选的愿望最终没有能够实现。几天后，他感到身体不适，胸闷、憋气，呼吸困难，低烧不退，和几十年前的症状相似。陈堃銶陪王选去医院拍了胸片，结果显示肺部局部纹理稍粗，他们想，可能是老毛病犯了。根据以往的经验，到温暖的南方有利于病情好转，两人商量，决定去海南住几天。方正在海南有分公司，只要打一个电话，接待的事情就会轻易解决。但王选不想在春节期间麻烦任何人，更不愿因为个人私事动用公司资源。7日大年初三那天，王选和陈堃銶只带了司机马光亚，静悄悄地离开北京，来到了海南。春节是海南的旅游旺季，宾馆爆满，价格也翻了几番。几经周折，才在郊区找到一家卫生条件好一些的宾馆住下。此行的费用都由王选夫妇负担，而这家宾馆的住宿费一天高达1600多元，带去的银行卡宾馆怎么也刷不了，现金带得又不多。安置下王选和陈堃銶后，马光亚在路上搭了一辆进城的车，好不容易在几十千米外找到一家便宜的小旅店，每间房只有4平方米，一天40元。每天一早，马光亚从小旅店赶到宾馆照顾王选，晚上再回到旅店睡觉……

海南岛的椰风和阳光果然有神奇的疗效，加上吃了些药，王选的身体渐渐恢复，于2月19日回到了北京，立即投入繁忙的工作中去了。

后来陈堃銶一直后悔，这次王选生病应该是肿瘤生长的征兆，应该找有经验的医生好好检查一下，如果早发现，早治疗，效果可能要好得多。不过话说回来，当时王选忙得连医院都不愿意去，哪有时间反复检查呢！后来的半年时间，王选仍不时咳嗽，7月，王选曾在给《科技日报》社社长刘树林的信中写道：“我最近一直咳嗽，并不严重，但一说话就咳嗽不止，所以很抱歉，无法作报告，最近也因为咳嗽推掉了很多报告，大夫希望及时治好，不要拖成慢性……”事实上，王选几乎没有时间去看医生，就在这段时间，癌细胞在王选体内疯狂滋长起来了。

2000年9月中旬，王选赴马来西亚参加“马来西亚政府多媒体超级走廊”的国际顾问小组成员会议。“马来西亚政府多媒体超级走廊”简称MSC（Multimedia Super Corridor），是马来西亚政府建立的信息产业聚集区，相当于美国的硅谷。为了更好地发展，特地以首相马哈蒂尔的名义邀请了包括比尔·盖茨在内的世界著名企业领袖和科学家组成国际顾问小组IAP（International Advisory Panel），作为MSC和首相个人的顾问，每年召开一次会议，马哈蒂尔亲自主持，并与每位IAP成员单独会晤。1999年，王选被邀请为IAP成员，与马哈蒂尔进行了愉快的会晤。2000年9月是王选第二次参加IAP会议了。

2000年9月，王选与马来西亚首相马哈蒂尔亲切会晤

9月16日，王选从马来西亚回到北京，当晚开始发烧，第二天去北大校医院检查，结果是肺炎待查，治疗两周后肺部仍然阴影不散。10月3日，马光亚陪王选到北医三院做CT检查，检查的医生神情严肃地对马光亚说，情况很不好，可能是癌症。马光亚听完这话，当时整个人就呆了，一下子不知所措，他不敢告诉王选，悄悄打电话告诉了陈堃銶。陈堃銶听后也是一惊，但她毕竟是经历过生死关的，镇静地说：“你们回来吧，我

把情况告诉王选，相信他知道后能挺住。”

看到马光亚不自然的表情，王选已经猜到了几分。回到家，陈堃銶对王选说出了实情，王选表现得十分镇静。由于第二天才能确诊，两人没多说什么，但这一晚他们都没睡好。

10月4日，医生宣布了一个令所有人都不愿相信的消息：王选患的是左肺支气管肺癌，而且已经到了中晚期，最多活不过两年！陈堃銶听后，心如刀绞，王选才63岁啊！

陈堃銶：出门的时候，医生指着他的背影，说出了使我五雷轰顶的四个字：“最多两年！”我强忍悲痛同他回了家。王选所患肺癌是鳞癌，医生十分奇怪，说一般只有抽烟的人才会患鳞癌，医学上说，癌细胞从产生到患癌症，往往需要十几年，我一下子想起十多年前王选去潍坊出差，被动吸烟后回来就得了肺炎的往事，我想大概正是这次不该由他去的旅程、工作的劳累以及郁积在心中的烦恼和委屈将他送上不归路。

回想这20多年来，他一直在为做出创造性成果并使之出口海外而努力。他认为应用性科技的成果要经得起市场的考验，才能对社会有实际贡献，所以他坚持走产学研相结合的道路。他本来担任北大计算机研究所所长，尽管他认为自己没有管理企业的能力和兴趣，后来也没有真正管理过企业，但为了工作需要，他在方正公司兼了职。以后还担任了九三学社中央副主席、全国人大常委、全国人大教科文卫委员会副主任。这政、企、学三方面的工作十分劳累，但最累的是随着事业的发展，各种矛盾和问题都摆在他这个文弱书生的面前，使他难于应付，他总想把各方面的工作做好，但处理复杂现实的难度，远远超过科研攻关遇到的难题。有时他面临巨大的压力，常常整夜不能合眼。幸而有领导和大家的支持，才渡过一个个难关。但这种种情况使他的精力几乎耗尽，我知道他是累垮的、压垮的……

不过，悲痛只在陈堃銶心中停留了很短的时间，就被她驱走了，陈堃銶知道，自己必须坚强起来，因为王选这时最需要自己的支持，而王选的镇静也增加了陈堃銶的信心。回想多年来走过的风雨历程，无论是困苦、疾病，还是压力、阻力，他们始终如一，坚定不移，以顽强的毅力携手克服了重重难关，也经历了生死相依的考验。面对突如其来的打击，王选和陈堃銶很快达成了默契：一定要坦然面对，坚定信心，积极治疗，争取好的结果。他们相信，在医学发达的今天，一切奇迹都可能发生。第二天早上，夫妇俩和往常一样从容自若地出现在未名湖畔，在晨曦的映照下，一个打太极拳，一个练气功，和平时一样平静。

为了安排工作，陈堃銶把消息告诉了秘书丛中笑，丛中笑听后难以置信，眼泪立即流了下来，心想：王老师是累病的！陈堃銶看到丛中笑难过，反而笑着安慰她说："不要担心，癌症也有许多种，我已走过一趟鬼门关了，有经验，王选知道后也很坦然，我们相信医学的力量，一定可以闯过这一关的！你看得这种病的好多人手术后就没事了，一直活得好好的，快别难过了。"一番话说得丛中笑破涕而笑。

其实，王选心里清楚，肺癌是世界上极其难治愈的癌症之一，因此，从得知噩耗的那一刻起，他就开始思考要交代的后事，要说出的心里话。确诊后的第三天，10 月 6 日早上，王选对陈堃銶说，你去锻炼吧，我就不去了。等陈堃銶出门后，王选拿出纸和笔，一笔一画写下了"王选遗嘱"四个字。

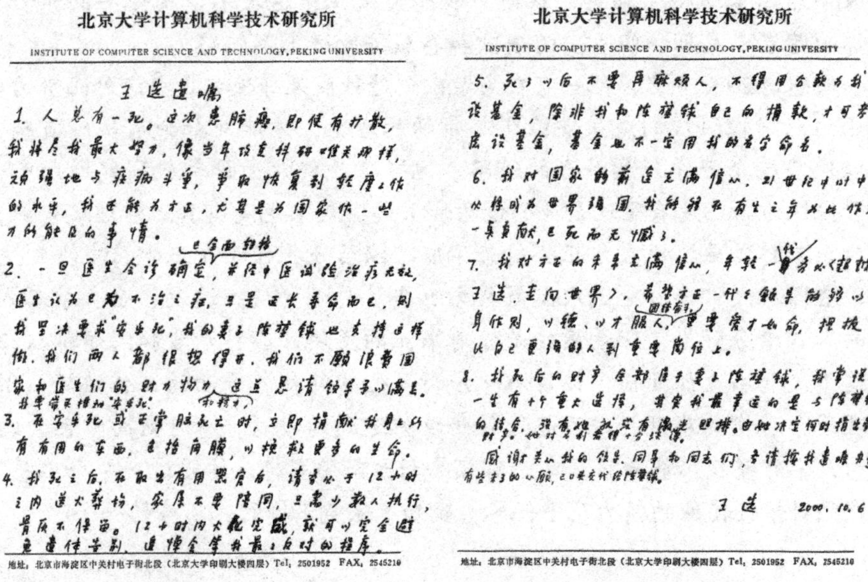
北京大学计算机科学技术研究所
INSTITUTE OF COMPUTER SCIENCE AND TECHNOLOGY, PEKING UNIVERSITY

王选遗嘱

1. 人总有一死。这次患肺癌，即使有扩散，我将尽我最大努力，像当年攻克科研难关那样，顽强地与疾病斗争，争取恢复到轻度工作的水平，我还能为年青人，尤其是为国家作一些力所能及的事情。

2. 一旦医生会诊确定（已全面扩散），并经中医试验治疗无效，医生认为已属不治之症，只是延长寿命而已，则我坚决要求"安乐死"，我的妻子陈堃銶也支持这样做。我们两人都很想得开，我们不愿浪费国家和医生们的财力物力（和精力），这点恳请领导予以满足。我要带头推动"安乐死"。

3. 在安乐死或正常脑死亡时，立即捐献我身上所有有用的东西，包括角膜，以挽救更多的生命。

4. 我死之后，在取出有用器官后，请务必于12小时之内送火葬场，家属不要陪同，只需少数人执行，骨灰不保留。12小时内火化完成，就可以完全避免遗体告别、追悼会等我最不喜欢的程序。

地址：北京市海淀区中关村电子街北段（北京大学印刷大楼四层）Tel：2501952 FAX：2545210

北京大学计算机科学技术研究所
INSTITUTE OF COMPUTER SCIENCE AND TECHNOLOGY, PEKING UNIVERSITY

5. 死了以后不要再麻烦人，不得用公款为我设基金，除非我和陈堃銶自己的捐款，才可考虑设基金，基金也不一定用我的名字命名。

6. 我对国家的前途充满信心，21世纪中叶中国必将成为世界强国，我能够在有生之年为此作了一点贡献，已死而无憾了。

7. 我对年青人的未来充满信心，年轻一代务以《超越王选，走向世界》，希望年青一代之领导者能够以身作则，以德、以才服人（团结奋斗），要爱才如命，提拔比自己更强的人到重要岗位上。

8. 我死后的财产全部属于妻子陈堃銶，我常说我一生有十个重大选择，其实我最幸运的是与陈堃銶的结合，没有她就没有激光照排。由她决定何时捐出多少财产。她对名利看得十分淡薄。

感谢关心我的领导、同事和同志们，并请按我遗嘱办事。
有些未了的心愿，已口头交代给陈堃銶。

王选 2000.10.6

地址：北京市海淀区中关村电子街北段（北京大学印刷大楼四层）Tel：2501952 FAX：2545210

2000 年 10 月 6 日，王选在得知身患绝症后第三天写下的遗嘱，字里行间充满对祖国和人民的挚爱、对年青一代的希冀，以及超越生命的坦然、释然

面对命运残酷无情的宣判，王选决定再次抖擞精神，与病魔进行抗争。所以，王选把自己战胜病魔、顽强工作的信心和决心放在了遗嘱的第一条：

1. 人总有一死。这次患肺癌，即使有扩散，我将尽我最大努力，像当

年攻克科研难关那样，顽强地与疾病斗争，争取恢复到轻度工作的水平，我还能为方正，尤其是为国家做一些力所能及的事情。

2000年，王选写这份遗嘱时，计算机研究所和方正技术研究院还是同一个实体，所以遗嘱中的单位只写了“方正”。2004年，由于方正改制，计算机研究所和方正技术研究院分为两个实体，王选向陈堃銶口述，要在“方正”后加上“北大计算机研究所”。

接着，王选提出，一旦病情不治，则要求“安乐死”，并对后事的处理做了明确而仔细的交代，从中体现出他坦然面对生命的乐观豁达态度和唯物主义精神，以及为医学做贡献、牺牲自己以挽救更多生命的高尚情怀：

2. 一旦医生会诊确定已全面转移，并经中医试验治疗无效，医生认为已为不治之症，只是延长寿命而已，则我坚决要求“安乐死”，我的妻子陈堃銶也支持这样做，我们两人都很想得开，我们不愿浪费国家和医生们的财力物力和精力，这点恳请领导予以满足。我要带头推动“安乐死”。

3. 在安乐死或正常脑死亡时，立即捐献我身上所有有用的东西，包括角膜，以挽救更多的生命。

4. 我死之后，在取出有用器官后，请务必于12小时之内送火葬场，家属不要陪同，只需少数人执行，骨灰不保留。12小时内火化完成，就可以完全避免遗体告别、追悼会等我最最反对的程序。

对于以自己的名义设立基金，王选也作了特别交代：

5. 死了以后不要再麻烦人，不得用公款为我设基金，除非我和陈堃銶自己的捐款，才可考虑设基金，基金也不一定用我的名字命名。

接着，王选用了两个“充满信心”，表达了对未来的希冀；用“超越王选，走向世界”的震撼之言，对青年一代提出了厚望；对于方正和北大计算机研究所的领导，则语重心长地阐明了希望和嘱托。

6. 我对国家的前途充满信心，21世纪中叶中国必将成为世界强国，我能够在有生之年为此作了一点贡献，已死而无憾了。

7. 我对方正（和北大计算机研究所）的未来充满信心，年轻一代务必“超越王选，走向世界”，希望方正（和北大计算机研究所）一代代领导能够以身作则，以德、以才服人，团结奋斗，更要爱才如命，提拔比自己更强的人到重要岗位上。

最后，该写一写妻子了。王选停下笔，抬头向窗外望去。10月的北京，天格外蓝，清晨的阳光为天边几抹白云镶上了美丽的金边。想起陈堃銶，王选心中最柔软的部分一下被触动了。

作为王选最早也是合作时间最长的同事，陈堃銶与王选在事业上一直是并驾齐驱的。在研制激光照排系统的过程中，陈堃銶不仅负责软件的总体设计，而且担负了核心部分的编程，她缜密机敏，严谨细致，坚韧不拔，克服了大量技术难关，设计出许多巧妙、独到的方法，使排版软件系统不断更新完善。除此之外，陈堃銶还要协调各室之间的工作，负责各软件之间的衔接。又因为她熟悉整个系统，常常要承担琐碎、不起眼却有难度的急活。后来她干脆做老系统的维护和其他配合工作，让年轻人腾出时间承担能出成果、好通过鉴定的项目。

王选和陈堃銶既是夫妻，又是合作时间最长的同事

1993年，陈堃銶退出了编程第一线，作为研究所的教授、博士生导师，悉心培养软件技术的优秀人才。她和王选一样，对名利十分看淡，始终认为自己的才能并不十分出众，是项目给了她锻炼能力与创造的机会。她安于平淡，不愿出头露面，不愿接受采访，几次拒绝为她个人报奖。1994年，北大曾给陈堃銶报过一次中国工程院院士，未能通过。后来

北大拟再次推荐陈堃銶报院士，但她想，既然通不过，说明我水平不够，如果再参评，我不还是这个水平吗？所以怎么也不肯再报。在写论文和申报成果方面，她和王选态度一致，如果自己工作做得不如别人多，即使她是主要设计者，也愿署名在后甚至不署名。她说："我只想要一个能干活的环境，别无他求。"

随着王选名声的扩大、荣誉的增多，陈堃銶更加低调地隐到了王选身后，担起了全部家务，无怨无悔、一如既往地照顾王选的生活，支持丈夫的事业。有时，她也对王选开玩笑："我是生活在喜马拉雅山的阴影之下！"这些年，她宠辱不惊，恬淡宁静，一直是王选最坚决、最忠实的后盾。

30 年携手风雨情，王选和陈堃銶结婚 30 周年合影（摄于 1997 年）

想到这里，王选心中感到无限温暖，也有许多歉疚和心疼，平时他和陈堃銶约好，几乎从不在媒体和公众场合谈论妻子和家事，但今天，王选要对妻子的贡献作一个名副其实的评价，要向世上所有的人表明妻子在激光照排项目中的作用，在自己心中的分量和位置。

8. 我死后的财产全部属于妻子陈堃銶，我常说我一生有十个重大选择（陈堃銶注：经查实为九个选择，可能为笔误），其实我最幸运的是与陈堃銶的结合。没有她就没有激光照排。由她决定何时捐出多少财产。她对名利看得十分淡薄。

由于是遗嘱，王选只写了短短数语，2004 年王选接受中央电视台"大家"栏目采访时，对妻子的贡献进行了更为详尽的说明：

实际上陈堃銶最大的贡献，还是在激光照排这个项目上，她是创始者。从创业阶段到 20 世纪 90 年代中期，在很长一段时间里，她一直工作在第一线，而且是整个软件的负责人。那个时候我负责系统和硬件，她负责整个软件的设计，在这个项目里她的贡献比我差得不多。20 世纪 80 年代一起干的那些老人都知道她的贡献，现在一些年轻人都不太知道。人们现在都说，所有的光环都戴在我的头上了，她生活在我的影子里……

遗嘱的最后，王选写道：

感谢关心我的领导、同事和同志们，务请按我遗嘱办事。有些未了的心愿，已口头交代给陈堃銶。

王 选

2000.10.6

这份遗嘱，是王选的精神风范、品德情操的集中体现，字字句句都流露出他战胜病魔的坚定信心和顽强意志，寄托着他对国家未来和年青一代的无限希望，表现了他一贯心系国家和人民、无私奉献的高尚品德以及对生死处之泰然、超然豁达的人生观。

陈堃銶晨练回到家，王选把写好的遗嘱拿给她看。陈堃銶看到第一句话“人总有一死”，心中一阵酸楚，她知道，丈夫已经把生死置之度外，只考虑怎样积极度过今后有限的日子。在最后一段话中，陈堃銶深深感受到了王选生死不渝的恩爱情感。遗嘱中关于后事处理的内容，王选平时都与陈堃銶讨论过，两人意见十分一致。陈堃銶凝望着王选，心里默念：我会一直守护在你身边，直到永远……

2000 年 10 月 8 日，王选住进了北京医院，10 月 25 日，经过一系列检查和准备工作后，王选被推进手术室，由于肿瘤长在支气管内，不得不进行左肺的全肺切除手术。这是一台大手术，教育部人事司李卫红司长（后任教育部副部长）、北大计算机研究所副所长刘秋云等陪同陈堃銶守候在手术室外。陈堃銶想起自己 1981 年患病的情景，忽然惊讶地发现，自己确诊癌症的日子竟与王选一样，也是 10 月 4 日，手术是 10 月 26 日，只比王选晚一天。如此意外的巧合，使陈堃銶更加相信自己与王选是天生注定的缘分！她暗下决心，一定要尽全力，像当年王选照顾自己那样，悉心照料王选，与丈夫一起共渡难关。

手术由北京医院胸外科专家吴良洪教授主刀，他惊奇地发现，60 多岁的王选心血管功能非常强健，虽然出于手术需要要钳住肺主动脉，但心脏的跳动仍十分有力。手术进行得很顺利，病理分析结果显示：附近有三个淋巴结感染，无远端转移。由于体质较好，三天后王选就能起床了，他顺利地度过了第一关。

王选的病情引起了国家领导和有关部门的高度重视，10月18日，胡锦涛同志作出重要批示："要妥善安排，精心治疗，力争最佳效果。"手术前，王兆国、刘延东以及受李岚清同志委托的陈至立等领导同志分别到医院看望王选，刘延东还端来了刚刚煲好的甲鱼汤；吴阶平同志本身就是医学专家，他特意从外地赶回北京，关注着王选整个治疗过程。手术后，贾庆林、李瑞环、曾庆红等领导同志也先后来医院表示慰问……王选见到这些老朋友，十分高兴，他对李瑞环同志说："你来看我使我受到鼓舞。"李瑞环则笑着说："我的到来鼓舞了你，你的精神也鼓舞了我！"

接下来是化疗、放疗，从手术以后到2001年4月的近半年时间里，王选共接受了4个周期的化疗和30次放疗。他真的如同遗嘱中所写，像当年科研攻关那样，开始了与疾病的顽强斗争。

马光亚：王老师有个习惯，不到睡觉的时候绝不到床上休息，尽管手术后刀口很疼，身体虚弱，但他也总是坐在沙发上休息，还时不时和大夫护士开着玩笑。化疗是对病人身体损伤最大的，也是病人最难以承受的一种治疗，化疗时病人一般都是躺在病床上输液，可王老师始终是坐在沙发上输液，四个疗程下来，王老师头发都掉光了，血象下降得很厉害，身体上不适的反应都出现了，但他和以前一样坚持锻炼身体，而且饭量不减，当时大夫和护士都认为王老师对化疗比较适应，直到有一天我和王老师聊天时问他："化疗是不是很难受？您的头发都掉光了。"王老师说："掉头发是化疗的二十几种反应中最不难受的一种，其他的反应可不好受。"原来，王老师把每一次治疗过程和反应都记录下来，后来自己没有力气记，就让陈老师帮着记，光化疗反应就记了25种！这时我才明白他和其他化疗的病人一样忍受着极大的痛苦，为了不让身边的人着急，他总是显得很平静，把痛苦掩饰起来，把笑容留给我们。大夫都说："他是一个坚强的病人。"

然而一年后，王选的病情再次复发，并不断转移。从确诊到去世的1900多天里，王选有794天在治疗和住院，共接受化疗9个周期，热疗28次，放疗115次。他豁达坚强，以超出常人的毅力，忍受着化疗、放疗以及其他治疗带来的巨大痛苦，坚持边治疗边工作，参加会议和活动340余次，撰写文章11万字，打电话或把相关人员约到家中谈工作近500人次，鞠躬尽瘁，死而后已。被医生宣布最多只能活两年的王选，与病魔顽强抗争了5年零4个月，创造了生命中又一个奇迹！

二、“在困难和挫折中前进”

2001年的春节，王选和陈堃銶是在北京医院的病房中度过的。为了不让外地年迈又身体不好的姐姐担心，王选并未告诉她们自己的病情。1月27日大年初四，李岚清副总理一行冒着寒风来到医院看望王选，不久电视新闻中播放了这一消息，上海的大姐立即觉得事态严重，急忙打电话给陈堃銶，陈堃銶一看瞒不过了，只好说了实情，又安慰大姐目前手术和治疗情况良好，王选也和大姐通了话，远方的大姐才稍稍安心。

转眼间春天来了，窗外杨树的嫩叶一天天浓郁起来。由于医院看护严格，王选没有让大家来看望，但他记挂着单位的发展情况，惦念着已经挂帅的年轻人，有没有遇到什么困难，如何克服和成长……王选觉得自己应该鼓励一下他们，问候一下他们。5月14日，王选找出纸和笔，准备给自己的学生、数字媒体事业部副部长郭宗明写一封信。由于手术后久不握笔，王选的手还有些颤抖。在信中，王选告诉郭宗明，自己非常关心他们部门的工作进展，夸赞他懂得善待下级，关切地询问郭宗明如何锻炼身体。然后，王选思忖片刻，又附赠郭宗明一首小诗，鼓励他不畏困难、努力拼搏。以前王选几乎是从来不写诗的。

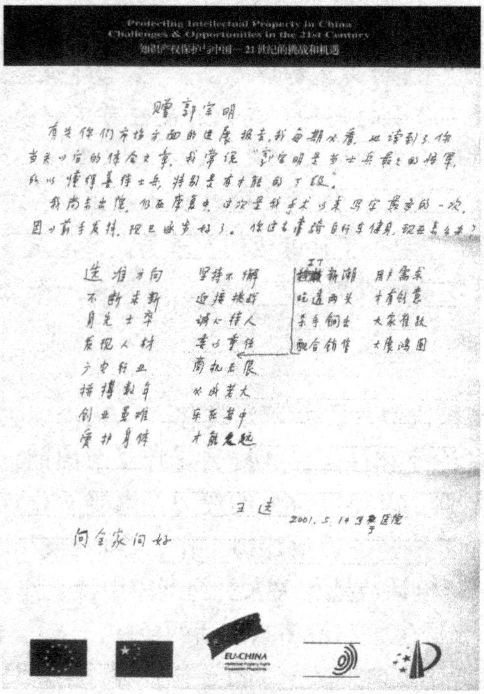
Protecting Intellectual Property in China
Challenges & Opportunities in the 21st Century
知识产权保护与中国—21世纪的挑战和机遇

赠郭宗明

有关你们市场方面的进展报告，我每期必看，也读到了你当头以后的体会文章，我常说“郭宗明是当士兵最久的将军，所以懂得善待士兵，特别是有才能的下级”。

我尚未出院，仍在康复中，这次是我手术以来写字最多的一次，因以前手发抖，现已逐步好了。你过去靠骑自行车健身，现在怎么办？

选准方向　坚持不懈
不断求新　迎接挑战
身先士卒　诚心待人
发现人材　委以重任
广交行业　商机无限
拼搏数年　必成老大
创业艰难　乐在其中
爱护身体　才能走远

IT新潮　用户需求
吃透两头　才有创意
杀手锏出　大家雀跃
配合销售　大展鸿图

王选　2001.5.14于医院

向全家问好

王选写给郭宗明的信

赠郭宗明

有关你们市场方面的进展报告，我每期必看，也读到了你当头以后的体会文章。我常说："郭宗明是当士兵最久的将军，所以懂得善待士兵，特别是有才能的下级。"

我尚未出院，仍在康复中，这次是我手术以来写字最多的一次，因以前手发抖，现已逐步好了。你过去靠骑自行车健身，现在怎么办?

选准方向，坚持不懈；不断求新，迎接挑战；

身先士卒，诚心待人；发现人才，委以重任；

IT 新潮，用户需求；吃透两头，才有创意；

杀手锏出，大家雀跃；配合销售，大展宏图；

广电行业，商机无限；拼搏数年，必成老大；

创业虽难，乐在其中；爱护身体，才能久远。

向全家问好!

王　选

2001. 5. 14 日写于医院

被王选称为"做士兵时间最久的将军"的郭宗明，从 1990 年开始先后读王选的硕士和博士。多年来，他从恩师那儿得到谆谆教诲，也学会了怎样做人。郭宗明收到王选的信后，被恩师的关怀和激励深深感动，他一直把这封信和自己的博士学位证书珍藏在一起，视如生命般宝贵。

6 月 20 日，在一个初夏晴朗的早晨，王选终于出院了。手术后由于肺部功能下降，王选不能再爬楼梯，原来承泽园的房子不便再住，经有关部门协助联系，王选和陈堃銶住进了圆明园附近的达园宾馆。这是一座建于民国初年的园林式宾馆，湖水山石叠映，亭榭长廊相连，绿树成荫，翠竹葱郁，景色十分优美。喜爱自然风光的王选很喜欢这里的环境，不过每日的食宿费用是一项不小的开支，方正公司提出为他解决，但王选坚持自己支付，不想增加公司的负担。

住进达园宾馆以后，王选恢复了晨练，每天早晨和陈堃銶在湖边散步，在松林和长廊里打太极拳，还跟陈堃銶学气功，身体一天天好转起来。

王选是个闲不住的人，从住院到出院，8 个月过去了，他迫切地想了解单位的发展情况，由于身体还很虚弱，去不了单位，他就把相关人员约到达园宾馆来谈话，或打电话进行沟通。此后的一段时间里，达园宾馆成了王选的办公室，他先后约见了北大领导和方正集团领导，并多次与肖建国、邹维、管祥红、汤帜、郭宗明等骨干见面或通话，了解电子出版系统、广电领域、信息安全领域以及日本等海外市场拓展等业务情况。王选发现，公司整体状况良好，运行健康平稳，但也遇到了一些困难和挫折。他决定结合自己多年的经验和体会，把如何持续发展的策略和建议写出来，抓住焦点，指明方向，鼓舞士气。起初王选没有力气写字，就慢慢口述，由陈堃銶录入电脑中；后来身体稍好些，王选便用他独特的握笔姿势，拇指蜷在食指下，一笔一画、工工整整地写起来。

王选每写完一篇文章，总是先拿给陈堃銶，请她做第一读者

俗话说“文如其人”，王选从小喜欢文学和历史，加之受京剧唱念做打和历史典故的熏陶，具备了良好的文化底蕴，他的文风平实精练，思路流畅清晰，内容丰富，观点鲜明，时常流露出幽默和一股发自内心的激情。每写完一篇，王选总是先拿给陈堃銶，请她做第一读者。陈堃銶也经常帮王选查阅资料，核实情况，提出意见。工作人员打印后，他们还要用一副“火眼金睛”仔细校对，反复修改，直到满意才定稿，体现着科学家一丝不苟的严谨认真。

2001年7月25日至8月2日，王选写下《在困难和挫折中前进》一文，给大家加油鼓劲：

最近方正科技更换领导引起媒体对方正的负面报道，其中有我们值得思考的批评意见，也有不少不符事实的主观猜测，我想最好的回答是选准方向、埋头苦干、齐心协力、重铸辉煌。

回想26年的艰苦历程，我们是始终在与困难斗争中发展的。人和企业都需要磨炼，我经过了那段最困难时期的磨炼以后，再遇到困难就能冷静对待。俗话说得好，“脚正不怕鞋歪”，我们一贯是在骂声中成长壮大的……两军交锋勇者胜，我们犯错误，竞争对手有时会犯更大的错误，当然我们不能建立在等待别人犯错误上，我们需要毫不懈怠。竞争是永远的，永恒的竞争使方正不可能处于“独孤求败”的境地。我们永远要有危机感，永远要不断改进我们的工作。

7月28日，王选又写成《方正出版系统的明天会更好》一文，指明了出版技术发展的机遇和光明前景：

1991年初，有人就预言，淘汰铅字以后方正就要萎缩。今天看来我们真要感谢这些预言家，那么早就给我们提出了这样的警示，使我们不敢有丝毫的懈怠。实事求是地说，要恢复到1988至1993年期间的人均利润，不进行新的技术和产品的创新是不可能达到的。为此方正电子领导层已经制定了相应的发展策略，提出了跨媒体出版、网络出版等新的发展方向。而直接制版的CTP浪潮更是势不可挡，这是一场实实在在的产业更新，在这场更新中方正一定要抓住机会，以RIP为核心的工作流程管理是这场革新中的灵魂，方正电子在这方面有技术和市场的巨大优势。出版系统目前正处在转型期，RIP转向输出流程、照排机转向CTP、平面出版转向跨媒体出版，这些转变既意味着新的挑战，更意味着新的商机，在年轻一代的领导下，群策群力、集思广益、深挖潜力、积极进取、不断创新、规划未来，方正出版系统就一定会有更辉煌的明天。

不久，王选又接连写下《杀手锏出，后来居上》和《抓住新潮流机遇，实现跨越式发展》两篇文章，进一步阐述开拓创新的方式方法：

现在我们开拓了广电和网络安全两个新领域，我们进入广电的主体领域只有4年，但数字播控已取得公认的领先地位。网络安全这一方向面临的是几百家竞争，真是泰山压顶，由于充分发挥了技术骨干的创造性，出奇制胜，两年内取得的成绩很不容易，这里靠的都是杀手锏。

产生杀手锏的条件：1. 采用国际上最先进的硬件和软件平台。2. 吃透用户需求，并力争做得比用户想象的还好。3. 产品的稳定性。4. 充分利用自身优势。5. 争取做到"顶天立地"。6. 优秀的技术带头人和若干位勇士。

2002年4月，四年一度的全球第二大印刷展览会IPEX2002在英国名城伯明翰隆重举行。1.2万平方米的展厅里，一个高挂着巨大的红色中国结的展台格外引人注目，方正西文出版系统第一次亮相国际展台，正式进军欧美西文市场。看到方正又在国际化道路上迈出了实质性的一步，王选不禁想起了最早的竞争对手——英国蒙纳公司。这家世界上最早从事激光照排系统研制的企业，直到20世纪80年代末仍然没有从黑白段描述方式转向字形轮廓描述，更没有赶上PostScript的时代潮流，只能购买别人的技术进行生产。想起那些内忧外困的艰难岁月，王选心情激动，提笔著文《抓住机遇，走出国门》：

外面的世界很精彩，国外RIP和数字化流程的市场比国内市场大十几倍到几十倍，机会难得。海尔CEO张瑞敏最近说："中国过去常说'时间就是金钱'，现在我们叫作'机遇就是金钱'。"当年我抓住了机遇，取得了成功；今天走向国际的重大机遇降临到年轻一代身上，能否取得成功就要看能否实践日本经营之神——土光敏夫的话："没有垮不了的企业，没有沉不了的船，一切要靠人的努力。职工要付出3倍努力，干部要付出10倍努力。"我在领导研发工作期间，只做到了"哪里有中文出版，哪里就有方正"，年轻一代将超越王选，使方正自主产品在国际上占有重要地位。

明确了目标和方向，还必须有持之以恒的毅力和团队精神，才能取得成功。2001年9月，王选在《脚踏实地，持之以恒》《善于看到他人之长，是团队精神的基础》两文中谆谆告诫：

科技成就是智慧和勤奋的结晶，没有持之以恒的努力很难有大的作为。近年来浮夸、急功近利、希望通过各种渠道（例如媒体）快速成名，或千方百计走门路争取获奖等等风气有所蔓延。有一位大学计算机专业本科生甚至打算毕业后几年内就赚他几千万美元，到了30岁便不再工作，周游世界，尽情享受。其实创业和真正取得成功是十分艰难的。比尔·盖茨说过，"要想在计算机领域取得成功，要准备长期睡在地板上"。从切身经历中我体会到，一个人的成就动机主要并不来源于金钱和荣誉，而在于对所从事工作价值的追求和来源于这项工作难度的巨大吸引力。

……

国外研究表明，一个人的成就只有20%来自智商，其余80%来自情商，其中包括团队精神。那种只想个人冒尖、不善与人合作的人，很难做出大成绩，即使取得一时成功，也会因此造成失误。而在团队中往往更能够充分体现个人的价值，因而宽容、善于合作、具有团队精神的人取得成就的机会就更大。

上述文章先后在《光明日报》《北大方正报》等报刊上刊登，掷地有声，振奋人心，充满精气神。

然而，在2001年9月下旬的一次复查中，在王选的右肺发现有可疑病灶，11月20日，北京医院会诊确诊，术后肿瘤有转移迹象，建议王选再次住院进行治疗。听到这个坏消息，王选十分冷静，坚持按原计划参加第二天的方正董事会及中层干部会议。

11月21日，王选来到位于上地高新技术产业基地的方正大厦，这是他病后第一次来单位，方正董事会成员以及几十名中层干部已经守候在那里。大多数人并不清楚王选的病情，只知道他得了一场大病。大家看到，王选老师虽然比以前瘦弱了许多，有些含胸，左肩也微微倾斜，但面带微笑，双眼炯炯有神。会后，王选提笔给在场的干部们写下了这样一段话：

树立正气　以德治企
规范管理　以法治企
选拔贤才　赏罚分明
身先士卒　团结奋进
　　　　　赠方正中、高层干部

王　选
2001.11.21

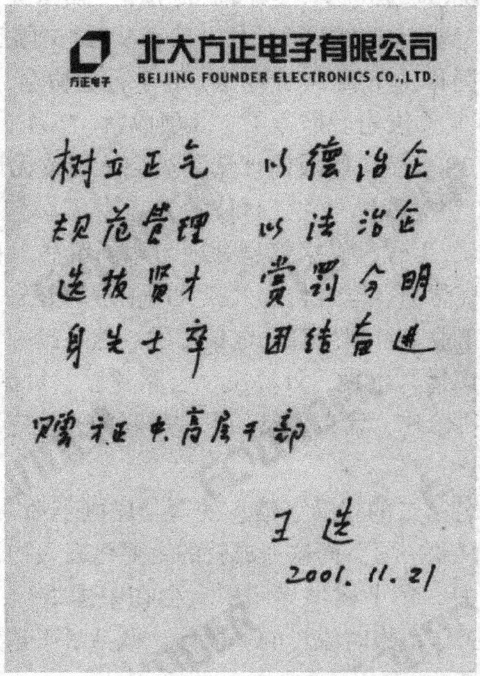
方正电子
北大方正电子有限公司
BEIJING FOUNDER ELECTRONICS CO.,LTD.

树立正气　以德治企
规范管理　以法治企
选拔贤才　赏罚分明
身先士卒　团结奋进

赠方正中高层干部

王选
2001.11.21

2001年11月21日，王选给方正中、高层干部的赠言

这些言论，充分体现出王选对后人的殷切期望，他衷心希望他们能领会他所总结的经验，尤其是管理层能爱护人才，营造有利于研发人员发挥聪明才智、不断创新的氛围，为建设科技强国出力。

几天后，王选再次住进北京医院，在那里度过了又一个深秋和寒冬，接受了两个周期化疗和七次放疗，一直到第二年春天的4月2日才出院。

三、崇高荣誉

令人感到欣慰的是，王选病后不久，“汉字信息处理与印刷革命”被评为“20世纪我国重大工程技术成就”，王选本人也被授予国家最高科学技术奖。可以说，这是祖国和人民对于王选一生卓越成就和贡献的充分肯定和高度赞誉。

2000年11月，为了提高全社会对工程科技重要性的认识，进一步推动我国工程科技的发展，中国工程院发起一项倡议：评选“20世纪对我国国民经济建设、社会进步、人民生活水平、国家安全产生重大影响的工程技术成就”。截止到2001年6月，共有95位中国工程院院士和中国科学院院士，中国科协所属24个学会、8个行业协会，10个国家部委局和14个大型企事业单位先后推荐了278项成就。7月21日，由中国工程院和中国科学院39名院士组成的评选委员会，通过无记名投票方式，最终选出25项“20世纪我国重大工程技术成就”，具体包括：

“两弹一星”工程、汉字信息处理与印刷革命、石油工业、农作物增产技术、传染病防治、电气化、大江大河治理和开发、铁路建设、船舶设计制造、钢铁工业、计划生育、电信工程、地质勘探与资源开发、畜禽水产养殖技术、广播与电视、计算机、公路建设、机械制造业、航空工业、无机化工、外科诊疗、稀有金属和先进材料的开发应用、城市化、轻纺工业、煤炭工业。

其中，排名第二的“汉字信息处理与印刷革命”，比排名第一的“两弹一星”工程仅差一票。而这一成就的主要代表人物，就是王选。

2001年5月，第七届世界印刷大会在中国举行，此前，李岚清副总理在听取筹备工作汇报时说过的一段话，概括了王选发明汉字激光照排技术更深层的意义：

曾有人说计算机时代是汉字的末日，现在看来不仅不是末日，而更加说明汉字的优越性。在中国台湾省、东南亚、美国、日本等凡有汉字文化的地方，差不多都采用了我国汉字激光照排技术。中国的这“一老一新”印刷技术的发明都是对世界的贡献。面向21世纪知识经济时代，汉字处理技术将会发挥更大的作用。（第七届世界印刷大会组委会简报第2期，1999年12月10日）

就在中国工程院公布上述评选结果10天后，7月31日，王选作为教育部推荐的候选人，出席了在铁道大厦举行的国家最高科学技术奖评审会议，进行评选答辩。

1999年5月，国务院发布了《国家科学技术奖励条例》，我国首次设立国家最高科学技术奖，授予对象是“在当代科学技术前沿取得重大突破或者在科学技术发展中有卓越建树者；或者在科学技术创新、科学技术成果转化和高技术产业化中，创造巨大经济效益或者社会效益的科技工作者”。每年授予人数不超过2名，每人奖金500万元。其中50万元属获奖人个人所得，450万元由获奖人自主选题，用作科学研究经费。2000年评选出第一届获奖人，著名数学家吴文俊院士和杂交水稻专家袁隆平院士获得了这一殊荣。王选参加的是第二届国家最高科学技术奖的评选，此前共接受推荐人选7人，经过23名专家咨询，通过5人，这次答辩，要从中最终遴选出2名获奖者。

这是王选手术出院后第一次出席会议，按照规定，候选人要用15分钟介绍本人学术成就和贡献，再用10分钟回答评委提出的问题。做了左肺切除手术后，王选一直感觉胸部疼痛，气不够用，他知道，自己再也无法像以前那样连作两个小时报告了。好在这次时间不长，王选缓缓走上台，用稍显微弱但清晰的声音开始阐述，他很快忘了是在答辩，用通俗生动的语言介绍起研制汉字激光照排的历程。评委们被王选的科研成果和贡献折服，接下来的提问时间，没有一个评委提出问题。

过了一段时间，传来消息，王选、黄昆两位院士作为2001年度的国家最高科技奖获奖人，经科技部审核后，报国务院批准，并报请国家主席江泽民签署决定。

2001年11月22日，就在参加方正中高层干部会议后的第二天，王选写下《我能取得成就的原因和不足之处》一文，他总结道：

我能够取得科研成就的原因大概有以下几点：

1. 青少年时代注意培养良好的品德，懂得要为别人考虑，要以身作则。先要做个好人，才能成就事业。爱因斯坦说得好："只有为别人活着才是有价值的。"

2. 扎实的数学基础。

3. 30 岁以前具备了计算机硬件和软件两方面的知识和具体实践，这在 60 年代是不多见的。

4. 长期在第一线上拼命干活。

5. 60 年代初 20 多岁时，开始锻炼英语听力（这在当时也是不多见的），从而能够在较短时间内大量阅读国外文献，这对选择正确的技术途径和作出正确决策是十分重要的。

6. 对所在领域的发展趋势有较好的洞察力，从而能够正确选题。

7. 选定目标后能锲而不舍地长期拼搏，同时适应飞速发展的软硬件条件，不断求变，不断创新，不断更新换代，做到执着而不僵化。

8. 自信而不自负，认识自己的不足，懂得要依靠团队，尤其是提拔优秀的年轻人，为他们创造条件，而不要不懂装懂地对他们横加干涉。

我的不足之处也很明显：

1. 缺乏现代化的管理理念。在我担任方正研究院院长期间，进度控制和质量保证都有很多不足之处，另外没有建立起技术与市场更紧密结合的体制。

2. 不适合承担日常的管理工作。

3. 由于我对有些项目的具体技术和实际情况了解不够，使得一些没有特色和竞争力的项目没有及时下马，造成了人力和财力的浪费。

在文章最后，王选再次强调：

我只是一个科学家，我的基本素质与企业家差距甚远，当不了企业领导人。中国的高新技术企业现在最需要的是优秀的 CEO、企业家和企业领袖，其次才是技术专家。

11 月 26 日，王选住进北京医院，开始新一轮的化疗和放疗。对待病痛，王选依然是一派乐天情绪，每天照常锻炼，吃得香睡得稳。他在写给台湾《联合报》老朋友那福忠的信中说：

我患肺癌已一年多，现在还在治疗中，自己感觉不错，每天打太极拳和练气功，工作上的事情已由一大批年轻人在主持，不用我操心，偶尔有一些重大安排他们来问问我的意见。我每天晚上都看电视剧，尤爱反映历史真实的。《雍正王朝》和描写同仁堂的《大宅门》都很好看，正在播出的《康熙王朝》也不错，其中有十多集专讲收复台湾的历史……

2002年2月1日，北京医院的病房里，王选早早地起床了。这一天是中共中央、国务院在人民大会堂隆重举行国家科学技术奖励大会的日子，王选要去领受国家最高科学技术奖。陈堃銶帮王选穿上那套在正式场合才穿的深蓝色西服，仔细地打上一条洒着红白碎花的领带。此前因为化疗，王选的头发再次掉光了，陈堃銶只好让马光亚拿着王选的照片去定做了一副假发，戴上后几可乱真。

8点稍过，王选在陈堃銶的陪伴下来到人民大会堂湖南厅，看到另一位获奖者——中国科学院院士、中国科学院半导体研究所著名物理学家黄昆和他的夫人李爱扶女士已经到了。王选走上去握手致意，发现这位83岁高龄的老先生此刻也格外精神。本来大会安排王选作为获奖代表发言，但化疗中的王选实在虚弱得无力大声讲话，便改为请黄昆院士发言。黄昆身体状况同样不佳，但比王选当时的情况要好一些。

2002年2月1日，王选在人民大会堂领受国家最高科学技术奖

人民大会堂那天布置得非常喜庆，主席台上挂着“国家科学技术奖励大会”的大型横幅，十几盆杜鹃争奇斗艳，华灯溢彩，喜气洋洋。上午9点，欢乐的乐曲响起，王选庄重地走到前台，从国家主席江泽民手中接过了国家最高科技奖的大红证书，和一个写有“奖金人民币500万元”的红色奖牌。

台下响起雷鸣般的掌声。多少次了，站在台上接受鲜花和掌声时，王选总是心存感激，此刻，他更是想起了多年来一起奋斗的集体和同事。在会前接受中央电视台采访时，王选的一席话充分表达了他的心情和愿望：

获得国家最高科技奖，是国家和人民对我所在的科研集体20多年艰苦奋斗所取得的成绩的充分肯定，我只是这一集体的代表。现在我的最大心愿是把中国有自主知识产权的高新技术产品打入发达国家的市场。计算机和信息技术领域发展日新月异，我将充分发动和依靠科研团队尤其是年轻一代的积极性和创造性，把年轻人推到最前沿的需求刺激的风口浪尖上，和他们一道为我国计算机领域的技术创新、高新技术产业化做出更大的贡献。

王选荣获国家最高科学技术奖后，许多单位发来贺信、贺电表示祝贺，九三学社中央向各省、自治区、直辖市委员会颁发了“关于开展向王选和黄昆同志学习活动的通知”，北京大学也对王选进行了隆重表彰。

2002年3月18日，北大英杰交流中心洋溢着春天的气息。北京大学科技奖励大会在这里召开，党委书记王德炳宣布，根据北京大学校长办公会通过的《北京大学科学技术成果奖励办法》，对获得国家最高科学技术奖的个人，学校等额匹配奖金，决定再次重奖王选人民币500万元，其中50万元奖励王选个人，450万元用作王选的科研经费。

如此力度的奖励在中国高校历史上尚属首次。在热烈的掌声中，王选走到台前，充满感情地向在场师生发表感言：

获得2001年国家最高科学技术奖是一个很高的荣誉，但平心而论，我的个人成就远不如同时获奖的黄昆先生，我之所以能够获奖，是因为我领导的团队在报业和印刷业的技术革命中做出了重大贡献。

我的一生有十个梦想，前五个——发展激光照排系统，告别铅与火；发展基于页面描述语言的远程传版，告别报纸传真机；发展开放式彩色桌面出版系统，告别传统的电子分色机；发展新闻采编和资料检索系统，告别纸和笔；以及开拓海外华文报业市场——已经梦想成真，产品在市场上取得了很高的占有率。后五个——发展激光直接制版，告别软片；开拓日本日文出版系统市场；出版系统的栅格图像处理器进军欧美西文市场；进军广电业；从地图出版系统着手，进入地理信息系统——正在努力变为现实。

所有这些梦想中，只有第一个梦想，即激光照排系统是我具体主持的：负责总体设计，提出正确的技术途径，解决主要技术难关，在第一线干活也比其他同志更多；而其他9个梦想，我只是提出大的发展方向，指定负责人，物色优秀的技术骨干，并未参与解决技术问题。

面对重奖，王选更看重精神财富。接下来，王选阐述了他的“好人观”，一席话让在场的人再一次体会到了“品德”和“团队精神”的分量：

今天的获奖，让我再一次想起小学5年级时获得的品德优秀奖，那是我一生中第一次获奖，也是永生难忘的一个奖励，我由此懂得了团队精神和人品在人生中的重要性。要想做好学问，先要做个好人。现在我们的年轻带头人正在提出不少新的梦想，并脚踏实地实现着这些新梦想。认识自己的不足，懂得要依靠团队，千方百计地为优秀的年轻人创造条件，使他们脱颖而出，是我能够获得最高科技奖的原因之一。

2002年3月，在北大科技奖励大会上，党委书记王德炳向王选颁发荣誉证书

陈堃銶悄悄坐在观众席的最后一排，遥望着丈夫，默默为他祝福。这两次领奖，她都陪着王选从北京医院赶到会场，会后再返回医院继续治疗。天气寒冷，医生一再强调，治疗中的王选白细胞降到了3000，抵抗

力很差，千万不能感冒，陈堃銶只有陪在王选身边，帮他围好围巾，扣严衣扣，心里才踏实。此时此刻，陈堃銶眼里的王选，不是什么众人瞩目的“名人”、“英雄”，仍是那个病弱却值得托付一生的北大助教；她最关心的，不是什么巨款，而是丈夫的平安、健康和幸福。

而王选心里则想着另外一件未了的心事，他要辞去方正控股有限公司（即原方正香港有限公司）董事局主席职务。3月初，他提笔给方正集团几位董事写信，表达了自己的意愿：

魏新、张兆东、肖建国、张旋龙、唐耀福董事：

我已经65岁，两三年前就想辞去方正控股董事局主席一职，后因各种原因而拖延，鉴于年龄和健康状况，我正式提出辞去方正控股董事局主席职务，也不再担任方正控股董事局董事职位。

去年10月和11月期间，经与多数董事商量，我建议请张旋龙担任主席职务，并暂仍兼任总裁一职。

此事因事先商量过，学校方面也认同这一建议，所以我建议集团董事会尽快对此事作出决定。

此致

敬礼

王　选

2002.3.4

2002年7月26日，经方正集团董事会同意，王选正式宣布辞去从1995年就开始担任的方正控股有限公司董事局主席职务，改任该公司首席科技顾问。王选在接受《北京晚报》和《文汇报》采访时说：“我们积累了一批优秀干部，正逐步冒出一批将才和帅才，我可以放心地退下来了。今后我将以方正集团一名董事的身份，继续在重大技术上提出自己的看法，把精力集中在关注海外市场和新兴领域的拓展上，特别是在如何发现新人方面尽一己之力。”

《商务周刊》杂志后来评论说：“在中国近30年的企业发展历史中，王选几乎是唯一一个主动选择离开的公司创始人和精神领袖。实际上，在此前的两年多时间里，王选曾多次公开强调专业管理人才对于企业的重要性，他指出，高科技企业‘只有技术专家是不够的’，‘中国企业与国外相比更大和更致命的差距是在管理方面’。这可以看作是对科技在企业中定位的一次反思。”

四、身居高位　殚精竭虑

2002 年 4 月，王选结束放、化疗治疗，像是经过了炼狱的洗礼，又一次从北京医院出院了。

正是春意盎然的季节，王选觉得在医院耽误了太多的时间，他不顾身体还十分虚弱，开始逐步恢复工作。他参加全国人大、九三学社以及中国科协等相关任职机构的会议；打电话或约单位的技术骨干来谈话，了解研发进展情况；他参加数字媒体新项目研发动员会，去研究所的信息安全研究室与学生座谈；抽时间为科技部国家科技奖励工作办公室主编、丛中笑撰写的《王选的世界》一书口述录音回忆资料——他对写自己的传记并不热衷，但他十分支持丛中笑的工作，虽然讲话吃力，但还是录制了大量回忆录音，为丛中笑提供了珍贵的第一手资料。王选还接受了《光明日报》《文汇报》、*Seybold* 杂志以及中央电视台“新闻联播”、北京电视台“世纪之约”等栏目的采访，写了《阅读文献的习惯使我终生受益》《从 Dijkstra 看帅才的洞察力》两篇文章在《计算机世界》上发表。

王选幽默地对陈堃銶开玩笑说：“我要在报刊电视上露露面，以免亲友们挂念。”

8 月下旬，王选参加了九三学社换届工作会议。九三学社将在这年的 12 月举行第八次全国代表大会，选举产生新一届领导集体。主席吴阶平年事已高，即将离任，有关方面推荐时任北京大学常务副校长、北大医学部主任的中国科学院院士、九三学社中央副主席韩启德作为主席人选，王选表示十分支持。他与韩启德早就熟识，也很赏识他的才干和人品。2000 年北京大学与原北京医科大学合并的时候，王选曾对韩启德建议说：“你现在什么行政工作都可以不担任，但有一件事一定不能放，那就是组织不同学科的交叉研究。”韩启德按照王选的建议，在学校支持下，负责组建了北大生物医学学科交叉研究中心，领导大家齐心协力，取得了可喜的成果。

9 月 20 日，王选到医院复查，结果显示治疗过的肺部肿瘤出现复发。陈堃銶的心再次悬到了半空，她连忙与医生商量治疗办法，看来单纯的化疗和放疗效果并不理想，听说位于西安的第四军医大学附属唐都医院有一种射频消融治疗很有效，陈堃銶马上着手联系。

王选的态度依然十分坦然，他已抱定一个想法，治疗的时候积极配合，不治疗的时候抓紧时间工作。10 月下旬，王选一连 6 天参加九三学社的主席会和常委会，参与部署筹备即将召开的九三学社全国代表大会等工作。

11月6日，陈堃銶陪王选来到西安唐都医院，12日，王选接受了射频消融治疗。这是一种微创手术，但患者是很受煎熬的，一般人几分钟就会疼得叫出声。随行的马光亚回忆：

这种治疗是把一个很粗的钢针直接扎入到肺部肿瘤实体内，然后钢针前端打开变成十根很细的小针，像一把伞把肿瘤包住，再通过电极给肿瘤加温到60度至90度，直到把肿瘤烧化，那是一个寒冷的冬日，手术下来王老师大汗淋漓，面无血色，我们要扶他走下手术台，他坚决地挥挥手说：我能行！没用我们搀扶，他自己走到轮椅上。事后我曾经把手放到75度的水里试过，那就像触电一样的感觉，手指根本无法在水里停留，可想而知，当时王老师是忍受多么大的痛苦呀，在几十分钟的治疗中他没有一声呻吟，更没有一声叫喊，医生护士们都没有想到，王老师瘦弱的身体里居然蕴含着如此大的能量！

2002年11月，王选在西安唐都医院与医护人员在一起

治疗后观察了几天，还没等完全恢复，王选就急着回北京。11月20日，在西安机场，天降大雾，飞机无法正常起飞，陈堃銶因连日操劳，饮食不当引起腹泻，刚刚打完点滴，而王选的身体更不允许久等。没办法，

只好让马光亚想方设法请机场人员协助，才先行上了飞机。

当时正值党的十六大刚刚结束，统战部准备召开民主党派座谈会。回到北京的第二天，王选就应九三学社之邀，写下了对十六大的看法：

中共十六大充满了创新的精神，报告中有一段话给我印象很深：“创新就是要不断解放思想、实事求是、与时俱进。实践没有止境，创新也没有止境。我们要突破前人，后人也必然会突破我们。这是社会前进的必然规律。”十六大提出的这种创新精神必将导致我国国民经济、社会科学、自然科学、工程技术在未来发展中不断取得实践和理论上的新突破。回想起“文革”期间林彪和“四人帮”提出的“顶峰”和禁锢人们思想的一套做法，更显现了这一创新精神的重大意义。

12月2～8日，九三学社第八次全国代表大会在北京召开。王选不顾射频消融治疗引起胸部积水带来的病痛，坚持每天参加，并主持了相关会议。大会顺利选举韩启德为新一届九三学社中央主席，王选、陈抗甫、洪绂曾等当选为副主席。

2003年12月21日，王选（左二）和韩启德（左三）等九三学社中央领导同志在九三学社第十一届中央委员会第四次主席会议上

转眼到了2003年3月，全国政协十届一次会议隆重召开。当时王选胸部的积水还未完全吸收，完全可以有选择地参加一些会议，但他不仅每天全程参加政协会议，还有两天晚上参加了九三学社的主席会议和常委会议，他这样做的目的，是要支持比他年轻8岁的新任主席韩启德以及新一届领导班子。

2003年3月13日，在全国政协十届一次会议上，王选当选为第十届全国政协副主席，他的参政议政之路达到了顶峰。

2003～2006年，王选担任全国政协副主席的时间只有短短三年，他把履行参政议政职能当作自己义不容辞的责任，多次参加中共中央、国务院的高层协商会议，在发展我国高科技事业和实施科教兴国战略等方面提出许多有建设性的意见和建议。

王选十分关心人民政协事业的发展，带病积极参与人民政协的工作。2003年10月，他不顾腰部酸痛，坚持率全国政协委员视察团视察北京吸引留学人员回国创业工作情况，此后不久便发现癌细胞已转移到腹部主动脉周围，不得不到北京肿瘤医院进行放疗和热疗。2004年4月，癌细胞又转移到锁骨淋巴，他仍坚持边治疗、边工作，有时刚做完治疗，便赶往会场，有时发着低烧还在看文件、写文章。到他逝世前，有近30次全国政协的有关会议和活动是在化疗、放疗或热疗期间出席的。以下是王选的一段工作记录：

2004年4月29日发现肿瘤转移至锁骨淋巴。5月9日至6月24日放疗35次，热疗8次。其间：

5月12日放疗之后即主持全国政协京昆室“保护扶持昆曲艺术新闻发布会”；

6月2日放疗后参加两院院士大会；

6月7日接受政协《使命》一书记者采访，之后放疗；

6月8日参加政协主席会，之后放疗；

6月10日撰写纪念邓小平同志诞辰100周年文章；

6月14日写信感谢《人民日报》对保护昆曲进行的集中报道；

6月16日出席政协京昆室宴请白先勇先生活动；

6月23日至29日为纪念政协成立55周年撰写《政协委员建言立论的影响越来越大》一文；

6月17日出席“电子政务公文系统标准与技术”高层研讨会，之后放疗。

其间还安排谈话14次，应各方邀请写贺信、题词6次。

……

王选还为制定与实施国家中长期科学和技术发展规划做出了重要贡献。在2003年十届全国政协一次会议的小组讨论会上，王选在讨论政府工作报告时就表示：

朱镕基同志在政府工作报告中，提出了“抓紧制定与实施国家中长期科学和技术发展规划”，对此我完全拥护。在科技计划方面，现在国家有“973”、“863”计划，但还应该有一个中长期的、全面的发展规划，这样就可以统一力量发展优势产业，防止盲目发展和无序竞争。中国已经到了制定这样一个规划的时候了。

王选在病中仍坚持工作，许多会议和活动是在接受化疗、放疗或热疗期间出席的

这年7月，王选被聘请担任“国家中长期科学和技术发展规划总体战略顾问专家组”成员，此后，他定期出席相关会议，积极发表意见和建议。2004年8月，王选正在接受一种免疫治疗，每次注射治疗药物后，都要引起39℃左右的高烧，浑身疼痛，虚弱不堪，但他仍坚持出席专家组的会议。他还专门写下《制定与实施国家中长期科技发展规划的一些思考》一文，在基础研究、人才和环境建设、高新技术发展三方面生动阐述了自己的观点和建议：

1. 基础研究要确定重点发展方向，有所为和有所不为。

有些基础研究领域是无法预测和规划的，但大多数基础研究是可以事先确定战略方向的，是可以制定规划的。中国是发展中国家，一定要有所为和有所不为，要选择中国有优势、前景大或者是交叉学科的领域作为重点发展方向。

2. 人才和环境的建设是最重要的。

我们很希望中国国内的成果有朝一日能获诺贝尔奖，实现零的突破，这被称为诺贝尔奖情结。但是不宜制定获奖的时间表，而应把精力放在建设人才成长的环境和良好的研究氛围方面。一旦杰出人才源源不断涌现，科研环境宽松并有浓厚的学术氛围，也就是土壤肥沃了，只要勤勉耕耘，就能结出丰硕果实，此时得诺贝尔奖就是水到渠成的事了；而土壤不肥沃，再拔苗助长也是无济于事。良好的学术环境还包括多学科之间的交流，国际的同行交流，理论或模型与实验的配合等。各种因素中最关键的还是人才，现在面临国际激烈竞争，为实现成为科技强国的目标，最重要的是要造就一批有献身精神、目光远大、能执着甚至痴迷地追求科研目标的科学家。

3. 高新技术的关键领域要有自己的、有创新的核心技术。

对于高新技术，规划中需要也有可能制定比较具体的目标，并粗略地定出逐步达到目标的时间表。中长期规划中要把掌握核心技术作为高新技术发展的重中之重，规划中应大大加强对我国原创技术的支持力度。对于有重大前景的创新技术的投资，往往是一本万利的。但只是支持技术创新还是远远不够的，从技术创新到产业化需要整个产业链的配合，这些因素在制定高新技术的中长期规划时是需要认真考虑的。

王选的家中布置得平凡朴素，墙上几乎从不挂字画，但他的书房里却挂着一张第十一届九三学社中央领导人的合影照片，王选和韩启德主席以及其他副主席自然地站成一排，背景是一幅长卷梅花图，虬枝舒展，红梅怒放。在生命的最后几年，王选为九三学社的建设和发展，为多党合作事业做出了积极的贡献。

悬挂在王选书房里的九三学社中央领导人的合影照片

韩启德同志在2006年撰写的《像王选同志那样做人做事》一文中，有这样一段描述：

（我担任九三中央主席之初）真的是心里没底，但是王选同志多次鼓励我，勉励我。他说："你一定能做好。"有的会议他没有参加，但是他将我的讲话拿去看，很认真地阅读，并且多次专门来鼓励我，肯定我讲得不错。2003年3月，他担任了全国政协副主席，我担任了全国人大常委会副委员长。我记得非常清楚，那天我们在政协大会九三学社界别驻地开常委会，会前，他把我拉到一旁，对我说："有一件事情我要跟你沟通一下，现在我们都担任了国家领导人的职务，据我所知，我们出去的时候，都要布置警力，包括交通，以后我们要遵守时间，如果我们晚一点，就会给人家整个一个系统造成很多麻烦，所以我们说好的时间就一定不要轻易改变。"三年过去了，在参加每一次活动时，我都会想到王选同志的叮嘱，并按照他的话去做。王选同志是这样细心，他甚至考虑到每一个细节，他不是考虑自己，而是考虑到社会，考虑到别人，也是考虑到我们九三学社的形象。

作为九三学社的重要领导人，王选非常重视民主党派的参政议政工作。王选患病以后，九三学社中央不轻易请他出席会议活动，但是，只要需要他出席的会议，他都抱病参加。他对九三学社提交政协大会的提案和全会工作报告认真批改，还说，我如果身体好，可以改得更好一些。他主持起草的《加强创新人才建设迎接知识经济挑战》《建立智力产权制度推动高科技产业蓬勃发展》《关于在高科技企业中实行智力产权制度的建议》《关于加强科技立法工作的建议》《关于科研院所转制工作的若干建议》等作为全国政协大会发言或提案，受到民主党派成员和政协委员们的好评。

王选十分赞成九三学社中央的"人才强社"战略，他做了大量工作，发现和动员有作为的年轻科学家加入九三学社。中国科学院和中国工程院每两年评选一次院士，王选认真阅读院士候选人资料，对于"中国十大杰出青年"、中国青年科技奖等候选人他也格外留意，从中挑选出潘建伟等合适的、有发展前途的中青年科技人才，列出名单或者打电话给九三学社相关部门，请他们联系发展为新社员。

王选也很关心九三学社的基层组织和普通社员。他患病以后，不仅自己对战胜病魔充满信心，还经常鼓励和帮助其他病友。九三学社宁夏区委委员宋晓华、陈素生夫妇就是其中之一。

宋晓华：2005年，在得知我丈夫陈素生患肺癌后，王选先生夫妇非常热情地为我们推荐治疗医院、介绍治疗方法，并鼓励陈素生一定要坚持治疗，要树立战胜病魔的信心。先生还专门托人从北京带给素生一本记述抗癌明星与癌症做斗争的书——《再现生命的光彩》，并在书的扉页上亲笔题了字。我们清楚地知道，当时先生正在协和医院接受化疗，身体极度虚弱，但他忍受着化疗反应的痛苦，心里却始终想着别人，关心着别人的治疗，这让我们非常感动，很受鼓舞。

2005年8月，素生病情进一步恶化，我再次向先生夫妇请教。先生推荐了一种国外抗癌新药——靶向治疗药物“Tarceva”，这种药物对治疗肺癌有不错的效果，但在国内还没上市。先生通过有关部门帮助素生先后三次购买了5个月的药物，托人从北京带到银川。该药价格昂贵，每个月大约需要3万元的费用。当我们经济出现了困难，无力支付高昂药费时，先生夫妇又伸出了援助之手。陈大姐在电话里一再强调，“王选让我转告你，千万不要有顾虑，不要有任何思想负担，过去对于有困难的朋友、亲戚、同事，我们也经常帮助他们，钱就是为人服务的”。就这样，我们给他们寄去了部分药费，其余都是先生夫妇垫付的，等后来我有条件了才一一归还。最令我感动的是，从几次接触中，我感到先生夫妇生活非常简朴，非常和蔼可亲、平易近人，然而他们对别人的帮助却是无私的、真诚的。

这件事只有很少人知道，了解内情的韩启德同志后来写道：

王选同志与宋晓华同志的爱人连面都没有见过，关心他，只是因为他是我们的社员。王选同志对社员的这种关心，真的有好几次让我感动得流下眼泪。

王选作为全国政协和九三学社领导，为工作和事业殚精竭虑，可他常常内疚地说：“我身体不好，占了位置，却没干多少工作。”他哪里是“没干多少工作”，他所做的一切，已远远超过他身体所能承担的负荷。

五、思想的声音

王选担任政协副主席期间，还出席了一些科教文体、技术创新方面的会议和活动，并发表讲话。虽然身患重病，但他尽量不要会议邀请方提供讲话稿，而是自己准备提纲，即席讲话。看上去瘦弱无力的王选，一站到台上，立即神采焕发，目光炯炯，侃侃而谈，怀着一颗赤诚之心，用丰富鲜活的实例、生动幽默的语言发表独到见解。他归纳科研成功的因素，呼吁自主技术创新，总结出“中国企业家需具备的七种素质”；他重视教育，提倡正确引导青少年使用计算机网络；他讲过科学与艺术、科研与体育的关系……这些肺腑之言，给人启迪，发人深省，为世人留下了一笔宝贵的精神财富。

2004 年 4 月，王选接受中央电视台人物访谈节目《大家》栏目的专访，把自己获得科研成功的因素归纳为“洞察力、执着、痴迷和团队精神”。他说：“在年轻的时候就需要一种非常刻苦的精神，而且丝毫不能急功近利。”“当年做事，根本没有想到金钱上的报酬和个人的荣誉。”

2004 年 4 月，王选接受中央电视台人物访谈节目《大家》栏目的专访

后来，他在《谈科研成功的因素》一文中，对如何才能做到“执着和痴迷”做了进一步阐释：

好奇心、研究难题和挑战带来的吸引力、取得突破后对科学或工业可能产生的深远影响，是科学研究的真正动力。只有这种动力才能使人痴迷、执着、甘愿放弃常人能享受的乐趣，充满激情地持续奋斗十几年。把获奖作为目标，为考核而写 SCI 论文等，都是缺乏科研真正动力的表现，也不可能长期勤奋、百折不挠，因而也不会有大的作为。

在此文中，王选又补充了一条成功的因素：要“具备同时代大多数人所没有的多方面知识和经验”。王选本身是具有这一特点的，他在20世纪六七十年代练就的外语功底和软硬件兼通的才能都是那个时代少有的。

2004年10月和11月，王选先后出席“浙江大学第四届技术创新与技术管理国际研讨会”和“2004中国企业创新年会”，在报告中他反复强调，中国一定要加强自主技术创新，而企业要成为技术创新的主体：

中国企业要成为技术创新的主体，我把这看作是中国经济发展走上新台阶的重要标志。我算了一下，近40年计算机领域新的重大发展，大多数都是企业完成的。贝尔实验室获得了11人次的诺贝尔奖，但贝尔实验室的方针是把新技术、新产品作为实验室的重点，诺贝尔奖只是一个副产品，最终却得到11人次的诺贝尔奖。我非常希望中国的企业能使高科技产品进入世界市场，我也非常期望中国能够出现一批跨国公司的大企业家。这两个目标实现了，就意味着中国的经济真正地走向世界、走到了先进行列。

在讲话中，王选特别提出：“中国经济发展中最稀缺、最可贵的资源之一就是企业家，这是我20多年来得到的深切体会。一项技术可以使一个企业很快发家，但国内外经验表明，一个企业的长期发展，必须依靠企业家，企业必须由企业家来领导。我所知道的国际著名企业，掌舵人全是企业家，而不是科技专家。到现在我还没有找到一个例外。”

既然企业家如此重要，那么企业家需要具备哪些素质才更利于企业的发展，是王选不断思考的问题。2004年，王选出席了由中国民（私）营经济研究会在人民大会堂举办的“首届民营企业高峰会”开幕式，并作大会发言。他总结了企业家应该具备的七种素质：

我从一个技术专家角度谈一谈企业家应该具备的素质。我本来没有资格谈这个问题，因为我一直说我只是一个科学家，不具备企业家的素质，成不了企业家，所以说我谈企业家的素质有些“妄谈”。我只是从一个科技专家的角度，谈一谈20多年的实践使我对企业家素质的一些看法，这是我这些年来反复思考和研究的一个问题。

我觉得好的企业家应具备以下七种素质。

第一，为人正直，不以权谋私，不拉帮结派，要诚实。对这一点，国内外企业的观点是一致的。方正十多年的经历使我深切体会到，企业家的素质里，为人正派是极端重要的。

第二，远见卓识，对当前和未来的市场有一种敏锐的洞察力，这是企业家的重要素质。

第三，要熟悉财务，懂得资本运作。

第四，冒险精神。当然冒险不是胡来，而是慎重考虑后的决策。

第五，有强的管理能力和现代化的管理经验。我非常赞成企业家实践几年后去读MBA，刚毕业去念MBA没有多大意思，有了实践经验后再去念，会有很大提高。

第六，有强的沟通能力。企业家要领导好一个企业，最根本的一点是要做一个大家喜闻乐见、受人欢迎的人。

第七，在座的有许多是技术公司，我觉得技术性公司的企业家应该重视技术，因为一项好的技术往往会带来新的市场。企业家并不一定要很懂技术，我刚才讲郭士纳并非电脑专家，但他非常重视技术，每年有两个月时间跟IBM的技术精英泡在一起，听取他们的意见。

王选夹叙夹议的归纳，使出席会议的数百名企业家感同身受，受益良多。

王选关心青少年的健康成长，先后担任共青团中央“中国青少年科技创新奖”评审委员会名誉主任、中央台少儿频道咨询委员会名誉主任、中国青少年网络协会名誉会长等职务。2003年12月，中关村三小组织了一个“小学生走访科学家”的课外活动，提出要采访王选爷爷。王选得知后欣然接受，他笑着说，我接待了这么多记者，还从来没有接受过小学生的采访呢！当时负责方正电子公司公关部门的金鸥陪同采访，她记录了当时的情景：

12月16日，我们早早就到王老师的办公室等待。当王老师出现的时候，我的心里涌现出一种不安，毕竟是重病缠身的老人，王老师瘦了，苍老了许多，气色大不如从前。但王老师精神还不错，让我感受到一种坚强的意志在支撑着这位可敬的老人，他是不会轻易被疾病击倒的。

小同学们和王老师见过面后围坐在老人家周围开始了他们的采访。显然是有备而来，几位小学生之前在网上查过很多关于王选老师的资料，提出的问题颇有水平，让我这个老方正很是吃惊。王老师一一耐心作答，就像平时接待记者那样，认真而严谨，与以往不同的是此时王老师的脸上满是慈祥，他亲切地勉励孩子们要“从小培养热爱祖国、热爱劳动、热爱集体、关心他人的精神，日后成为建设国家的栋梁之才”。采访进行了20多分钟结束，小同学们拿出本子让王老师留言签字，王老师提笔在留言簿上写下：“培养新时代的接班人。王选。”这两行字虽然笔力不如从前，但依然像我过去看到的王老师手稿一样工工整整，字间距离均匀，就像王老师做学问做人一样严谨认真。短短一句话表达出王老师对培养中国下一代人才的殷殷希望。

2003年12月，王选在办公室与中关村三小的小学生们畅谈

2004年，由民政部批准，共青团中央成立了中国青少年网络协会，王选应邀担任协会名誉会长。7月22日上午，王选出席了在北京二十一世纪饭店召开的中国青少年网络协会第一次会员代表大会开幕式，他强调互联网对青少年未来的成长和影响不可估量，并就如何在新形势下，把握信息时代的要求和青少年的成长规律，充分运用网络手段团结引导广大青少年正确运用互联网发表了生动的讲话。他说：

有一句话叫作“自古英雄出少年”，比尔·盖茨14岁的时候，就通过终端开始编程，做了大量的软件。其中包括给学校做好事，排座位表，这些都是为学校做的服务。当然中学时代的比尔·盖茨年纪很轻，也耍了点花招，在排课表的时候故意把漂亮的女同学都排在他的周围。所以我觉得痴迷网络，一定要用网络作为学习的手段和增加知识的手段，同时也可以做点应用和服务于社会的事情。

王选认为，电脑游戏不能一概否定，而应分别对待，因势利导。当时，王选的侄女王侃正带着一双儿女回国休假，住在王选家。王选看到孩子们玩的电脑游戏很受启发，他在会上说：

过去常听到不良的网络游戏造成犯罪，但也有很健康的游戏。我前两天就看到一个很健康的游戏，把摩擦力等物理学、建筑学里面的概念，在小学生玩游戏的时候就放进去了。所以我们要大力发展促进青少年身心健康的软件和各种培养模式，要寓教于乐，这样我们才能使青少年得到良好的成长。

王选是个性情开朗、喜爱文体活动的人，他对文化艺术和体育运动也有独到的见解。2003 年 10 月，北京体育大学建校 50 周年，邀请王选出席庆祝大会并发表讲话。那天晴空万里，彩旗飞扬，体育大学的英东田径场坐满了五千名师生，大家望着主席台上身体单薄的王选，不知道这位在计算机领域功绩卓著的科学家会就体育方面讲些什么。王选一开口，就把全场人的注意力紧紧吸引了：

我是一名大学教师，也是一名科技工作者，所以我想谈谈对体育的认识和感受。

第一，我觉得体育不仅是社会发展和人类文明进步的一个标志，也是一个民族兴衰的标志之一。在我们申奥成功全民狂欢的时候，我就想起了小时候的经历——抗战胜利后，新中国成立前 1948 年的奥运会。那时候我在念小学，当时大家都非常关心中国队的情况，我记得我们派出的长跑运动员是上海的一名人力车夫，拉黄包车的工人，因为觉得他每天拉车，耐力比较强，所以派他参加了奥运会，当然第一次比赛就被刷下来了。但是，在后来放那个电影的时候，大家看到中国这位黄包车夫运动员跑在后头，很后头，全场还是热烈地鼓掌。所以当时中国人的心态，不是去想得一个铜牌，因为这是高不可攀的，只要慢一点被淘汰掉，就觉得很满意了。所以，今天我们体育获得这样的成绩，是我们国家兴旺的一个重要标志。

2003 年 10 月，王选在北京体育大学建校 50 周年庆典上的讲话别开生面，受到师生们的热烈欢迎

第二点，我觉得体育中的拼搏精神、团队精神和创新精神，对其他领域都起了很好的鼓舞作用。80 年代，我正在从事激光照排科研项目，记得在 1985 年鉴定会的时候，《北京日报》用头版头条发出了“科研战线的中国女排”这篇长篇报道，来报道我所在的单位，这对我们来讲是非常光荣的一个称号。

第三点，我想谈谈培养名教练往往能够使一个体育队伍从弱变强，最终夺冠。一个突出例子就是马约翰先生，凡在清华大学念过书的今天九十多岁的老人，到五六十岁的人，都受到过马约翰教授的影响。我举一个例子，就是今天已经 92 岁的钱伟长先生，他进清华大学的时候量身高，最低的标尺比钱伟长的身高还要高，所以马约翰教授当时说了一句英文：说他是“out of scale”，连这个标尺都没有达到。就这么一个矮小体弱的学生，在马约翰教授的培养下练短跑、练跨栏。由于钱伟长先生身体矮小，别人三步一跨栏，他必须四步一跨栏，这样他就练就了两条腿都能跨栏的动作，最后得到了北京市第一名，今天钱伟长先生 90 多岁了，我知道，他在 90 岁的时候，每天晚上还研究力学，看文献要到凌晨 1 点多，而且每年要写一篇力学方面的研究论文。

第四点，我觉得体育教育可以全面提高人的素质。我发现，受过体育训练的这些人呢，有些共同的特点，一是性格开朗、活泼。刚才那个气氛，我就感觉到北体大学生性格特别活跃和开朗。另外，经过训练和比赛，具备了拼搏和奋斗的精神，在新岗位上能克服各种困难，与人沟通的能力也能起到良好作用。我就认识一个北京体育大学的毕业生，现在做了日本几个公司的老板，而且做得非常好，我觉得他的一个突出的优点就是沟通能力和活跃的性格，能够团结很多的人。所以，我想虽然在座的很多人不一定把体育作为自己终生的事业，但你们在国家重点的体育大学里受到的训练以及在体育生涯里头所受的这种培养是你们终身受益的。

王选别开生面、热情洋溢的讲话，不时赢得师生们会心的笑声和热烈的掌声。大家感到有些意外——没想到王选这位计算机专家竟然对体育事业认识如此深刻。

王选把科学研究当成一种美的享受，他认为科学与艺术是相通的。他曾在《从事计算机研究的一些体会》一文中写道：

居里夫人曾经讲过，科学探讨本身就是一种至美。歌德说，一个真正有才干的人在工作过程中会感到最高度的快乐。他提到一位著名画家鲁斯，看鲁斯画的山羊，从山羊的毛发中可以看出画家当初愉快的心情。我想一个献身于科学的人，他的最大回报并不是名和利，而是克服工作中的千难万险，最终取得成效所享受到的快乐。

2004年9月，在全国书画名家国庆座谈会上，王选没有按照会方提供的讲话稿照本宣科，而是就“科学与艺术的关系”发表即席讲话：

我是从事科学技术研究的，科学和艺术是相通的。科学家和艺术家能取得成就都需要在认真学习和继承前人成果的基础上作出重大创新；科学和艺术都讲究美，一个简单的公式解释复杂的物理现象就是一种美，一项灵巧的设计使产品的性能价格比大大提高，也给设计者以美的享受。

我本人跟书画的出版发生过紧密关系，1996年，我们和新华彩印厂合作，用一种叫调频挂网的崭新技术，把黄胄的画册印刷出来，我把它送给英国女王的表弟和其他的贵宾，很受欢迎。黄先生非常高兴，说："居然有一种技术能把我的画一模一样复制出来。"那本画册收集了黄先生大量的精品。从此，我和黄先生成为朋友。由于印刷，我们和书画、彩色画发生了紧密的关系。这说明了科学技术与艺术在很多方面有紧密的关系。

2005年9月，有关方面召开赵丹诞辰90周年座谈会，赵丹的女儿、著名舞蹈家赵青邀请王选参会，当时王选的病情已很严重，无法出席，他专门写下题词：

科技工作者只有痴迷科学技术并全身心地投入才能有所作为；演员只有痴迷艺术、醉心于刻画人物才能成为艺术家。现在"表演艺术家"的称号比比皆是，但赵丹则是一位真正的表演艺术家。赵丹创造的众多生动的银幕形象、他的痴迷和执着追求以及敢于说真话的做人原则将永远铭刻在人们心中。

王选是一个重情义而念旧的人，他的老同学们评价他"君子不忘其旧，饮水必定思源"。患病后，王选推掉了许多锦上添花式的会议和活动，但只要是老朋友、老同学的事，他总要克服病痛，挤出时间，几乎有求必应。

作为中国印刷技术协会的名誉理事长，王选十分关注印刷业的发展，印刷界许多重要活动他都写信或题词给予鼓励。王选获得国家最高科学技术奖后，许多支持和参与过"748工程"的老领导、老专家纷纷祝贺，也十分关心王选的身体。2002年6月，王选专门邀请他们进行聚会，坦率地介绍自己的病情，并感谢大家多年来的支持与合作。2002年12月，王选冒着严寒来到中国印刷技术协会，参加"回顾我国印刷技术第二次革命历程座谈会"，他真诚地说，汉字激光照排研制之所以能够成功，除了正确的技术路线以外，重要的还有三条：一是领导的支持；二是用户的紧密合作；三是协作单位的共同努力。王选历数了十几位领导和专家的名字，一一陈述他们对这一项目的贡献。偌大的会堂暖气不足，有些阴冷，王选身穿呢子大衣，帽子也一直没有摘下来。这是他最后一次在印刷协会讲话。

2002 年 6 月，王选与支持和参与过“748 工程”的老领导、老专家重聚

中国印刷博物馆开始筹建时，范慕韩先生曾在重病后不久，气喘吁吁地爬上北大印刷大楼四层，来到研究所找王选，请他一起参与博物馆的建设，让王选十分感动。从那时起，王选就一直支持印刷博物馆的工作。2004 年，中国印刷博物馆由于管理体制的原因，造成日常管理经费严重困难，被勒令停馆整顿，引起印刷界极大关注。王选得知后，与启功、于友先、于珍等政协常委共同向中央领导同志写信反映，使这一问题很快得到妥善解决，中国印刷博物馆纳入国家事业单位编制，从根本上理顺了管理体制。博物馆和印刷界的同仁都感动地说，王选救活了印刷博物馆，这是他为我国印刷界所做的又一贡献。

王选对母校北京大学感情深厚，他多次说，“北大浓厚的学术气氛、严谨的科学作风、喜欢标新立异的创新精神和兼容并包的传统对我产生了很大影响”。因此，只要是北大的会议或活动，他都尽量参加。王选更忘不了数学系对自己的培养。2003 年是北大数学系建系 90 周年，王选写下一篇长达 8000 字的文章《回忆北大数学力学系的大学生活》，用细腻生动、充满风趣的笔墨，回顾了他上大学时的点滴往事，表达他对北大求学生涯和青春岁月的深深眷恋和怀念。2003 年 7 月，北大数学系召开建系 90 周年座谈会，王选因为有重要会议不能参加，他特地写了一份书面讲话交到系里，表示祝贺。他写道：

我觉得，北大数学系有三个优良传统。

1. 优秀教师讲基础课。数学系打下的扎实基础使我终生受益。

2. 治学严谨。教材严谨，讲课严谨，科研成果经得起检验，数学学院的院士个个成就过硬。

3. 老一代科学家全力扶持年轻一代成长。江泽涵先生大力支持姜伯驹，使姜伯驹28岁时创建了“姜群”，43岁当选为学部委员；程民德先生大力扶持张恭庆，使学生的成就超过老师；“文革”后程先生又开创了模式识别方向，使石青云在指纹识别领域作出杰出贡献，学生石青云的成就又超过了程民德老师。

数学系创长寿纪录并继续保持新纪录的是徐献瑜先生，这与他风趣乐观的性格有关。他教过我基础课和专业课，不少课程的内容我已忘掉，但徐先生讲朗斯基行列式的特性我始终牢记在心。徐献瑜先生1956年在讲述朗斯基行列式时说：“朗斯基行列式一点为0，则统统为0。好比说‘北大有一个人伤风，则全校统统伤风’。”

现在我把徐先生的朗斯基行列式比喻改成下面的话：

“徐献瑜先生一个人健康长寿，则数学学院所有的人统统健康长寿。”

主持座谈会的系领导代为宣读了这篇充满“王选风格”的讲话，读到最后，照例引起全场哈哈大笑和赞同的掌声。

2004年4月，北大原数学力学系的54级校友举行入学50年聚会，在大学同学面前，王选的记性奇好，几乎能叫得出每个人的名字。他绝不突出自己，合影时坐在边上，开会时和大家一样坐在台下，让丁石孙等当年的恩师在主席台就座。大家轮流发言，轮到王选时，他走上台，绘声绘色地讲起了当时流行的描述人生历程的一段顺口溜：

四字诀

0岁　登堂亮相；10岁　天天向上；20岁　充满幻想；30岁　基本定向；

40岁　到处吃香；50岁　挣扎向上；60岁　告老还乡；70岁　搓搓麻将；

80岁　晒晒太阳；90岁　躺在床上；100岁　照片挂在墙上。

2004 年 4 月，王选参加北大数力系 54 级校友聚会，在台下认真聆听

王选边讲，下面边笑，等他讲完，台下已经掌声、笑声一片……

2004 年 10 月，王选出席上海南洋模范学校建校 103 周年庆祝活动，回到了阔别多年的母校。他为南模师生作了一场生动报告，回顾自己的中小学生活，传授学习经验，告诫学子们要“首先做个好人”“情商比智商更重要”“珍惜现在的成长关键期，为以后取得成绩打下扎实基础”。

2004 年 10 月，王选回到上海故里，参加南模中学 54 届校友聚会

第二天是年级同学聚会的日子，王选见到了中学、小学以及幼儿园的同学，许多人多年未见，已经皓首苍颜。王选与他们逐一见面合影，不落下每一个同学。大家一起坐在教室里，重温儿时的记忆。同学们推举王选第一个发言，王选走上讲台，由于连日劳累，他只能坐在椅子上讲话。王选一开口，便露出一脸顽皮模样，他用不同的方言，惟妙惟肖地模仿了当年好几位老师说话的口音、语气，一下子把大家带回到50多年前。最后，他握起右拳高举过头顶，做出宣誓的样子，用崇明口音学起小时候沈同一校长带大家宣读的誓言：

我为陶冶品性而来，愿遵守校规；我为研究学识而来，愿尊敬师长；我为锻炼体魄而来，愿爱护自己……

王选兴致勃勃地学着、说着，脸上洋溢着孩子一样的笑，眼睛里闪烁着幸福的光芒，与同学们一起沉浸在美好的往事中，完全忘记了自己是一个重病缠身的人。人们恍惚间看到，当年活泼可爱的“小王选”又回到了同学们中间。

六、梨园挚友

京剧荀派艺术家孙毓敏曾经说：“很多人都只知道王选是位优秀的科学家，却不知道他还是位戏曲研究家、活动家、收藏家，他在重病之中都没忘记振兴京昆的工作。”的确，鲜有人知道，王选晚年担任全国政协京昆室主任，为弘扬京昆艺术、继承和发扬民族传统文化付出了极大心力。

受家庭的熏陶，京剧一直是王选最大的业余爱好，少年时代伴他度过美好时光，20世纪60年代帮他越过生命极限，70年代陪他挺过艰难岁月，八九十年代则是他攻难关、带队伍之余调节身心的益友。王选晚年在医院做放疗和热疗需要几十分钟，医生允许听音乐，他听的都是京戏。早些年单位开春节联欢会，王选经常兴致勃勃地“登台献艺”唱上一段，成了保留节目。不过他总遗憾嗓子不好，只是业余水平。因此，王选对京剧的爱好，不像票友那样去演去唱，更多的是去看去听，像搞科研一样去分析研究。他收藏了大量京剧名家的珍贵音像资料，反复欣赏比较，形成了对京剧艺术独到的认识和理解。他能点评名家，亦能讲梨园掌故，从清朝同治年间到新中国成立前后的著名京戏演员、唱腔流派甚至各派绝活儿，他都能一一道来。如果有人问他“您对京剧的了解处于什么水平？”一向谦逊的王选会自豪地以两字应之：研究。

由于对京剧的喜爱，王选结识了不少梨园朋友。在他当选十届全国政协副主席后，正逢全国政协京昆室领导换届，京昆室的主任一般由全国政协一位副主席担任，于是许多身为政协委员的京剧表演艺术家，纷纷推荐王选继任。开始王选担心身体无法胜任推辞了，但政协有关方面希望王选在力所能及的情况下，以其对京剧的研究和自身影响，为京昆艺术的弘扬和发展做一些指导工作。王选考虑后欣然接受，担任了政协京昆室主任。他怀着一颗强烈的责任心，对民族传统艺术倾注了更多关爱，指导京昆室工作取得突破和成效，产生了良好的社会效益。

2003 年 9 月，王选作为全国政协京昆室主任，与部分京昆艺术家合影

王选上任后抓的第一项工作，是对昆曲艺术的保护。

昆曲作为中国乃至世界现存最古老的、具有悠久艺术传统的戏剧形态，素有“百戏之祖”、“百戏之师”美誉，2001 年被联合国教科文组织宣布为世界首批“人类口头和非物质遗产代表作”，然而流传到现代，却因曲高和寡而日渐式微。

2003 年 11 月，由京昆室牵头，全国政协组织了一个调研团，先后奔赴长沙等八个市县，详细考察昆曲艺术的生存现状。考察结束后委员们无不忧心忡忡，他们发现，广大群众特别是青少年对昆曲缺乏了解，昆曲演出市场不断萎缩；历史上昆曲剧目可考的有3000多个，现在上演的剧目却急剧减少；演员、编导和作曲队伍后继乏人，人才流失严重；全国7个昆曲剧院团创作、演出普遍陷入困境，经费严重不足，演员培养及艺术创作均无力投入。王选得知这一现状后，深感昆曲艺术面临着重大危机，迫切需要国家加大抢救和保护力度。委员们迅即形成一份《关于加大昆曲抢救和保护力度的几点建议》的考察报告，王选亲自将其报送中共中央、国务院。在2004年3月的全国政协十届二次会议上，王选又和全国政协常委、京昆室副主任叶朗联名写了一份大会书面发言，呼吁抢救和保护昆曲艺术。不久，胡锦涛总书记、温家宝总理、政治局常委李长春同志和陈至立国务委员都作了批示，文化部等根据批示作了详细落实布置。2004年5月，全国政协京昆室召开了“保护扶持昆曲艺术”新闻发布会。王选在会上欣慰地说：“中央四位领导人同时为昆曲写批示，特别是总书记和总理同时为昆曲写批示，这是前所未有的，是极其难得的。这些批示的意义绝不限于昆曲，它们对于中国整个文化、艺术领域都有重大的指导意义，为昆曲的发展带来了极其宝贵的机遇。”2005年，我国启动《国家昆曲艺术抢救、保护和扶持工程实施方案》。2005～2009年，国家财政每年投入1 000万元专项资金，对抢救、保护、扶持昆曲给予了强有力的支持。

2004年5月，全国政协京昆室召开“保护扶持昆曲艺术”新闻发布会，
王选出席并主持会议

与此同时，王选支持京昆室牵头编纂出版了全国第一部《中国昆曲精选剧目曲谱大成》，并为其撰写序言，使这一以口传心授形式代代相传的古老艺术，通过文字和曲谱的形式得到了比较全面的保护和传承。民族戏曲“幽兰”重焕光彩，艺术家们都说：“王选是昆曲界的大功臣。”

在不断的工作接触中，王选的亲和力和对一些细节问题的处理方式给京昆室工作人员留下了深刻印象。

赵景发（原全国政协京昆室办公室主任）：我们京昆室的工作人员都说，王选副主席实在和蔼可亲，特别好接触，就在这次庆祝全国政协成立55周年的时候，京昆室主办了全国昆曲剧团进京展演，仅演职人员就有1000多人。演出后，各昆曲剧团都要求与关心和支持昆曲艺术的王选副主席见面。王主席听后马上答应，不顾身体虚弱，与演职员代表们一一合影畅谈，给大家留下了美好的记忆。

在2005年全国政协十届三次会议的时候，两位政协委员和上海昆剧团要求到北京演出昆剧《桃花扇》，这本来是文化部安排的事情，可是王主席千方百计地通过大会秘书组，安排了这场演出。他就是这样为昆曲事业做着一点一滴的工作。

王选最为牵挂的，还是他自小钟情的京剧艺术。在对昆曲的调研结束后，全国政协京昆室又开始了对京剧院团现状的考察。由于身体原因，王选无法带队到外地考察，他在京主持召开了两次座谈会，分别请文化部和部分省市京剧团的演职人员介绍情况，并根据座谈情况部署考察的方针和要点。其后考察团分别到东北、内蒙古、河南各京剧团进行了调查，并写成报告上报中央，也得到了中央领导同志的重视和批复。

京剧界凡有重大活动，只要身体状况允许，王选都尽量出席，像中国京剧教育史上办学时间最长、造就人才最多、影响最深远的京剧科班——富连成社创办100周年座谈会，纪念程砚秋100周年诞辰座谈会，纪念梅兰芳、周信芳诞辰110周年座谈会等，都能看到王选的身影。他的出现，使梨园弟子深感鼓舞。

王选对发掘、保护有文献价值的京剧史料十分关注，他强调，收集整理京剧史料和珍贵影像资料、抢救名派名剧是当务之急。他支持李瑞环等政协老领导主持的音配像工程，先后抱病参加并主持“《中国京剧音像集萃》新闻发布会”和“《中国京剧音配像精粹》二期工程新闻发布会”，还提笔向全国政协写了两项建议：《收集、整理京剧珍贵影像资料供教学和出版的建议》和《抢救杨（小楼）派武生名剧的建议》，特别希望有关部门对这些珍贵资料加以保护和传承。王选在接受《中国京剧》杂志采访时说：

> 我们近20年来排了很多新戏，有的投资在几百万元或更多，我很担心这些做出来的东西有多少真正能流传50年、流传80年？所以无论是录音资料或是录像资料，我们都有发掘整理的责任，否则过去大师们的一些杰作、一些精彩表演今天可能留不下来，也无从知道过去是怎么演的。我知道杨小楼演《连环套》，黄天霸与巴永泰长亭会面，在跑圆场后，有一个四击头勒马回头转身亮相的动作，非常漂亮。我1962年看高盛麟的演出，他这个动作也非常漂亮，现在的音配像可以听到全场的热烈掌声，但配出来的像已经完全走样了。到了80年代高盛麟老了以后，那个动作也走样了，已经不是当年的风采了。所以能不能在一个演员的鼎盛时期保留他的影像资料，我觉得这是非常重要的。我们现在有很多过去优秀的珍贵资料还放在库房里，还没有拿出来变成VCD，我很担心它们会慢慢损坏掉。我知道起码杨小楼的《宁武关》（别母乱箭）的片段影像还在，周信芳的《斩经堂》、谭鑫培1905年的《定军山》的片段还在，还有像谭富英和雪艳琴《四郎探母》的有声电影也在，这些资料的发掘出版，对我们继承发扬传统、进一步创新都能起到很好的作用。

王选的观点源自他对京剧音像资料长期的热衷搜集和研究。1947年那场孟小冬的《搜孤救孤》，王选一直为自己当时年纪小睡着了没有听到而遗憾，好在那时中国刚刚出现的钢丝录音带把这次汇演的主要剧目录了下来。90年代上海和香港有关方面都整理发行了磁带，但发行量很小，北京买不到，王选的二哥想办法从上海给他买了一盘。多年的遗憾终于得到了弥补，王选喜出望外，为了这盘带子，他专门买了一台转录机，拷贝了100多份盒带，送给了很多喜欢京戏的朋友和演员。

> 杜近芳（著名京剧表演艺术家）：王选先生掌握的京剧资料特别丰富，有一次他问我："听过梅兰芳先生带着17岁的李少春先生演出的《四郎探母》吗？"我说没有呀。他马上拿出录音带来说："来，赶快给你。"开十届政协会议的时候，他嘱咐我说："杜近芳，您要帮助我们在海内外搜集各种流失的资料，您要告诉我寻找这些资料的途径，然后我们再去努力。"听了他的话我就到处去搜集，最近还找到了一盘杨畹侬的录音，哎呀，太

好听了，是非常难得的资料。我这么做，完全是受王选教授的影响。

王选曾多次遗憾地说："1947年程砚秋灌的《窦娥冤》，我在收音机里听了两次，可惜磁带后来被电台弄丢了。国内收藏京剧资料最全的人，像北大吴小如先生，上海王家熙先生都没有这盘盒带。真的非常可惜。"

王家熙是与王选交往多年的老友。1998年，王选辗转打听到王家熙的电话和地址。第一次通电话，两人便就京剧资料的收集和各种版本的辨识问题讨论起来，十分投机。王选对王家熙说："对每一份资料的背景、内容、影响，我都想做详尽的了解。如果面对各种杨宝森的《文昭关》录音，分不清录制的背景，也就无法全面认识其演唱艺术的发展脉络。"一席话，给王家熙留下了极深的印象，他没有想到，一位科学家竟然对京剧有如此高的鉴赏水平。后来，王家熙把梅兰芳1937年在南京演出《生死恨》的全部实况录音，以及程砚秋1946年在上海演出《春闺梦》的实况录音赠送给了王选，收到如此弥足珍贵的资料，王选简直喜出望外，他感慨地对王家熙说："难怪俞振飞先生说你的资料收藏'海上无出其右者'！我们相见太晚了。"

2004年，王家熙因颈椎手术留下后遗症，行动不便。王选到上海时曾专程去看望。

王家熙：2004年10月王选教授来上海，专程到我家里来看望。一进门他就询问我的病情，问我需要什么治疗，有什么困难，他可以为我做些什么。我看他很虚弱，气色也不很好，但是并没想到他当时病情已经非常严重。因为他那样热情、坦然、达观，使人看不出他有精神压力。他把带来的30年代杨小楼的电影放给我看，一边放录像，一边给我仔细地解说。他千里迢迢带来的资料，对我来说实在是最珍贵的礼物，使我得到了莫大的满足。

由于我们都疾病缠身，后来没再见面，但我们每月总有两次以上电话长谈，一般都是他给我打来，如果我给他打，他总是让我把电话挂上，他再重新打给我，以节省我的电话费，他对朋友的关照可见一斑。

在电话中，我们谈到了对谭鑫培七张半唱片的看法，都视这七张半唱片为京剧须生行最重要的法帖。王选教授对这七张半唱片，一字一腔都非常熟悉，真不知他聆听了多少遍。像其中的《桑园寄子》，他还和杨宝森的演唱逐字逐句地对照欣赏，并分别加以品评。可是，不少学习须生的演员甚至当红的名演员还没有听过谭鑫培的唱片，这一现象让他感到担心。

王选教授还谈到，他在电视中看过一出《四郎探母》，老生演员在翻“吊毛”时，把宝剑、令箭都拿掉了，他为此颇感焦虑。

王选在担忧的同时，决定让自己收藏的京剧资料充分发挥作用。他“集而不藏”，不厌其烦地多次请老中青京剧艺术家到家中观摩欣赏。有的老艺术家行动不便，他就自己上门把资料送去，请他们一睹为快。他真切地希望老一辈艺术家的优良传统能够继承和发扬下去。

和宝堂（北京戏曲艺术职业学院教学督导）：2004年8月下旬的一天早晨，我和著名京剧表演艺术家孙毓敏应邀到王选教授家中做客。他非常慷慨主动地把他收藏的最得意的音像资料拿出来一一展示，并亲自给我们放录像和录音。我们说到黄桂秋先生的“黄三出”，正在搞“音配像”。他问录音是什么时候的，我们说是新中国成立以后的，他说黄先生的黄金时代应该是1947年前后。说着，他马上到里面的房间取来黄桂秋当年的录音磁带，让我们欣赏。果然那透亮甜美的声音让我们对黄桂秋的演唱艺术又有了新的认识。他看孙毓敏对黄先生的录音特别感兴趣，马上说：“没关系，你要是喜欢，我给你复制一份。”

一边看录像、听录音，他一边向我们询问着京剧界的情况，探讨着京剧的现状和未来。他希望我们多给他提供老艺术家的地址、电话。说到健康，王选教授轻描淡写地说，癌细胞已经扩展到全身，一会儿要打一种治疗的针，打针后便会发烧，晚上体温会烧到39℃……

叶少兰（著名京剧表演艺术家，京昆室副主任）：我到王选先生家一看那些资料，真是非常宝贵，尤其是杨小楼先生的起霸，对我们掌握舞台上的表演规律非常有益。看了一遍，我觉得没有看够，特别想再看一遍，可是又不好意思说。他就主动地说：“你看我们要不要再看一遍。”后来我每看完一遍，他就总问：“要不要再看一遍？”就这样我竟然连续看了十遍。一位功绩卓著的科学家、国家领导人，又是身患绝症、身体虚弱的病人，他为什么如此耗费时间、精力和身体，不厌其烦地为我们这么多京剧演员播放这些艺术资料呢？是他热心好客吗？问题并不那么简单。他这样做的意义实际上是要我们看到自己与前辈的差距，看到京剧艺术的真正价值所在，使我们的京剧回归到前辈那样精深的水准。

景荣庆（著名京剧表演艺术家）：王选先生问起我向钱宝森先生学习《身段谱口诀》的往事。关于身段谱，我的感觉是这些东西似乎离我们越来越远了，我们内行很少有人拿这些最基本的功课当回事。然而，王选先生作为一个行外人，却特别重视，而且认为这是我们京剧表演艺术中的根本法则、最重要的课程。对此，我相当惊讶。他问我“轱辘椅子”怎样训练、怎样运用，我在他家借了一把靠背椅演示给他看，告诉他“轱辘椅子”动作不多，看来简单，但是必须每天坚持轱辘，直到轱辘得劲匀气顺、通然一体才行。这个功课做好了，在台上的身段才有可能做到“圆”和“顺”。他问起钱派“整云手”，我也演示给他看。王选先生看后一再说：“《身段谱口诀》太有价值了，必须认真研究，全面继承。”

谭孝曾（京剧表演艺术家）：应王选先生邀请，有一天我父亲谭元寿、我和我的儿子谭正岩，还有我的爱人阎桂祥一起来到他家。我们一下就被王选先生的资料吸引住了，我父亲虽然见到过杨小楼先生，但是当时终归年纪小，到他的晚年再看到这些资料，显然也是非常惊讶的。我和我的儿子就更感到震惊，真是如获至宝。他一看我们这么感兴趣，就一遍一遍地给我们播放，临走的时候，他还把他复制的一批社会上少见的资料交给正岩，语重心长地说：“我经常聆听你们祖上谭鑫培的唱片，那是中华民族艺术的极品，我是百听不厌。你们谭家七代，我看过你们五代人的戏。正岩，你的个子比较高，应该说是个缺点，但是你看，杨小楼先生的个子不是也很高吗？但是由于他的苦练，虽然高，但是不摞，上下身动作非常协调，身高反而成了优点，显得更加威风凛凛。你也是唱武生的，我希望你好好地琢磨杨老板的艺术，不要怕别人说你个子高。只要像杨老板那么用功，学会藏拙露巧，将来就一定能够变缺点为优点，把谭派艺术发扬光大。”

2005年是四大名旦之一、荀派大师荀慧生诞辰105周年，有关方面准备召开纪念座谈会，邀请王选出席并给大家讲讲荀派艺术的精华所在。王选当时正在接受一种特殊治疗，无法出席。他怕大家失望，就提出请记者来把自己的讲话录像，届时拿到会上播放。

9月14日，王选准时来到办公室，中央电视台的记者因为堵车，延误了90多分钟。先期到达的《中国京剧》杂志的记者一行一再焦急地道歉，王选的秘书和警卫也很着急，而王选却一直耐心地劝慰大家。

电视台记者终于赶到，王选事先做了细致充分的准备，面对镜头他侃侃而谈。其中一段对四大名旦成长经历的总结，寓理教于掌故趣闻之中，尤为精彩：

我们从四大名旦的艺术和他们的成长历程可以得到一些启示：

第一，他们都有非常扎实的基本功。我记得在1958年看过荀慧生先生的全部《十三妹》，那个时候他已年近花甲，一出场全场有点哗然，因为他的样子、身材都大不如前，已经发福了，下面就有点哄笑。但是后来荀慧生一跑圆场，观众眼睛一亮，看到他非常扎实的功夫和优美的身段，全场都服了。

第二，继承了老演员的传统。他们在继承前辈的艺术方面都下了很大的工夫。没有继承就不可能有创新。

第三，他们都根据自己的特色作了创造，形成了自己的流派。我特别记得一点有意思的是，唯独荀慧生先生还保留了《玉堂春》最老的老词，就是苏三说："苏三此去好有一比。"崇公道问她："比作何来？"她说："好比那羊入虎口有去无还。"这是清朝最老的唱法，后来因为慈禧太后属羊，一听到羊入虎口就非常生气，一定要把唱词改掉。所以后来都改成"鱼儿落网有去无还"，现在除了荀慧生以外所有人唱的都是"鱼儿落网"，这也留下了历史的一个证据，是很有意思的一件事情。

2005年9月，王选为《中国京剧》杂志社题词

王选也用形象的语言对荀慧生的艺术特色谈了自己的看法：

我想荀慧生的艺术特色是非常鲜明的。他的唱和表演充分反映了情感和剧中人的情绪。荀慧生先生嗓音的天然条件虽有局限，可唱腔非常优美。我特别喜欢他的小拐弯，特别有意思有味道。很多人喜欢京剧就是从《红娘》开始的。荀慧生先生的《红娘》唱段非常优美，所以，《红娘》一直流传至今，始终在舞台上很兴旺。另外，拿现代语言来讲，荀慧生先生是一个"性格演员"，你看他演十三妹的豪爽、演《红楼二尤》的尤三姐和尤二姐性格完全不同，非常生动，所以可以用"性格演员"来形容荀慧生先生。我觉得可喜的是荀派的一些新创作的戏，像《红娘》《红楼二尤》《金玉奴》《杜十娘》等，都流传了下来，对我们继承他们的艺术，以及发扬他们在继承基础上的大胆创新精神，都是很有利的。

有梨园朋友总结了几个对王选的"想不到"："一想不到，他职务虽高，架子却小；二想不到，他学问高深，却虚怀若谷；三想不到，一位计算机专家，却对京剧艺术如此关爱，对京剧的历史、演员、四功五法如数家珍；四想不到，他如此酷爱和珍惜京剧资料，却又毫不吝惜地广泛散发，弘扬国粹。京剧得此知音，岂非幸事？梨园有此挚友，可谓善哉！"

七、回归北大

虽然身为全国政协副主席，王选还是喜欢"老师"这一称谓。若听到原来熟悉的人改叫自己"主席"，王选会很认真地说："不要叫主席，还叫我王选。"有人称他首长，他会开玩笑地伸出手摆一摆说："我是这'手掌'！"因为身体原因，王选辞掉了许多挂名的虚职，却一直担任北大计算机科学技术研究所所长，他的人事关系也一直放在北大。他最常用的名片，头衔只简单地印着"北京大学计算机科学技术研究所，教授，王选"。他不止一次地对秘书说："这张名片是永恒的。给我多印一些。"在王选的心目中，北大教授这一头衔永远也不过时，燕园这方圣土是他来到北京那一刻起就再未离开的地方。

正因为如此，北大计算机研究所的发展是王选晚年最为关注的问题。

从 1977 年 9 月研究所的前身"北大汉字信息处理技术研究室"成立

北大教授是王选最钟爱的头衔，
图为王选在北大演讲

时起，研究所经历了几个发展阶段：1995年之前，是北大的一个独立单位，主要从事汉字激光照排系统的研究开发，通过与协作单位的技术合作，迅速发展扩大。1995～1999年，与方正集团联合成立了方正技术研究院，研究所与研究院是两块牌子、一个单位，与集团的关系更加紧密。1999年以后发生了一个很大的变化，研究院的很多研发部门分到了方正公司的各事业部，研究所的一大批骨干随之到了公司，担任了公司或事业部的领导，像肖建国先后任方正电子公司总裁、方正集团首席技术官等，汤帜、郭宗明、赵东岩、杨斌等都担任了主要业务领域的技术负责人。这一模式使研发与市场的结合更加紧密，也促进了产品的升级换代和进入市场，取得了辉煌的成果。

但是，随着时间的推移，王选越来越感到，作为北京大学一个独立的教学科研单位，研究所有自己的教学和科研任务，需要保持独立编制和独立研究方向，使其不受当前市场压力和商业利益的完全左右，能够比较宽松地做一些未来方向上的探索，进行一些前瞻性的研究，培养和输送青年科技人才，这对于研究所和公司的发展都是至关重要的。

为适应这一新的形势，在与北大和方正集团多方协商后，决定从2004年4月起，计算机研究所与方正研究院从编制上进行分离，方正研究院属于方正集团，是企业单位；研究所作为北大的事业编制单位，“回归北大”。独立后的研究所由两部分人员组成，一部分是原来在公司工作的研究所编制人员，仍在公司工作，是作为北大的教授、副教授被研究所派到集团各下属公司进行合作的；另一部分人员在研究所本部工作，进行数字内容与信息安全技术的研究与开发。

至此，研究所进入一个新的发展阶段。

如何使独立后的研究所秉承历史，重铸辉煌，是王选反复思考的一个重大问题。他在2004年4月和9月，在研究所的信息安全工作会议和导师会上，先后作过两次讲话，从研究目标、科研方向、成果评价、人才培养等方面，为研究所的发展进行了战略规划。他谈道：

第一，研究所的目标。

对我们研究目标的检验方式是，最终成果转化成产品后在国内处于领导地位，进一步进入国际，最终在国际市场上占领先地位。这是最高境界，是最困难、最过硬的目标。当然我们不能急功近利，并不要求技术马上变成产品，但应该占领学术制高点，学术制高点越高，产品的杀伤力和市场竞争优势就越大。我们的首要目标应该是研制出创新产品在国内居领导地位，要做到这一点，产品一定要创新，否则不可能居领导地位，更不可能进入国际。

第二，预先研究的重要性。

我们不做纯基础研究，但我们要研究未来的技术，研究新的技术。预研将来应该成为研究所的一种风格，一个原则。我们的经验证明了预研的极端重要性，有一句话叫“预则立，不预则废”，这是钱三强先生的名言，我始终牢记在心。因此，研究所应该不完全根据当前的商业利益和市场需要，而是从技术发展前景和未来的市场需求来判断和决定研究方向。目标应该定得比人家现有的高得多，这样做出来时可能比人家好一点或差不多，因为人家也在干，如果跟在人家后面，永远赶不上。

第三，研究方向。

研究所的方向要少而精，不宜太多。我们比较适合坚持不懈地长期研究，一直做到国内一流，这是我们的长处、优势，不适合短平快，去随便接一个没有后劲的项目。我们选择的方向需要10年、20年坚持不懈地做下去，要有做到国内一流的决心和信心。信息安全作为研究所一个重点发展方向，适合于长线，道高一尺，魔高一丈，这一领域的研究永远没有止境，咬住这一方向，一直做下去，在某些方面做出重要创新、重铸辉煌的可能性是很大的。

第四，研究所成果的检验问题。

我们是搞应用的，不能全靠文章引用数检验我们的成果，而应用成果的检验首要应该看它是不是国内领先和大量推广，我们说不完全被当前的商业利益和市场需求所左右，但最终要求成果还是要大量推广。

其次要争取获奖，获国家和北京市的奖。对应用成果而言，获奖比文章更有意义。然后是文章和专利，文章和专利是成果的自然结果，有了出色成果，写文章是水到渠成的事。所以我们要以推广、获奖、专利作为检验成果的标准，而不是只以文章取胜。

第五，研究生的培养。

我看我们的导师中有一半多是研究所毕业的硕士和博士，可见研究生是重要的人才来源。怎样吸引好的研究生？过去我们有很多办法：一是讲课，二是作报告，三是每年请数学系、计算机系的本科生来参观。因为北大的本科生最优秀。我建议我们能讲课的导师都去讲讲课，哪怕跟校学生会、研究生会建议定期举办一些科普报告，宣传我们的研究方向和成果。另一方面，研究生要有好的研究方向，绝不能把他们当作单纯的劳动力，一定要让他们有所长进和提高，觉得在这里的三年没有白过。我想我们很多研究生当初留下来，是觉得在这里能创造价值。我还记得肖建国留下的时候说：“真没想到还有这么一个能干活的地方！”今后研究生应该继续成为研究所的重要力量。

第六，研究所和方正的关系。

研究所是独立单位，受学校直接领导，和其他院系平行。另一方面，研究所与方正是一种非常紧密的合作关系，研究所的成果主要由方正公司进行销售，有些可以由方正公司进行产业化。我们与方正一定要长期保持非常紧密的关系，只有搞好合作，才能使我们的产品顺利地实现产业化。这也是我们的一大优势。

2004 年 9 月，王选与北大计算机研究所的导师们共商发展大计

这些讲话，有指导思想，也有方式方法，契合实际，切中要害，为研究所今后的建设和发展提供了方针，指明了方向。

大家注意到，在谈到研究所成果检验这一问题时，王选旗帜鲜明地把“国内领先和大量推广”作为首要标准，“而不是只以文章取胜”。这是王选的一贯主张，2004 年 9 月 17 日，在研究所导师会上发表讲话三天后，王选写下《科学研究的目标与环境》一文，阐述了对我国科技评价体系的看法，这篇文章不久在《光明日报》上发表：

在成果评价方面，基础研究和应用技术的标准是不同的。在技术科学和工程科学领域内，特别是像通信，计算机软、硬件和计算机应用这种应用性很强的专业，一项创新技术对工业的影响、是否推广应用和大量进入市场应该成为评价成果的最重要标准。自主创新的技术，转化成商品，表现出很好的性能价格比，在中国市场上居领导地位，应该成为科研的重要目标。但国内的科研环境、评估标准、提职称条件等往往并不鼓励这种目标。对于应用性很强的学科，有时仍把SCI、EI的文章数作为重要评价指标，这是很有害的。

我国SCI、EI的文章数近年来迅速攀升，这是好现象；但也要看到得到大量引用的、高水平的文章数量增加不多。在国内计算机SCI、EI杂志上常能见到“三无”文章，即文章大概没有什么人会认真阅读、不会有人引用、不会转化成实用系统。

一项自主创新的高科技产品能在发达国家市场占有高的市场份额，是对该技术成果的最严格和最准确的评价。这比鉴定会上“国际先进水平”之类的赞语，没有多少人引用的大量SCI、EI文章以及各种级别的奖励要难得多，难得多。

丁肇中曾经说过，“把获诺贝尔奖作为科研目标是很危险的”。在应用科学领域内，不能把获奖、SCI、EI文章作为目标，而应该有持续奋斗十多年，不断创新，最终使高技术产品在市场上雄居榜首的决心。

王选深知，取得出色科研成果的关键是人才，在文章中，王选结合多年培育人才的经验，总结出给杰出人才创造优越和宽松的科研环境的“十二字政策”。

对于已有充分证据确认是真正杰出的人才，建议采取十二字的政策：给足钱、配备人、少评估、不干预。

1. 给足钱。

对于杰出人才领导的团队，稳定地先给予5年的经费支持，不要让他们为经费而四处奔波。优秀的学术带头人往往痴迷于科学技术，具有很强的科技“攻关”能力，但往往缺乏“公关”能力，而后者是获得经费，有时甚至是骗取经费的重要因素。

2. 配备人。

配备优秀的研究人员，特别是创造条件使他们能招到非常优秀的研究生。多年来流传下面的说法：中国名牌大学的本科生质量最高；硕士生差一些，因为最优秀的本科毕业生大多出国了；博士生相对更差，因为很多优秀的硕士毕业生也出国了。我想这一现象会逐步好转，硕博连读的做法也有助于提高博士生质量。

3. 少评估、不干预。

对于大学教师和科研单位进行业绩评估看来是不可避免的，也是管理的一种手段。但是任何评估体系都不可能是完善的，对于不同学科、特长不同的单位要区别对待，绝不能一刀切。对于有非凡特长的个人或单位，要忽略他们的某些短处。华罗庚、贾兰坡均未上过大学；爱因斯坦考大学时化学不及格；黄昆1944年留美考试时语文只得了24分，留英考试时，作文只写了三行再也写不下去，只好就此交卷，但居然被录取。假如当年清华大学校领导没有破格录取数学只考了十几分，但英文、语文异常出色的钱钟书，可能中国就少了一位学贯中西的大师了。

这是王选的心声，只有长期在一线从事科研工作，才能对科研人员的需求如此了解和体贴，才知道什么样的科研环境最利于科研人员取得成果。

看着研究所的工作在年轻一代的努力下一天天发展壮大，王选从心底感到欣慰。自从病后，王选再也无力像从前那样，一有时间就泡在机房里与年轻人攀谈。但他时刻牵挂着他们，用自己力所能及的方式，关心、鼓励和支持他们的工作和生活。其中最常用的办法，是“忽然”打一个电话给科研骨干，询问技术开发和项目进展情况，以特有的富含“鼓动性”的“王选式语言”给予鼓励和帮助。常接到王选电话的郭宗明说：“我们大家都感到，王老师的谈话太有感召力了，每次听完，都像打了强心剂一样，充满信心和干劲！”

杨斌：我们做的一个大项目是利用自主研发的RIP核心技术，开发一个高速彩色打印服务器，OEM给日本大客户，并推广到欧美。当时时间紧，质量要求很高，项目组面临很大的压力。王老师非常关心，经常打电话，不时转来一些资料和他的附言。后来还不顾身体虚弱，亲自来到开发现场给大伙打气，给了项目组很大的激励，这个项目在大伙的努力下一直进展得很顺利。

赵东岩：一次我在一个会上遇到王老师，他微笑着告诉我在报上看到了我们开发的数字资产管理系统的报道，问我“具体是谁负责开发的”，我告诉他是熊开宏，他又问“还有谁”，我又说了几个具体负责人。他当时的眼神既有欣喜又有期待。我感受到了他的期望——对我们取得新进展的期待之情。这也鞭策着我们不断努力、不断追求新目标。

2003年，周秉锋撰写的一篇关于数字图像半色调的论文，被代表国际先进水平的计算机图形学学术年会ACM SIGGRAPH宣布录用。这是近十余年来国内研究单位第一篇在SIGGRAPH上以独立作者单位发表的研究论文。王选得知后高兴地挥笔写下感言《抓住两头，就能成功》：

优秀成果一般都是抓住了两头：一头是原理创新、算法创新或与众不同的总体构思和绝招；一头是应用的实际效果。实际应用的需求刺激会引发创新的灵感，而深入掌握前人已有的成果，并在此基础上作出重要的、应用效果明显的改进是创新的一种常见方法。一旦创新成果变成产品，并在市场上显示优越性时，比尔·盖茨所说的“正反馈”就开始了：市场反馈的新需求不断促进技术进一步改善，从而一直保持领先地位。

2004年12月31日，回归北大后的研究所即将迎来辞旧迎新的第一个元旦，师生们精心准备了一台迎新春联欢会。按以往惯例，王选一定要到会致辞，与同事们一起表演节目、抽奖，互相祝福，而这一次，王选正在接受又一轮化疗，实在虚弱得无法到会。他把要说的话认真地写下来，委托陈堃銶代为宣读：

今天是1995年以后第一次以北大计算机研究所的名义，单独举行新年联欢会，九年来研究所发生了很大变化：肖建国这几年大力扶持和培养了新方向，扩充了出版系统领域，开拓了市场前景广泛的e-Book；信息安全等领域已有明显成果；一些同志最近获得了重要奖励。他们身上表现出对技术的高度痴迷，是非常值得科研人员学习的。这种痴迷表现在：

1. 碰到难题，想不出来不断地想，直到想出为止。常常是“山重水复疑无路”，再想下去忽然半夜里“柳暗花明又一村”。

2. 难读的文章千方百计读懂。有时读懂难读的“天书”后收获很大，加以创新往往可以高人一头。

3. 挖空心思地要超越前人。这点在研究所的一些年轻人身上都有表现。

计算所有过光辉的历史，但好汉不谈当年勇。在新形势下，我们要发扬拼搏创新的传统，坚忍不拔，“读不懂再读”，“想不出再想”，像陈省身先生那样追求卓越，力争第一，献身于科学，痴迷于科学，在我校创建一流大学中做出贡献。我相信，雄心壮志和脚踏实地一定能够使计算所更加辉煌！

王选对即将到来的2005年充满了信心和希望，谁也不曾料到，王选的生命，已经走到了最后关头。

八、最后的2005（上）

王选是在化疗中迎来2005年元旦钟声的。此前，癌细胞先后转移到腹主动脉周围、锁骨淋巴，右肺癌块也已扩大，虽然进行了热疗、放疗乃至免疫疗法等一系列治疗，但效果甚微。协和医院决定，让王选从2004年年底开始住院，再进行3个周期的化疗，持续时间达3个月之久。

这是王选患绝症的第五个年头，病情几经恶化，历经上百次治疗，王选已处变不惊，他幽默地笑称自己是“千锤百炼”，医生怎么“处置”，他都会好好配合。不过，胸部自手术后就一直持续的疼痛加剧了，腰部也酸痛难当，白天虚弱不堪，夜里难以入眠，王选意识到，属于自己的时间不多了，他必须抓紧宝贵时光，给这个世界留下最后的光和热。

2005年2～3月，王选一边接受化疗，一边看文件，通过电话谈工作，还接连写下《自主技术产品出口的若干思考》《利用已有的技术和市场优势开辟新天地》《试谈科研成功的因素》三篇文章。他写道：

要有屡战屡败屡败屡战的精神，在科学研究中，看准方向和目标并有了正确的技术路线和方案后，就要坚持、再坚持。我经常想起第二次世界大战最困难时期，当时的英国首相丘吉尔的话：“千万千万千万别放弃，多数伟大的胜利发生在最后一周。”

王选一字一顿写下这段话，是在鼓励世人，也是在给自己加油。

就在这年2月，传来噩耗，王选的大哥王遹去世了。

1994年，王选与大哥王遹（中）、二哥王迅（右）在一起

3月8日，王选和陈堃銶来到北京远郊的一处殡仪馆，向大哥做最后告别。虽然已是初春，天气却格外阴冷。告别仪式非常简单，只有大哥单位的少数领导、同事和大嫂等亲友参加，王侃等大哥的四个女儿都来了。王选望着大哥消瘦的遗容，心里充满悲伤。大哥为人忠厚老实，大学毕业就响应号召远赴山西，在煤炭系统教育战线上兢兢业业工作了大半辈子，由于授课出色，被誉为“大同的梅兰芳”，当上了煤炭系统全国劳模，后来才调回北京。他始终谦虚谨慎，默默奉献，是个地地道道的好人。

2005年3月14日，王选结束化疗出院了，然而，由于腹部肿瘤压迫，王选的腿忽然肿得厉害，到后来行走都很困难，仅隔了十天，3月24日又不得不再次住院治疗。

2005年4月22日，春回大地之际，王选再一次出院了。

2003年当选政协副主席后不久，王选搬到了位于中华民族园附近的一座高墙大院内，这里绿树成荫，十分幽静。虽然房子大了，但依旧没有奢华的摆设，沙发、电视都是老式的，十几个书柜装满了多年积累的书籍和文献资料。

王选身边除了原来的秘书、司机和保姆外，又配备了警卫员。王选和陈堃銶对这些工作人员非常尊重体贴，平等对待。分配秘书丛中笑做事，从来都是客客气气，做得好，他连说“谢谢”；做得不足，轻轻指出而已，从不苛责。早些年丛中笑的孩子还小，王选很少让她加班，到了下班时间，无论是在开会还是接受采访，他都不忘叮嘱一句：“小丛，你不用等了，下班吧。”王选从来不给自己过生日，司机马光亚过50岁生日时，却和陈堃銶一起请马光亚夫妇吃饭，对他说：“小马，在单位咱们是上下级，在平时咱们是朋友！”警卫员李敏锋还没到岗，王选和陈堃銶就在他的房间里装上了空调，配了电视，后来又买了台电脑，鼓励李敏锋多多学习。对保姆小钟他们更是照顾有加。逢年过节发了水果等食品，陈堃銶就忙着分成几份，秘书、警卫员、司机、保姆每人一份，就像对待自己的孩子一样。大家在他们身边工作都很舒心、开心，也像对待自家长辈那样尽心尽力。

对于亲属，王选却不允许他们打自己的旗号、沾自己的光，甚至不让他们在单位“暴露”与自己的亲戚关系。有一次，王选的一个亲属为孩子办留学手续，为了方便签证，从秘书那里要了一张王选的工作照片和名片，王选知道后急切地让秘书把照片追了回来，并对这位亲属说：“因为我特别不喜欢张扬，从来都不许我的亲友们借我的名义去活动，这次对你是破例，请你理解。”

只要身体允许，每天早上王选都和陈堃銶来到楼前的松柏下，练气功，打太极。正值4月，绿草茵茵，杨柳依依，迎春乍谢，桃花正红。王选和陈堃銶一出门，石阶前等着的大黄猫就跑了过来。这是一只流浪猫，从小就爱猫的王选十分怜爱，但身体不允许他再养猫，马光亚看王选喜欢大黄猫，便买来猫粮，在楼前空地上安了一个猫屋，不久这只大黄猫就变得毛色油亮、健康活泼，并把王选和陈堃銶当成了朋友。每天早晨，大黄猫都蹲在石阶前等候，只要看到王选他们出来，就像孩子一样跑过来，围在王选脚边，一会儿咬他的裤脚，一会儿舔他的鞋帮；有时跑到前面远远地坐下，等王选走过来，它又往前面跑去，像是在带路。等王选和陈堃銶开始锻炼了，大黄猫就安静地待在一边，或埋头打瞌睡，或仰面朝天地晒太阳。等王选和陈堃銶锻炼完，大黄猫再跟着他们往回走，一直送到楼门口才停下。可惜的是，后来这只猫忽然不见了，让王选怅然若失。陈堃銶安慰他说，可能被谁抱到家里养起来了。王选心里才好受一些。

2004 年春，王选和陈堃銶在家中院里

5 月 16 日，王选出席了在北京举行的“2005 年中国 eBook（电子书）产业年会”，这已经是他第三次出席这一年会。王选十分看重网络出版方向，2000 年启动这项业务时，单位内部存在很大争议，有人甚至觉得这是“22 世纪才应该讨论的话题”。王选则大力支持，他说：“网络出版是继电子出版之后出版业所面对的划时代的技术革命。在互联网时代的今

王选在“2005 年中国 eBook 产业年会”上致辞

天，落后一拍或几拍就会失掉很多机会，而错过整整一个时代必遭灭顶之灾。”在王选的鼓励下，汤帜等带领年轻人发明了数字版权保护技术，在2003年被信息产业部评为“信息产业重大技术发明”，并得到推广应用，2010年获国家科技进步二等奖。

王选走上台发表致辞，他两眼炯炯有神，兴致勃勃地讲了近一个小时，完全忘记了病痛：

今天我想谈一个问题，就是中国人在新兴领域应该有超过外国人的决心和信心。今年仙逝的数学大师陈省身说过：“一般中国人觉得我们不如外国人，所以我要把这个心理给改过来。”对此我深有同感。有记者问过我：“你在从事激光照排研制过程中最大的苦恼是什么？”我立刻回答说：“最大的苦恼是大多数人不相信中国的系统能超过外国产品，不相信淘汰铅字的历史变革能由中国人独立完成。”1980年以前，对于我们跨越式发展的独特技术方案，大多数人的评价是“根本做不出来”；1981年激光照排原理性样机鉴定后，直到1989年前，大多数人的估计则改为“即使做出来，也无法与外国产品竞争”。其实在高新技术领域，赶超外国产品的机会是很多的。一定要有超过外国产品的决心和信心……

此时方正已改制，新股东带来的干部进入方正的中高层领导。在与高新技术企业磨合的过程中，公司一个部门的队伍引起动荡，王选听说后有些着急。在6月初的几天里，除了外出开会外，王选在家里不时打电话了解情况，因为身体虚弱，有时就让陈堃銶打。当他了解到一些骨干，甚至项目的技术负责人已有去意，外面的公司也趁机来挖人时，王选顿时心急如焚，他担心精心培养的人才流失，担心多年投入的项目夭折，于是他分别与集团董事长和总裁商议对该部门的领导予以调整。6月11日，集团董事会经数小时讨论后，作出了调整该部门领导层的决定。此后队伍基本稳定，某项目的技术负责人也继续安心工作，后来该项目获2007年度国家科技进步二等奖。

时间转眼进入初夏，6月18日，一个普普通通的周六，王选在家里翻看《科学时报》，忽然，该报6月14日的一条消息引起了他的注意：河南大学某教授因发明一项汉字输入码，“喜获第六届国家科技成果进步一等奖及第六届国家专利技术发明二等奖”。王选对国家科技奖励情况十分熟悉，他立即敏锐地发现，这篇报道在对奖项的称呼等方面存在失实之处，是报道上的失误，还是奖项本身有问题？王选越想越觉得蹊跷，他决定让秘书问个究竟，便提笔在这则消息旁批注道：

小丛：这两项奖从未听说过，我也从未听说汉字输入得过国家科技进步一等奖。国家大奖都说年度，从不讲第几届。此报道似有问题，请与该报联系。

王 选

2005.6.18

丛中笑很快与《科学时报》社取得联系，将王选的意见进行了转达。报社编辑部高度重视，当即向获奖人所在学校进行核实，并派出记者跟踪采访。

经查实，这果然是一起以国家名义和科技名义诈骗钱财的大骗局！当事人是一位70多岁的退休老教授。骗子公司的行骗手段很简单，就是在国家专利局每次在网上公示时，抄录专利发明人的地址和姓名，然后广发信函，声称发明人获奖，进而索要费用。这位老教授就是在寄出680元"工本费"后得到了获奖证书，然后交由校方对外发布了获奖消息。

报社将这一情况向王选作了书面汇报，王选感到事态严重，亲笔回信，建议立即向公安部门举报并告知国家奖励办，"使诈骗犯早日落网"。对于报社的失误，王选则关心呵护地写道："一篇失实的报道当然是件坏事，但若由此查出一个诈骗案件，并以此为教训，有助于改进社会风气，则未尝不是一件好事，相信贵报定能为此做出贡献。"

然而，记者接下来的调查却遇到了重重困难：骗子公司行踪诡秘居无定所，国家科技行政部门执法力度薄弱，而到警方立案则程序复杂。

王选得知详情后，决定一不做、二不休，向国家有关部门正式上报此事，追查到底。他在报告中义正词严地写道：

我在2005年6月14日的《科学时报》上发现一条假新闻，报道某项目获国家大奖，我请《科学时报》社查问此事，结果发现一家骗子公司假冒国家奖励办名义，编造评审委员会公章，证书上印有国徽，获奖通知中还有什么"呈报国务院办公厅"的红头文件。只要邮寄680元，就能得到国家科技奖证书。2004年国家奖励办就知道这一骗子公司，并要求公安部门立案，但公安部门认为经济诈骗案必须提供超过3000元的证据才能立案……我咨询过了解美国情况的人士，他们说，在美国凡伪造带有国旗、国徽等国家标志的证书骗钱都被认为是大案，美国联邦调查局都可能介入，而我国执法部门认为只是一个很小的经济诈骗案。我认为此案性质恶劣，建议公安部门立案查处。

8月，《科学时报》在头版以《天上掉下个“国家科技奖”》为题，对事件进行了大幅报道，并刊登了王选给报社的来信。王选的举动，在学界引起很大震动，中科院院士何祚庥称赞他是“打假勇士”。

一段时间后，武汉传来好消息，当地警方运用技术手段，终于将五个兜售假奖的骗子抓获。而此时，王选已病重入院。《科学时报》记者与王选约定，除恶务尽，等王选病好后，再请他就科技假奖的滋生环境、科技执法力度等问题进行详细阐述。然而，记者没能等到这一天……

2006年2月14日，在王选逝世后的第二天，《科学时报》刊登文章，题为《先生与本报的一段交往》，这样写道：

做学问如同做人。做人至真至诚，做学问定会孜孜以求，其智慧会如磐石一样密实稳重、如甘霖一样惠及天下苍生，而对假的东西，也定会如“眼中钉”一样不能相容。先生就是这样的人，“真诚”铸就了他的一生。在因一条简讯而与本报打交道的过程中，先生的真诚，感人至深！

2005年早些时候，王选曾接到上海出版博物馆筹建领导小组的一封采访函，提出以录像采访、“口述历史”的形式，请王选讲述关于“汉字信息处理的亲历过程”，将来“作为馆藏资料，服务于出版博物馆的教育功能”。王选病后由于说话费力，加之领导人身份，已很少接受长时间的采访，不过，给历史留下一份资料的责任感使王选觉得应该接受采访。7月，他感觉身体稍好一些，便在27日这一天，接受了上海出版博物馆筹建领导小组副组长林丽成的访问。

在林丽成女士的提问下，王选陷入了深深的回忆，数十年研制激光照排的往事一一呈现眼前，曾经的酸甜苦辣，如今已风轻云淡，王选记忆中更多的是经验的总结和感谢的心。随后，王选颇感欣慰地说，他的另一个贡献是培养了一批年轻的带头人和技术骨干，他专门谈到《明报》项目开发团队，消瘦的脸庞绽放着笑容：

在我们这儿看不见急功近利、浮躁，大家埋头做的是要进入国际市场，为这个事情来奋斗。上个月，我们为了做第四代的排版软件，一个团队几十个人，连轴加班，加到什么地步呢，有五个人，一个月的加班天数超过 20 天，你算算看，他除了每天 8 小时、一周 40 小时工作以外，还加班了 20×8 个小时，你想想看。这种奋斗精神可喜地保持到今天，社会上急功近利的风气一直影响不到我们这儿，这是很可贵的。

王选这里指的是正在激烈进行的一场“《明报》保卫战”。2004 年 7 月，香港《明报》宣布进行系统升级，方正“飞腾”排版软件面临一家国外强劲对手的竞争，这是又一场没有硝烟的战役。一个由近百人组成的项目开发组成立，夜以继日地开始了新一代“飞腾”排版软件的开发。这一项目牵动着王选和陈堃銶的心，每隔一段时间，他们就会给项目组发去电子邮件，用鲜明的红色大字，鼓励大家“只要有决心，以你们的干劲、你们的智慧，一定会克服一切艰难险阻，像当年一样把国外系统再次挡在国门之外，给中国人带来更大的惊喜和自豪！”王选还提议，从“王选科技创新基金”中拨一部分款项，奖励在会战中表现突出的人员；每次评出“突击队员”和优秀团队后，王选都在十几份奖励证书上郑重地签上自己的名字。伴随着王选和陈堃銶的鼓励，新一代排版软件“飞腾创艺”终于在 2006 年 7 月再次胜出，虽然王选没有看到这一天，但他对此充满信心和期待……

不知不觉间，一个多小时过去了。连续的讲述使王选体力透支严重，他倚在右侧的沙发扶手上，看上去很疲倦，但眼睛依然闪闪发亮。

2005 年 7 月 27 日，王选接受上海出版博物馆筹建领导小组的采访，这是王选最后一次接受个人专访

林丽成：作为亲历者，王选先生对整个项目的情况或烂熟于心、或刻骨铭心。他有备而来，那低沉略带沙哑的嗓音、平缓的语速、平和的神态，让我感到数学专业的学者是逻辑思维的强者，与文史类学者不同，他的表述很少描绘修饰，只是阐述过程与事实，却体现着思维的条理和措辞

的准确……想到许多年以后，我们都离开了这个世界，人们永远可以在出版博物馆聆听王选先生讲述中华民族“告别铅与火，走进光和电”的故事，我们为曾在抢救文化史料方面尽了绵薄之力感到欣慰。

应该感谢上海出版博物馆，感谢林丽成，他们留下了王选极为珍贵的历史镜头，因为，这是王选最后一次在镜头前系统回顾和总结自己的科研历程。

九、最后的2005（下）

2005年8月初，王侃夫妇带着一双儿女从美国回来休假了。每次回国，他们都要在小叔叔、小婶婶家住几天，就像回到自己父母家一样。王选和陈堃銶商量，决定带着几个侄女和她们的孩子去北戴河休养几天，让秘书、司机、警卫和保姆等工作人员一起随行，还特意嘱咐秘书丛中笑把她上小学的儿子也带上，这是他们这些年第一次也是唯一一次带着亲友和工作人员去度假。

8月的北戴河，碧海蓝天，舒爽宜人。金色的沙滩上，浪花轻轻拍打着海岸。王选坐在太阳伞下，微笑着看孩子们在海水中嬉戏。一阵海风吹来，陈堃銶给王选掖了掖披在身上的外套。虚弱的身体使王选无法与大海太亲近，甚至连在沙滩上散步也不能太久。但在短短6天的度假时间里，天气好，王选就来到海边宁静地坐上一两个小时，在陈堃銶的陪伴下眺望远方，时间也仿佛在那一刻停止了。遇上下雨，王选便把王侃的两个孩子叫到房间，教他们解一些有趣的数学题，陈堃銶则在旁边翻看着报纸，老老少少享受着难得的悠闲时光。这是王选与亲友们最后的团聚。

回京后不久，王选得知要参加中央就十一五规划召开的民主党派高层协商座谈会，他心里早有一些想法，不吐不快，决定写一份书面建议。和以往一样，他没有请秘书代笔，而是亲自动手。两天后，王选写下了“两点建议”。8月16日，他来到中南海，在座谈会上郑重地提交了这份建议：

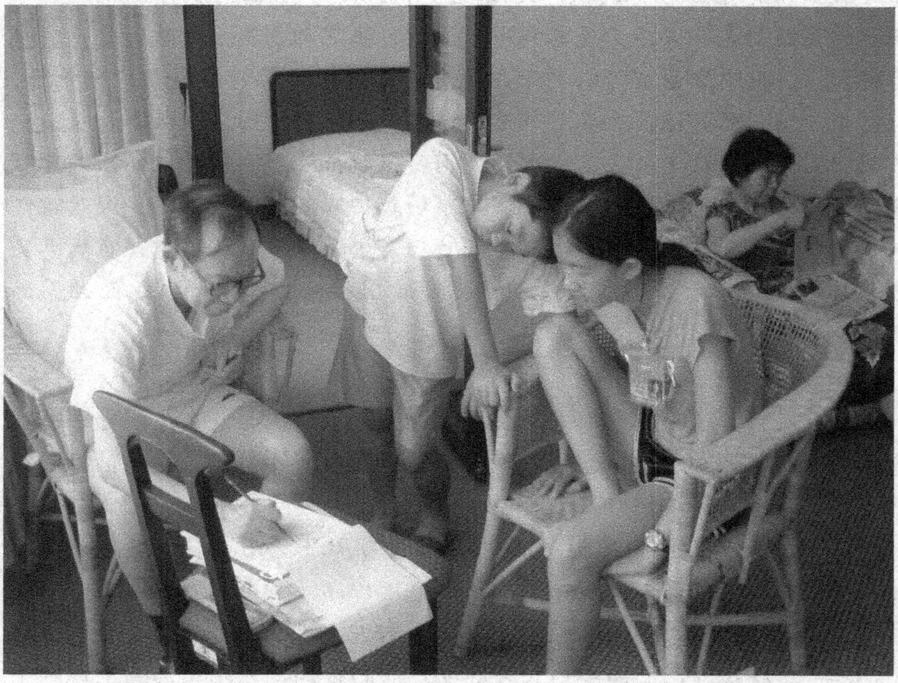

2005 年 8 月，王选在北戴河的宾馆中，教王侃的孩子们做数学题

一、国家科研经费应重点投向充满活力和创新能力的科研团队。

真正对国民经济做出重大贡献的往往是少数科研团队，他们的人数在众多的科研机构、高校和企业中大概只占百分之几，甚至更小的比例。我国科研的投入产出比不能令人满意。现在有些不良风气，一些单位千方百计争取项目，弄钱，因为评业绩时获得的经费数目也是一项指标，而且科研经费还可以个人提成。不少单位从未有过可应用的成果，但可以凭关系不断获得经费，"公关"能力往往比科研"攻关"能力更重要。这种现象对于真正能出大成果的团队是很不公平的。

在国家科研经费使用时，选择合适的人和团队有时比选择正确的项目更重要。人和团队选对了，甚至可能冒出意想不到的新的有价值的方向，或者产生极高的投资效益。现在的关键是要建立科学、公平的科研经费分配机制，努力实现更好的投入产出比。

二、提高与科技相关的执法水平，大力打击软件盗版是扶持国产软件的重要措施。

国内软件企业常抱怨："软件做得不好，无人问津；软件做好了，盗版蜂拥而来，企业赚不到钱，无法进一步发展。”我国对软件盗版处罚很轻，被盗版的企业费尽力气抓到一个盗版，法院却判决“抓到一套，罚一套的钱”；而印度最重可以判七年徒刑。国外软件所以能垄断中国市场，除功能较好、可靠性高和品牌知名外，另一个重要原因是盗版，结果使中国用户习惯使用国外软件，再改变使用习惯就很难了。国产软件很多是可用的，价格低廉，特别适合中小用户市场。但在盗版的情况下，国产软件的价格优势不能体现，失去了“占领市场，进一步发展，再扩大市场”良性循环的机会。打击盗版还有利于提高我国在保护知识产权方面的国际声誉。

两点建议，字字犀利，句句真诚，是王选发自内心的大声疾呼，体现着他对不良学术风气的深恶痛绝、对扶持优秀科研团队的急迫心情，以及对盗版软件的疾恶如仇。

2005年是九三学社成立60周年，九三学社中央准备在9月隆重召开纪念大会，中共中央政治局常委贾庆林同志出席。会前，九三学社中央的有关人员征询王选的意见，打算请他主持大会。王选不顾病痛，答应了这一请求。9月6日，王选来到大会现场，人们看到，久未见面的王选副主席身体异常消瘦，声音也沙哑低弱，但他还是精神饱满地主持了大会。这次会议，成了王选和与会九三社员的最后一次见面。

转眼到了中秋佳节，《光明日报》邀请王选给广大读者书写一段寄语。王选欣然拿起了笔，虽然身染沉疴，可他还是怀着一片深情厚谊，写下了对祖国、对人民、对生活的热爱和美好祝福：

中秋节是花好月圆、秋高气爽、合家欢聚的好日子。六十多年前，中国国破家亡，妻离子散，中秋无法团聚，这在著名影片《一江春水向东流》中有生动的表现，使人至今不能忘记。

今天的中国政通人和、经济持续高速健康发展。在中秋佳节之际，祝老年人老有所乐、老有所为；祝中、青年利用大好时机，充分展示自己的才能；祝少年儿童在无忧无虑的环境下快乐成长，日后成为国家的栋梁。

王　选
2005.9.14

写好后，王选对自己的字不满意，他委托秘书向报社转达说：“不如用电子版吧，我的字不好看，还是藏拙比较好。”

《光明日报》记者张蕾后来在《王选与〈光明日报〉的不尽情缘》一文中写道：

（王选先生的寄语）读后令人深受鼓舞和感染。那时，我们就想，今年的中秋文字写得这样好，明年他还会写些什么呢？但愿人长久，千里共婵娟。没想到，当初那个小小的期待竟然变成了一个永远无法实现的夙愿……

9月中旬的一天，《科学时报》记者易蓉蓉打电话到王选办公室，想就院士评选等问题对王选进行一次专访。恰好几天前王选刚刚收到中科院学部下发的《关于2005年院士增选工作中反对不正之风、重申选举纪律、保证选举质量的通知》，对于院士这一话题，王选早就有话要说，于是欣然决定接受采访。严谨的王选习惯性地要做一些准备工作，他拿出中科院下发的那份通知，认真阅读着，又找出中国科学院和中国工程院的院士名册，仔细统计起来，不一会儿，文件的空白处就写满了数据。

9月20日，王选来到办公室，记者易蓉蓉注意到，王选穿的依然是他最喜欢的白衬衣和布鞋，但她不知道，由于腹部肿瘤增长的压迫，引起下腔静脉栓塞，王选的腿脚肿得很严重，已穿不上原来的旧鞋，穿的是重新买的大一号的布鞋。

一落座，王选便和记者面对面地谈了起来。易蓉蓉后来写道：

“院士增选中的不正之风，我也感受到了，10多年前就有。”王选院士的开场白直言不讳，“有的候选人为了评院士，对学部每位院士逐个分析，谁会投赞成票，谁会投反对票，一个一个去公关，这种投机取巧的做法经常能得逞，这是可悲的地方。”

王选指出，评选中收礼的院士还是极少数，关键是人情关系在起作用，如果一位候选人有几位院士说好话，那选上的可能性就大；如果有一位院士说坏话，哪怕不准确，那选上的可能性就很小。“对于关系亲的，我宁肯不说话；如果觉得他该当选就投票。”

“有的人为了当院士，霸道地把别人的功劳归自己。比如项目评国家奖，只做了一些组织工作、公关工作，或基本上没做什么工作，只参加过一两次方案讨论，却要排在第一；有的在文章或著作中，既没写一个字，也没提出过什么思想，却要署名，甚至署在第一名。其他人为了提职或学位，或为了有立足之地，不得不顺从。这样的人当了院士就更霸道了”。

王选说：“1993 年我就离开了具体设计第一线，所以我的巅峰已经过去，我当时就觉得已经不是这个领域的权威了；今年我 68 岁，3 年前得了国家最高科技奖，但离学科前沿更远了，现在靠虚名过日子！”

记者插话道：“您说得太谦虚了！”王选摆摆手，语气加速：“是这样的，我说的是大实话！”

他拿出中国科学院学部 9 月 11 日发的《关于 2005 年院士增选工作中反对不正之风、重申选举纪律、保证选举质量的通知》，文件空白处写满了数字，显然王选对采访有准备，而且不乏科学家的严谨。“有这样一个统计，很有意思，很能说明问题——

“国外对 1249 个杰出的国际科学家和 1928 个国际上最重大的科研成果做了一番详细的调查和分析，发现科学家最具活力的年龄段是 25 岁到 45 岁，创造巅峰的年龄是 37 岁。

“但中国科学院 662 位院士，小于 60 岁的只有 56 人，占 8.5%；中国工程院 654 位院士，小于 60 岁的只有 39 人，占 6%。这说明大多数院士已经不在创造的高峰期。我个人的理解，院士这个荣誉，是对这个人过去学术贡献的高度肯定，是终身的。当然年轻院士不一样，他们正处于创造的高峰期。还有一批年龄比较大的院士仍在科研一线，还在不断地创造，这跟他们研究的领域有关。但在飞速发展的计算机信息领域，找一个 70 岁的权威，很难！也许有个别人可以，但按照普遍规律来讲不太可能。有些学科，院士是有经验的，在指导年轻人如何奋斗上可以发挥不少作用，但不是当前该领域的学术权威，否则就是天大的误解！”末了他还补充一句：“这句话可能有的院士不爱听！”

王选认为，社会和院士要用平和的心态对待荣誉，学术界要人人平等。正因为院士不都是当前该领域的学术权威，不是万能博士，所以最好不要什么鉴定会都参加，什么话都说。“现在很多鉴定会一定要请院士参加，因为院士说话一言九鼎，我已经十几年不参加鉴定会了！我很清楚，我会是很受欢迎的鉴定委员，名声大，说话有分量；又很不懂，不会挑出毛病。但我一辈子牢记杰出的物理学家、原英国皇家学会主席、1904 年诺贝尔奖获得者瑞利的话，他说，他 60 岁以后不对任何新思想发表意见。”

最后，王选寄语青年科技工作者，不要因名利的诱惑而偏离航向。

“青年科技工作者正处于创造的高峰期，千万不要学而优则仕！组织上不要给他们过早地压上行政的重担，所谓的当官，好像是提拔他们、重用他们，实际上剥夺了他们自由的空间，使他们没能在创造的高峰期多做点贡献，这非常糟糕。同时，有才华的青年科技工作者自己不要把做官当成一种奋斗目标，甚至也不要把当上院士作为奋斗目标，如果老想着当院士，就不可能全心全意做好事业。”

不久，《科学时报》以《院士未必总是学术权威》为题，刊登了易蓉蓉对王选的上述采访内容，人们为王选的大胆直言而拍手称快，更钦佩他的坦荡胸襟和正直磊落。

此时的王选，病情已越来越重，医院开始给他进行一种新药治疗。治疗从9月下旬开始，持续了一个月，共实施了3次肺穿刺，12次热疗。虽然这一治疗有极大的风险性，但王选还是坚持只在肺穿刺和热疗时住院，其余时间在家，以便于工作，需要注射其他药物就让陈堃銶给他注射。

10月12日，中共中央十六届五中全会公报发表，王选看后十分高兴，口述请秘书写下这样一段话：

公报把自主创新提到了一个很高的高度，共有6次提到这一问题：其中三次提到“自主创新”，一次提到“增强企业创新能力”，一次提到“建设国家创新体系”，一次提到“形成一批拥有自主产权和品牌、国际竞争力较强的优势企业”。说明中央对此高度重视，抓住了今后发展的要害和关键。作为一名科技工作者，我感到特别欣慰，表示坚决拥护。

10月13日和16日，王选出席了全国政协常委会的开幕式和闭幕式，这是他最后参加全国政协的会议。

10月17日，神舟六号载人航天飞行取得圆满成功，“坐地日行八万里，巡天遥看一千河”，举国上下一片欢腾。这一天，王选在家中接受了中央电视台“东方时空”栏目的采访，这是王选生前最后一次接受电视采访，他满怀喜悦地说：

神六的成功发射和返回，对科技工作者和全国人民是很大的鼓舞，它体现出来的拼搏精神、创新精神、团队精神和严谨的科学作风给我们树立了一个榜样。我们没有走美国和苏联发展航空的老路，而是有自己的创新，是跨越式的发展，每发射一次，都往前走了一大步！

要使科技发展，最重要的还是人才的培养，这是王选最为惦记的事。病魔引起的疼痛时刻啃噬着他，病情的进一步恶化，使王选明白，自己的日子不多了，必须抓紧时间，把体会和建议写下来。他咬牙忍受着病痛，断断续续地拿起笔，从10月9日到14日，用了5天时间，写出了一篇约7000字的文章——《给优秀人才提供良好的创新环境——计算机领域重大发明引起的思考》。文章运用大量事例，分析了电子计算机诞生60年来计算机领域重大发明的产生过程，指出，“所有这些重大发明均来源于一个、两个或三个杰出科学家的奇妙构想”，“这些重大发明的提出者大多为30多岁的年轻人，有的仅20多岁”。由此，王选呼吁，一定要“给优秀人才提供良好的创新环境”：

要让优秀人才做自己喜欢的事情，要解脱他们的杂事和各种干扰（例如频繁的评估），使他们心无旁骛地埋头创新，只有长期积累和专注才能出大成果。

优秀的科研领导人和管理者在创新过程中至关重要。他们应有战略眼光，并且爱才如命，把创造条件、充分发挥手下成员的才华作为自己的重要职责。

我国并不缺乏优秀人才，关键是要把有限的资源集中投向那些最有创造力和活力、团结拼搏的优秀团队。制定国家中长期科技规划，确定主攻方向是绝对必要的，但有些成果是无法事先规划的，相对论和量子力学都不是规划出来的。有时选择人比选择项目更为重要，因为有了人会创造出事先想不到的重大方向。

文章写好后，王选决定交《光明日报》发表。多年来，王选对《光明日报》早年的“惺惺相惜”之情一直牢记在心，对于该报的一些邀请，比如采访、约稿、参加座谈会等几乎有求必应，王选也偏爱投稿给《光明日报》。1996～2005年，他在《光明日报》发表的署名文章就有23篇。

王选把写好的手稿交给秘书丛中笑，并专门写了一张字条：

小丛，录入校对后投光明日报，文章较长，最好不要删，不行，两次登。另外，把文章分别E-mail给（北大）林建华副校长和北大主管科研的李晓明同志，加上下列话：“我已无能力写学术论文了，只能卖点狗皮膏药，送给你，不要讲客套。诚请批评指正。”

看着这些充满“王选风格”的话，再看看8页密密麻麻的稿纸，泪水模糊了丛中笑的双眼。她深深地知道，王老师写这篇文章克服了怎样巨大的病痛，但她怎么也想不到，这竟是王选写的最后一篇文章！

《光明日报》记者张蕾：当时王选委托秘书再三叮嘱，文章尽量少改动，若有改动，一定要通过秘书让他知道。我们觉得很特别。以往编发他的文章时，他从来没有这样细致地过问或要求过什么。据秘书透露，王选当时病得很重，这篇文章是他在病榻中艰难写就，而且是关于国内创新人才培养的，正因为如此，他才这样重视，不容许出一点儿差错。

得知他生病的消息，记者、编辑们都很难过，那是一种真真切切的不亚于亲情的担心与惦念。大家所能做的，是用心编发好这篇文章。按照报社领导的特别指示，2005年11月17日，这篇题为《从计算机领域重大发明看创新人才成长——纪念电子计算机诞生六十周年》的文章在本报专栏《自主创新　民族之魂》中刊发。文章在读者群中引起了很大反响。

秋意渐浓。一天，王选得知科技部副部长马颂德要来北大计算机研究所和方正集团考察“网络出版项目”，这是王选一直十分看重的项目。他对陈堃銶说：“给我吃点止痛片，我要去见一下马部长。”虽然王选一直浑身疼痛，但他从不愿吃止痛片，怕吃多了有依赖性，更怕影响思考。但这次王选知道，见了马部长肯定要讲话，不吃止痛片，他恐怕难以坚持很长时间……

10月20日，王选吃下止痛片，拖着肿胀严重的双腿，来到办公室。座谈会上，王选恳切地对马颂德等科技部的同志讲道：

我觉得要做到产学研结合，有三类人非常重要。第一类人，是创新的灵魂人物，专心致志，痴迷技术，但是也懂得市场。第二类人，是一支强有力的商品化队伍，能够根据市场的要求，很快地把技术实现商品化，不断做出适合市场的创新。还有一类人，我看得非常重，是对产业方向的前景能够看得很清楚，善于开拓市场，能够领导整个产业的人。

2005 年 10 月 20 日，王选会见科技部副部长马颂德（左），这是他最后一次来办公室，最后一次在公开场合露面

我们拥有这样一支体现产学研结合的队伍，是非常可贵的。他们紧密地结合，能够使网络出版项目贴近市场，很快地往前发展，做出成绩，而且有希望在国际上逐渐处于领先的地位。

创新型的企业要有自主创新能力，而企业的技术发展与政府支持是分不开的。当年激光照排获得了国家支持，得以发展壮大；网络出版是代表印刷业未来前景的重大方向，很希望能够得到科技部的大力支持，使这一技术像当年的激光照排一样，在新的技术革命中起到主导作用。

在场的工作人员很久没有看到王选了，他们对王老师的变化感到非常吃惊，担心地悄悄问丛中笑："王老师怎么这么瘦了？声音怎么这么微弱？"丛中笑眼圈一红，借口走开了，她不便告诉同事王选真实的病情，更不能说他是吃了止痛片才有力气来讲话的！

这是王选最后一次来办公室，最后一次在公开场合露面……

11 月的北京秋风萧瑟，落叶飘零，天气越来越凉了。8 日上午，上海南模中学的老同学周承民、胡天畏、王世纶和罗绮蕃到家里看望王选来了。病痛中的王选高兴得像个孩子，他和大家一起回忆起小学、中学时的老师，一起唱起赵宪初先生的"三角歌"，模仿着沈起炜老师的吴侬软语讲拿破仑和纳尔逊的历史，学着李雅辉老师的腔调讲草履虫、变形虫。王选脑海里不停地闪现出一个又一个同学的模样，他一一点着他们的名字，刘元本、吴宝华、刘麟、许振纲、赵家铭……时间飞快地过去，短短一个上午，怎能讲得完少年往事，又怎能讲得完同学们后来的情况。临别前，王选一再叮咛上海来的周承民，他很想念同学们，想念健在的李雅辉老师，见到他们，一定代他问好。

周承民：他很兴奋，也很快乐，记忆力还是那么好，眼睛里又闪出来小王选年轻时的光芒，这哪像年老重病中的王选？但是，他的消瘦，他的行走，他躺坐的体态，还是让我们感到王选在病中。王选吃药去了，陈堃銶悄悄地告诉我们，他的病情很不好。吃药回来，我们一起合影留念，真想不到这张照片竟是他和同学的一张最后的照片！

2005 年 11 月 8 日，王选在家中接待上海南模中学老同学，左起：罗绮蕃、周承民、王选、王世纶、胡天畏

第二天天还没亮，王选突然剧烈地呕吐起来，陈堃銶的胃也疼痛难忍，她想，大概是前一天晚上吃什么东西没注意，强忍着想给王选收拾，却实在没有力气。两人半靠在一起等待天亮。保姆小钟赶来后看到当时的情况大惊，急忙打电话给马光亚联系医生……

经过治疗，王选稍有好转，医生建议住院，王选坚决不肯，没办法，只好放他回家。然而，10 天后王选再次呕吐不止，11 月 21 日，王选住进了协和医院。

十、超越生命

在协和医院特需病房的6层，走廊的尽头有一套不大的房间，王选在这里度过了他生命中最后的时光。他以超出凡人的坚强豁达、乐观幽默，谱写了生命最后的华彩乐章，更以可亲可敬、理智开明的大家风范，给医生、护士和前来看望他的领导、同事们留下了难以忘怀的记忆。

经过肺部切除大手术后，王选的一半胸腔几乎被掏空，筋肉粘连，呼吸时常感到困难，他曾私下对来看望的同志说："这个病一天24小时都在痛，没有一刻不痛。"即便如此，王选从未抱怨命运的不公，相反却十分乐观。他的病房里没有悲苦的气氛，而是充满阳光和笑声。王选喜欢幽默地开玩笑，他常说："2001年就说我的病已是晚期，现在更是晚期的晚期！"他剧烈呕吐后住进医院，协和医院的党委书记、院长来看望他，王选笑着对他们说："我是自投罗网来了！"有一种特殊治疗，做完后要转到ICU重症监护室加强看护，他觉得自己病情没有这么重，时常下床来回走动，对医生说："我是'假冒伪劣'的重症病人。"

另一方面，王选对待疾病又是理智、科学、客观而严谨的，他始终清楚自己的病情，经常以一个科学家的思维和医生讨论治疗方案，那轻松的样子就像一个"局外人"。他说："我相信科学，现代医学发展非常快，只要能够挺下来，就会有新的药物不断地研制出来，对此我充满信心。"他以科学的态度，关注世界癌症医疗技术的发展情况，只要经临床试验有效，他愿意尝试任何一种新药。2004年王选曾了解到，有一种先进的个性化治疗方法，能够通过提高人体自身的免疫力，来遏制肿瘤的增生。但这种治疗是通过肺穿刺注射药液和热疗进行的，存在极大风险；更重要的是，这种方法还处于临床探索当中，并未大量应用。因此，有关方面不主张给王选实施。但是，反复用过几个疗程的化学药物治疗后，癌细胞不但没有得到抑制，反而加速增长。2005年，王选经过认真分析咨询，相信前面了解的那种治疗是先进和有效的，他再次态度坚决地要求在自己身上实行。有关部门碍于王选的领导人身份，还是不敢轻易进行。王选着急了，他郑重地写了一份保证书，承诺"凡因治疗引起的一切不良后果均由本人及家属负责，与涉及决策与治疗的领导、医院、专家和医生无关"。并给吴仪副总理写了报告，急切要求使用这一治疗。在吴仪副总理的指示下，专家们经过各方会诊，周密安排，最终顺利地为王选实施了这一治疗。协和医院特需部主任李冬晶后来感慨地说：

王选教授主张我们用新药、新的治疗方法，我想有两层意思：一是在肿瘤治疗上，目前全世界还没有一种很好的根治方法，他关注中国医学事业的发展，希望我们能放开手脚，有所发现，有所创新，有所突破；另一方面，也体现着他对我们医护人员的鼓励、支持和鞭策，希望我们在肿瘤治疗方面做出一些贡献，绝不是简单地在自己身上做实验。

为了使治疗达到好的效果，王选以超出常人的坚强毅力忍受着各种痛苦，使医生们格外佩服和感动，甚至感到意外。在整个治疗过程中，他没有流露出一丝惧怕、焦虑的情绪，也从不喊疼或怕麻烦。如果是有创伤的检查，只要医生事先向他解释有必要做，他都会支持和配合，而不像有些患者那样拒绝。他常笑着说："只要有用，到油锅里去炸炸也可以！"去治疗时，他也是能走就绝不坐轮椅，能坐轮椅就绝不躺平车。前面提到的那种治疗，需要王选躺在热疗床上双臂举起、两手交叉，坚持 45 分钟，治疗时体内温度要达到 41 ～ 42℃，全身大汗淋漓，非常痛苦。这是一个年轻人也坚持不了多久的动作，但王选每次都坚持到了最后。看着豆大的汗滴从他的脸颊淌下，医务人员心疼地问："王老师，能忍受吗？"他总是一边点头，一边努力露出一丝笑容。做完热疗后，照例要休息一会儿，王选便跟大家聊天。放射科的主任张福泉喜欢京剧，王选便跟他聊京剧人物，每次点评一位名家，还把盖叫天的绝版音像资料送给他。张福泉回忆说："谈起京戏来，王选教授一点不像刚做过治疗，给人的感觉很轻松、很潇洒。"

在王选住院期间，由协和医院多个科室专家组成的治疗组认真讨论治疗的每一个细节，并针对可能发生的风险制定了详细的预案。主管医生感慨地说："虽然医学在突飞猛进地发展，但事实上我们所面临的风险也越来越多，王老师的积极配合和支持，对临床医生是一个特别大的鼓舞，增加了我们的信心和勇气，病人如何科学地、理性地对待病情，配合医院的治疗，医患共担风险，王选老师给我们做出了榜样。"

王选与疾病抗争的一个重要动力来自妻子陈堃銶。王选在协和医院的病房是个很小的套间，外间是客厅，里间是病床。王选一住院，陈堃銶就在客厅的窗下搭了一张小床，每天与王选吃住在一起。在王选患病的几年里，陈堃銶从早忙到晚，竭尽全力、无微不至地照顾着王选的饮食起居。

王选的肠胃脆弱，为了保证营养，陈堃銶每天亲自为王选榨几次果汁和蔬菜汁；什么时候该吃什么药，哪天做的何种治疗，她都记得清清楚楚。有一段时间，王选每天要打一种提高免疫力的针剂，为了少跑医院，陈堃銶学会了打针，在家中给王选注射了近千针。医生叮嘱说，王选的病最怕感冒，陈堃銶精心照顾，出门前总是细心地为王选围好围巾，戴上帽子，几年间王选一次感冒也没有患过。

对于丈夫时好时坏、日益恶化的病情，陈堃銶同样表现出超凡的坚强和镇静。医院会诊一般不让家属参加，怕他们精神上承受不了，但陈堃銶要求参加每一次会诊，与医生一起讨论病情和治疗方案。她还通过上网等途径了解最新医疗技术或新药，提出许多有参考价值的建议。医生跟她开玩笑说："您都成了半个医生了。"事实上，陈堃銶承受的压力是巨大的，王选的病情好转时，陈堃銶比王选还高兴，但又无法驱散隐隐的担忧；而当王选病情恶化时，陈堃銶又仿佛一下子掉进了冰窖里。王选每一次肿瘤转移，她都是最先得知，每当这时，陈堃銶都强忍悲痛，把眼泪咽进肚子里。她来不及难过，她要赶快与医生讨论下一步治疗方案，还要考虑怎么对王选说明，有时不得不暂时隐瞒一下病情。

陈堃銶的艰难王选看在眼里，疼在心里。他对妻子说："不要对我隐瞒病情，有什么新情况，我们一起讨论应该怎样面对。"到了后来，他干脆不过问了，宽慰陈堃銶说："管它什么情况，你去跟医生讨论就行了。"

2005 年 2 月 5 日，王选和陈堃銶在家中，这一天是王选 68 岁生日

话虽然这么说，王选还是对妻子产生了深深的依赖，陈堃銶几乎成了他的精神支柱。只有两个人的时候，王选会对妻子说：“我实在是痛！”陈堃銶心疼地问：“怎么个痛法？”王选说：“你使劲拧一下，就是那么痛……”有时候陈堃銶要去单位开会，还没出门，王选就眼巴巴地问：“你什么时候回来？”那语气就像是个失去依靠的孩子。而陈堃銶外出办完事情，也会急急忙忙往回赶，两人只有厮守一起，心里才会感到踏实。

王选和陈堃銶都喜欢和医护人员打交道，看着医护人员天天忙来忙去，非常辛苦，他们心里常过意不去，对这些医护人员，他们十分尊敬，总是点头微笑、招手致谢。医护人员听到王选说的最多的一个词是“谢谢”。住院医生樊晓红还记得，第一次见到王选时，他双手合十，微笑着说：“樊大夫，谢谢，以后就多多拜托了。”樊晓红一下子被打动了，感觉眼前的王选并不是国家领导人，而是一位非常亲切的长辈。每次做完检查或治疗，王选都会说声“谢谢”，有时难受得说不出话，就会伸出大拇指弯几下。樊晓红说，开始大家不知道是什么意思，后来看到“感动中国”的电视节目中，聋人舞蹈家邰丽华向全国人民做了这样一个手势，才知道它的意思是“谢谢”。

王选的谢谢还有一层含义，他常说：“我现在68岁了，不再创造财富，只是享受国家和人民给的待遇，所以要心存感谢，也要处处节约。”一次，陈堃銶的丹参滴丸吃完了，来不及去医院开，就从王选的药盒里“借”了一瓶，王选对陈堃銶说：“你尽快给我补上，这是公家给我开的药。”单位领导听说王选看病有许多药是自费的，就让马光亚到财务部报销，王选知道后坚决不同意，让马光亚马上把所有报销款如数补上。

对于几位年轻的医生和护士，王选夫妇像对自己的孩子那样关心她们。

樊晓红：王选老师很喜欢和我们年轻人交流，他认为年轻人总是充满激情和创新精神，医学上特别是肿瘤医学上有许多难关还没有解决，需要我们年轻人发挥想象力和创造力去攻克。他委托陈老师把他写的文章发给我看，谈的是“勇于向权威挑战”、“科研成功的因素”，对我很有启发。

王老师对我们职业生涯的发展也很关心。当时我正面临选择研究方向，王老师指导我说，他大学时选专业，选的是虽然发展不太成熟但很有前途的学科，他觉得在这样的领域里比较容易做出成绩，如果去研究一个非常热门、大家都在做的领域，你的发展空间会比较小。这一建议对我有很大启示，参照王老师的经验，我选择了自己的研究方向。

护士长张景屹回忆说：

有一次过节我值班，王老师对我说："代我向你爱人问好！"当时我很吃惊，心想他不认识我的家人，怎么会这么说？王老师解释说："因为你来上班，就不能陪伴家人了，他也为你的工作做出了贡献，所以我要谢谢他。"

王老师对我们这么关心，我们也都非常敬重他，每个人都是打心眼里想，怎样做才能更好地为他服务。比如他病房的窗帘要换了，通常洗完一天才干。护理工就主动提出来，趁王老师出去做治疗时，把别的病房洗好的窗帘先挂上，这样就不耽误他使用了。看到我们这么尽心，王老师和陈老师过意不去地说："我们拿什么报答你们呢？"我就打趣说："谁让您是最可爱的人呢！"

2005 年 12 月 1 日，由于腹部肿瘤的压迫，王选彻底不能进食了，医生只好在他的鼻子里插了两根软管分别通入肠胃，靠鼻饲输营养液维持生命。饥饿使王选每天都感到前胸贴着后背，但他仍坚持在病房里锻炼。陈堃銶和王选每人有一根长 30 厘米、直径约 4 厘米的小木棍，王选拿着它做一些简单的体操运动。后来做不动了，王选就在病房里来回散步，再后来走不动了，就原地踏步，不愿轻易躺下。

时近年底，北大计算机研究所按照惯例要召开年终总结大会，王选已不可能出席，但他仍惦记着同事和学生们，有很多话要对他们讲。王选决定用录音笔录下一段讲话，拿到会上放给大家听。12 月 29 日这一天，王选打起精神坐起身，让陈堃銶帮助录音。鼻子里的管子使王选讲话异常吃力，好容易录好了，可其中一位同事的名字却说错了，这在王选是不能容忍的错误，他坚持再录一遍……短短三分钟不到的讲话，竟然花了 20 分钟才录好，汗水顺着他的额头不停地流了下来……

12 月 30 日，研究所的年终总结大会上，全体教工和学生听到了王选的这段讲话：

大家好！2005 年快要过去了，我因为在医院接受治疗，不能和大家一起共度新年，很遗憾，也很抱歉！在此，我预祝大家新年快乐！

2005 年是计算机研究所迈入新台阶的一年，我们高水平论文的数量明显增加，出现了像彭宇新同志等发表的一批高质量的论文，还有汤帜、周秉锋、李平立都获得了一些重要奖励，报业数字资产管理系统有望获得北京市科技进步一等奖。我们还组织了多次学术交流，扩大了研究所的影响。

当然，我们更重要的目标是完成应用型成果并占领市场，在这方面，无论是与公司合作的项目，如排版系统、数字版权保护、数码印刷等，还是研究所独立完成的信息安全项目等，在大家的努力下，取得了很好的成绩。我知道有不少同志在日夜加班，奋力拼搏，在此，我要说一声，你们辛苦了！向你们深深地鞠躬！

今后我们还要坚持科研为应用、为社会服务的方向，我们要坚定不移地走产学研相结合的道路，我预祝大家取得更大的成就，并祝大家身体健康，全家幸福！谢谢！

大家很久没有听到王选老师的声音了，没有想到，王老师的讲话，既对单位取得的成果了如指掌，又指明了今后的科研方向和道路，特别是那句“你们辛苦了！向你们深深地鞠躬！”王老师说得是那么亲切诚恳，让大家深受感动。大多数人只知道王选病了很久了，并不知详情，他们觉得王老师的声音很含混，难过地问丛中笑：“王老师的声音怎么模糊不清啊？”丛中笑的心里比刀绞还难受，她清楚，王老师鼻子里插着管子，声音怎么可能清晰呢！但为了不让大家担心，丛中笑只好强忍悲伤搪塞说：“哦，是录音效果不好……”

这段讲话，成了王选留给大家的最后声音。

时光进入了2006年。

一个月没有进食，只靠鼻饲营养液维持，王选严重消瘦，浑身无力，躺在床上的时间越来越多了。

1月3日，新年的气息在空气中回荡，王选觉得精神稍好一些，想起一个月前，《科技日报》曾请他为报社成立20周年题词。王选平时总自谦“字写得不好”，谢绝了许多邀请题词者，对科技、文化、教育界的请求却尽量满足。特别是《科技日报》，多年来在应用国产照排系统和方正其他先进技术方面得到王选的积极支持，双方结下了深厚的友谊。王选让陈堃銶拿来纸和笔，咬牙撑起身子，颤抖着写下八个字：“科教兴国，人才强国”，工整的字迹中透着王选特有的执着和坚毅。这八个字，可以说是王选一生不懈追求的目标，他用无声的语言，最后表达了对国家富强、民族兴旺的殷切期盼！

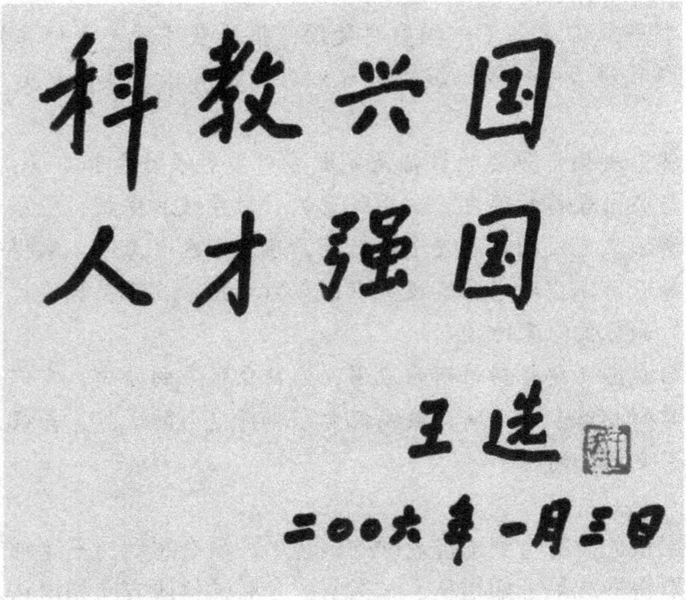

2006年1月3日，王选给《科技日报》成立20周年的题词

写好题词，王选靠在椅子上稍微喘歇了一下，又让陈堃銶找出南模中学同学陈茂麟一个多月前的来信，提笔回信。陈茂麟是当年南模中学的篮球主力队员，2004年王选回母校，曾与他谈起中学时一起打篮球的往事，王选对一些细节记忆犹新，使陈茂麟“钦佩之至”，但他并不知道王选详细的病情，这次来信，一是向王选打听另一位已去世的同班同学的墓地情况，二是想要一本《王选的世界》。

王选一直惦记着这封信，老同学的事情他是无论如何要答复的。他吃力地写道：

茂麟学兄：

信收到。体育委员华幼中于92（年）初去世，之前我曾约他在新华社共进午餐，并发起了第一次北京丙班同学在我家的会面。

华幼中的坟地等情况罗绮蕃最清楚，十月份周承民来京时我们一起吃过饭，小罗的地址电话通讯录上均有，你可直接与他联系。

祝

健康

王选于病中

2006.1.3

虽然王选努力地一笔一画书写，但字迹仍掩不住病痕。写完信，王选又在赠给陈茂麟的《王选的世界》扉页写下赠言："1951～1954 上海市中学篮球明星陈茂麟学兄惠存。"

这是王选最后一次拿笔写字，这之后的几天，他想给方正研究院和方正电子公司的新年联欢会写贺信，但已没有力气，只好让陈堃銶代为执笔，他再过目。所以，给《科技日报》的题词和给陈茂麟的信，成了王选此生的绝笔。

王选的病情一直在加重，虽然医生用了各种治疗方式，新药也尝试了不少，但不知为什么，在别的患者身上有效果，到了王选这里却不见效。癌细胞仍在肺部、腹部主动脉及淋巴上快速蔓延滋长，王选感到浑身特别是腰部剧烈地疼痛，上海的侄女寄来几盒特效膏药，贴上也不起作用。1月 19 日，协和医院的领导和专家经过会诊，决定再起用两种药物治疗，作最后的尝试。

王选再度住院后，贾庆林、贺国强、刘延东、韩启德、曾庆红、吴仪、陈至立、李蒙等领导同志先后来医院看望。他们看到，王选靠在椅子上，身上插了好几根管子，几个吊瓶在同时输液。王选异常消瘦，但眼神里透着坚定和乐观，他感谢领导们的关心，笑着对他们说："我会好起来的，我还会同你们一起去开会！"

王选病重住进协和医院后，一直得到吴仪同志的关怀，她多次批示，对王选的治疗方案进行了详细周到的安排。时任全国政协副主席、中共中央统战部部长的刘延东同志，多年来因为工作关系，与王选夫妇结下了深厚友谊，对他们十分敬佩，曾多次到医院看望王选。刘延东同志后来在《说不尽的王选，道不尽的思念》一文中回忆说：

2005 年下半年，他（王选）的病情加重了，但他仍是那么坚强乐观。我每次去看他，他总是感谢党中央对他的关心和支持；总说，你太忙，不要惦记我；总说，医务人员太辛苦。记得去年 11 月我去看他，向他带去锦涛同志和其他中央领导同志的问候。当时正值中央召开经济工作会议。他很歉意地说，这两天，中央正开会，这么忙，锦涛同志还惦记我，你还来看我，太让你们费心了。他还说，自己对战胜疾病充满信心。春节前，我陪庆林同志去看他，当时他刚使用一种新药，听说效果不错，我听了很高兴，盼望有更多的新药对他有效。可还不到一个月的时间，他就离开了我们。

远在美国的侄女王侃，听婶婶陈堃銶说王选的情况非常不好，急忙安排好工作，赶回北京看望小叔叔。

王侃：我专程回京探望小叔叔，虽然他已极为消瘦，并强忍着常人难以忍受的病痛，但我丝毫未从他那里感受到向癌症退却、妥协的意向。每天我在问候他们的时候，婶婶总是微笑着说："蛮好的，我们又活了一天。"临别那一天，我们是笑着分手的。就像小时候老缠着他要东西一样，我半撒娇似地对他说："先活到3月份，好吗？那时我放春假，我来看你。再活到夏天，我带全家回来度假。别忘了你给秦天、秦朗（我的女儿和儿子）的允诺，你会带他们参加2008年北京奥运会的开幕式！"小叔叔面带笑容郑重地点了一下头。我想，小叔叔是从不失信于人的。谁知这次见面竟成了永别！

1月22日那天，王侃提出要小婶婶给她和小叔叔合张影。王侃特意穿上红毛衣，站在王选身边，一手扶着他的肩膀，一手握着王选的手。陈堃銶在相机的取景框里看到，王选躺在病床上，瘦得让人不忍卒睹，但他的眼神突然散发出明亮的光彩，脸上是一副坚毅而不服输的神情。陈堃銶颤抖着按下快门，为丈夫留下了生前最后一张照片……

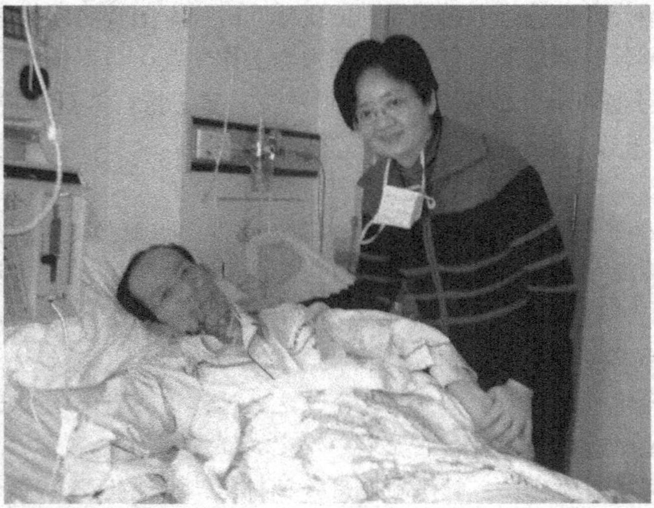

2006年1月22日，王选与王侃临别合影，怎料这竟是
王选在世的最后一张照片

1月29日，在一片接一片震耳的鞭炮声中，2006年春节来到了。

陈堃銶在病房的茶几上摆放了水果和糖果，医生护士们来了，就抓一把给她们。这一年是农历狗年，陈堃銶想送给医护人员每人一个毛绒玩具狗。她先让马光亚去市场上买了一个，觉得不满意，又让他去换了一个，感觉这个特别漂亮可爱，就买了一批，分送给了大家。有关部门送来许多过年的装饰物，有大红灯笼和大大的中国结，有一串串红色的鞭炮，陈堃銶也送给了医护人员。护士们把这些饰物挂在了楼层中间的大会客厅，整个特需部6层充满了节日气氛，大家都开心极了。

2月5日，是王选69岁生日。往年过生日都在家里，陈堃銶有时会煮一碗热气腾腾的面条端给王选，这次王选却什么也吃不进去了……想到这里，陈堃銶不禁一阵心酸，她想起叠千纸鹤可以祈福，便拿来一些画报纸，坐在那里默默地叠了起来。这一举动被护士长张景屹看到了。

张景屹：那天早上我一进病房，就看见陈老师正在用彩色画报纸叠千纸鹤，想起王老师要过生日了。我跟大夫护士们一商量，大家自发买了好多彩纸，一起叠起来，一共叠了99个，又准备了一个大花篮，在下午3点多送到了王老师病房。不过我们都不愿提及生日这个敏感话题，只是对王老师说："这是我们送您的礼物，希望您开心！"王老师看了一边感谢，一边责怪陈老师："是不是你告诉她们我过生日了，给她们添麻烦。"他又努力笑着对我们说："这是我5岁生日！"意思是手术后已活过了第5个年头。

2月10日，秘书送来了一份计算机研究所发展建设的工作汇报。研究所的发展是王选最为关切的问题，他让陈堃銶帮着一字一句地阅读了这份汇报，然后让秘书发邮件转告相关负责同志，叮嘱要开展好博士生导师建设、信息安全领域的建设、理顺与北大和方正集团关系等一系列工作，还特意加上一句：需要的话，他可以出面协调……

2月12日，是中国传统佳节元宵节，窗外又响起了阵阵鞭炮声，全国人民都在欢度春节的最后时光。下午5点多钟，王选提出要去卫生间。病情危重后，虽然绝大多数时间躺在病床上，但王选一直坚持在陈堃銶、马光亚或警卫李敏锋的帮助下，自己去卫生间，为了减轻他的痛苦，大家劝他不要再下床，在床上给他接大小便，但自尊心强且要强的王选坚决不同意。这一次，王选仍坚持自己下地，迈着极其沉重的脚步一步一步艰难地走进卫生间。马光亚形容说："王老师当时有多么艰难，我用文字是描绘不出来的，大家都看过登山运动员登珠峰的录像吧，王老师就像登山运动员一样，每向前走一步都很吃力……”

王选的病情在急剧恶化。两个小时后，7点钟，警卫李敏峰突然发现，监视器上王选的心率达到了150左右，他赶快叫陈堃銶。陈堃銶过来查看，蓦然发现插在王选鼻中通往胃部的管子充满了红色的液体，立即对李敏锋说：“快叫护士！”

护士一看知道不好，马上叫来了医生，不一会儿，医院领导也赶来了，小小的病房里顿时挤满了医务人员。医生迅速作出判断，是消化道大出血，必须立即转移到血管造影室进行止血治疗。护士长张景屹带着几名护士，和李敏峰、马光亚一起把王选从床上抬起，轻轻地移到平车上。王选此时意识非常清醒，表现得也很镇静，他费力地对张景屹护士长说：“轻一些，别让我的血把床和平车弄脏了。”张景屹护士长一阵心痛，心想：都这时候了，王老师还为别人着想！她紧紧握住王选冰凉的手说：“王老师，放心吧，我们一定会尽全力抢救您！”王选用微弱的声音回答：“谢谢！”

秘书丛中笑正在家中观看中央电视台的元宵晚会，突然接到医院电话：“王选同志病危，请立即来医院，并通知有关方面进行善后准备。”丛中笑脑子里“嗡”的一下，她马上驱车往医院疾驰。在路上，丛中笑一边给全国政协、九三学社、北京大学等有关部门通报情况，一边安慰自己：就在前一天晚上，医院已报过一次病危，这一次，王老师也一定会挺过去……

血管造影室里，ICU主治医生隆云正在紧张地抢救王选。他后来回忆起当时的情景，还为王选的惊人毅力而深深感动。

隆云：一般病人在危重情况下，会表现得紧张害怕，会呻吟甚至大叫，但王教授却很清醒镇静，好像对这一切早有准备似的。实际上他当时是很痛苦的，虽然我们采取一切措施努力止血，但在血管造影的情况下，并没有看到大的出血点，也就是说，王教授是静脉系统在持续不断地出血，他已经处于一种严重失血状态。而且，他当时呼吸急促而困难，已到了每分钟30～40次，普通给氧量已经不行了，我们决定给他进行气管插管，并征求他的意见。他表示同意，努力使情绪稳定、平静，以配合我们操作。虽然说不出话来，但王教授试图对我们微笑，似乎在对我们说，这只是一次很普通的治疗，是很简单、很正常的事情……

隆云还特别记得，对于王选的抢救措施，他们都征求了夫人陈堃銶的意见，“陈老师同样表现出与别的家属不一样的高素质，镇静地配合我们治疗”。

的确，看到王选病危，陈堃銶心急如焚，但多年来的磨炼使她与王选一样，越是在大事面前，越是临危不乱，她告诉自己，千万要冷静，还有许多事情等着她处理，一定不要乱了阵脚。她坐在走廊的长椅上，默默祈祷丈夫能再次逢凶化吉，挺过这一关。

夜很深了，寒冷的北风中，刘延东同志赶来了，陈堃銶与她紧紧相拥在一起，两人坐在走廊的长椅上倾心谈话一个多小时。陈堃銶把王选的遗嘱轻轻讲给刘延东同志听，刘延东同志后来在文章中感叹道：

我深深为他们俩的相知相伴所感动，更为他们俩的崇高追求所感动。从中我也看到了陈老师的平凡与伟大，平淡与高尚。看似纤柔的陈大姐，身上有着王选同志一样的精神与力量！她代表了我们这个时代女知识分子的完美品德，是广大女性学习的榜样！

凌晨2点，医生隆云出来了。经过几个小时的奋力抢救，他的白大褂后背全部被汗水湿透了，血仍未能有效地止住。隆医生面色沉重地对大家摇摇头。接着，王选被推出血管造影室，推向ICU重症监护室。他眼睛一直睁着，意识清醒，但由于用了药，反应已显迟钝。陈堃銶急忙跟过去，她要在最后时刻，一步不离地守候在丈夫身边。

2月13日，天气格外阴沉，寒风凛冽，乌云摧城。王选的血压一直在下降，升压药在一点点增加。党和国家领导人、全国政协、统战部等相关部委领导同志以及九三学社、北京大学等领导先后赶来，探望生命垂危的王选。

韩启德：13日上午9点，当我赶到医院，王老师已处于弥留之际。医生说他已经没有意识，但当我凑近他，轻轻呼唤“王选老师，王选老师，我是启德”时，他的眼睛突然有了神色，显然想说什么，一瞬间，我们又有了一次心灵的交流。……回顾这些年，我是在学着、跟着王选老师一步一步地向前走，并时时感受着他的人格魅力、他的品行、他的勇气与智慧。我不知道，他平时是否感受到我每次称他王选老师时内心蕴藏的这份深情；但当他弥留之际，在他听到我呼唤“王选老师”时所突然闪现出的眼神中，我分明感受到他对我的这份深情的理解。令我哀痛不已的是，这是最后的一次交流了。

上午10时，胡锦涛总书记来到王选的病床前，他俯身握住王选的手，轻声说："王选同志，我是胡锦涛，我来看你了，你要坚持住……"弥留之际，王选的眼睛微微闪动，他听到了总书记的声音，他在表示最后的感谢。

据陈堃銶回忆，当时她向胡锦涛总书记转达王选的遗愿：不要搞追悼会或遗体告别遗式。总书记回答说：王选同志是著名的科学家，还是要举行一个最简单的遗体告别遗式，好向全国人民有个交代。

陈堃銶又向有关部门和医院的领导转达说，王选生前立下遗嘱，要求在病情不治时推行"安乐死"，并"捐献身上所有有用的东西，包括角膜，以挽救更多的生命"，但由于种种原因这一切很难实现，有关方面最终同意捐献角膜，但由于如此短的时间内找不到合适的受体，最后也只好作罢。

时间在一秒一秒流逝，王选的呼吸越来越衰竭了，血压不断下降，输进去的血和流出来的血颜色几乎没有区别。看着相知相伴一生的丈夫，陈堃銶痛断肝肠，她深知王选的心愿——"不愿浪费国家和医生们的财力物力和精力"，于是毅然作出一个大胆决定，停止输血！陈堃銶脸贴在王选耳边轻声地问："那……咱们不输血啦？现在血源这么紧张，还是留给更需要的病人吧？"

虽然闭着眼睛，王选的眼皮还是动了动，并微微点了点头，对妻子的意见表示同意和肯定……

隆云医生目睹了这一难忘场面：

最后，输血已不起作用了，陈老师作为家属向我们提出，不要再输血了，因为输血只能使病人生命延续一时，但不能挽救生命，这样的输血是没有意义的，还是把血浆留给别的病人吧。陈老师也与王教授作了交流，她贴在他的耳边，把这个决定告诉了他。他们俩平时就像朋友一样，什么事都商量，这时也是商量一下的样子。可能他们之前已经有共识了，这时再征求一下他的意见。虽然王教授当时意识已经模糊，但他仿佛听到了，并点头表示同意。我受到了深深的触动，这是一个非常不容易的决定，因为如果继续输血，王教授的生命肯定能延续得长一些。但说实在话，这又是一个理智的决定。

的确，这是一个无比艰难的决定，因为它关乎王选的生命；然而，这在王选夫妇又是一个自然而然的决定，因为他们的心里，想的总是国家和人民的利益，总是“为别人考虑！”“苟利国家生死以，岂因祸福避趋之！”王选用自己的生命，成就了从小立志要“做一个好人”的人生追求！

在场的医务人员看到这一幕，再也无法控制强忍多时的泪水，几个护士哭出了声，他们坚持要把从血库里领出来的血给敬爱的王选老师输完……

2006年2月13日11时03分，在与病魔顽强搏斗了5年零4个月之后，王选69岁的生命戛然而止。尽管医务人员竭尽全力进行抢救，王选还是离开了这个世界，离开了他深爱的妻子，离开了奋斗一生、深深眷恋的土地，离开了关怀、爱护他的人们！

……

后来，陈堃銶和记者之间有过这样一段对话：

记者：王选老师去世前最大的遗憾是什么？

陈堃銶：最大的遗憾是不能健康地多活几年。

记者：是王老师跟您说的吗？

陈堃銶：他没有说过，但是我知道……

是的，王选离去时的情景，使陈堃銶伤心欲绝，她心中留下刻骨的痛，永远无法释怀。

陈堃銶：他去世那天上午我陪在他身边，眼看他停止呼吸和心跳，我看到他流出了眼泪，这是他病后第一次也是唯一的一次流泪。我知道他舍不得离开这个世界，舍不得他的事业和亲人。我还看到他的双眼没有合上，我知道他期待着建成先进的科研基地，使其涌现大批优秀科技人才和举世瞩目的科技成果，我想他是带着这个对后人永不瞑目的期待走的。以前每次出差，他总盼着早点回家，但这次他却永远也回不来了……

十一、九州花雨为君殇

2006年2月13日13时，新华社的一则快讯迅速被各大网站在第一时间转发：全国政协副主席、中国科学院院士、中国工程院院士、北京大学教授王选13日11时许在北京病逝。

由于近年来王选深居简出，在媒体上出现的次数大为减少，他的具体病情也只有小范围的人员知道，因此噩耗传来，人们感到惊愕和难以置信，继而为王选的早逝感到悲痛和惋惜。“云山苍苍，江水泱泱，先生之风，山高水长。”一场始于网络的自发悼念活动开始了。

下午3时许，北大新闻网设立了“王选院士网上纪念馆”，上载了王选的生平事迹、图片资料以及经典论述，这是北大第一次用这种形式对去世的教师进行纪念。纪念馆一开通，点击率便急速攀升，仅两个小时访问人数就达到4000人，留言200多条。经陈堃銶同意，北大将王选的部分遗言和1983年给侄女王侃的信在网上公布，更加引起强烈反响，网上留言很快就超过了3000条。几天时间，在北大网上纪念馆发帖子的数量达到了3万人次，这其中，有近1/3的北大师生，另外2/3的帖子则来自各行各业。

新华网、人民网、中华网、光明网以及新浪、搜狐、网易等多家网站先后开设悼念专题，从中央到地方，各大报纸、杂志上刊登的悼念文章如雪片般纷至沓来，电视台纷纷播放王选生前的音容笑貌……没有谁来组织，也没有文件要求，一切行动都源于自觉自愿，一切心声都发自肺腑之间。据不完全统计，王选逝世后，各类媒体刊登悼念文章3000余篇；在百度搜索上，涉及王选逝世的各类文章达到45 200多篇；而在Google的搜索器上显示，有关王选逝世的页面竟达到59万个……他的业绩，他的言行，他的故事，被认识他和不认识他的人们传诵着，在他身上闪耀的种种美德和品质已经超越了年龄、时代的界限，感动和启示着不同年代的人们，感动着整个中国。

《光明日报》以《汉字之伤》为题写道：

这个穿行在汉字王国中的智者远去了，撇下他钟爱的文字，作永远的告别。

料峭的寒风传播着他渐渐弥散的体温，在远方以远，依稀可见他的淳厚笑容，依稀可辨他的单薄身影。

在书籍中，在报纸上，在键盘的敲击中，在火热的生活里……

今夜，汉字表情凝重，在风中肃立，怀念无声。

今夜，这个为汉字倾注毕生心血的人——汉字用自身来表达对他的思念。

一位署名千龙的网友写道：

只要你读过书、看过报，你就要感谢他，就像你每天用电灯时要感谢爱迪生一样……

另一位新浪网友写道：

从不作秀，也不炫耀自己，没有后嗣，也没有显赫的财富，只有一身浩然正气，以及刚正不阿的脾气。您用自己发明的照排术，把您的名字印刷进了人们的心里。上帝也爱惜您的才华，才会把您这么早地召唤到天堂去。

只要你读过书、看过报，你就要感谢他，就像你每天用电灯时要感谢爱迪生一样……

更多的网友写道：

这是一位让所有使用方块字的民族永远铭记的尊者。他给我们创造了快捷的信息载体，为数以千万计的人谋得了就业甚至致富的渠道，他让毕昇的发明进一步光大。

在中华文明的历史上，我们不应忘记这些人：仓颉创造了汉字，让文明可以沉淀下来；毕昇发明了活字印刷，让文明传播到世界的每一个角落；您把汉字带进了信息时代，让中华汉字文化源远流长。

国之大殇，民之大悲；学之巨星，轰然陨落；其德之高尚，行事之低微，使人引项齐悲。其人逝世，实为民族之大不幸。

民族痛失骄子，国家失之栋梁，风云为之呜咽，山河为之垂泪。

我想，当这样的大师能真正得到每个人的尊重时，或许我们国家才能在经济和文化上得到真正的伟大复兴……

从2月13日开始，王选办公室的电话铃声就一直此起彼伏。那些现在的和曾经的北大师生，那些正在或者曾在IT行业工作过的员工，那些听过王选演讲和读过王选著作的男女老少，那些从欧洲、美洲许多地方打来的越洋长途……强烈的哀思笼罩在每个人的心头，许多人说着说着就声音哽咽，甚至痛哭失声。短短几天时间，数百封唁函和唁电像雪片一样纷至沓来，有国家领导，有国际友人，也有亲朋好友和普通百姓，更多的来自中央和国家各部委、各地机关和事业单位、大专院校、各大媒体、社会团体以及国内外企业，句句带情，字字感人。

斯人已逝，乘鹤西去，生者却有无尽的牵挂和思念。在王选生前学习工作过的地方，人们满怀悲痛，以各种方式悼念自己可亲可敬的同事和师长。

北京大学成立了以许智宏校长为主任的治丧委员会，下发了《号召全校师生员工向王选院士学习的决定》，并在百周年纪念讲堂的纪念大厅连夜紧急搭设灵堂，供师生员工和社会各界吊唁，这种纪念形式在北大历史上也是第一次。

百周年纪念讲堂坐落在原北大著名的大饭厅所在地，于1998年北大创立100周年之际建成，是北京大学引以为自豪的标志性建筑之一。今天，它的纪念大厅被布置成王选的纪念灵堂：大厅墙壁上立起一块高6米、宽15米的长方形黑色幕布，“沉痛悼念王选院士”几个白色大字横贯其上，幕布中央悬挂着王选20世纪90年代末拍摄的一幅彩色照片，宽阔饱满的额头，略显消瘦的脸庞，老式的黑框眼镜下，一双深邃睿智的目光，深情地注视着这片他学习、工作和生活过的土地。王选的遗像选择彩色照片，也是陈堃銶的意见，她不希望悼念仪式太过沉重。

遗像下摆满了各界敬献的花圈，有来自全国人大常委会、全国政协、九三学社中央、中共北京市委、教育部、中国科学院、中国工程院、中国科学技术协会、北京大学等单位的敬献，也有来自北大各院、系、所师生以及教育界、新闻界、出版界人士的敬呈，鲜花胜雪，挽幛如云。

设立在北大百周年纪念讲堂的王选纪念灵堂，鲜花胜雪，挽幛如云

正对王选遗像的下方，是陈堃銶给王选的花圈，圣洁的百合、金黄的菊花、苍翠的松柏，诉说着妻子对丈夫无尽的哀思。挽联上写着：

"亲爱的选，半生苦累，一生心安。永痛心中的堃銶。"

这副挽联，凄婉中透着坚强，朴实中蕴含深刻，是对王选一生的准确概括，谁看了内心都会受到震撼。"半生苦累，一生心安"八个字，是陈堃銶反复思索后写出来的。

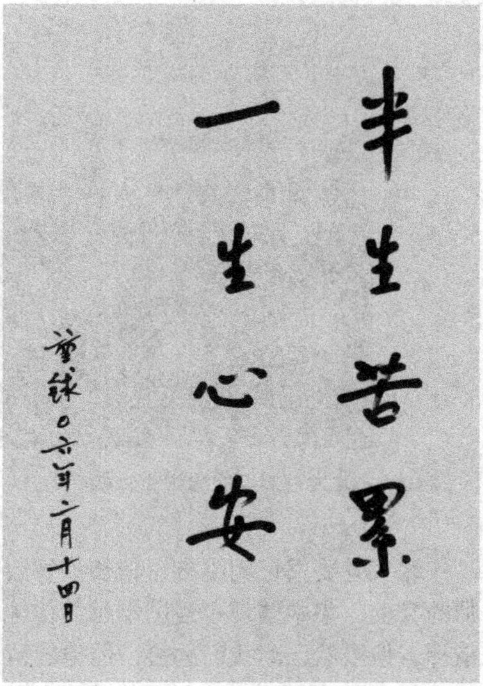

陈堃銶为王选写的挽联，凄婉中透着坚强，朴实中蕴含深刻，是对王选一生的准确概括

陈堃銶：我最初想的是，他的"半生苦累"已经解脱，实际上不是半生，应该是大半生。"累"大家都能理解，指的是工作上的劳累。为什么我说他"苦"呢？"苦"有很多，其中一个"苦"就是他的病，他病的时间很长，年轻的时候就患过重病，晚年也是。除了病他还受到一些磨难，比如"文革"时期的打击，以及后来工作中遭遇的嘲讽、不信任甚至攻击等等。所以我说他"苦"、"累"。

"一生心安"这四个字是受著名作家黄宗江先生的启发，他曾经给我们写过一封信，说"好人一生平安"这句话不对，好人并不见得平安，应该改一个字："好人一生心安"。当时我和王选都很欣赏这句话。我想王选应该算是个"好人"了，所以我给他写下"半生苦累"后，立刻就想到了"一生心安"。我总结王选的一生，想来想去，就是这八个字：半生苦累，一生心安。

2月14日上午9时整，哀乐低回，灵堂正式开放。广场上，一支200多人的队伍已在寒风中自发排列成行，一些人的臂膀上戴着自制的黑纱，一些人手里拿着黄色或白色的菊花，沉默无言的吊唁队伍肃穆而庄严。排在前面的是北大54级数力系的20多名老同学，约好了今天一起再来见王选一面。

北大百周年纪念讲堂外的广场上，前来吊唁的人默默排队等候

北大党委书记闵维方、校长许智宏来了，他们沉痛地表示：在王选老师的身上，集中体现了爱国奉献的传统美德和开拓进取、自主创新的时代精神，他虽然已离我们远去，但他的精神将在北大永远长存！

王选的老同学、老同事们和老邻居们来了，白发皓首的他们提起王选，无不泪眼模糊；年轻的学子们来了，献上一束菊花，几名北大信息学院的大学生说，王选老师是他们特别景仰的前辈，虽然从来没见过面，也没有听过他的课，可是大学生们早已把他当作了学术上的楷模。前来缅怀的还有社会各界人士，有的甚至不远千里慕名前来，很多在燕园游览的游客也自发地来到灵堂为王选送行……不到半天工夫，吊唁者已近千人。

在留言册上，人们用朴实真挚的语言怀念着王选："王选的自主创新之路才是中华民族振兴之路"，"学而优，仕而达，心热情专，良师益友"，"科学巨匠，国家栋梁"，"五四同侪忆当年，支书班长相欢颜，激光照排掀日月，环球重看中华颜"。来自内蒙古的齐斯秦巴托写下5个字——"为民受益者"，并落款"一位王选发明直接受益者"……仅仅一个上午，厚厚的六本留言册就已经装满了沉甸甸的哀思。

博雅塔默默伫立，未名湖黯然无语。据不完全统计，从2月14日到19日，到北大王选纪念灵堂吊唁的人数多达上万人，许多人不止去了一次……

在北大计算机研究所的接待前台，悬挂着"深切怀念敬爱的王选老师"的黑色条幅，条幅下摆放着鲜花制成的花篮，挽联上写着："离铅别火，创方正天地，卅年功业播寰宇；励耘奖学，淡熙攘名利，大家风范垂春秋！"师生们悲痛欲绝，许多人不敢也不愿相信，昨日音容犹在耳，今朝已隔两重天，他们敬爱的师长王选老师永远离去了！大家聚集在一起，追忆着与王老师一起工作过的日日夜夜。刘秋云、肖建国、邹维、郭宗明、汤帜、赵东岩、杨斌、刘志红……作为王选最亲近的同事和学生，他们怎能忘记王老师贴心的关怀和鼓励，怎能忘记他熟悉的话语和笑容！讲述着点点滴滴的往事，许多人尚未开口，便已泣不成声……

2006 年 2 月 17 日，北京大学校长许智宏（前排右二）与陈堃銶教授及北大计算机研究所部分教师等一起缅怀追思王选教授

曾经在“748”学习和工作过的人们回来了，他们分布在各行各业，有大学教授，有报社高级工程师，也有国企或外企的高管，但此时此刻，他们是王选曾经的同事和学生，是“748”培养出来的精英。王选的大弟子郑民听说恩师去世的消息后，一刻不停地从美国飞回北京，更多的海外“748”学人则聚集在大雪纷飞的纽约，遥望祖国，缅怀恩师。

在与北京大学隔路相望的方正大厦，一副“相濡以沫，恩师教诲犹在耳；引航同路，领袖精神永长存”的挽联，道出了方正集团全体员工的心声。公司降半旗致哀，并举行“学习、缅怀王选老师座谈会”，追忆这位方正主要的奠基人和开拓者，号召全体员工“光大王选老师自主创新精神，坚持王选老师持续创新道路”。从美国到加拿大，从马来西亚到日本，分布在世界各地的方正分公司纷纷缅怀王选老师。大家表示：“没有王选老师发明的激光照排技术，就没有方正，他是方正永远的精神领袖！”

“死去何所道？托体同山阿。”连日来，在大江南北，在各行各业，人们纷纷用不同的形式，追思和缅怀着他们各自心中的王选。

王选的逝世，使九三学社社员们沉浸在悲恸中，60余个省市级组织向九三学社中央发来唁电表示沉痛哀悼。九三学社中央作出关于在全社各级组织和广大社员中开展向王选同志学习活动的决定，并隆重举行纪念学习王选座谈会，会上宣读了刘延东同志连夜赶写的长篇书面讲话《说不尽的王选，道不尽的思念》。真挚的情感，打动了在场的每一个人，许多人听着听着不觉泪流满面。刘延东在讲话中深刻地总结道：

王选同志就像一缕清风、一轮明月、一汪清水那样，活得高洁致远，走得飘逸洒脱！……我一直在想，是什么原因令这么多人同悲共悼，都不舍他离去，是什么力量震撼了这么多人？答案只有一个：王选同志不仅以他非凡的创造深刻地改变了现代印刷业，为国家创造了巨大的物质财富，更因为在他的生命中，蕴含着高尚的精神力量！他把毕生精力献身于祖国和人民事业的无私奉献精神；他不断追求、勇于实践的开拓创新精神；他锲而不舍、矢志不移的顽强拼搏精神；他与中国共产党肝胆相照，真诚合作，为巩固和发展爱国统一战线和多党合作事业贡献力量的不懈奋斗精神，永远值得人们学习。

九三学社中央沉痛举行纪念学习王选座谈会

韩启德主席刚宣读了他纪念文章的题目《王选老师，您是我永远的老师》，便泣不成声。回忆自己崇敬的师长，他的讲话多次因热泪而中断。王选逝世后不久，他接连写下《王选老师，您是我永远的老师》《像王选同志那样做人做事》和《王选的科研道路启示我们如何创新》三篇纪念文章，表达自己沉痛的哀思：

王选老师患癌症后，与病魔足足拼斗了五个年头。作为一名医学工作者，我深知他忍受着什么样的痛苦，也深知需要什么样顽强的意志才能坚持到这么长久。我卧室的窗口正对着他每天清晨打太极拳的那块绿地，我已习惯了每天在窗口默视他锻炼的身影，每当此时，我就感受到一种生命的活力和意志的力量。但遗憾的是，我们的医学发展还是不够快，我们最终还是没有留住他！这几天早晨我仍然习惯性地站到窗口，绿地仍在，但人已去，永远见不到他了，不禁潸然泪下。但转而一想，每个人迟早都是要离开这个世界的，但只要每个人走后都能留下这么一块绿地，世界将变得多么美好！

在王选同志离开的日子里，陈堃銶说，我总结王选的一生，我想来想去，就是8个字："半生苦累，一生心安。"是的，王选同志的一生，没有享过一天常人所说的那种清福，他一生都在苦，一生都在累，但是他走得心安！他为人民、为我们的科学技术事业、为我们国家和民族贡献了自己的全部力量，他死而无憾了！

王选同志一生所走过的学术历程和科学道路，他的自主创新精神和崇高人格，为九三学社留下了宝贵的精神财富，是我们一生都读不完的"大书"。九三学社作为一个以科技教育界知识分子为主体的参政党，在国家实施自主创新的战略中，肩负着义不容辞的重大历史责任，要为国家科学技术发展做出更大的贡献，就一定要学习王选同志，像王选同志那样做人做事，用我们的实际行动，用我们九三学社未来的辉煌成就，来告慰王选同志不朽的英灵！

在科技界，路甬祥、徐匡迪、程津培、邬贺铨、汪成为、何祚庥、李国杰、柳传志、倪光南等追思着王选的成就和贡献，用"科技界巨星陨落"表达哀思。

原全国人大常委会副委员长、中国科学院院长路甬祥说：

王选同志手术后身体非常虚弱，但他一旦身体有所恢复，就来参加许多重要活动。在很多会议上，他的许多意见都非常精彩，一听便知是经过了认真准备的，他是我国自主创新的成功典范。

全国政协副主席、中国工程院院长徐匡迪说：

虽然与王选同志认识比较晚，但在与他的接触中，留下两点深刻印象。一是他严谨的治学态度，王选同志从不说大话、空话，更没有豪言壮语，而是脚踏实地、求真务实。二是王选同志是一个真正献身科学的人。王选的精神和崇高品德将永远激励着我们不懈奋斗。

中国工程院院士汪成为回忆说：

1998年中央组织一批科学家去北戴河旅游，因为我也很喜欢京剧，王选一有精彩的录音带就送给我，在联谊会上我和王选都唱了京剧选段。我们一起聊天，我说，“你的激光照排技术，如果当时紧紧跟在西方人的后头研究的话”，王选接着说，“那我们就只能花国家的钱、耗费自己的青春来证明他人的工作做得有理或者无理”。我们当时就商定，一定不做花国家的钱、耗费自己的青春只证明别人对错的事。

中科院计算所所长李国杰院士还记得：

1996年我在《科技日报》上发表了一篇文章《技术创新的关键在选题》，王选院士看到后很赞同我的观点，他把这篇文章复印了许多份发给方正研究院的同事。后来他遇见我时说：“你要是不亲自办企业，绝对写不出这样的文章。”10年过去了，我对那次与他有关技术创新的对话仍然记忆犹新。

中国工程院院士倪光南则忘不了王选的待人诚恳和刻苦精神：

1980年，我和王选院士一起参加在香港召开的中文信息处理学术会议，会上要用英文作学术报告。王选院士报告了激光照排系统，他的英文讲得很流利。轮到我讲，我的英文讲得有些勉强，有的字念不准。会后，王选院士特地告诉我，哪几个字的重音读错了，使我很受感动。我当时问他，你大学里读的肯定是俄语，那英语为什么会那么好呢？他告诉我，他是靠听英语电台广播学会的，还说，为此还挨了整。这使我非常钦佩他刻苦学习的精神。

斯人已逝，音容犹在。王选与几位院士汪成为（左一）、倪光南（左二）、胡启恒（左三）旧照（摄于1994年6月）

作为“第二次印刷技术革命的领军人物”，王选的离去使印刷界无比悲痛。当年亲笔将“748工程”研制任务签发给北大的郭平欣已是88岁高龄，听到王选去世的消息，长期卧病在床的他足足沉默了三分钟，呼吸也变得急促起来，“他就像一面旗帜，是我们一代人的骄傲”。郭老充满感情地说，眼睛里闪动着泪花。

中国印刷技术协会、中国印刷及设备工业协会和中国印刷博物馆共同组织了“中国印刷界深切悼念王选院士追思会”，在王选生前大力支持的中国印刷博物馆，聚集了印刷界与王选生前有着深厚合作关系的单位领导和代表90余人，鲁兵、沈忠康、陈星鹏、廖幼鸣、武文祥、王德茂、郝振省、孙宝传、夏天俊等先后发言……看着王选生前接受上海出版博物馆筹建领导小组采访的录像，追忆着与王选交往及合作共事中的感人事例，他们仿佛又回到了那共同奋斗过的激情岁月。

2006 年 3 月 9 日，中国印刷技术协会、中国印刷及设备工业协会和中国印刷博物馆举办“中国印刷界悼念王选院士追思会”

“看到计算机排版，就会想到王选。”作为汉字激光照排技术最直接的受益者，新闻界追忆着王选做出的卓越贡献。在推广激光照排系统的那些年，王选的足迹遍及祖国各地，与众多报社的社长、总编成了老朋友。从黑龙江到青海，从广西到福建，从重庆到上海，从香港到澳门……人们回顾着王选当年到报社考察和作科技报告的音容笑貌，往事历历在目，仿佛就在昨天。《光明日报》更是连续发表了《知识分子的楷模，自主创新的典范》等十多篇报道、综述和评论员文章，系统回顾总结了王选的重大贡献和高风亮节。

“梨园界痛失知音！”在全国政协京昆室召开的追思会上，许多京剧表演艺术家回忆着与王选在京昆艺术上交流交往的点点滴滴，想起他不顾病体羸弱，为保护和弘扬昆曲这一宝贵遗产而奔走呼吁，使一系列长期存在的问题得到解决；想起他要学习和继承传统京剧艺术的谆谆嘱托；想起一起欣赏古老珍贵的音像资料时，他兴奋的神情、专业的谈吐、慷慨的相赠……艺术家们无不为失去王选这样一位梨园挚友而扼腕叹息。

在王选的母校上海南洋模范中学，老校友们重返校园，追思着与少年王选一起度过的难忘岁月；师生们举行了缅怀王选校友的升旗仪式，一遍又一遍地播放王选 2004 年回校演讲的报告，谆谆教诲犹在耳，音容笑貌曾宛然。同学们还记得王选的话：“要想成为一个有所成就的人，就要勇于承担责任，坦然面对各种挫折。”王选用他的一生实践了“勤俭敬信”的南模校训，是南模的骄傲，更是南模人永远的榜样。

上海南模校友制作的纪念照片

在无锡，在上海，家乡的人们沉痛悼念王选，追忆着他的童年与少年时代，追忆着这位科学巨匠走过的风雨人生。姐姐王僊悲痛不已，由于健康原因，她无法前往北京为弟弟送行，只好用撰写挽联和悼诗的形式送弟弟一程：“山河失色巨擘折，天容惨淡大星沉。”悲痛之情尽含其中。

侄女王侃再次从美国赶回北京，时隔仅 20 多天，却天人永诀。王侃带回了小叔叔 1983 年给她的那封信，信纸已经泛黄，字迹却越发清晰。王侃挥笔写下悼文《谆谆教诲铭刻在心——痛念叔父王选》，连同王选的信一起发表在《光明日报》上。

2002 年 12 月，姐姐王僊来京，与王选摄于家中。这次见面竟成永诀

失去了朝夕相处、风雨同舟的亲密伴侣，陈堃銶悲痛欲绝，经受着一生最沉痛的折磨。她翻开日记，在电脑上详细整理王选自2000年患病后的日日夜夜，泪眼模糊中她看到，从确诊到去世的1900多天里，王选有794天在住院或治疗，但他忍着病痛，总是在治疗间隙做力所能及的工作，一直坚持到生命最后一刻。陈堃銶被丈夫的毅力深深鼓舞，她告诉自己，不要以泪洗面，要坚强起来，有许多人在关心支持着你，有许多未竟的事业等着你完成！看着北大青年学子们送来的祝福相册和制作的数百个千纸鹤，看着中文系05级学生刘琪那暖暖的话语——“敬爱的陈老师：早春阳光下，我们仰望天空，为您和先生祈祷……我们，用无数纸鹤祝福您，用深深景仰怀念先生，用一生奋斗追随先生永垂的精神。祝您幸福！”陈堃銶感到温暖和慰藉，她提笔回信，向同学们、向世人表明了自己的心迹：

在网上看了同学们为王选和我的祝福语征集活动，十分感动。谢谢你们对王选的思念和对我的牵挂！多年来与王选的共同生活，他锲而不舍、忘我工作的献身精神感染着我，乐观、豁达的性格影响着我，同时，与他一起研发系统的经历和陪伴他与病魔斗争的过程，锻炼了我的意志。所以我会直面未来……

对于铺天盖地的悼念潮，陈堃銶在感动之余连说“没想到”，她知道王选为国家做出了重要贡献，但淡泊的她没有料到，王选在人们心目中的地位如此之高，他的去世会引起人们这么强烈的反响。陈堃銶说，如果王选知道了，他也会想不到。在致中国印刷界悼念追思会的信中，陈堃銶写道：

按照王选的本意，他只想悄悄地离去，不愿为他举行任何仪式和活动，以免浪费大家的时间和精力。但现在社会各界纪念他，并给予很高的评价，我想他若在地下有知，定会感到当之有愧。因为他一直清醒地认识到自己取得的成绩，全仗各级领导、协作单位、用户和朋友们的支持，每当他谈起往事，总会念念不忘各级领导和共同奋斗过的朋友，大家的名字和功绩他都铭记在心。

现在他与周老、范老等会合，投入他们的麾下，我想他们正在一起共同祝愿我国科技更加发达，国力更加强盛，祝愿一个创新型的世界强国早日屹立在东方！

2006 年 2 月 19 日。北京八宝山革命公墓，王选同志遗体告别仪式在这里举行。

阴沉的天空放晴了，是哀伤多日的泪水已将乌云洗涤干净；阳光洒下初春的明媚，仿佛是你留给世界的坦荡与光明。

八宝山革命公墓礼堂庄严肃穆，哀乐低回。正厅上方悬挂着黑底白字的横幅“沉痛悼念王选同志”。横幅下方是王选的遗像，这是陈堃銶钟爱的一张王选特写，照片上的王选笑容淳厚，和蔼淡定。王选的遗体安卧在鲜花翠柏丛中，面容安详，好似睡着了一样。他的身上覆盖着鲜红的中华人民共和国国旗。花床的正前方摆着陈堃銶献上的花篮，挽联上写着的同样是那句相濡以沫一生后的肺腑之言：“亲爱的选，半生苦累，一生心安；永痛心中的堃銶泣挽。”

灵堂的四周，摆满了党和国家领导人以及中共中央办公厅、全国人大常委会办公厅、国务院办公厅、全国政协办公厅、中央和国家机关、九三学社、中国科学院、中国工程院、中国科协等敬献的花圈，北京大学、北大计算机科学技术研究所、方正集团、中国印刷技术协会、中国发明协会、中国国际交流协会、中国青少年网络协会等王选生前工作和任职的单位，以及友好人士、家乡代表等也分别敬献了花圈。

2006 年 2 月 19 日，在八宝山革命公墓举行的告别仪式上，人们前来送别他们心中所尊重和敬仰的王选教授

夫人陈堃銶一袭素装，胸佩白花，与王选的二哥王迅院士和四个侄女等亲属一起，站在王选身旁，来向王选做最后的告别。

上午8时25分，胡锦涛、温家宝等党和国家领导人在哀乐声中缓步来到礼堂，肃立默哀，向王选的遗体三鞠躬，并与家属一一握手，表示深切慰问。

胡锦涛总书记握着陈堃銶的手，字字深情地说："王选同志走了，他的名字将永远镌刻在中国科技发展史上，人民不会忘记他！"

绢花洁白，苍松无语。前来告别的人流像一条河，涌动在初春的寒风里。队伍中的许多人是从机场和车站赶来的，脸上还带着旅途的倦容，最后来送别他们心中所尊重和敬仰的人。许多人与王选多年未见了，一看见他消瘦的遗容，不禁潸然泪下。"敬爱的王选同志，我们都来送别您了！您感受到我们带给您的温馨与祝福了吗？我们相信，天堂里也有您的丰碑……"

陈堃銶强忍悲痛，与人们一一握手，熟悉的老同学和同事们纷纷嘱咐她节哀保重。望着协和医院年轻的医生、护士，陈堃銶感激地说："谢谢你们对王选无微不至的照料！"研究所师生和方正的同事们走过来了，陈堃銶拉着张建国的手说："建国啊，他给你们的奖状最后签名时，身体已经不行了！"看到老朋友沈忠康，陈堃銶泣不成声："沈忠康，王选他走了，他走了！"沈忠康泪如雨下，没能在王选走前看他最后一眼，成了他心中永远的遗憾……

告别仪式尊重王选的遗嘱，从简从快，上午10点便结束了。由于讣告发放范围严格控制，许多人想到八宝山看王选最后一眼，都未能如愿。

告别仪式结束后，王选的遗体被送去火化，在这生离死别的最后时刻，陈堃銶再也控制不住心中的凄切悲凉，扑在丈夫身上放声痛哭！

青山埋忠骨。按照国家有关规定，王选的骨灰安放在八宝山革命公墓骨灰堂。陈堃銶特地选了一方雕有长城城墙图案的汉白玉骨灰匣，洁白朴素，质地坚实。她亲手安放好丈夫的骨灰，抚平盖在上面的国旗，让心情渐渐平静下来。看似纤柔的陈堃銶，身上有着与王选一样坚韧的精神与力量，她默默提醒自己，要坚强地挺过去！

这一天，新华社发表了《王选同志生平》，对王选的一生进行了高度总结和评价，文章最后说：

王选同志的一生是献身科学、追求真理的一生。他勇于创新，甘于奉献，生活朴素，平易近人。他对国家和人民忠心耿耿，把毕生的精力都奉献给了祖国和人民，为中华民族的伟大复兴和祖国的完全统一殚精竭虑、鞠躬尽瘁。他的爱国情操和崇高品德，永远值得我们学习和怀念。

一个纪念和学习王选的热潮，在祖国各地蓬勃展开。

十二、永远闪耀在宇宙星空

2006年6月5日，中国科学院和中国工程院院士大会在北京隆重召开，两院院士们齐聚一堂，胡锦涛总书记在大会上作了重要讲话，其中只提到一位院士的名字，就是王选。胡锦涛总书记指出：

前不久过世的王选院士，是我国院士的杰出代表，他献身科学、敢为人先、提携后学、甘为人梯，为我国广大知识分子树立了光辉的榜样。

在此之前，2006年5月12日，中央宣传部、中央统战部和教育部联合决定：在广大知识分子和统一战线各界人士中开展向王选同志学习活动。决定指出：

王选同志以自己崇高的人品、巨大的贡献和对中国共产党、对社会主义事业的无限热爱，为广大知识分子和统一战线成员树立了光辉的榜样，赢得了广泛的赞誉和爱戴。王选同志是当代知识分子的楷模，是广大统一战线成员的骄傲，他的事迹是对树立社会主义荣辱观、走中国特色自主创新道路、坚持中国共产党领导的多党合作和政治协商制度的生动诠释，具有鲜明的时代精神。

学习王选同志，就是要学习他对国家、对人民忠心耿耿，为中华民族的伟大复兴殚精竭虑、鞠躬尽瘁的爱国情操；学习他坚持中国共产党的领导，同中国共产党肝胆相照、真诚合作的思想风范；学习他献身科学、努力拼搏、敢为人先、开拓进取的自主创新精神；学习他以提携后学为己任、甘为人梯、淡泊名利、乐于奉献的崇高品德。

决定还指出，中宣部、统战部、教育部和九三学社中央将联合组织“王选同志先进事迹报告团”，到知识分子和统一战线成员比较集中的城市和一些高校、科研机构宣传王选的先进事迹。

2006年5月17日，庄严的人民大会堂格外肃穆，“王选同志先进事迹报告会”的首场报告在这里举行。报告会前，中共中央政治局常委、全国政协主席贾庆林会见了报告团全体成员，转达了胡锦涛总书记对王选夫人陈堃銶的诚挚问候。报告会由中宣部副部长欧阳坚主持，全国政协副主席、统战部部长刘延东作总结讲话，中央国家机关有关部门负责同志以及社会各界代表3000多人参加了报告会。

报告会上，陈堃銶和王选的学生、北大计算机研究所研究员汤帜，九三学社中央副秘书长兼宣传部部长赵勇，王选秘书丛中笑以及九三学社中央宣传部处长戴红等报告团成员的报告感人至深，催人泪下。当讲到王选带领大家使所有外国照排厂商全部退出中国市场、美国HTS公司破产的故事时，台下响起扬眉吐气的掌声；当讲到王选不顾病情恶化，写下7000字的《给优秀人才提供良好的创新环境》一文，“这是为培养创新型人才向党和政府建言献策的最后一篇文章，也是最后一声疾呼”时，会场上异常宁静；而当听到王选在生命最后时刻要求不再为自己输血，把血源留给最需要的患者时，台下一片抽泣……考虑到陈堃銶年事已高，处在极度悲痛之中，有关部门请她只在北京和上海作报告。陈堃銶亲笔写好了题为《王选是一个普通人》的讲话稿，以真实的情感、质朴的语言，讲述了她与王选共同生活和工作几十年间点点滴滴感人的事迹，泪水浸湿了她的衣襟，更打动了全场听众的心。遗憾的是，由于上海巡讲的时间临时变动，而王侃早已为陈堃銶订好了赴国外休养的机票，行程无法更改，陈堃銶最终未能去上海作第二场报告。

陈堃銶在人民大会堂“王选同志先进事迹报告会”上作报告

从5月24日到7月6日，报告团先后由全国人大常委会副委员长、九三学社中央主席韩启德，中央宣传部副部长欧阳坚，中央统战部副部长胡德平、楼志豪、黄跃金，教育部副部长李卫红，九三学社中央副主席邵鸿等带队，赴广州、武汉、西安、成都、重庆、南京、福州、无锡、上海9座城市，进行了为期一个月的巡回报告。回京后，报告团又为全国政协机关、外交部和北京市统战系统举行了三场报告会。在如潮的掌声中，在闪烁的泪光里，王选的故事和精神传向四面八方，传达给更多的人……

为了更好地学习和缅怀尊敬的王选老师，北大计算机研究所和方正集团联合倡议，在王选生前的办公地点中关村方正大厦，筹建“王选纪念陈列室”。2007 年 2 月 13 日，在王选逝世一周年之际，王选纪念陈列室“生平事迹厅”正式建成开放。走进陈列室，首先映入眼帘的是王选的大幅半身彩色照片，这幅照片摄于 2003 年，是王选手术后气色恢复得最好时拍摄的时期。照片下方是一座赭红色大理石，上面用金色字体雕刻着王选的生平介绍，两侧翠竹吐绿，菊花飘香。左侧墙上镶嵌着全国人大常委会副委员长韩启德同志题写的陈列室室名，清秀中透着刚劲。陈列室中展示了许多首次公开的王选的珍贵图片和实物资料，在工整严谨、密密麻麻的设计手稿和笔记前，在陈旧泛黄的大量捐献收据前，在真挚感人、荡气回肠的遗嘱手迹前，人们驻足感慨，久久不愿离去……

2007 年 2 月 13 日，王选纪念陈列室“生平事迹厅”建成开放

在王选的家乡无锡，2006 年王选逝世不久，市委市政府就决定建设一座纪念和学习王选的陈列馆。经过三年努力，2009 年 7 月 2 日，无锡王选事迹陈列馆建成，并举行了隆重的开馆仪式。陈列馆坐落在解放东路的辅仁中学旧址，毗邻古老的东林书院，展区面积 1450 平方米。陈列馆馆名也

是由韩启德副委员长题写的，展示珍贵实物史料300多件，有王选生前用过的衣物、部分奖杯奖状、工作笔记等。除传统的图片和文字展示外，还借助多媒体声、光、电手法和蜡像场景复原、设计互动区等方式，形象真实地再现了王选的辉煌一生。作为无锡一项重点人文工程，陈列馆免费向全社会特别是广大青少年学生开放，成为重要的爱国主义教育基地。

2009年7月，无锡王选事迹陈列馆建成开放，成为重要的爱国主义教育基地

北京陈列室和无锡陈列馆的建设得到了陈堃銶的全力支持，她不但精心挑选、无偿捐献了许多珍贵资料，还亲力亲为地参与展示方案的设计和修改工作。陈堃銶这样做，一方面是对丈夫的怀念，更重要的是希望王选的精神能够对青年一代有教育启迪作用。她在无锡开馆仪式上的讲话，就表明了这一心愿，她说：

整个场馆到处体现着家乡人民对王选的情感，我想王选如果知道也会很感激的，同时他会因为大家为他做了这么多事情而感到不安，当然他的事迹如果能对后人特别是青少年有所启迪，那他也会感到欣慰。王选去世后，我用"半生苦累，一生心安"表达我的哀思。"半生苦累"是因为他的工作一直很劳累，还常常受着病痛和复杂环境的折磨；"一生心安"是因为他做了对国家有用的事情，同时没有做一件不利于国家、不利于社会的事情。在这里我也衷心希望广大的青少年朋友都能做一个“一生心安”的人！

与此同时，人们还用更多的方式纪念王选——

北京大学出版了《王选文集》（修订版）和《风范长存——怀念王选院士》两部图书。《王选文集》（修订版）于2006年4月出版，全书50余万字，收录了王选各个时期的主要著述，反映了他的坦荡胸怀和真知灼见。《风范长存——怀念王选院士》一书于2008年1月王选逝世两周年之际出版发行，收录了刘延东、韩启德、吴阶平、李蒙等领导同志的纪念文章，以及王选生前同事、亲属、学生、好友的回忆文章，各大媒体、网站的综述评论，并配以上百幅王选不同时期的照片，真挚感人，回味无穷。

中共中央统战部和九三学社也分别编纂出版了《知识分子的榜样——王选》和《永远的王选》两本纪念文集。

2007年7月27日，由中国集邮总公司和中国科学院联合制作的“王选科技封”向全国发行，并于当天举行了首发式。选择这一天，是为了纪念1979年7月27日汉字激光照排系统排印出第一张报版样张《汉字信息处理》。科技封左侧主图为王选半身像和他生前亲笔题写、最为推崇的格言，背景图案由四部分组成：象征铅印的灰色汉字；王选修改字模稿的手迹；用照排系统排出的《汉书》中“方正之士”引文；首张报版样张《汉字信息处理》的报头。整个设计象征着王选的科技成果使汉字印刷从铅排铅印过渡到计算机激光照排，体现了王选的杰出贡献和个人风范。

2007年7月27日，由中国集邮总公司和中国科学院联合制作的“王选科技封”向全国发行

由北大计算机科学技术研究所和方正阿帕比技术有限公司共同设计制作的王选院士纪念网站（网址：http://www.wangxuan.net）也已建成，为全方位了解王选的一生提供了一个完整翔实的信息平台。

在王选生前和去世后，有关单位先后设立了以王选名字命名的三个奖项——中国新闻技术工作者联合会“王选新闻科学技术奖”、“中国计算机学会王选奖”和“王选杯”北京大学五四青年科学奖竞赛团体奖，并设立了“九三学社王选关怀基金”和“北京大学王选青年学者奖励基金”，这两个基金都有陈堃銶代表王选的捐款。按照王选的遗嘱，这些奖项和基金本不该以他的名字命名，尽管陈堃銶提出过，但最终未能做到。

国家天文台台长严俊向陈堃銶颁授“王选星”命名铜匾

2008 年 1 月 31 日，正是北京的隆冬，天寒地冻，北风凛冽，全国政协礼堂金厅却气氛热烈，温暖如春。由九三学社中央、教育部、中国科协、北京大学、中国科学院紫金山天文台、方正集团联合主办的“王选星”命名仪式在这里隆重举行。

用杰出科学家的名字命名小行星是一项崇高的国际荣誉，此前，中国科学院紫金山天文台将 1965 年 9 月 20 日发现的国际编号为 4913 号小行星，提交国际小行星中心和国际小行星命名委员会批准，正式命名为“王选星”。从此，“王选星”承载着人们的思念，蕴含着王选的精神，永远闪耀在人类文明的宇宙星空。

陈堃銶轻轻抚摸着“王选星”命名证书和铜牌，她的头发已由两年前的漆黑变成了雪白。“白发三千丈，缘愁似个长”，人们惊异于陈堃銶的变化，只知她因过度悲伤所致，却不知其中还有缘由。王选晚年时头发仍乌黑，而陈堃銶已生华发，不得不经常染发。她风趣地跟王选开玩笑说：“我必须得染发才能跟你相配啊，不然你头发黑黑的，我却白发苍苍，不知道的还以为我和你不是一辈人呢！”王选则深情地回答妻子：“等我头发变白的那天，你就不用染了。”谁知陈堃銶再也等不到这一天了！王选走后，陈堃銶就不再染发，任秋霜爬上额头，染白双鬓，这是她独特的思念王选的方式……

证　书

谨以我台发现的国际编号为四九一三号的小行星誉名为“王选星”，刊佈于世，永载史册。

中国科学院紫金山天文台

二〇〇七年十二月

CERTIFICATE

We solemnly announce that the asteroid discovered by this Observatory and numbered 4913 internationally, be named in honour of Wang Xuan .It is hereby made known to the world and which will go down in history forever.

Purple Mountain Observatory

Academia Sinica

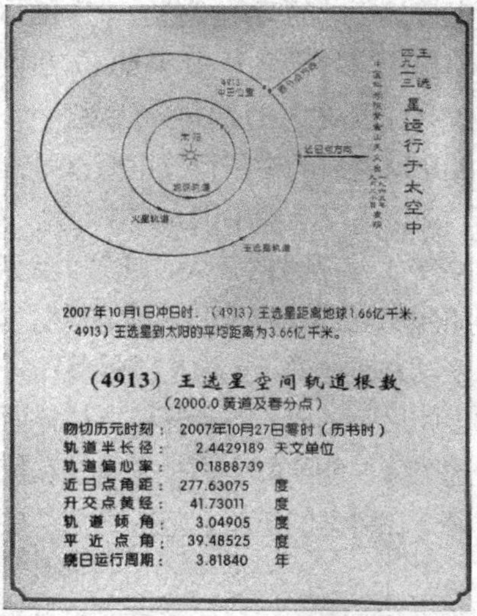

由中国科学院紫金山天文台颁布的“王选星”命名证书和铜牌

如今，陈堃銶心里感到很大的安慰，她仿佛看到王选在浩瀚的星空中注视着自己，陈堃銶明白王选的心愿，她对大家说：

感谢大家给予王选这样高的荣誉，这一荣誉不只是属于王选个人的，应该属于艰苦攻关的整个集体！尽管王选已经离开近两年了，但是从现在起，天上有一颗王选星在看着我、陪伴着我，它更在照耀和鼓舞着年轻一代继续创新，超越王选，走向世界！

的确，王选培养的年轻一代没有忘记恩师的嘱托，王选离世后，他的学生肖建国、郭宗明经北京大学任命，先后继任北大计算机研究所所长，带领大家持续创新，再创佳绩，诞生了一批科研成果、高水平科研论文和发明专利，先后获得国家科技进步奖、“信息产业重大技术发明”、“中国高等学校十大科技进展”等奖励，并得到广泛应用，王选的梦想正在逐步实现。

祖国和人民没有忘记王选，不断授予他各种荣誉。2008 年是中国改革开放 30 年，王选先后获“十位传播科技的优秀人物”“改革开放 30 年风云人物”“中国改革开放 30 年影响中国经济 30 人特别纪念奖”、改革开放 30 年“中国教育时代人物”等殊荣。2009 年，在新中国成立 60 周年之际，王选又先后被评为“100 位新中国成立以来感动中国人物”、60 位“新中国成立以来最具影响的劳动模范”、“共和国 60 年影响中国经济 60 人”、“新中国 60 年杰出出版家”、“建国 60 年 60 位功勋品牌人物”……在“辉煌六十年——中华人民共和国成立 60 周年成就展”上，在德国法兰克福书展的主宾国中国展中，在北京新建成的中国科技馆新馆里，王选发明的汉字激光照排核心技术精彩亮相，向世人展示着中国人自主创新、科技强国的自豪和骄傲……

2012 年 7 月的一天，北京的天空经过夏雨冲洗，空气格外清新。一座栩栩如生的王选汉白玉雕像在北大计算机所一楼大厅落成安放。在揭幕仪式上，陈堃銶感慨地说，王选生前最关注科学研究，关注北大计算机所的发展，关注学生和后辈的成长。计算机所如今面临挑战，任重道远，希望这座惟妙惟肖的王选雕像，能给师生们带来勇气和信心，不仅仅是缅怀王选，更要牢记王选的教诲，在科学的道路上坚持不懈，孜孜以求，取得更大的成绩。

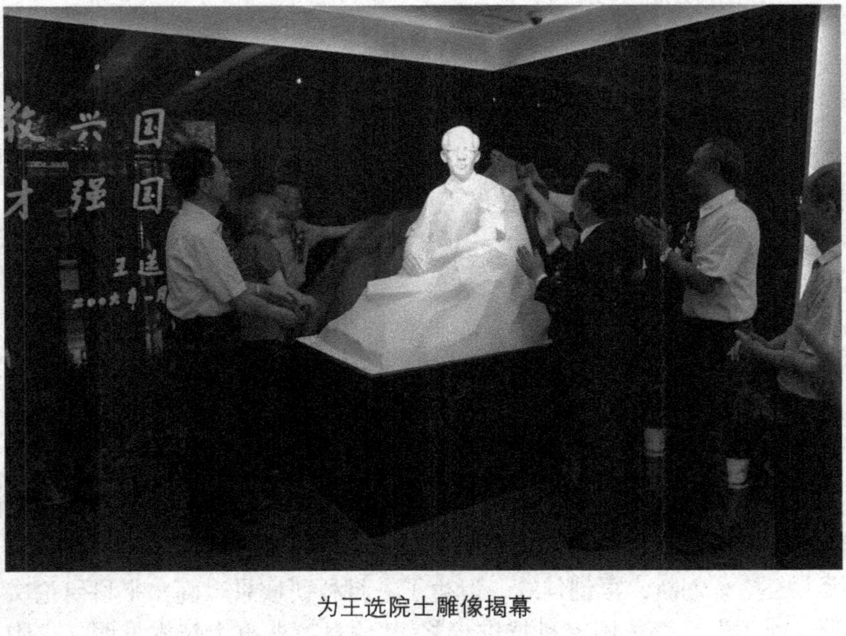

为王选院士雕像揭幕

2016 年 1 月，在王选逝世十周年之际，王选纪念陈列室“创新历程厅”在方正大厦建成开放，与 2007 年建成的“生平事迹厅”相互补充，形成有机整体。展厅以“印刷革命、创新典范”为主题，通过百余件图片、手稿和实物，以及铅字排版体验区、激光照排技术演示区、王选在家中查看胶片的工作台等互动和展示装置，生动展现了以王选为代表的一代科研集体，在国家领导下，与协作单位一起研制汉字激光照排系统，实现科研成果产业化，从而引发我国汉字信息处理和印刷技术伟大革命的光辉历程和创新实践经验。在政府大力推动“大众创业、万众创新”的时代背景下，具有十分宝贵的借鉴意义。

2016 年 1 月，为纪念王选逝世十周年建成的王选纪念陈列室“创新历程厅”

斗转星移，岁月轮回，多少年以后，在报纸上，在书籍中，在屏幕上闪烁的每一个汉字里，在全球华人的文化传承中……王选耗尽毕生心血成就的事业，将由一代代青年人发扬光大；他留下的宝贵精神财富，像润物无声的春雨，净化着人们的心灵。王选和中国各个历史时期涌现出的杰出人物一道，成为民族的脊梁，时代的先锋，祖国的骄傲，人民将永远铭记，共和国将永远铭记，历史将永远铭记。

附录一 王选年谱

1937 年 2 月 5 日，出生于上海一个知识分子家庭。父亲王守其，毕业于上海南洋大学；母亲周邈清，出身书香门第，曾就读北京贝满女中。王选兄姊五人，他排行最小。和谐开明的家庭教育使他从小形成了爱国奉献的价值观，形成了正直善良、诚实宽厚的做人原则。

1941 年（4 岁） 入上海南洋模范学校幼儿园。

1942 年（5 岁） 入上海南洋模范小学。

1947 年（10 岁） 小学五年级被选为班长，后一直担任学生干部，直到大学毕业。

被评为班上“品德好、受欢迎”的学生。多年后王选总结说：“这一荣誉与我后来的成就有很大关系。青少年时代应努力按好人标准培养，只有先成为好人，才能做有益于国家和人民的好事。”

1948 年（11 岁） 小学毕业，以全班第二名的成绩升入上海南洋模范中学七宝分校，就读初中。

1951 年（14 岁） 加入新民主主义青年团，是班里第一位团员。后担任团支部书记。

被免试保送入上海南洋模范中学高中就读。

1954 年（17 岁） 考入北京大学数学力学系。成绩名列前茅，并担任团支部书记、分团委副书记等职务。

1955 年（18 岁） 被评为“北大优秀生”，也称“三好积极分子”。

1956 年（19 岁） 选择当时“冷门”的计算数学专业，从此与计算机应用技术结下不解之缘。王选后来总结道：“选择计算数学专业是我一生中第一次大的抉择，一个人必须把自己的工作和国家的前途命运联系在一起，才有可能创造出更大的价值。”

1958 年（21 岁） 春，毕业实习，参与了“北大一号机”的设计改进工作，对计算机逻辑设计和调试有了完整翔实的认识，动手能力也大大加强。

夏，大学毕业，留校在数学力学系工作，一年后调至新成立的无线电系。

10 月，参与北大自行设计的中型计算机——“红旗机”的研制，负责逻辑设计和整机调试，以及部分电路设计。夜以继日地工作，被称赞为“拼命三郎”。

父亲被打为“右派”。

1961 年（24 岁） 作出一生中最重要的决定：从硬件转向软件，但不放弃硬件，从事软、硬件相结合的研究，以探讨软件对未来计算机体系结构的影响。

废寝忘食的工作和严重的营养不良，使王选身患重病，胸闷咳嗽、低烧不退，不得不病休治疗。

1962 年（25 岁） 回上海父母家中治疗，坚持边治病，边学习，边钻研。

1963 年（26 岁） 通过收听英语广播提高英文文献阅读能力，在当时我国大学教师中可谓凤毛麟角。扎实的英语基础为王选后来在科研中了解国外技术发展方向、采取独特的技术途径，起到了重要作用。

与师姐陈堃銶建立恋爱关系。陈堃銶，上海人，1953 年考入北大数学力学系，1957 年计算数学专业毕业，留校在数学力学系工作。

1964 年（27 岁） 继续软、硬件相结合的科研工作，进行 ALGOL 60 高级语言编译系统的研究，找到了创造的源泉。

1965 年（28 岁） 回到北大，与陈堃銶、许卓群等同事进行 DJS 21 机的 ALGOL 60 编译系统设计工作，1967 年研制成功，在几十个用户中推广，成为国内较早得到真正推广的高级语言编译系统之一，被列入中国计算机工业发展史大事记中。

1966 年（29 岁） 旧病复发，因“文革”北大环境混乱，到昌平北大分校休养。

1967 年（30 岁） 与陈堃銶结为夫妻，搬回北大。

1968 年（31 岁） 3 月，再回上海养病。父亲被打为“现行反革命”，成为“专政对象”，家中环境大变。

12月，被扣上“偷听敌台广播”的帽子，召回北大，进“学习班”“交代问题”，只能周末回家。在陈堃銶的理解、鼓励和照顾下，度过了艰难岁月。

1969 年（32 岁） 年初，因身体状况不佳，被命从“学习班”回家“思过”，成为被打入“另册”、只拿劳保工资、长期在家养病的老病号。

1970 年（33 岁） 从同事处得知，北大参与研制的 DJS 150 计算机遇到磁带纠错的难题。在家用手工对几百种编码方案进行筛选、计算，设计出磁带 2 位纠错方案，悄悄交同事实施，一举成功。虽无名利，但科研激情被重新点燃。

从研制编译系统中体会到软件对计算机设计的需求，边养病边进行新的计算机体系设计。

1974 年（37 岁） 完成设计方案等共十余万字。1978 年，精简为《介绍一种适合软件的新型计算机》一文，刊登在当时我国唯一的计算机杂志《电子计算机动态》上。

8 月，在周恩来总理的关怀下，我国设立了国家重点科技攻关项目“汉字信息处理系统工程”，简称“748 工程”。

1975 年（38 岁） 陈堃銶在参加学校调研时得知了“748 工程”，回家转告王选。王选被其子项目“汉字精密照排系统”的巨大价值和难度强烈吸引，开始自行设计和研究。

决定采取数字存储方式，发明了“轮廓加参数”的汉字信息高倍率压缩方法和高速复原技术，使汉字字形信息压缩 500 ～ 1000 倍，并实现了变倍复原时的高保真，比国外同类方法领先 8 年左右，攻克了汉字字形信息的计算机存储和复原等技术难关。

方案上报北大，得到支持，学校决定成立“748 工程”会战组，由教务部主任（后任校长）张龙翔担任组长，王选和陈堃銶等成为骨干力量。

确定新华社为系统的第一用户，并参加研制工作。

1976 年（39 岁） 决策跳过日本和欧美流行的第二代和第三代照排机，采用激光输出方案，直接研制国外尚无商品的第四代激光照排系统。王选发明的高分辨率字形的信息压缩、高速复原和输出方法等世界领先技术，成为汉字激光照排系统的技术核心，后分别获得一项欧洲专利和 8 项中国专利。

5 月，“748 工程”办公室主任、四机部计算机工业管理局副局长郭平欣，指定了 11 个字，请王选、陈堃銶和同事们做信息压缩还原成点阵的模拟实验。经过一个月奋战，实验成功。

9 月，由郭平欣签署、经四机部刘寅副部长同意，“汉字精密照排系统”研制任务正式下达给北京大学。王选负责系统的总体设计和硬件设计，陈堃銶担任软件设计总负责人，带领科研团队开始原理性样机的艰苦攻关。

1977 年（40 岁） 参加新华社、电子工业部和北京大学召开的联席会议。会议成立了三方联合领导小组，由郭平欣局长任组长，新华社副社长杨家祥和北京大学张龙翔任副组长。

在“748 工程”会战组基础上成立“汉字信息处理技术研究室”（即北大计算机科学技术研究所的前身），搬入北大旧图书馆一楼新址，人员和设备进一步充实。后在北大内，人们常把计算机所称为“748”。

先后确立无锡电表厂、山东潍坊电讯仪表厂、邮电部杭州通信设备厂、四平电子研究所、长春精密光学机械研究所等多个合作厂家，分别进行汉字终端、主机和照排控制器、滚筒式照排机、平板转镜式照排机等系统各部分的研制生产。

编印全面阐述技术方案的《七四八工程全电子式汉字精密照排系统方案说明》，分发协作单位，培训合作人员。

被评为1978年度北京大学先进工作者。

1979年（42岁） 7月29日，主持研制成功汉字激光照排系统的主体工程，由硬件生成和输出了第一张8开报纸样张《汉字信息处理》。《光明日报》作了《汉字信息处理技术的研究和应用获重大突破——我国自行设计的计算机—激光汉字编辑排版系统主体工程研制成功》的报道，在海内外引起巨大反响。

开始设计Ⅱ型系统照排控制器（Typesetting Controller），采用刚刚问世的双极型位片微处理器Am2900、大规模集成电路和微程序。预计1983年完成，故命名为TC83。

1980年（43岁） 9月，用激光照排系统成功地排出第一本样书《伍豪之剑》，软件系统调试成功。

10月，方毅副总理在北大呈送的《伍豪之剑》上批示：“这是可喜的成就，印刷术从火与铅的时代过渡到计算机与激光的时代，建议予以支持，请邓副主席批示。”10月25日，邓小平同志批示：“应加支持。”

时任国家进出口管理委员会副主任的江泽民同志给国务院几位副总理写信，主张抵制引进国外产品，拨款20万美元积极扶持国产系统，使王选和同事们的科研条件得到改善。

香港《工程与科学》杂志、香港《明报》向香港及海外率先报道了王选研制汉字激光照排系统原理性样机的成果。

晋升副教授。

1981年（44岁） 主持研制的我国第一台计算机—激光汉字照排系统原理性样机通过部级鉴定。鉴定委员会肯定系统“在汉字信息压缩技术方面居于世界领先地位；激光照排机的输出精度和排版软件的某些功能达到了国际先进水平。”

艰苦紧张的科研压力使陈堃銶罹患直肠癌，好在手术后癌细胞没有扩散。王选只照顾了一个月就投入科研工作，陈堃銶一年后也回到第一线，继续负责软件的研制，紧张程度和承受的压力丝毫不亚于手术前。

1983 年（46 岁） 北大“汉字激光照排项目”被纳入全国印刷技术装备发展“六五”规划，获得印刷专项支持。

华光Ⅱ型系统研制成功，原来的小规模集成电路用中大规模集成电路及微处理器取代，使照排控制器体积缩小，输出速度加快，可靠性提高，并在世界上首次实现了照排和大样输出合用一个照排控制器，因而更加实用。

北京大学在原汉字信息处理技术研究室的基础上成立计算机科学技术研究所，王选任副所长。

获 1983 年度北京市教育系统先进工作者称号。

1984 年（47 岁） 华光Ⅱ型系统在新华社进行中间试验。王选和科研人员攻坚克难，使系统顺利达到实用要求，至 1985 年鉴定会前共排印《新华社新闻稿》88 期,《前进报》12 期，约 1200 万字，并生产系统 8 套。

特批晋升为教授，获 1984 年度北京市劳动模范称号。

1985 年（48 岁）“高分辨率汉字字形发生器”“照排机和印字机共享的字形发生器和控制器”获得两项国家专利（与吕之敏等）。

华光Ⅱ型系统通过国家级鉴定和新华社用户验收，会上郑重宣布该系统是我国研制成功的一项具有国际先进水平的重大科研项目，开创了我国印刷技术发展史上的新纪元。

华光Ⅱ型系统当选 1985 年中国十大科技成就，并作为当时中国为数不多的高科技成果，参加日本筑波万国科技博览会。

华光Ⅲ型系统问世，主机由小型机换为台式机，体积更小，稳定性更强。是我国第一个科技排版系统和大报排版系统，获首届全国发明展览会奖。首批系统提供湖北印刷科学技术研究所和铁道出版社使用。

获国家经济委员会突出贡献表彰。

1986 年（49 岁） 电子工业部主持通过“华光Ⅲ型系统设计生产定型及科技版软件鉴定”，认为系统的主要技术指标达到国际先进水平，最大亮点是由陈堃銶带领团队研制完成的科技排版软件：“与国外同类软件相比，该软件在功能、灵活性、方便程度等主要方面都处于领先地位，其中汉字化学式排版软件国外尚无商品出售，是一项重要成果。”

《经济日报》社率先购进华光Ⅲ型照排系统，其《中国机械报》首先试用出报。12 月 30 日，该报发表评论员文章《别了，铅排》。

华光Ⅲ型系统获第 14 届日内瓦国际发明展览会金牌。

被聘为博士生导师。

1987 年（50 岁） 作为唯一发明人，“高分辨率字形在计算机中的压缩表示”获得欧洲专利，编号 EP0095536。由于 1982 年申请时，我国大陆没有申请国外专利的相关法律，该专利是在钱伟长先生协助下，通过香港的黄金富先生辗转申请的，电子工业部张淞芝先生协助沟通。王选是我国第一位欧洲专利获得者。

5 月 22 日，《经济日报》采用华光Ⅲ型照排系统，诞生了世界上第一张计算机屏幕组版、整版输出的中文日报。12 月，系统在《经济日报》社通过验收。

研制成功以微机为主机、照排控制器为 TC86 的华光Ⅳ型系统，交国家经委文印处使用。字形复原速度达到每秒 710 字，并具有强大的、花样翻新的字形变化功能。获国家科技进步一等奖，华光Ⅳ型排版软件获北京地区优秀软件一等奖。

获国家级有突出贡献的中青年专家称号。

获首届毕昇奖，首届森泽信夫印刷奖。

1988 年（51 岁）《经济日报》社卖掉了所有铅字，废除了铅排作业，成为我国第一家“告别铅与火、迈入光与电”的报社。

华光Ⅳ型投入批量生产，该系统以 PC 机为主机，且由于设计了两块加快字形复原速度的专用超大规模集成芯片，并配有大屏幕交互式报纸组版软件、可插入多种交互式排版结果的批处理书刊排版软件，性能比华光Ⅲ型优越得多。价格只是国外系统的一半甚至 1/3，很便于普及推广。

经国家经委批准，由王选带领北大计算机所和北大新技术公司合作，设计、生产和销售北大华光电子出版系统。

获 1988 年度北京市劳动模范称号。

1989 年（52 岁） 专利“高分辨率汉字字形发生器”获中国专利发明创造金奖，位居全国十个金奖之首，也是信息产业类唯一获奖专利。时任国家科委主任宋健在参观系统后说：“这一系统在信息产业中是 Number One(第一)！”

“高分辨率字形的高速旋转方法”获得国家专利（与吕之敏等）。

华光Ⅳ型系统通过部级鉴定，认为“该系统采用超大规模集成电路技术，硬件、软件技术水平、排版软件的功能、版面质量、图形排版功能和图形质量以及系统的适应范围等主要方面均已达到国内外领先水平。”此后，华光Ⅳ型系统开始在全国新闻出版、印刷业推广普及，成为国产激光照排系统大规模推广的里程碑。

电子工业部、北京大学在《人民日报》社召开协调会，确定由王选和科研团队对该报社从美国进口的照排系统进行技术改造。半年后系统改造成功投入使用，美国照排公司宣布破产。外国照排厂商开始退出中国市场。

建立文字信息处理国家重点实验室，王选任主任。

1990 年（53 岁） 潍坊计算机公司推出华光Ⅴ型系统，与北大的合作终结。

获陈嘉庚技术科学奖、全国高等学校先进科技工作者称号。

获政府特殊津贴。

1991 年（54 岁） “高集成度的字形发生器和控制器”“高速产生倾斜字和任意角度旋转字的方法”和“一种适合单路和多路扫描的照排机输出正阳、正阴、反阳、反阴图的控制设备”获得 3 项国家专利（与吕之敏）。

华光Ⅳ型系统获国家重大技术装备成果特等奖。

香港《大公报》全部版面采用北大系统出报，这是香港地区第一家采用国产系统的华文报纸。

北大计算机所和北大新技术公司联合推出新一代电子出版系统——“北大方正电子出版系统”（即 TC91 型系统），这是王选和同事们研制的第五代产品。

率北大计算机所跨过传统电子分色机阶段，研制成功彩色激光照排系统，8 月 8 日在《解放军报》社排印出《中国乡镇企业报》第一张彩报。

当选中国科学院学部委员（院士）。

任北京大学计算机所所长。

1992 年（55 岁） “汉字字形发生器在处理笔画交错情况时的一个措施”和“分段生成报纸和书刊版面点阵的方法”获得两项国家专利。

1 月 21 日，方正彩色出版系统在《澳门日报》投入使用，诞生了世界上首次实现彩色图片与文字合一处理和输出的中文彩色报纸。不久，香港《大公报》《新晚报》先后采用该系统出报。6 月，《科技日报》采用该系统，出版中国大陆首张文图合一整版输出的彩色报纸，引发我国报业和出版印刷业的彩色技术革新。

率领北大计算机所研制成功通过卫星以页面描述语言形式远程传送报纸版面的新技术，被《人民日报》社首家采用，使我国报业跳过报纸传真机，直接推广以页面描述语言为基础的远程传版新技术，实现了报纸发行的全国同步、同质量印刷。

紧跟国际开放潮流，推出世界上第一个基于 MS Windows 的中文专业排版软件，也是国内 Windows 上的第一个大型应用软件。

出版专著《软件设计方法》（清华大学出版社出版）。

1993年（56岁） 指导学生研制出世界上第一个PostScript Level 2的中文页面解释器，与专用协处理器芯片相结合，推出第六代照排控制器TC93，以此为核心的方正电子出版系统迅速占领市场，使来华销售照排系统的外国公司全部退出了中国。国内99%的报社和90%以上的书刊（黑白）印刷厂采用了国产激光照排系统，中国传统出版印刷行业得到彻底改造，创造了极大的经济效益和社会效益，成为用自主高新技术改造传统行业的典范。

系统在香港《明报》的竞标中一举中的，此后迅速进入中国港澳台以及东南亚、北美等地，迄今占据了中国港澳台以及海外80%的华文报业市场。

决定退出科研第一线，全力扶持年轻人创造新成果。

当选第三世界科学院院士。

当选第八届全国政协委员。

获北京市科技进步特等奖、全国教育系统劳动模范并被授予人民教师奖章、北京市1993年度优秀教师。

1994年（57岁） 高档彩色出版系统研制成功，在北京新华彩印厂投入使用并通过鉴定，从而进入彩色画刊、杂志印刷领域，标志着在彩色出版领域内，外国公司20多年独霸中国市场的局面被打破。

新闻采编流程计算机管理系统研制成功，由《深圳晚报》首家采用，由此引发了国内报业“告别纸和笔”的技术革新。

由电子工业部、新闻出版总署、中国印刷及设备器材工业协会联合举办了“纪念748工程二十周年”大会。江泽民同志题词：“拼搏奉献，为中华争光”。

当选中国工程院院士。

任电子出版新技术国家工程研究中心主任。

获美洲中国工程师学会个人成就奖。

1995年（58岁） 包括调频挂网技术、专用加速芯片、高保真分色技术的“七色高保真彩色制版系统”研制成功，在北京新华彩印厂制作出我国第一张与彩色照片原稿十分逼真的高保真七色印刷品，输出速度居世界领先水平，实现了彩色制版印刷领域的又一重大技术突破。用这一技术制作了黄胄画刊，取得几可乱真的效果。

中文电子出版系统被评为中国十大科技成就之首，获国家科技进步一等奖。

北大计算机所与北大方正联合成立方正技术研究院，王选任院长，使产学研更好地结合。

任方正（香港）有限公司董事局主席。方正在香港以红筹股的形式成功上市。

决定研制日文出版系统，进军日本市场，依靠自主创新技术走向国际。

决定以研制计算机动画制作系统为契机，进入数字视频领域，进军广电业。

获联合国教科文组织科学奖、何梁何利科学与技术进步奖、全国先进工作者、北京市先进工作者称号。

当选九三学社中央副主席。

1996 年（59 岁） 当选中国科学技术协会副主席。

获王丹萍科学奖。

1997 年（60 岁） 与日本第二大杂志社 Recruit 公司签约，方正日文出版系统正式出口日本，《北京日报》称“这是中国企业第一次较大规模地出口和销售拥有自己知识产权和自有产品品牌的高科技应用软件”。至 2012 年，日本有超过 250 家出版机构在使用方正出版系统，超过 300 家日本企业在使用方正软件产品。

出版专著《王选文集》(北京大学出版社出版)。

获北京市普通高等教学成果一等奖。

获台湾潘文渊文教基金奖。

1998 年（61 岁） 当选九届全国人大常委，人大教科文卫委员会副主任，人大中国—菲律宾友好小组主席，外交部中俄友好、和平与发展委员会委员。

北京市开展学习王选先进事迹活动。

1999 年（62 岁） 获“首都楷模”荣誉称号、香港蒋氏科技成就奖。

当选中国国际交流协会副会长。

受聘为马来西亚多媒体超级走廊国际顾问小组成员。

辞去方正技术研究院院长职务。

出版专著《王选谈信息产业》(北京大学出版社出版)。

2000 年（63 岁） 获首都精神文明建设奖、北京市劳动模范称号。

以年轻一代为骨干研发的第七、第八代出版系统先后问世，并进军国际西文市场，产品出口美国等几十个国家和地区。同时，还将具有自主知识产权的核心技术销售给国际著名厂商，通过其产品应用在世界各地。

推出基于 Internet 的全数字化报业流程管理系统及 Apabi 电子图书出

版系统。

不幸罹患肺癌，确诊后第三天写下遗嘱，希望年轻一代“务必超越王选、走向世界”。字里行间充满对祖国和人民的挚爱、对年轻一代的希冀和超越生命的坦然释然。

此后5年多时间里，王选豁达顽强，坚持边治疗边工作，参加会议和活动340余次，撰写文章11万字，创造了生命的又一个奇迹。

2001（64岁） 由中国工程院倡议主办、众多院士和国家相关部门推荐评选出的25项“20世纪我国重大工程技术成就”中，“汉字信息处理与印刷革命”当选第二项，比第一项“两弹一星”仅差一票。

继任第六届中国科学技术协会副主席。

出席第三届亚太地区媒体与科技和社会发展研讨会开幕式。

出席中文信息学会成立20周年暨换届大会开幕式。

撰写文章及发表情况：

《我们赶上了科技发展的春天》,《光明日报》6月9日刊登。

《在困难和挫折中前进》,《北大方正报》8月2日刊登。

《方正出版系统的明天会更好》,《北大方正报》8月14日刊登。

《杀手锏出，后来居上》，写于9月5日。《王选文集》（修订版）收录，由北京大学出版社2006年出版。

《善见他人之长是团队精神的基础》,《北京科技报》11月12日刊登。

《脚踏实地，持之以恒》,《光明日报》以《金钱和荣誉不是成就的动机》为题，于11月12日刊登。

《抓住新潮流机遇，实现跨越式发展》，写于11月10日,《王选文集》（修订版）收录，由北京大学出版社2006年出版。

《我能取得成就的原因和不足之处》，写于11月22日,《王选文集》（修订版）收录，由北京大学出版社2006年出版。

《情商要从青少年时代培养》，写于11月26日,《辽宁日报》2002年4月5日刊登。

2002年（65岁） 获2001年度国家最高科学技术奖及奖金500万元。

北京大学召开科技奖励大会，等额匹配奖励王选500万元。

王选用上述奖金中的科研经费900万元，在北大计算机所设立“王选科技创新基金”，支持和鼓励青年科技工作者从事具有基础性、前沿性的中长期科技创新技术研究。剩余奖励个人的奖金，绝大部分也捐献给了单位。

辞去方正控股（原方正香港）有限公司董事局主席职务，改任该公司首席科技顾问。

出席九三学社第八次全国代表大会，并主持闭幕会。

文字信息处理技术国家重点实验室评估结果为“情况待定”，此后挂起。

撰写文章及发表情况：

《依靠团队，实现梦想》，获国家最高科学技术奖后感言，《中国计算机报》2 月 26 日刊登。

《一个好的科学家首先应该是一个好人》，《北大方正报》第 4 期刊登。

《抓住机遇，走出国门》，《北大方正报》第 6 期刊登。

《周老和汉字激光照排系统》，写于 6 月 3 日，《宗师巨将，表率楷模——纪念周培源文集》收录，由学苑出版社 8 月出版。

《阅读文献的习惯使我终生受益》，写于 8 月 15 日，《王选文集》（修订版）收录，由北京大学出版社 2006 年出版。

《从 Dijkstra 谈帅才的洞察力》，写于 9 月 3 日，《计算机世界》9 月 9 日刊登。

2003 年（66 岁） 当选政协第十届全国委员会副主席。在十届政协一次会议小组会上作《关于发展信息产业的若干建议》的讲话。

任全国政协京昆室主任，先后向全国政协提出《抢救杨（小楼）派武生名剧的建议》《收集、整理京剧珍贵影像资料供教学和出版的建议》等书面建议。

任“国家中长期科学和技术发展规划总体战略顾问专家组”成员。

辞去中国国际交流协会副会长职务。

任中国专利保护协会名誉会长、中央电视台少儿频道社会咨询委员会名誉主任。

出席北京体育大学建校 50 周年庆祝大会并发表讲话。

出席全国政协《中国京剧音像集萃》新闻发布会并主持会议。

出席九三学社第十一届中央委员会第二次全体会议，并主持开幕式。

撰写文章及发表情况：

《破除对权威的迷信，勇于创新》，《光明日报》4 月 8 日刊登。

《发挥北大多学科的优势 重视交叉学科的发展》，《北京大学校报》5 月 5 日刊登。

《制定与实施国家中长期科技发展规划的一些思考》，《科技日报》8 月 12 日刊登。

《我对体育的认识》，《中国体育报》10 月 9 日刊登。

《先进的企业文化是基业长青的重要保证》，《北大方正报》第 12 期刊登。

《抓住两头，就能成功》，写于12月22日，《北大方正报》2004年第3期刊登。

《出版技术在中国的发展》，《中国科学进展》收录，由科学出版社10月出版。

《回忆北大数学力学系的大学生活》，《中华儿女》第11期刊登。

2004年（67岁） 任中国印刷技术协会名誉会长。

任中国青少年网络协会名誉会长，出席中国青少年网络协会第一次会员代表大会开幕式并讲话。

主持全国政协京昆室举办的“保护扶持昆曲艺术”和《中国京剧音配像精粹》二期工程新闻发布会。

先后出席电子政务公文系统标准与技术高层论坛、首届民营企业高峰会、第四届技术创新与技术管理国际研讨会、“中国高等教育数字化图书馆”启动暨成果汇报大会、全国书画家国庆座谈会开幕式、2004中国企业创新年会、“中国芯工程”成果报告会等并讲话。

出席北大计算机所全体导师工作会议并讲话。为适应企业改制的新形势，加强基础研究，计算机所与方正技术研究院分离，回归北京大学。

撰写文章及发表情况：

《邓小平与中国科技发展的春天》，《春天常在，丰碑永存——邓小平同志与中国科技事业》收录，由科学技术文献出版社8月出版。

《在电子政务公文系统标准与技术高层论坛上的讲话》，《光明日报》9月3日刊登。

《企业家应该具备的七种素质》，《中华工商时报》9月3日刊登。

《政协委员建言立论的影响越来越大》，《人民日报》9月17日刊登。

《科学与艺术是相通的》，《中国文化报》9月28日刊登。

《科学研究的目标和环境》，《光明日报》10月8日刊登。

2005年（68岁） 出席中南海高层协商会，并递交书面建议。

出席并主持九三学社建社60周年纪念大会。

出席2005中国eBook产业年会并讲话。

接受中央电视台11套及《中国京剧》杂志社采访，对荀慧生诞辰105年、保存京剧戏曲资料发表看法；接受中科院及《科学时报》采访，就院士增选及问题发表看法，《科学时报》以《院士未必总是学术权威》为题予以报道。

会见科技部马颂德副部长，希望有关部门对网络出版项目予以支持。此为王选最后一次在公开场合露面。

为北大计算机所2005年科研总结暨表彰大会录制新年致辞。

科技部国家科技奖励工作办公室颁布公告，批准中国新闻技术工作者联合会设立的“新闻科学技术奖”，更名为“王选新闻科学技术奖”。

撰写文章及发表情况：

《自主技术产品出口的若干思考》,《科技日报》3月2日刊登。

《利用已有的技术和市场优势开辟新天地》,《北大方正报》3月23日刊登。

《试谈科研成功的因素》,《科学时报》3月29日刊登。

《数码印刷提供了技术创新的重大机遇》,《北大方正报》7月25日刊登。

《在新形势下做出更大的贡献》,《团结报》9月1日刊登。

《要有超过外国人的决心和信心》,《科技日报》9月1日刊登。

《应重视京剧史料的开掘整理工作》,《中国京剧》第11期刊登。

《给优秀人才提供良好的创新环境》，是王选执笔的最后一篇文章,《光明日报》11月17日刊登。

2006年（69岁） 1月3日，为《科技日报》成立20周年题词：“科教兴国，人才强国。”这是王选的绝笔，也是他一生为之不懈奋斗的梦想与追求。

2月13日上午11点零3分在北京逝世。

附录二　王选逝世后纪念活动和所获荣誉

2006年

北京大学在百周年纪念讲堂设立王选纪念灵堂，陈堃銶写下挽联："半生苦累，一生心安。"各界纷纷献花、留言，表达无尽的怀念和追思。

2月19日，王选同志遗体告别仪式在八宝山革命公墓举行，胡锦涛总书记对陈堃銶教授说："王选同志走了，他的名字将永远镌刻在中国科技发展史上，人民不会忘记他！"

中宣部、统战部、教育部联合发出通知，在广大知识分子和统一战线各界人士中开展向王选同志学习活动。5月17日，三部委与九三学社联合组织的"王选同志先进事迹报告会"在人民大会堂举行首场报告。之后赴广州、武汉、西安、成都、重庆、南京、福州、无锡、上海等城市进行巡回报告。

被海淀区评为"海淀创新特殊贡献人物"。

按照王选生前愿望，由陈堃銶代表捐款，在九三学社设立"王选关怀基金"，开展捐赠、资助、关爱、交流等活动，传递王选精神。

经国家科技奖励工作办公室批准，中国计算机学会决定将"中国计算机学会创新奖"更名为"中国计算机学会王选奖"，并举行颁奖仪式。

《王选文集（修订版）》出版（北京大学编委会主编，由北京大学出版社出版）。

《永远的王选》出版（九三学社中央宣传部主编，由中国时代出版社出版）。

2007年

由北大计算机所和方正集团联合筹建的王选纪念陈列室"生平事迹厅"建成开放，并举行揭牌仪式。

由中国集邮总公司和中国科学院联合制作的"王选科技封"向全国发行，并由北大计算机所主持举行了发行仪式。

《知识分子的榜样——王选》出版（中央统战部主编，由学苑出版社出版）。

2008年

九三学社中央、教育部、中国科协、北京大学、中国科学院紫金山天文台等，在全国政协礼堂隆重举行"王选星"命名仪式。经国际小行星中心和国际小行星命名委员会批准，中国科学院紫金山天文台发现的国际编号为4913号小行星，被命名为"王选星"。

由陈堃銶代表王选及北大计算机所，向北京大学捐赠1000万元人民币，设立"北京大学王选青年学者奖励基金"，奖励在教学岗位和科研工作中做出重要贡献并具有巨大发展潜力的青年教师。

《风范长存——怀念王选院士》出版（北京大学编委会主编，由北京大学出版社出版）。

先后当选"十位传播科技的优秀人物""改革开放30年风云人物""改革开放30年中国教育时代人物""改革开放30年影响中国经济30人特别纪念奖"以及"中关村十大创新先锋"。

2009年

无锡王选事迹陈列馆建成并举行开馆仪式，成为重要的爱国主义教育基地。

由北大计算机所和方正阿帕比技术公司共同设计制作的王选院士纪念网站（网址：http://www.wangxuan.net）正式发布。

当选由中宣部、中组部、统战部等部门联合组织评选的100位"新中国成立以来感动中国人物"，全国总工会评选的"时代领跑者——中华人民共和国成立60年最具影响的劳动模范"，以及"共和国60年影响中国经济60人""新中国60年杰出出版家"等称号。

"王选与汉字激光照排技术成就"分别在中华人民共和国成立60周年成就展、法兰克福国际图书博览会、中国科技馆新馆（长期）展出。

2010年

北京印刷学院举行"学习王选精神，争做新时期优秀教师"主题活动暨王选院士铜像落成典礼。

2011年

《当代毕昇——王选》出版（无锡市教育局等主编，由江苏人民出版社出版）。

北大计算机所举行纪念王选教授逝世五周年系列活动。

方正集团举行成立 25 周年系列之“王选缅怀月”活动。

2012 年

北大计算机所隆重举行王选院士雕像落成及揭幕仪式。

《九三学社人物丛书·王选传》出版（丛中笑著，由学苑出版社出版）。

北京市第八十中学设立“王选创新实验班”，并请陈堃銶教授为实验班揭牌。

2013 年

为响应中国科协和教育部共同发起的科学家主题宣传活动“共和国的脊梁——科学大师名校宣传工程”，由北京大学组织、北大歌剧研究院为主要团队创作和演出的原创实验歌剧《为你而来·王选之歌》，在北大百周年纪念讲堂上演。

2014 年

中国邮政在全国发行《中国现代科学家（六）》纪念邮票，包括核物理学家王淦昌、气象学家和地球物理学家赵九章、物理学家郭永怀、核物理学家邓稼先、核物理学家朱光亚和计算机科学家王选。中国科学院科学传播局、中国科学院集邮协会等在中科院学术会堂举行首发式。

2015 年

由中国科协联合教育部、团中央、中科院、工程院共同主办的“共和国的脊梁”主题晚会在人民大会堂举行。北京大学、清华大学等 9 所高校用真挚的情感和唯美的艺术，呈现了王选、邓稼先、钱学森等科学大师的突出成就和感人精神。

2016 年

在王选逝世十周年之际，王选纪念陈列室“创新历程厅”建成并举行揭幕仪式。以“印刷革命、创新典范”为展示主题，与 2007 年建成的“生平事迹厅”相互补充，形成有机整体。

参考文献

王选．2006．王选文集（修订版）．北京：北京大学出版社．

中共中央统战部．2007．知识分子的榜样——王选．北京：学苑出版社．

北京大学．2008．风范长存·怀念王选院士．北京：北京大学出版社．

李岚清．2008．突围——国门初开的岁月．北京：中央文献出版社．

郭洪波，刘堂江．1990．中华之光——王选传．广西：广西科学技术出版社．

沈忠康．2004．创新历程——中国印刷新型工业化道路的探索与实践．北京：经济日报出版社．

电子工业部，新闻出版署，中国印刷及设备器材工业协会．1994．“748 工程”二十周年纪念文集．

王宏甲．2000．智慧风暴．北京：新华出版社．

北大方正集团．2006．中国的方正．

张世龙．2005．燕园絮语．北京．华龄出版社．

薛继军．2005．大家．北京．商务印书馆．

张邦浩．2002．南洋模范中学简史．

后　记

在键盘上敲下最后一个字符，我长长地舒了口气，两年来夜以继日，不辍笔耕，终于完成了这项重要使命。

这是我第三次写有关王选老师的专著。2002年和2004年，受科技部国家科技奖励工作办公室和中国科学院有关单位委托，我分别撰写出版了《王选的世界》和《中国当代著名科学家丛书——王选》两本著作，都得到王选老师和夫人陈堃銶老师的大力支持和帮助，书出版后，王老师在《王选的世界》扉页上亲笔给我留言："扎实的文学基础，再加上熟悉情况和辛勤努力，使你写的这本书文笔流畅，具有可读性，从而得到各方的好评。"让我深受鼓舞。

然而，写这部《王选传》时，敬爱的王选老师已经永远离开了我们……

2006年2月王老师不幸辞世后不久，九三学社与我联系，让我写一本王选教授的新传记。后来，韩启德主席亲自征得了陈堃銶老师的同意，邵鸿副主席正式跟我谈了关于编纂出版"九三学社人物丛书"的情况，写王选传记的事终于定了下来。但我并没有急于动笔，一是忙于王选先进事迹宣讲活动、整理出版王选老师的文集和纪念文集、筹建纪念陈列室等工作，静不下来；更重要的是，这项工作意义重大，我感到肩负着很大的责任和压力，不能简单重复以前写过的内容，而应该认真搜集资料，潜心研究，写一部真实深刻地反映王选老师一生的经历成就、思想精神、风格品德的大传、全传。

接下来的两年间，我通过参与一系列纪念王选老师的活动，积累了丰富新鲜的写作素材，对王选老师的认识也有了进一步提高。通过参加"王选同志先进事迹报告团"巡回宣讲活动，深入了解了王选老师在科技创新、参政议政、品德风范等方面的感人事例；在建设王选纪念陈列室和无锡王选事迹陈列馆过程中，收集了王选遗嘱、设计手稿、工作日记等大量珍贵资料；通过编纂纪念文集《风范长存·怀念王选院士》、协助拍摄专题片等工作，从有关领导和部门以及王选生前的亲朋好友、同事、学生和医护人员的深情回忆中，感受到了一个更为立体鲜活的王选。

更为重要的是，在上述工作进行过程中，陈堃銶老师一直亲力亲为地参与，通过当面讲述、录音等形式，提出指导性意见，耐心讲解有关激光照排系统的技术原理和应用推广过程中的艰难困苦，讲述王选老师鲜为人知的往事和人格魅力，他们一生携手相伴、为激光照排拼搏奉献的历程使我深深感动。另外，陈老师还提供了许多首次面世的宝贵手稿、图片和实物。尤其让我惊喜的是，陈老师在整理展品时，无意间找到了1988年王老师和她给《中华之光——王选传》一书作者录制的多盘回忆录音磁带，真是雪中送炭！使我得到了详细而权威的珍贵资料。

经过两年的积累沉淀和梳理构思，2008年3月，我开始正式动笔。这之后，一边忙日常工作，一边早晚不停地写作。开始时写得不顺利，因为我满怀着对王选老师的崇敬，总想着如何用最好的、充满感情的文笔去描述他，总想着超越自己以前的作品，所以仿佛被捆住了手脚，虽然绞尽脑汁，但仍觉下笔拙涩。带着这些苦恼，我请教陈老师，陈老师答复说，这部书"不宜歌功颂德，不要把王选写成高大全人物，王选也有缺点、不足和失误，要展现一个客观、立体的王选给大家"。简单几句话使我豁然开朗，用平实严谨的语言、丰富生动的事例，把一个真实的王选呈现给读者，就是这部书的写作宗旨。在风格上，则继续延续《王选的世界》中"客观描述和口述实录相结合"的手法，除王老师外，又加入了陈老师和其他当事人的"口述实录"，把以前没有写过的内容，尤其是王老师后半生的经历和精神作为重点补充进来，从多层次、多视角来刻画人物，还原历史。上述原则确定后，我再写起来感觉"如有神助"，顺畅多了。

花开花谢，春去秋来，我沿着王选老师的人生足迹，一步一步地走着，一字一句地写着，我被王选老师坎坷传奇的一生、坚韧执着的毅力和纯厚无私的品德激励着，被他和陈堃銶跌宕起伏、始终不渝的爱情感动着，时而开心，时而愤懑，时而激动，时而悲痛，时而欢欣鼓舞，时而唏嘘泪下……2009年11月一个深秋的上午，近40万字的初稿终于完成，我的思想和心灵也受到了一次又一次净化和洗涤。

一个人从小生长的家庭环境和所受教育对他人生观和价值观的形成至关重要，本书第一章"故土家世"、第二章"青春年少"，叙述了王选的青少年时光，和谐开明的家庭教育使他从小树立了爱国奉献的价值观，形成了正直善良、诚实宽厚的人格和"做个好人"的人生观；在上海南洋模范学校所接受的良好教育，则为王选的大学学习和日后取得成功打下了第一块基石。

人生的道路虽然漫长，但关键往往只有几步。第三章"北大学子"着重描述了王选的大学时代，他作出了"人生第一个重要选择"——选择计算数学方向，并通过参加"北大一号机"的改进工作，对于计算机技术产生了浓厚的兴趣。

第四章“峥嵘岁月”和第五章“相濡以沫”所描述的20世纪50年代末到70年代中期，是王选人生的低谷时期，他不顾疾病缠身、环境恶劣，通过自学提高英语水平，进行软、硬件相结合的科学研究，取得了重要成果，成为我国早期计算机技术领域的佼佼者。他与生命的另一半陈堃銶结为患难夫妻，两人志同道合，相濡以沫，共同度过了艰难岁月。

1975～1993年，王选全身心投入汉字激光照排系统的研制中，和同事们顶住压力，艰苦攻关，锲而不舍，不断创新，先后研制出六代激光照排系统，在国家、协作单位和用户的大力支持和配合下，大规模推广应用，掀起了一场“告别铅与火，迎来光与电”的印刷技术革命。“惊世原创”（第六章）、“原理性样机”（第七章）和“印刷革命”（第八章）用浓墨重彩详细记录了上述伟大历程，以及王选求实创新的科研作风和献身科学的奉献精神。

第九章“技术创新”重点描述了20世纪90年代，王选与同事们持续创新，研制出一系列先进成果推向海内外市场，用高新技术改造我国传统行业的过程，并对王选的创新思想进行了总结再现。

第十章“甘为人梯”描述了王选老师以提携后学为己任，“爱才如命、人尽其才、才尽其用”，发现和培养青年科技才俊的感人故事。

王选老师之所以感动人们，不仅因为他的巨大贡献，更因为他高尚的品德风范。第十一章“山高水长”，再现了王选淡泊名利、生活俭朴、严于律己、宽厚待人、真诚坦率、虚怀若谷等高尚品德，也描述了他为人处世的特点和弱点。首次集中叙述了王选担任全国政协委员、人大常委和九三学社中央副主席等职务期间，积极参政议政、建言献策，为实现科教兴国战略所做的重要贡献。作为方正的“精神领袖”，本章对王选在方正集团的创建和发展过程中所起的重要作用，以及在产学研相结合道路上的成功实践进行了总结，也对他遇到的挫折和坎坷进行了客观描述。

第十二章“鞠躬尽瘁”，是对身患重病后的王选晚年的集中重现：身为绝症患者，他泰然立下遗嘱，乐观豁达，坦然面对生命；作为全国政协副主席，他为国家发展和单位建设殚精竭虑、死而后已；作为梨园挚友，他对传统京昆艺术的继承和发扬倾注了极大关爱。他挥笔著文、发表演讲，反映出独具魅力的科学思想、人文情怀与哲学智慧；他笑对病魔，顽强抗争，以超凡的毅力和胸怀实践“好人观”，奏响了一曲超越生命的华彩乐章……山河失色巨擘折，九州花雨为君殇，本章还记叙了王选老师逝世后各界对他的沉痛缅怀和纪念活动。

我把初稿传给陈堃銶老师，请她审阅把关。陈老师回复说："你能把这么丰富的材料组织起来，写成这部书，实属不易，许多内容没有亲身体会是写不出来的，你辛苦了！我一定仔细阅读你的心血之作。"接下来的半年多时间里，年迈体弱的陈老师除日常事务外，几乎每天伏在电脑旁，花费大量精力审改书稿。她考虑问题周到细致、深远全面，对书中细节认真核实和补充，力求准确完整；她委婉地提出，为了方便读者阅读，书稿应简洁一些，一些细枝末叶可以去除，一些章节可以合并或调整顺序，使全书的结构更顺畅，文字更精练，重点更突出。在修改一些重要内容时，陈老师总是通过电话细细与我商量讨论，取得一致意见。对我因充满感情而偏于华丽拔高的描述语言，陈老师特地用黄色标出，嘱我改得平实自然些。有陈老师把关，我心里感觉特别踏实。

经过半年多的修改，六易其稿，这部《王选传》终于定稿。在此，我要对陈堃銶老师表达最衷心的感谢！感谢九三学社、学苑出版社、中国科学院和科学出版社为此书的出版所作的努力。

感谢通过各种形式为本书提供素材的王选老师的亲朋好友、学生、同事以及各界人士，他们的真情回忆为本书增加了历史真实性和可读性。

在本书即将付梓之际，我走进王选老师的办公室，这里还是他离开前的模样。望着墙上王老师的照片，想起1998年我第一天上班，王老师为了缓解我的紧张情绪开的那个南方口音的玩笑，他说："丛中笑，名字很好听，可是平时叫你'小虫'、'小虫'，却成了虫了。"一晃12年过去了，生命随光阴水一般流逝，王老师却仿佛从未离去，他那和蔼可亲、充满鼓励信任的音容笑貌在我脑海中清晰依旧；他留下的宝贵精神，灿若星辰，将永远闪耀在浩瀚宇宙之间、祖国人民心中。愿越来越多的有志之士，研究王选，学习王选，像王老师期望的那样"超越王选"，沿着王选老师的路，继续走下去。

丛中笑

2010年7月5日初稿

2012年8月终稿

2014年4月修订

2016年5月再次修订

科学与人生

中国科学院院士传记

王选传

丛中笑／著

科学出版社

北　京

图书在版编目（CIP）数据

王选传 / 丛中笑著 . —北京：科学出版社，2016.6
（科学与人生：中国科学院院士传记）
ISBN 978-7-03-048589-2

Ⅰ. ①王…　Ⅱ. ①丛…　Ⅲ. ①王选（1937—2006）—传记
Ⅳ. ① K826.16

中国版本图书馆 CIP 数据核字（2016）第 125022 号

丛书策划：胡升华　侯俊琳
责任编辑：侯俊琳　张　莉 / 责任校对：张小霞　桂伟利
责任印制：李　彤 / 封面设计：黄华斌　陈　敬

本书在学苑出版社出版的《王选传》基础上修订而成，并经学苑出版社授权许可使用。

科学出版社出版
北京东黄城根北街 16 号
邮政编码：100717
http://www.sciencep.com
北京虎彩文化传播有限公司印刷
科学出版社发行　各地新华书店经销
*
2016 年 7 月第　一　版　开本：720 × 1000　1/16
2022 年 6 月第五次印刷　印张：32 1/4　插页：4
字数：520 000
定价：98.00 元
（如有印装质量问题，我社负责调换）

总序

中国科学院学部科普和出版工作委员会决定组织出版《科学与人生：中国科学院院士传记》丛书，这是一件很有意义的文化工程。首批入传的22位院士都是由各学部常委会认真遴选推荐的。他们中有学科领域的奠基者和开拓者，有做出过重大科学成就的著名科学家，也有毕生在专门学科领域默默耕耘的一流学者。每一部传记，既是中国科学家探索科学真理、勇攀科学高峰的真实情景再现，又是他们追求科学强国、科教兴国的一部生动的爱国主义教材。丛书注重思想性、科学性与可读性相统一，以翔实、准确的史料为依据，多侧面、多角度、客观真实地再现院士的科学人生。相信广大读者一定能够从这套丛书中汲取宝贵的精神营养，获得有益的感悟、借鉴和启迪。

中国科学院学部成立于1955年，经过50多年的发展，共选举院士千余人，荟萃了几代科学精英。他们中有中国近代科学的奠基人，新中国的主要学科领域的开拓者，也有今天我国科技领域的领军人物，他们在中国的各个历史时期为科学技术的发展做出了历史性的贡献。“五四”新文化运动以来，一批中国知识精英走上了科学救国的道路，他们在政治动荡、战乱连绵的艰难岁月里，在中国播下了科学的火种，推动中国科技开始了建制化发展的历程。新中国成立后，大批优秀科学家毅然选择留在大陆，一批海外学子纷纷回到祖国，在中国共产党的领导下，开创了中国科学技术发展的新篇章。广大院士团结我国科技工作者，发扬爱国奉献、顽强拼搏、团结合作、开拓创新的精神，勇攀世界科技高峰，创造了举世瞩目的科技成就，为增强我国综合国力、提升自主创新能力做出了重要贡献，为国家赢得了荣誉。他们的奋斗历程，是中国科学技术发展的历史缩影；他们的科学人生，是中华民族追求现代化的集中写照。

当今世界，科学技术已成为支撑、引领经济社会发展的主要动力和人类文明进步的主要基石。广大院士不仅是科学技术发展的开拓者，同时也是先进文化的传播者，在承担科技研究工作重任的同时，还承担着向全社会传播科学知识、科学方法、科学思想、科学精神的社会责任。希望这套丛书的出版能够使我国公众走近科学、了解科学、支持科学，为全民族科学素养的提高和良好社会风尚的形成做出应有的贡献。

科学技术本质是创新，科技事业需要后继有人。广大院士作为优秀的科技工作者，建设并领导了一个个优秀的科技创新团队；作为教育工作者，诲人不倦，桃李满天下。他们甘当人梯、提携后学的精神已成为我国科技界的光荣传统。希望这套丛书能够为广大青年提供有益的人生教材，帮助他们吸取院士们追求真理、严谨治学的科学精神与方法，领悟爱国奉献、造福人民的科技价值观和人生观，激励更多的有志青年献身科学。

记述院士投身我国科学技术事业的历程和做出的贡献，不仅可为研究我国近现代科学发展史提供生动翔实的新史料，而且对发掘几代献身科学的中国知识分子的精神文化财富具有重要意义。希望《科学与人生：中国科学院院士传记》丛书能够成为广大读者喜爱的高品位文化读物，并以此为我国先进文化的发展做出一份特有的贡献。

是为序。

2010年3月

王选传

目 录

第四章　峥嵘岁月

第五章　相濡以沫

第六章　惊世原创

第七章　原理性样机